Layal Liverpool

RACISM KILLS

aufbau

Layal Liverpool

Racism Kills

Wie systemischer Rassismus der Gesundheit schadet und was wir dagegen tun können

Aus dem Englischen
von Regina M. Schneider

aufbau

Die Originalausgabe unter dem Titel
Systemic. How Racism Is Making Us Ill
erschien 2024 bei Bloomsbury, London.

Die Übersetzerin dankt dem Deutschen Übersetzerfonds, der diese Übersetzung im Rahmen eines Barthold-Heinrich-Brockes-Stipendiums gefördert und ausgezeichnet hat.

MIX
Papier | Fördert gute Waldnutzung
FSC® C083411

ISBN 978-3-351-03975-2

Aufbau ist eine Marke der Aufbau Verlage GmbH & Co. KG

1. Auflage 2024

www.aufbau-verlage.de
10969 Berlin, Prinzenstraße 85

Satz LVD GmbH, Berlin
Druck und Binden CPI books GmbH, Leck, Germany

Printed in Germany

Für Mama und Yaz

Inhalt

Einleitung

Damals, als junges Mädchen mitten im Teenageralter, entdeckte ich auf einmal immer mehr kleine helle Flecken auf meiner Haut, im Gesicht und an den Armen. Ich war ohnehin wenig selbstbewusst, und jetzt auch noch das. Die Flecken gingen mit heftigem Juckreiz einher, weshalb meine Mutter mit mir zum Arzt ging. Ein jahrelanges Ärzt:innen-Hopping begann, von einem Spezialisten zum nächsten, darunter etliche Dermatologen, die mir alles Mögliche verschrieben, von Antibiotika bis Antimykotika. Nichts davon half. Die hellen Flecken auf meiner Haut blieben, wurden noch größer, noch auffälliger. Dann, inzwischen war ich erwachsen, zog ich von den Niederlanden, wo ich aufgewachsen war, nach England, und begann dort als Assistentin in der biomedizinischen Forschung in London zu arbeiten. Zu dieser Zeit hatte ich irgendwann einen besonders schlimmen Ausbruch und stellte mich einem weiteren Dermatologen vor. Bis dahin war ich bei so vielen Ärzten gewesen, hatte so viele Behandlungen durchprobiert, dass ich mich wohl oder übel mit dem Gedanken abfinden musste, an irgendeiner extrem seltenen

Hautkrankheit zu leiden, die unmöglich zu diagnostizieren und schon gar nicht zu behandeln war.

Nach einem kurzen Gespräch und einer Begutachtung meiner Haut attestierte mir der Arzt jedoch einen klassischen Fall von atopischer Dermatitis, auch bekannt als endogenes Ekzem oder Juckflechte – eine der häufigsten Hauterkrankungen. Der Arzt hatte ebenfalls eine dunklere Hautfarbe, ähnlich der meinen und er erklärte mir, dass diese Form der Dermatitis vereinzelt zu Pigmentverlust (Hypopigmentierung) führen könne, die auf dunklerer Haut anders aussieht als auf hellerer. Die hauptsächlich *weißen*[*] Ärzt:innen, die ich bis dato aufgesucht hatte, so seine Einschätzung, hätten mein Ekzem möglicherweise deshalb nicht erkannt, weil sie mit deren Erscheinungsbild auf Haut wie meiner nicht vertraut waren. Glücklicherweise gibt es gute Behandlungsmöglichkeiten. Und auch wenn ich immer mal wieder Schübe bekomme, sind meine Ekzeme heute weitgehend unter Kontrolle und meine Hautpigmente nahezu vollständig wieder da.

---

* Ich habe mich für dieses Buch dazu entschieden, den ersten Buchstaben des Wortes großzuschreiben, wenn ich mich auf ethnische Kategorien beziehe: »Schwarze«, »Indigene« usw. In der deutschen Ausgabe wird lediglich »weiß« kursiv gesetzt, da sich das in Abgrenzung als politische Markierung inzwischen recht gut durchgesetzt hat. Es gibt einige Gründe dafür, das so zu handhaben. Einer davon ist ein praktischer Grund: die Unterscheidung zwischen Identitäten und anderen Deskriptoren. Ein Beispiel: Ich bezeichne mich als Schwarz, würde aber meine Hautfarbe als braun bezeichnen. Zweitens habe ich mich für eine Markierung aller Ethnizitäten und Identitäten entschieden, weil ich der Meinung bin, dass das fair und einheitlich ist. Genau wie alle anderen Identitäten stehen auch *weiße* Menschen nicht außerhalb von Rassifizierung. Die einzigen Fälle, in denen ich von dieser Schreibweise abgewichen bin, sind Fälle, in denen ich aus schriftlichen Quellen zitiert habe; in diesem Fall habe ich den Stil der betreffenden Originalquellen wiedergegeben.

Die Erfahrung aber sitzt tief. Ich fragte mich, ob bei dunkelhäutigen Menschen nicht auch andere Erkrankungen unerkannt bleiben, möglicherweise auch ernstere, weil Ärzt:innen nicht darin geschult sind, die verschiedenen Arten zu erkennen, in denen sich ihre Symptome darstellen. Zum Glück war ich nicht die Einzige, die sich diese Frage stellte.

Malone Mukwende beispielsweise interessierte sich schon in jungen Jahren für die Wissenschaft, vor allem dafür, wie Krankheiten zu vielfältigen Veränderungen im menschlichen Körper führen können, was ihn letztlich bewog, Medizin zu studieren.[1] Doch während seines Studiums am St. George's Hospital der University of London bemerkte er eine beunruhigend einseitige Lehrausrichtung in der Diagnosestellung, erst recht, als er in den medizinischen Lehrbüchern nach Bildbeispielen von Krankheitssymptomen auf dunklerer Haut suchte und nirgendwo welche fand. »Ein großes Problem, denn ich wusste, dass bestimmte Symptome auf meiner Haut, einer Schwarzen Haut, einfach anders aussehen«, erklärte Mukwende 2002 in einem Interview gegenüber der *Washington Post*.[2]

Mukwende beschloss, etwas gegen diese beunruhigende Schieflage zu tun, wandte sich an Dozierende seiner Universität, und es entstand die gemeinsame Idee zu einem Handbuch, einem nützlichen Begleiter für die medizinische Praxis. Inzwischen steht das Buch mit dem Titel *Mind the Gap: A Handbook of Clinical Signs in Black and Brown Skin* kostenlos zum Download zur Verfügung[3] und findet viel Beifall, vor allem unter Mediziner:innen und Wissenschaftler:innen wie Patricia Louie, Soziologin an der University of Washington. Ihre Forschungen ergaben 2018, dass fast 75 Prozent der Bildbeispiele, die sich in den gebräuchlichsten medizinischen Referenzwerken der USA finden, hellere Hauttypen zeigen, während dunklere mit weniger als 5 Prozent vertreten sind.

Selbst in Südafrika, wo die Bevölkerung mehrheitlich Schwarz ist, lernen die meisten Medizinstudierenden aus ähnlich tendenziösen Lehrbüchern.[4,5] Und dass Menschen durch diese einseitigen Perspektiven zu Schaden kommen, steht außer Frage. Die Wahrscheinlichkeit, dass verbreitete Hauterkrankungen wie Psoriasis undiagnostiziert bleiben, liegt in den USA für BIPoC (die Abkürzung bezieht sich auf Schwarze, Indigene und People of Colour) höher als für *weiße* Menschen.[6,7]

Das Problem der rassifizierten Verzerrungen *(racial bias)* in der Medizin beschränkt sich aber nicht allein auf die Dermatologie. Zahlreiche Studien belegen eine implizite oder unbewusste Voreingenommenheit unter medizinischem Fachpersonal auf breiter Basis.[8] Und das ist nicht weiter verwunderlich – wir alle sind Menschen, und Menschen haben vorgefasste Meinungen. Unreflektiert jedoch können gesundheitsschädliche Stereotypen wie die feste Überzeugung, Schwarze seien weniger schmerzempfindlich als Weiße, dazu führen, dass Ärzt:innen die Schwere von Symptomen bei Schwarzen Patient:innen unterschätzen und eine adäquate medizinische Weiterbehandlung ausbleibt.[9,10,11,12,13] Viele dieser Stereotype gründen auf der irrigen Überzeugung, es gebe biologische Unterschiede zwischen »Rassen«. Wie eine 2016 durchgeführte US-Studie ergab, stimmte rund die Hälfte der 222 teilnehmenden *weißen* Medizinstudent:innen und Assistenzärzt:innen mindestens einer von mehreren falschen Aussagen über angebliche biologische Unterschiede zwischen Schwarzen und *Weißen* zu, darunter Aussagen wie »Die Nervenenden von Schwarzen Menschen sind weniger schmerzempfindlich als die von *weißen* Menschen«, oder »Die Haut von Schwarzen Menschen hat mehr Kollagen und ist damit dicker als die von *weißen* Menschen.«[14] Im Ergebnis belegt die Studie anhand fiktiver Patient:innen, dass falsche Grundüberzeugungen unweigerlich in *racial bias* münden, was Schmerzbeurteilungen und anschließende Behandlungsempfehlungen anbelangt.

»Rasse« aber ist kein biologisches Merkmal*. Trotzdem kann ich es jedem verzeihen – auch den Medizinstudent:innen und Ärzt:innen der oben beschriebenen Studie –, der bei Betrachtung unserer Welt zu einem anderen Schluss kommt. Wohin man schaut, die Ungleichheiten in Bezug auf die Gesundheit zwischen rassifizierten und ethnischen Gruppen sind immens; die Zugehörigkeit zu einer marginalisierten Gruppe ist im Allgemeinen mit schlechteren Gesundheitsergebnissen (*health outcome*) verbunden. Deutlich bewusst wurde mir dies, als ich als Wissenschaftsjournalistin über in der Ethnie begründete Unterschiede im Zusammenhang mit Infektionen und Todesursachen berichtete, die während der Covid-19-Pandemie in einer Reihe von Ländern bereits sehr früh auftraten. Sogleich spekulierten einige Wissenschaftler:innen, dass gesundheitliche Disparitäten zwischen ethnisch diversen Gruppen, zumindest teilweise, genetisch bedingt sein könnten.[15,16] Darin spiegelt sich ein langjähriger Trend innerhalb der Medizinwissenschaft, sich auf Biologie und Genetik zu stützen, um differente *health outcomes* zwischen Schwarzen und *Weißen* zu erklären, anstatt den eigentlichen Übeltäter namens Rassismus konkret zu benennen und umfassend zu erforschen. *Racial bias* in der Medizin zeigt beispielhaft die Vielfalt der negativen Auswirkungen von Rassismus auf die Gesundheit marginalisierter Gruppen. Es gibt immer mehr

---

* Aufgrund der besonderen Geschichte des Begriffs im Deutschen, wird in diesem Buch, immer wenn auf den Begriff als Konstrukt verwiesen werden soll, stattdessen das englische »race« verwendet. Nur in der Erklärung historischer Zusammenhänge bleibt die deutsche Bezeichnung – in Anführungszeichen – bestehen, um die Differenzierung deutlich zu machen.

unabweisbare Indizien dafür, dass Rassismus in unseren Gesellschaften heute ein wesentlicher Treiber für eine wachsende ethnisch bedingte Kluft (*health gap*) im Gesundheitswesen ist.

Wissenschaftliche und medizinische Autoritäten sehen Rassismus zunehmend als eine ernste Bedrohung für das öffentliche Gesundheitswesen. In den Jahren vor Erscheinen dieses Buches bezeichnete das renommierte medizinische Fachblatt *The Lancet* Rassismus als einen »gesundheitlichen Notfall von globaler Tragweite« und veröffentlichte eine Sonderserie, um die gesundheitsschädigenden Wirkungen von Rassismus, Fremdenfeindlichkeit und Diskriminierung samt der sie stützenden Strukturen aufzuzeigen.[17,18] Zu einer ähnlichen Feststellung kommt ein Bericht der Weltgesundheitsorganisation (WHO) aus dem Jahr 2022: »Gesundheitliche Ungleichbehandlungen von Personen und Menschengruppen, die rassistische Diskriminierung erfahren, sind beträchtlich und in vielen Ländern auf dem Vormarsch (…), angetrieben von den Wechselwirkungen zwischen weiter gefassten sozialen Determinanten wie gesundheitlichem Wohlergehen, Strukturellem Rassismus und gesellschaftlicher Diskriminierung«.[19]

Doch die allgemeine Debatte über *race* und Gesundheit hinkt hinterher. Dass Schwarze im US-Bundesstaat Louisiana überproportional häufig am Coronavirus erkranken und daran sterben, sei dadurch bedingt, dass »Afroamerikaner:innen ein um 60 % höheres Risiko haben, an Diabetes zu erkranken«, sagte Bill Cassidy, republikanischer Senator des Bundesstaates und studierter Mediziner, in einem Interview mit dem NPR (National Public Radio). Den Einwand, wonach Rassismus zur Stärkung derartiger gesundheitlicher Ungleichheiten beiträgt, ließ er nicht gelten[20], ebenso wenig wie die Andeutung, wonach diese Ungleichheiten möglicherweise in einem jahrelangen systemischen Rassismus wurzeln: »Das ist populistische

Rhetorik. Als Arzt halte ich mich an die Wissenschaft«, sagte er. Inzwischen empfiehlt ein von der britischen Regierung in Auftrag gegebener Bericht von 2021, bei der Erforschung ethnisch bedingter, gesundheitsbezogener Disparitäten »genetische und biologische Unterschiede« zu berücksichtigen und geht auf die Rolle von Rassismus als eigentliche Ursache für gesundheitliche Ungleichheiten nicht weiter ein.[21] Die derzeitige Debatte um den Zusammenhang zwischen Rassismus, sozialer Ungleichheit und Gesundheit lahmt und behindert so wichtige Anstrengungen, ethnisch bedingte Verwerfungen im Gesundheitsbereich zu erforschen sowie Rückstände festzustellen und aufzuholen – in den USA, im Vereinigten Königreich und weltweit. Dies zu ändern, dazu möchte ich beitragen.

In vier großen Teilen untersucht das vorliegende Buch den schweren gesundheitlichen Tribut, den Rassismus und Diskriminierung fordern. Teil Eins beleuchtet das enorme gesundheitliche Gefälle, das zwischen ethnischen Gruppierungen innerhalb einzelner Länder rund um die Welt besteht. Über zwei Kapitel hinweg möchte ich hier ein besorgniserregendes Muster enthüllen, wonach Menschen, die marginalisierten Gruppen angehören, tendenziell insgesamt einen schlechteren Gesundheitszustand aufweisen, und zwar von vornherein: beginnend mit Schwangerschaft und Geburt, über Kindheit und Jugend sowie (sofern überlebt) das ganze weitere Leben hindurch, durchgängig begleitet von ethnischen Ungleichheiten* in Bezug darauf, wer krank wird und infolgedessen stirbt.

* Im englischen Original ist sehr häufig die Rede von »racial and ethnic inequalities«. Da sich das nicht so einfach ins Deutsche übertragen lässt, haben wir uns in diesen Fällen für die Bezeichnung »ethnische Ungleichheiten« entschieden.

Die anderen drei Teile des Buches befassen sich dann mit der Frage, warum diese Ungleichheiten überhaupt existieren und fortbestehen: In Teil Zwei des Buches werden die sich vielfach überlappenden und krankmachenden Facetten von Rassismus erörtert, und wir nehmen die schleichende Bedrohung der öffentlichen Gesundheit durch systemischen und sozialen Alltagsrassismus unter die Lupe. Wir lernen, inwiefern Systeme, Strukturen und Institutionen, die jede Gesellschaft untermauern, egal wo auf der Welt, ihren Anteil daran haben, dass ein voller und gleichberechtigter Zugang zu gesundheitsfördernden Lebensumständen nicht jedem gegeben ist, und dass Rassismus als chronisches Stressmoment und akut traumatisches Erlebnis verheerende Auswirkungen auf Gesundheit und Wohlbefinden haben kann.

In Teil Drei vertiefen wir die Frage, inwiefern Rassismus in der Medizin bestehende ethnisch bedingte, gesundheitsbezogene Ungleichheiten weiter verfestigt – wie etwa durch *racial bias* unter Fachkräften im Gesundheitswesen, aber auch durch Rassifizierung, die in der medizinischen Ausbildung und Praxis sowie in den *Medical Guidelines* (den Medizinischen Versorgungsleitlinien) verankert ist.

In Teil Vier schließlich steht die wissenschaftliche Forschung im Mittelpunkt, die unser Verständnis von Gesundheit, einschließlich der bestehenden Ungleichheiten, untermauert. Wir werden verfügbare Daten ebenso wie offenkundige Datenlücken (*data gaps*) in der Gesundheits- und Medizinforschung genau betrachten und aufdecken, warum *racial bias* in Wissenschaft und Lehre der Gesundheit aller schadet.

Ich spreche hier absichtlich von unser »aller« Gesundheit, denn das Problem betrifft uns *alle*, ob wir uns dessen nun bewusst sind oder nicht. Rassismus, wie er sich in allen Gesellschaften auf der ganzen Welt manifestiert, macht uns nicht nur insgesamt kränker, er bremst auch unsere medizinischen Forschungsbemühungen und verringert die Chancen auf wissenschaftliche Erkenntnisgewinne, die uns wirklich dabei helfen würden, alle, die erkranken, möglichst erfolgreich zu behandeln.

Auch wenn es in diesem Buch hauptsächlich um die schädigenden Auswirkungen von Rassismus auf die Gesundheit geht, möchte ich an dieser Stelle betonen, dass jedwede Form von Diskriminierung – ob aufgrund von sozialer Herkunft, Geschlechtsidentität, sexueller Orientierung oder Behinderung, um nur einige zu nennen – krank macht. Über die vielen alltäglichen Formen und Mechanismen der Unterdrückung und Ausgrenzung wurde und wird viel geschrieben, und ich werde nicht versuchen, sie in diesem Buch zu rekapitulieren. Aber es werden uns einige Fälle begegnen, in denen sich Rassismus mit anderen Arten von Diskriminierung im Zusammenhang mit Gesundheit überschneidet und intersektional überlappt. Das ist unvermeidlich: Rassismus schadet der Gesundheit, und daraus entstandener Schaden ist für Menschen mit sich überschneidenden marginalisierten Mehrfachidentitäten mitunter besonders akut.

Wenn Rassismus ein Virus wäre, so denke ich oft, wären wir höchst alarmiert bei all dem unnötigen Leiden und Sterben, das es weltweit verursacht. Eilends würden wir Impfstoffe entwickeln und nach Behandlungsmöglichkeiten suchen. Auch wenn Rassismus kein tatsächliches Virus ist, macht er die Menschen krankheitsanfälliger – wie sich unlängst zeigte, als das Corona-Virus die ganze Welt erfasste. In Gesellschaften, auch jenen, die von Rassismus angetrieben und erhalten werden, bieten Nester der Ungleichheit poröse Stellen, durch die hochinfektiöse Krankheiten einsickern können. Diese Stellen sind immer vorhanden, treten aber während gesundheitlicher Krisensituationen wie Pandemien besonders deutlich zutage. Tatsächlich ist Rassismus eine überaus heimtückische Bedrohung für unsere Gesundheit, gerade weil er so leicht übersehen und in manchen Fällen vielleicht auch absichtlich ignoriert wird. Wie wir jedoch sehen werden, ist Rassismus nicht nur in den Grundfesten unserer Gesellschaften verankert, sondern auch tief in der Medizin und Wissenschaft – ganz im Verborgenen. Und die schmerzhafte Ironie dabei ist: Er ist hausgemacht.

Rassismus ist die Folge einer Weltanschauung, die sich aus einem gesteigerten Expansionsdrang der europäischen Kolonialmächte im Zeitalter des Imperialismus heraus entwickelte und in alle Welt verbreitete. Kein Zufall: Bestimmte Gruppen von Menschen zu deklassieren, sie als biologisch andersartig und gar minderwertig gegenüber anderen zu bewerten, trug dazu bei, deren Unterdrückung durch Kolonisierung und transatlantischen Sklavenhandel zu legitimieren. Etliche brillante Bücher setzen sich mit der Erfindung von »Menschenrassen« und Rassismus innerhalb der Wissenschaft auseinander – darunter *Fatal Invention* von Dorothy Roberts, *Superior* von Angela Saini, *Wie man mit Rassisten diskutiert* von Adam Rutherford und *Divided* von Annabel Sowemimo. Und auch dieses Buch kommt an diesem einflussreichen Kapitel der Wissenschafts- und Menschheitsgeschichte nicht vorbei und braucht eine kurze Einordnung:[22,23,24,25] Die ersten wissenschaftlichen Versuche, Menschen in »Rassengruppen« einzuteilen, wurden im 17. und 18. Jahrhundert unternommen. In seiner 1795 veröffentlichten Dissertation teilte der deutsche Anthropologe Johann Friedrich Blumenbach die Ahnenreihe des Menschen in fünf »Stammrassen« ein: Kaukasier, Mongolen, Äthiopier, Amerikaner und Malaien. Mit geringfügigen Abwandlungen wurde diese Systematik fortan von

Wissenschaftler:innen verwendet, die damit den Rassismus auf Jahrhunderte hinaus lebendig hielten und eugenische Betrachtungen beförderten. So griff beispielsweise auch Francis Galton, ein entfernter Cousin von Charles Darwin, im 19. und 20. Jahrhundert auf diese Theorien zurück und wurde zum »Vater der Eugenik« – was weltweit katastrophale Folgen zeitigen sollte.[26] Und wir können es bis heute nicht lassen, Menschen in rassifizierte Kategorien einzuordnen.

Interessanterweise wandte sich Blumenbach selbst gegen die Idee, wonach Afrikaner (die er als Äthiopier bezeichnete) eine den *weißen* Europäern (die er Kaukasier nannte) unterlegene Menschenart seien, und widersprach damit vehement der seinerzeit vorherrschenden Auffassung.[27] Gleichwohl schrieb er, dass die kaukasische Schädelform einer Georgierin die »schönste« sei, die er in seiner ganzen Forschungszeit je analysiert hätte. Er stellte auch – irrigerweise – die Theorie auf, dass Weiß als Hautfarbe »die ursprüngliche, ächte Farbe des Menschengeschlechts« sei, da aus ihr, so fährt er fort, »eine Verartung in Schwarz leicht ist, weit schwerer hingegen aus Schwarz in Weiß«.

Heute wissen wir, dass dies nicht stimmt. Nach derzeitigem Stand der Wissenschaft entwickelte sich der *Homo sapiens* vor etwa 300 000 Jahren in Afrika, von wo aus er hinaus in alle Welt wanderte – wir sind also alle Nachfahren afrikanischer *Homo sapiens*-Populationen.[28] Dass sich in Teilen der Welt ein heller Hauttyp durchgesetzt hat, ist wohl einfach eine Anpassungsreaktion auf die geringere Sonneneinstrahlung in nördlichen Breiten. Daran ist nichts Einzigartiges oder Besonderes. Die Gene, die die Hautfarbe beeinflussen – oder auch andere Merkmale, die gemeinhin mit einer bestimmten *race* assoziiert werden, wie Nasen- und Augenform oder Haarstruktur – sind biologisch nicht bedeutsamer als all die zahllosen anderen proteinkodierenden Gene, die die menschliche Biologie beeinflussen. Entscheidend ist, dass die genetische Variation einzelner Individuen innerhalb einer menschlichen Population aus demselben geographischen Großraum größer ist als zwischen denen einzelner Populationen.

1972 erläuterte der Evolutionsbiologe und Genetiker Richard Lewontin in einem bahnbrechenden Aufsatz mit dem Titel *The Apportionment of Human Diversity* (»Die Aufteilung der menschlichen Vielfalt«) den wissenschaftlichen Irrtum im soziobiologischen Rassekonzept des Menschen.[29] Als Lewontin im Juli 2021 im Alter von 92 Jahren verstarb, arbeitete ich gerade als Journalistin für das Wissenschaftsmagazin *New Scientist*, wo ich gerade zum Thema Rassismus in Wissenschaft und Medizin recherchierte. Unter den vielen Tabs, die ich auf meinem Computer-Bildschirm dazu geöffnet hatte, war auch eine PDF-Datei seines Aufsatzes, in dem er klar darlegt, dass die genetische Variation bei Menschen *innerhalb* einer allgemein definierten »Rassegruppe« größer sei als *zwischen* diesen einzelnen Gruppen.

Lewontin ordnete die Variationsbreite dieser »Rassegruppen« in »afrikanische Völker, europäische Völkerschaften, ozeanische Populationen, asiatische Völker und amerikanische Stämme«. Er macht es sich außerdem zum Prinzip, den Begriff »*race*« in Anführungszeichen zu setzen, vermutlich um deutlich zu unterstreichen, dass er die Verwendung entsprechender Kategorisierungen innerhalb der Wissenschaft rundweg kritisiert, so wie es inzwischen auch für das deutsche Äquivalent geschieht, sofern man es überhaupt noch nutzt. Lewontin analysierte Blutproteine von Menschen aus der ganzen Welt und nutzte sie als Marker für Verschiedenheiten in den Genen, die diese Proteine kodieren. Er fand heraus, dass annähernd 94 Prozent der genetischen Variationen innerhalb von Populationen – oder von ihm so genannten »Rassegruppen« – bestehen, gegenüber wenig mehr als 6 Prozent zwischen geographisch sortierten Gruppen. Ein extrem eindrucksvolles Ergebnis, vor allem, weil es das wachsende wissenschaftliche Verständnis von genetischer Varianz im menschlichen Erbgut mit Zahlen belegte.[30]

2002 veröffentlichte der US-amerikanische Populationsgenetiker Noah Rosenberg eine weitere bahnbrechende Studie, »Genetic structure of human populations«, die die Unhaltbarkeit des biologischen Rassekonzepts bestätigte.[31] Rosenberg und sein Team analysierten die DNA von mehr als 1000 Menschen in 52 unterschiedlichen Regionen der Welt. Wie sich zeigte, belaufen sich die genetischen Unterschiede zwischen Individuen innerhalb ein und derselben geographischen Population auf 93 bis 95 Prozent aller genetischen Unterschiede, während sie zwischen den großen geographischen Gruppen nur etwa 3 bis 5 Prozent ausmachen.

Anschließend speisten Rosenberg und Kolleg:innen die gewonnenen (genetischen) Daten zur Auswertung in ein Computerprogramm namens STRUCTURE ein, dem sie den Befehl gaben, die Daten in eine bestimmte Anzahl von DNA-Cluster zu segmentieren. Anhand der Vorgabe, die gesamte menschliche Spezies aufgrund ihrer genetischen Daten in fünf Cluster einzuteilen, ergab sich eine Zuordnung der Individuen in Afrikaner:innen, Europäer:innen, Vorderasiat:innen, Amerikaner:innen und Australier:innen – Gruppierungen, die jenen von Blumenbach oder den heute gebräuchlichen »rassischen« Kategorisierungen nicht ganz unähnlich sind. Tatsächlich wurde die Studie in einigen Medien damals als Beweis für »Rassen« als biologische Realität angeführt.[32] Doch wie die US-amerikanische Rechtsgelehrte und Gesellschaftswissenschaftlerin Dorothy Roberts in ihrem Buch *Fatal Invention* ausführt, war die Anzahl der genetischen Cluster völlig willkürlich festgesetzt: erhöht man die Anzahl der Cluster auf mehr als fünf, gruppiert das Programm kleinere, stärker isolierte Populationen in jeweils eigene Cluster, die sich ganz offensichtlich zunehmend überlagern. Stichproben mit Menschen aus weiteren geographischen Regionen würden diese Überlappung vermutlich noch deutlicher machen.[33] In seinem Buch *Eine kurze Geschichte von jedem, der jemals gelebt hat: Was unsere Gene über uns verraten* erläutert der Genetiker Adam Rutherford, warum diese Studie im Ergebnis belegt, dass die Frage, wie viele menschliche »Rassen« es gibt, »bedeutungslos« ist.[34] Die Genetik lehrt uns, dass es sehr viel genauer ist, die Menschheit auf einem Spektrum zu betrachten, als zu versuchen, sie in deutlich getrennte Kategorien einzusortieren. Genau aus diesem Grund ist es so problematisch, ethnische Ungleichheiten in Bezug auf die Gesundheit mithilfe der Biologie oder Genetik zu erklären. Jay Kaufman, Epidemiologe an der McGill University in Kanada, ist sich dessen nur allzu bewusst. Kaufman hat umfassende Studien über ethnische Ungleichheiten in Bezug auf Gesundheit und medizinische Versorgung durchgeführt, auch in Kanada und den USA. Das Problem, so erklärte er mir, bestehe darin, dass sozial definierte Kategorien wie *race* mit biologischen wie »Genetik« munter durcheinandergehen. »Unsere Kategorisierungen von Menschen nach Rassen basieren auf kontinentalen Populationen«, sagte er mir. »Nach der Definition von Rasse und Ethnie durch das United States Census Bureau fallen unter die Kategorie ›Schwarz‹ alle Menschen aus Subsahara-Afrika. Und das sind, unübersehbar, eine ganze Menge – fast eine Milliarde Menschen. Menschen mit sehr sehr unterschiedlichen lokalen Anpassungen, sehr sehr unterschiedlicher Physis, unterschiedlicher Ernährungsweise, unterschiedlicher gesellschaftlicher und biologischer Geschichte und so weiter. Schwarze Menschen sind untereinander nicht enger verwandt als Afrikaner:innen mit Europäer:innen. Es gibt einfach kein in sich schlüssiges, physiologisches Merkmal, das alle *Weißen* oder alle Schwarzen aufweisen, mit Ausnahme der Hautfarbe«, sagte er. Doch selbst die Hautfarbe reicht nicht aus, um alle Menschen dieser Erde eindeutig einer rassifizierenden oder ethnischen Kategorie zuzuordnen. Ich zum Beispiel identifiziere mich sowohl als Schwarz als auch als *Mixed* und witzele oft darüber, dass ich in allen europäischen Ländern, in denen ich gelebt habe, als Schwarze gesehen wurde, während mich die Menschen in Ghana oft »Oburoni« nennen, was auf Twi so viel heißt wie »weiße Person«. Meine Hautfarbe, die übrigens braun ist, ändert sich natürlich nicht mit dem Ort auf der Welt, an dem ich mich gerade befinde. Genauso wenig wie meine biologischen oder genetischen Merkmale. Aber soziale Kategorien wie *race* ändern sich durchaus – mit der Zeit und auch mit dem Ort. Der südafrikanische Comedian und Talkmaster Trevor Noah scherzt oft über sein »Upgrade« von »Coloured« oder »Mixed« zu »Schwarz«, nachdem er aus Südafrika in die USA gekommen war. Während *Mixed* People zur Zeit der Apartheid in Südafrika als »Coloured« eingestuft wurden, galt in den USA zur Zeit der Jim-Crow-Gesetze zwischen 1876 und 1964 die sogenannte »One-Drop Rule«, wonach jede Person mit auch nur einem Schwarzen Vorfahren rechtlich als »Schwarz« anzusehen war.[35,36] Dieses Beispiel zeigt sehr gut, warum ethnisch-rassifizierende Kategorien aus wissenschaftlicher oder medizinischer Sicht unlogisch und inkonsistent sind.

Rassismus ist nicht nur unlogisch, er ist auch eine der am wenigsten eingestandenen und dabei gefährlichsten Bedrohungen für die öffentliche Gesundheit, mit denen sich die Welt heute konfrontiert sieht – und es ist höchste Zeit, dass wir das Kind beim Namen nennen. Wir sollten auf all die Menschen hören, die seit Jahrzehnten schon Alarm schlagen, und von denen wir einige in diesem Buch noch kennenlernen werden. Viele dieser Stimmen kommen von Angehörigen marginalisierter rassifizierter oder ethnischer Gruppen, zum Beispiel Ärzt:innen und akademischen Forschenden wie Jay Kaufman, aber auch von Medizinstudierenden und Patient:innen, von Kampagnenmacher:innen und Aktivist:innen, von Innovator:innen und politischen Entscheidungsträger:innen.

Mit ihrer Hilfe bin ich eingetaucht in riesige Mengen an Forschungsergebnissen und Daten, die zeigen, wie schädigend Rassismus für die Gesundheit ist. Und wie sehr sich diese Schäden im menschlichen Körper und Geist manifestieren, werde ich anhand von persönlichen Erfahrungen einiger Betroffener illustrieren. Ich werde zeigen, dass ethnisch bedingte Ungleichheiten im Zusammenhang mit der Gesundheit überall auf der Welt zu finden sind – unabwendbar aber sind sie keinesfalls. Eine Menge Leute, darunter viele innerhalb medizinischer und wissenschaftlicher Einrichtungen, arbeiten weltweit daran, Rassismus in all seinen Formen zu bekämpfen und gesundheitsbezogene Ungleichheiten zu beseitigen. Wir können sie in ihren Bemühungen unterstützen, uns ihren Forderungen nach Gerechtigkeit anschließen und gemeinsam an einer gerechteren und gesünderen Zukunft bauen.

TEIL I
Health Gaps

1
Schwangerschaft und Geburt

Serena Williams gehört zu den erfolgreichsten Menschen der Welt. Die 23-fache Grand-Slam-Siegerin schafft es alljährlich auf die vielbeachteten Listen der »100 einflussreichsten Persönlichkeiten der Welt« der US-Magazine *Time* und *Forbes*. Doch kein noch so großer Erfolg, Reichtum oder Ruhm konnte Serena vor dem bewahren, was ihr im September 2017 widerfahren sollte.

Einen Tag nach der Geburt ihrer Tochter Alexis Olympia verspürte Serena plötzlich Atemnot. Bereits in der Vergangenheit hatten sich in ihrer Lunge immer mal wieder Blutgerinnsel gebildet, Auslöser für sogenannte pulmonale Thromboembolien. Das war der Grund dafür gewesen, dass sie ihre Tochter per Notkaiserschnitt zur Welt gebracht hatte und die routinemäßige Einnahme ihrer blutverdünnenden Medikamente nach der Operation abgesetzt werden musste. In Anbetracht dessen und ihrer Vorgeschichte ging sie sofort davon aus, dass ihre jetzigen Symptome erste Anzeichen einer Lungenembolie waren. »Serena lebt in ständiger Angst vor Blutgerinnseln«, schrieb Rob Haskell in einer kurzen Biographie über die Sportlerin, die 2018 in der *Vogue* erschien.[1] Sie verließ ihr Krankenzimmer kurz, um ihre Mutter nicht zu beunruhigen und die nächstbeste Krankenschwester anzusprechen. Sie brauche, sagte sie, während sie schwer nach Luft rang, schnellstmöglich ein CT samt Röntgen-Kontrastmittel zur Darstellung der Blutgefäße, intravenös injiziertes Heparin und Blutverdünner. Die Krankenschwester wimmelte sie zuerst ab, führte Serenas leicht benommenen Zustand auf die verabreichten Schmerzmittel zurück. Aber Serena blieb hartnäckig, bis ein Arzt sie schließlich untersuchte und einen Ultraschall ihrer Beinvenen machte. »Darauf ich: Dopplerultraschall? Ich hab' doch gesagt, ich brauche ein CT, und einen Heparin-Tropf«, schilderte Serena dieses Erlebnis im Rückblick. Nachdem der Ultraschall unauffällig geblieben war, ordnete man nun doch eine Computertomographie an, und die bestätigte, was sie die ganze Zeit befürchtet hatte – ihre Lunge war von mehreren kleinen Blutgerinnseln besiedelt. In Minutenschnelle hing Serena an der Infusion. »Man hätte halt gleich auf Dr. Williams hören sollen!«, erzählte sie Haskell.

Doch damit waren Serenas Probleme leider nicht vorbei. Durch heftige Hustenanfälle, ausgelöst durch die Blutgerinnsel in ihrer Lunge, brach ihre Kaiserschnittnaht auf, und Serena musste erneut operiert werden. Dabei entdeckten die Ärzte ein lebensbedrohliches Hämatom in ihrem Bauch, das sich als eine Nebenwirkung des Blutverdünners dort gebildet hatte. Es folgte eine weitere Operation, bei der ein Filter in die Hohlvene eingeschoben wurde, um weitere Blutgerinnsel daran zu hindern, in ihre Lunge zu gelangen. Eine Woche später wurde Serena nach Hause entlassen, wo sie weitere sechs Wochen, sprich die ersten Wochen im Leben ihres neugeborenen Babys, ans Bett gebunden war, unfähig aufzustehen.

Eine Einzelgeschichte, klar, und kein Beweis für irgendwas an sich. Doch die Geschichte schlug hohe Wellen. Sie kam mir sowie offenbar auch vielen anderen Schwarzen Frauen und Gebärenden* nur allzu bekannt vor, denn was folgte, war eine wahre Flut an Reaktionen in den sozialen Medien, wo etliche von ihnen von eigenen Erlebnissen erzählten: davon, wie es ist, von medizinischem Personal abgewimmelt, angezweifelt oder nicht ernst genommen zu werden.[2] Serena nutzte ihre Plattform, um darauf aufmerksam zu machen, dass Schwarze Frauen in den USA sehr viel häufiger an Komplikationen während der Schwangerschaft und bei der Geburt sterben als *weiße*. Die Beweise sind erschütternd: Laut des US Center for Disease Control and Prevention (CDC), einer Behörde des US-amerikanischen Gesundheitsministeriums, starben zwischen 2014 und 2017 dreimal so viele nicht-hispanische Schwarze Frauen wie nicht-hispanische *weiße* Frauen infolge von Komplikationen bei Schwangerschaft oder Geburt (konkret: 42 Schwarze Frauen pro 100 000 Lebendgeburten gegenüber 13 *weißen* Frauen).[3] Im gleichen Zeitraum lag die Sterberate der nicht-hispanischen amerikanischen Indigenen und Alaskischen Frauen zweimal höher als die von *weißen* Frauen. In einem Interview mit der BBC im Jahr 2018 beschrieb Serena diese Statistiken als »herzzerreißend«.[4] »Die Ärzte hören uns einfach nicht zu«, sagte sie.

Elektrisiert von Serenas Geschichte und dem Echo, das sie im Netz fand, beschloss ich, tiefer in diese Zahlen einzutauchen.

---

* Ich habe hier die Formulierung »Frauen und Gebärende« verwendet, um der Tatsache Rechnung zu tragen, dass auch Menschen, die sich nicht als Frauen identifizieren, schwanger werden und gebären können. In diesem Kapitel ist jedoch sowohl von »Frauen und Gebärenden« als auch von »Frauen« die Rede. Das liegt daran, dass ich in den Fällen, in denen ich mich auf Quellen beziehe, wie z. B. wissenschaftliche Forschungsartikel, die in der Originalquelle verwendete Formulierung wiedergegeben habe.

Mathematische Statistiken können todlangweilig sein, aber sie bilden auch eine solide Basis, um ein Verständnis für das Ausmaß des Problems zu entwickeln. Es ging mir darum, die schockierenden *health gaps* abzustecken, die sich bereits zu Beginn eines Lebens zeigen, ja, sogar noch bevor ein Leben beginnt. Ethnisch bedingte Ungleichheiten in Bezug auf die Gesundheit finden sich in allen Ländern, überall auf der Welt, beginnend mit der Schwangerschaft über die Geburt und weiter durch Kindheit und Jugend hindurch. Wir werden diesen Zahlen auf den Grund gehen und ein paar der Menschen hinter diesen Zahlen kennenlernen. Und von Forschenden werden wir erfahren, auf welche Weise Rassismus zu diesen verheerenden Ungleichheiten beiträgt.

Die nackten Zahlen, mit denen Serenas Geschichte die Aufmerksamkeit erregte, stammen aus US-Statistiken des Pregnancy Mortality Surveillance System des CDC, das einen schwangerschaftsbedingten Tod definiert als den »Tod einer Frau während der Schwangerschaft oder binnen eines Jahres nach Ende der Schwangerschaft aus jedweden Gründen, die mit der Schwangerschaft verbunden sind oder durch diese aggraviert werden«.[5] Das CDC erhebt diese Daten aktiv seit 1987 durch Auswertungen der Sterberegister und der damit verknüpften Geburtenregister. Laut CDC war es vor 2006 nicht möglich, die Statistiken verlässlich in ethnische Kategorien jenseits von »Schwarz«, »*Weiß*« und »Sonstige« aufzuteilen, da statistisch ausreichende Daten für andere ethnische Gruppen fehlten. Dies änderte sich im Laufe der Zeit, als immer mehr Daten verfügbar wurden – ein besorgniserregender Umstand aber blieb bestehen: die Kluft zwischen Schwarzen und *weißen* Frauen, bezogen auf die schwangerschaftsbedingten Sterblichkeitsraten. Wie die Zahlen von 1987 bis 2017 zeigen, liegt die

Sterblichkeit von Schwarzen Frauen durchweg drei- bis viermal höher als von die *weißen* Frauen.

Und nach 2017 sieht es nicht viel besser aus. Das National Vital Statistics System (NVSS), ein zwischenstaatliches System zur Auswertung der Mortalität (Sterberate) der US-amerikanischen Bevölkerung, sammelt auch Daten zur maternalen Mortalität (Müttersterblichkeit) in den USA, die definiert ist als der »Tod einer Frau während der Schwangerschaft oder binnen 42 Tagen nach einem Schwangerschaftsabbruch«, ausgenommen unfall- oder zufallsbedingte Todesfälle.[6] Trotz dieser etwas restriktiveren Definition bleibt das Datenmuster unverändert. Stand 2019, dem Jahr mit den aktuellsten Zahlen zum Zeitpunkt meiner Recherchen für dieses Buch, starben zweimal mehr nicht-hispanische Schwarze Frauen während der Schwangerschaft oder bei der Geburt als nicht-hispanische *weiße* Frauen.[7] Aus weiteren Studien geht hervor, dass das Risiko einer hohen maternalen Morbidität und Mortalität bei indigenen Frauen in den USA etwa doppelt so hoch liegt wie bei nicht-hispanischen *weißen* Frauen.[8]

Doch erst ein paar Jahre später, als ich mit Michele Evans, einer Onkologin, die an den National Institutes of Health in Bethesda, Maryland, zu ethnisch bedingten Ungleichheiten im Zusammenhang mit Gesundheit forscht, über Serena Williams' Martyrium sprach, wurde mir richtig klar, warum das, was dem Tennis-Star widerfuhr, für dermaßen großes Aufsehen gesorgt hatte. »Schauen Sie sich Serena Williams an, sehr reich, Sportlerin. Serenas Erfahrung zeigt, dass die Vorstellung, man könne sich von Rassismus freikaufen, falsch ist«, sagte mir Evans. »Rassismus trifft nicht nur Frauen mit einem niedrigen sozioökonomischen Status (*socioeconomic status*, SES). Auch Frauen mit einem hohen SES sind davon betroffen«, sagte sie. Und das spiegelt sich in den Daten wider: Es gibt Belege dafür, dass es im Zusammenhang mit Komplikationen und Mortalität bei Schwangerschaft und Geburt auch in den höchsten Einkommens- und Bildungsschichten ethnische Ungleichheiten gibt.

Wie eine Studie aus dem Jahr 2019 ergab, lag die schwangerschaftsbedingte Sterberate unter allen Frauen mit einem akademischen Abschluss bei Schwarzen Akademikerinnen immer noch mehr als fünfmal so hoch wie bei *weißen* Frauen.[9] Tatsächlich lag die schwangerschaftsbedingte Sterberate unter Schwarzen Akademikerinnen fast doppelt so hoch wie bei *weißen* Frauen mit höchstenfalls High-School-Abschluss. Das bedeutet nicht, dass der Bildungsgrad – der stark mit Wohlstand und Einkommen verbunden ist – egal ist.[10] Im Gegenteil: Der sozioökonomische Status, ob am Bildungsniveau oder am Einkommen gemessen, hängt eindeutig mit dem generellen Gesundheitszustand zusammen. Die mit einer Schwangerschaft verbundenen Letalitätsraten gingen mit zunehmendem Bildungsniveau zurück, nämlich ab dem Highschool-Abschluss, und zwar in allen ethnischen Gruppen. Kritisch zu betrachten aber ist, dass der sozioökonomische Status offenbar eine Art Schutzeffekt auf die Gesundheit hat, der bei *weißen* Frauen stärker ausgeprägt ist als bei Schwarzen oder Indigenen Frauen. Das legt nahe, dass weitere Faktoren mit im Spiel sind.

Serena war sich ihres relativen Privilegs sehr bewusst. Der BBC gegenüber sagte sie, dass ihr Martyrium *ohne* die relativ gute medizinische Versorgung, die sie sich finanziell leisten kann, sicherlich noch schwieriger gewesen wäre: »Wenn ich mir vorstelle, dass all die anderen Frauen so etwas durchstehen müssen ohne die Versorgung, ohne die große Aufmerksamkeit, wie ich sie bekommen habe – furchtbar.«

Und sie hat recht: Der Zugang zu Gesundheitsversorgung ist

von Bedeutung. Laut einem Bericht der US-amerikanischen Wohltätigkeitsorganisation March of Dimes aus dem Jahr 2020 leben in den USA rund 7 Millionen Frauen im gebärfähigen Alter in Gegenden, wo es keinen oder nur begrenzten Zugang zur Schwangerenversorgung gibt.[11] Darüber hinaus stellen die Schließungen von immer mehr Geburtsstationen eine überproportionale Benachteiligung für Schwarze Frauen dar, und das schon seit Jahrzehnten. Eine Studie aus dem Jahr 2017 dokumentiert diesen Rückgang der klinikbasierten geburtshilflichen Versorgung in ländlichen Regionen quer durch die USA zwischen 2004 und 2014.[12] Wie sich herausstellte, lag die Wahrscheinlichkeit, sämtliche klinikbasierten Leistungen zu verlieren, in Regionen mit einem vergleichsweise hohen Anteil an nicht-hispanischen Schwarzen Frauen und einem Haushaltseinkommen deutlich unter dem Mittelwert sehr viel höher. J'Mag Karbeah, Gesundheitsforscherin an der University of Minnesota, bereitet dieses Muster schon seit langem Sorgen. »Wie kann man behaupten, man tue alles für positive Geburtsergebnisse, zumal für Schwarze Frauen, wenn man in den Schwarzen Vierteln munter eine Entbindungsstation nach der anderen schließt?«, meinte sie. »Die Frauen werden wohl kaum in der Lage sein, vorgeburtliche Termine wahrzunehmen, wenn sie erst eine Stunde oder länger fahren müssen, um Zugang zu der Versorgung zu erhalten, die sie benötigen.«

Zugang zu gesundheitlicher Versorgung ist das eine, die Qualität dieser Versorgung das andere. Wie US-amerikanische Studien zeigen, entbinden Schwarze Frauen im Vergleich zu *weißen* Frauen sehr viel häufiger in Kliniken, die hohe maternale Morbiditätsraten aufweisen und bei Indikatoren wie Geburtsbegleitung und Patientensicherheit ebenfalls schlecht abschneiden.[13,14] Eine 2015 vorgenommene statistische Auswertung von

Daten aus über 5000 Kliniken in allen Teilen der USA ergab für den Zeitraum von 2010 bis 2011, dass ein Viertel dieser Kliniken drei Viertel aller Schwarzen Frauen rund um die Entbindung betreute.[15] Diese sogenannten »high Black-serving«-Kliniken mit einem hohen Anteil Schwarzer Frauen wiesen vergleichsweise höhere Raten schwerer maternaler Morbidität auf. Kein Zufall, denn diese Kliniken befinden sich häufig in Gegenden, die noch heute schwer am historischen Erbe der Rassentrennung (*segregation*) und den damit verbundenen Benachteiligungen für die Schwarze Bevölkerung tragen. Karbeah hob hervor, dass die Rassengesetze (*racial covenants*), wonach der nicht-*weißen* Bevölkerung ein Hauskauf in bestimmten Vierteln untersagt war, in ihrem Heimatbundesstaat Minnesota erst 1962 für verfassungswidrig erklärt worden waren.[16] »Wenn wir heute die ethnischen Ungleichheiten im Gesundheitswesen betrachten«, sagte sie, »müssen wir gleichzeitig auch die nachhaltig spürbaren Auswirkungen, die die Geschichte der Rassentrennung hat und wohl noch lange haben wird, in den Blick nehmen.«

Versuche, so Karbeah weiter, ethnische Ungleichheiten in der schwangerschaftsbezogenen Mortalität ausschließlich auf die soziale Klasse oder den sozioökonomischen Status zurückzuführen, gingen am Kern der Sache vorbei. »Es gibt etliche Leute, die tönen, ›Nicht die Rasse, sondern die Klasse treibt all dies voran‹«, sagte sie. »Doch wir wissen, dass das nicht stimmt. Punkt. Aus.«

Wie wir in Kapitel Drei sehen werden, ist der systemische Rassismus ein wesentlicher Treiber für sozioökonomische Ungleichheiten in den USA und anderswo. Doch statt einfach zu behaupten, dass in den USA überproportional viele Schwarze Bürger:innen sterben, weil sie arm sind, sollten wir uns die Frage stellen, warum Schwarze in den USA *überhaupt* überproportional arm sind. Es ist unmöglich, diese Frage zu beantworten, ohne sich mit der rassistischen Geschichte der USA und dem anhaltenden Erbe des systemischen Rassismus auseinanderzusetzen. »Durch diese Linse«, so Karbeah, »müssen wir die ethnische Kluft und ihre Auswirkungen auf die Müttergesundheit betrachten. Sie zeigt eine biologische Folge des Lebens in einem rassistischen Umfeld.«

Auch nachdem sich der Medienrummel um Serena Williams' Geschichte gelegt hatte, ging sie mir nicht aus dem Kopf und beschäftigte mich weiter: Es gab so viele Menschen, die sich damit identifiziert hatten, so viele düstere Statistiken, die für die USA deutliche, ethnisch determinierte Ungleichheiten in der maternalen Mortalität offenbarten. Ich fragte mich, ob ähnliche Daten auch für Großbritannien verfügbar waren, wo ich damals lebte, um an meiner Dissertation zu arbeiten. Es dauerte nicht lange, bis ich auf ähnliche Ungleichheiten auch für Großbritannien stieß, obwohl die maternale Mortalitätsrate hier insgesamt fast viermal niedriger liegt als in den USA.

Eine Studie aus Großbritannien, in der Schwangerschaftsergebnisse für die Jahre 2017 bis 2019 erfasst sind, verzeichnet eine mehr als vierfach höhere maternale Mortalität unter Frauen mit afroamerikanischer Herkunft im Vergleich zu *weißen* Frauen, eine annähernd zweifach höhere Rate unter Frauen gemischt-ethnischer Herkunft und unter Frauen asiatischer Herkunft.[17] In absoluten Zahlen: Von 100 000 Gebärenden starben 32 Schwarze Frauen, 15 Frauen mit gemischt-ethnischer Herkunft, 12 Frauen mit asiatischer Herkunft und 7 *weiße* Frauen. Über die bestehende Ungleichheit zwischen Schwarzen und *weißen* Frauen heißt es in einem Bericht des Britischen Parlaments aus dem Jahr 2020 mit dem Titel »*Black people, Pregnancy and childbirth racism and human rights*«: »Der NHS [National Health Service] erkennt diese

Schieflage an und bedauert sie, entwickelt und formuliert aber keinerlei Gesundheitsziele, selbige zu beheben. Dies muss korrigiert werden.«[18]

Diese Unterschiede sind nichts Neues: Eine Analyse zur Entwicklung der maternalen Mortalität im Zeitraum von 2009 bis 2017 in Großbritannien konstatiert ähnliche Ungleichheiten zwischen asiatischen und *weißen* Gruppen sowie zwischen Schwarzen und *weißen* Gruppen und kommt zu dem Schluss, dass die Schere der maternalen Mortalität zwischen Schwarzen und *weißen* Frauen im Verlauf der Zeit immer weiter auseinanderging.[19] Und die Corona-Pandemie trug nicht gerade zur Verbesserung der Lage bei. Wie aus einer britischen Studie hervorgeht, die zu Beginn der Pandemie zwischen dem 1. März und dem 14. April 2020 durchgeführt wurde, gehörten 56 Prozent der schwangeren Frauen, die mit Corona in ein Krankenhaus aufgenommen wurden, einer Schwarzen, asiatischen oder anderen ethnischen Minderheit an.[20]

Am 19. April 2021 debattierte das Britische Parlament über eine Petition zur Senkung der Müttersterblichkeit und einer verbesserten Gesundheitsversorgung für Schwarze Frauen im Vereinigten Königreich.[21] Die Petition wurde von Tinuke Awe und Clotilde Abe eingebracht, Mitbegründerinnen von Five X More, einer Grassroots-Initiative, die sich in Großbritannien für Gleichbehandlung und mithin bessere maternale Gesundheitsergebnisse bei Schwarzen Frauen und Gebärenden starkmacht. Die Labour-Abgeordnete Bell Ribeiro-Addy berichtete in der Debatte von ihrer eigenen erschütternden Erfahrung während der Schwangerschaft.

»Aus eigener leidvoller Erfahrung kann ich ein Lied davon singen, dass man als Schwarze schwangere Frau nur selten wahr- oder gar ernst genommen wird, und dass dies einen drastischen Einfluss auf die weitere Behandlung hat – artikulierte körperliche Beschwerden oder Schmerzen werden ignoriert, CT- oder MRT-Scans werden verweigert. Wir alle wissen, dass man Schwarze Frauen für schmerzresistenter hält als *weiße*. Wir wissen das, haben aber kein ausformuliertes Gesundheitsziel, dies zu beenden«, sagte Ribeiro-Addy vor dem Parlament. »In meinem Fall verschlechterte sich mein Zustand immer weiter. Ich war komplett aufgequollen. Mein Blutdruck stieg dermaßen stark an, dass mir schwindelig wurde und ich Nasenbluten bekam«, erinnerte sie sich. Einmal war ihr so elend, dass ihr Arzt sie für weitere Untersuchungen und Scans eilends in ein Krankenhaus einwies, wo sich der Verdacht auf Gestose (auch Schwangerschaftsvergiftung oder Präeklampsie genannt) bestätigte – eine schwangerschaftsbedingte Anpassungsstörung des Körpers, die sich durch arteriellen Bluthochdruck äußert. »Und die Fachärzt:innen sagten, meine Schwangerschaft habe sich höchst gefährlich entwickelt, und es gebe nur zwei Möglichkeiten: entweder mein Kind werde sterben, oder wir beide, ich und mein Kind. Für irgendwelche Eingriffe sei es bereits zu spät, und auch einfachste Maßnahmen – ich fand heraus, dass in einem früheren Stadium bereits Aspirin geholfen hätte – würden nichts mehr bringen.«

Die Ärzt:innen empfahlen Ribeiro-Addy einen Schwangerschaftsabbruch und die Einleitung der Geburt, um ihr eigenes Leben zu retten. Man sagte ihr, dass sich ihr Zustand rapide verschlechtern würde, so dass sie umgehend jemanden benennen müsse, der Entscheidungen für sie treffen könne, sollte sie das Bewusstsein verlieren. »Um diese Entscheidung kam ich noch mal herum, denn der tags darauf anberaumte Ultraschall zeigte, dass das Herz meines Babys aufgehört hatte zu schlagen.« Die Geburt wurde eingeleitet, und nach etwa 18 Stunden Wehen gebar Ribeiro-Addy eine Tochter. »Gläubig, wie ich bin, hatte ich selbst da noch die Hoffnung, dass die Ärzt:innen sich vielleicht geirrt hätten und alles gut werden würde ... aber die Kleine rührte sich nicht, sie weinte nicht, und es geschah auch kein Wunder.«

Ribeiro-Addy verwies auf weitere Studien für den Zeitraum von 2005 bis 2013: Im Vergleich zu *weißen* Frauen in Großbritannien lag das Risiko für eine schwere mütterliche Morbidität bei afrikanischen Frauen, zu denen sie sich selbst zählt, um 83 Prozent höher, bei afrokaribischen Frauen um 80 Prozent.[22] Und das nach der Bereinigung um andere Faktoren, die bekanntermaßen mit schwerer mütterlicher Morbidität verbunden sind, also zum Beispiel bestehende Vorerkrankungen, Body-Mass-Index (BMI), sozioökonomischer Status und verhaltensgebundene Risikofaktoren wie beispielsweise das Rauchen. »Wir haben weder ein nationales Gesundheitsziel formuliert, um diesen Zustand zu beenden«, sagte Ribeiro-Addy, »noch wissen wir, mit welchen gesundheitsrelevanten Problemen Schwarze Frauen weiterhin permanent konfrontiert sein werden.«

Die USA und Großbritannien bilden hier keine Ausnahme. Auch in vielen anderen Ländern, für die entsprechende Statistiken vorliegen – darunter Indien, China, Brasilien, Nigeria, Mexiko und Australien, um nur einige zu nennen –, zeigen sich auffällige Ungleichheiten bezüglich der maternalen Gesundheit zwischen rassifizierten und ethnisch markierten Gruppen wie auch benachteiligten Gruppen im Kastensystem.[23,24,25,26,27,28,29,30] Ein großes Problem, das durch ein enormes Gefälle der maternalen Mortalitätsraten je nach Weltregion noch verschärft wird. Nach Angaben der Weltgesundheitsorganisation ist die Gesamtrate der maternalen Mortalität stark vom Einkommen abhängig und lag 2020 in Ländern mit niedrigem und niedrig-mittlerem Einkommen bei knapp 94 Prozent.[31] Infolgedessen sind People of Colour auch auf globaler Ebene überproportional stark betroffen; auf Subsahara-Afrika und Südasien entfielen im selben Jahr etwa 87 Prozent der geschätzten Gesamtzahl der Fälle von Müttersterblichkeit weltweit.

▪

D'lissa Parkes war überglücklich, als sie erfuhr, dass sie schwanger war. Die in London ansässige Erzieherin liebte Kinder und riss sich darum, auf ihre Nichten und Neffen aufzupassen. »Sie war Familienmensch durch und durch, freute sich immer riesig auf Familientreffen, fieberte Geburtstagen und Weihnachten entgegen und konnte es jedes Jahr kaum abwarten, sich an Heiligabend in einen schönen neuen Pyjama zu kuscheln«, schrieb ihre Mutter Sylvia in einem Blog auf der Website Five X More.[32] »Sie war das Herz und die Seele jeder gemeinsam verbrachten Zeit mit der Familie.«

Ungefähr in der siebten Woche ihrer Schwangerschaft kam es bei D'lissa zu Blutungen. Ihre Ärztin veranlasste einen Ultraschall, der eine Wucherung in ihrem Unterleib zeigte. Sie hatte in der Vergangenheit unter schweren Verstopfungen gelitten und die Diagnose Dickdarmerweiterung bekommen. Die Wucherung, so Sylvia, sei auch bei allen nachfolgenden Ultraschalluntersuchungen sichtbar gewesen, dabei aber ignoriert und nicht mit ihrer Schwangerschaft in Verbindung gebracht worden. Dann, in der 37. Woche, wurde eine Steißlage ihres Babys festgestellt. Bei einer Erstgeburt, und das war es für D'lissa, sollte sich das Baby um diese Zeit bereits in die Schädellage gedreht und sich mit dem Kopf voran nach unten ins Becken geschoben haben, genau richtig rum für die Geburt. Doch das passiert nicht immer, und das Baby bleibt bis zum Einsetzen der Wehen in Steißlage. D'lissa begab sich für eine manuelle Drehung, eine sogenannte äußere Wendung bei

Beckenendlage, ins Krankenhaus, wo fachmännische Hände durch sanften Druck auf den Bauch versuchten, das Baby in die Schädellage zu bringen. Eine Woche später war D'lissa zurück im Krankenhaus, wo sie derselbe Arzt untersuchte, der die äußere Wendung durchgeführt hatte. Sie habe starke Schmerzen gehabt, erzählte Sylvia später in einem Interview für eine BBC-Dokumentation, und der Muttermund sei bereits um einen Zentimeter geweitet gewesen.[33] Zu diesem Zeitpunkt, so Sylvia, war der Kopf des Babys noch nicht tief in den Geburtskanal eingetreten, was die Weitung des Muttermunds erklärt hätte. Aber der Arzt beteuerte, es sei alles normal, denn die Becken von Schwarzen Frauen seien nun mal anders geformt als die von *weißen* Frauen. Und so schickte er D'lissa wieder nach Hause.

Einen Tag später, in den frühen Morgenstunden, setzten bei D'lissa die Wehen ein, und sie kam erneut ins Krankenhaus, wo schnellstmöglich ein Notkaiserschnitt vorgenommen wurde. D'lissa starb. In ihrer Lunge hatte sich ein Blutgerinnsel gebildet, und ihr Herz blieb stehen. Ihre Tochter, S'riaah Christina, überlebte mit schweren Hirnverletzungen und es wurde eine Zerebralparese, eine Gehirnlähmung, diagnostiziert.

Eine gerichtliche Untersuchung ergab, dass der Hauptrisikofaktor für D'lissas Tod die Schwangerschaft gewesen war.[34] Andrew Walker, der Gerichtsmediziner, konstatierte aber auch grobe Sorgfaltsmängel, darunter das Versäumnis seitens des medizinischen Personals, D'lissas Krankenakte anzufordern, die Informationen über ihre langjährige Obstipation und vorherige Diagnosen enthielt. In ihrem Dickdarm hatte sich eine Koprostase gebildet, eine Anhäufung verfestigten Kots, die ihre Gebärmutter verformte, was die sie betreuenden Hebammen während der Wehen- und Geburtsphase aufgrund der fehlenden Einsicht in die Krankenakte nicht wussten. »Dies hat allenfalls in geringem Maße zu ihrer Lungenembolie [Blutgerinnsel in der Lunge] beigetragen, der Hauptrisikofaktor lag in der Schwangerschaft an sich«, so Walker in seinem Befund. Er sagte auch, dass es eigentlich angezeigt gewesen wäre, D'lissa bei ihrem Klinikbesuch einen Tag vor ihrem Tod stationär aufzunehmen, da ein akutes Risiko für mögliche Schädigungen an ihrem ungeborenen Baby bestanden habe; für ihre eigenen Überlebenschancen, so fügte er hinzu, habe die Entlassung allerdings keine Rolle gespielt. In ihrem Blog schrieb Sylvia: »Ich bleibe dabei. Ihr Tod hätte verhindert werden können, hätte man sie ernst genommen, als sie am Tag vor ihrem Tod das Krankenhaus aufsuchte und man sie wieder nach Hause geschickt hatte. Ich bin keine Medizinerin … aber ich bin ihre Mutter.«

Als ich erstmals hörte, was mit D'lissa passiert war, war ich am Boden zerstört. Ich war damals sechsundzwanzig – zufälligerweise genauso alt wie sie, als sie starb. Das Team von Five X More hatte Sylvias Blog über den Verlust ihrer Tochter auf seiner Website veröffentlicht, und zwar an D'lissas 31. Geburtstag, der in Großbritanniens erste Black Maternal Mental Health Week fiel, die für September 2020 organisiert war. Die Wissenschaftlerin in mir grübelte immer wieder über die medizinischen Details, die Sylvia so freimütig veröffentlicht hatte. Und während ich die Details genauer betrachtete, fiel mir eine Sache auf: Die Vorstellung, wonach das Becken einer Schwarzen Frau anders geformt sein soll als das einer *weißen* Frau (worauf sich der Arzt bezog, den D'lissa nur einen Tag vor ihrem Tod aufgesucht hatte) ist, gelinde gesagt, fragwürdig.

1933 veröffentlichten die in New York ansässigen Geburtshelfer William Caldwell und Howard Moloy eine Beschreibung der weiblichen Beckenanatomie. Noch heute sind ihre Darstellungen in Lehrbüchern für Medizin und Geburtshilfe zu finden.[35] Caldwell und Moloy analysierten die menschlichen Skelette einer im frühen 20. Jahrhundert zusammengetragenen Sammlung und kategorisierten vier Subtypen weiblicher Beckenformen: »gynäkoid«, »platypeloid«, »android« und »anthropoid«. Diese Kategorisierungen bauten auf früheren Bezeichnungen von William Turner auf, einem britischen Arzt und Anatom des 19. Jahrhunderts.[36] Turner konzentrierte sich in seiner Arbeit auf die vorherrschenden Beckenformen der verschiedenen *races* und deren vermutete Geburtstauglichkeit. Turner zufolge war die »gynäkoide« Beckenform »charakteristisch für die höher zivilisierten und entwickelten Rassen der Spezies Mensch« – soll heißen der *weißen* Europäer:innen, wie er selbst einer war –, während die »anthropoide« Formung »häufiger bei Rassen von eher niederer Art der Spezies Mensch beobachtet wurde und eine degradierte oder animalisierte Ausprägung aufwies«.

Die Caldwell-Moloy-Klassifikation trug dazu bei, diese rassifizierten Kategorisierungen in die geburtshilfliche Literatur des 20. Jahrhunderts zu übertragen, zu einer Zeit, da Krankenhausgeburten in der westlichen Welt immer üblicher wurden.[37] 1949 veröffentlichte der deutsch-schweizerische Primatologe und Anthropologe Adolph Schultz an der Johns Hopkins University School of Medicine in Maryland eine Arbeit, in der er Messungen der Beckenknochen einer »adulten N*****« mit denen von adulten weiblichen Menschenaffen und anderen Affenarten verglich.[38] Auch in den USA gab es permanent vergleichende Studien zu Beckenformungen von Schwarzen Frauen und *weißen* Frauen.[39,40] Im Jahr 2002 wurden im Rahmen einer vergleichenden Studie 80 Skelette aus der Hamann-Todd-Sammlung analysiert*. Das Ergebnis: Die Beckenbodenfläche bei Afroamerikanischen Frauen war im Schnitt um 5 Prozent kleiner als bei *weißen* europäisch-amerikanischen Frauen. Doch zu jener Zeit, als man die Skelette zusammentrug, erfolgte die Einteilung lediglich in die Kategorien »Schwarz« und »Weiß«, teils basierend auf rassistischen Annahmen über Becken-Anatomie. Einer der Sammler, Thomas Wingate Todd, konstatierte gar, dass »das schmale Becken ein so auffälliges N****-Merkmal ist, und der ermittelte Durchschnitt um so viel schmaler als das von Proben anderer amerikanischer N****, dass es sehr wohl als Indiz für einen reinen N****-Beckentyp gelten kann.«[41] Dies zeigt insofern eine klare einseitige Verzerrung, als dass die Sammler damals für die Einteilung der Menschheit in verschiedene »rassische Großgruppen« nach phänotypischen Merkmalen genau solche vermuteten anatomischen Unterschiede heranzogen, um die Idee der Einteilung in »Rassen« zu untermauern. Für die Autor:innen der Studie von 2002 ist das allerdings viel zu kurz gegriffen: »Diese Klassifizierungen [nach phänotypisch zusammengehörigen ›Großrassen‹] machen keine vollständigen Angaben zur Herkunft der Proben. Rasse ist ein abstrakter Begriff, der auf die gesellschaftliche Deutung beschränkt ist.«

Eine aktuellere Auswertung der Becken-CTs von 64 freiwilligen Probandinnen in Australien ergab keine offensichtliche Einteilung in vier Subtypen von Beckenformen, wie sie Caldwell und Moloy klassifiziert hatten, sondern vielmehr ein »amorphes, diffu-

---

* Die Hamann-Todd-Sammlung besteht seit 1893 und umfasst mehr als 3000 menschliche Skelette und über 900 Primatenskelette. Auch Caldwell und Moloy haben diese Sammlung bereits in den 1930er Jahren herangezogen.

ses Kontinuum von Formvarianten«.[42] Die 2015 veröffentlichte Studie empfahl Dozent:innen und Autor:innen in Bereichen rund um die Geburtshilfe und Gynäkologie, die Klassifizierung nach Caldwell-Moloy mit Vorsicht zu genießen. Spätere Forschungen haben gezeigt, dass die Form des Geburtskanals sowohl innerhalb als auch zwischen menschlichen Bevölkerungsgruppen in verschiedenen Regionen der Welt stark variiert. Eine Studie aus dem Jahr 2018, die Geburtskanalformen bei Populationen auf fünf Kontinenten untersuchte, ergab eine »durchgängige Variationsbreite des Geburtskanals, ohne abrupte Unterschiede zwischen den Regionen«.[43]

Weibliche Becken gibt es in allen Formen und Größen, und das hat nichts mit irgendeiner »Rasse« zu tun. D'lissas Arzt lag falsch – und ist damit leider nicht allein. Das hartnäckige Stereotyp, wonach sich die Becken Schwarzer Frauen von denen *weißer* Frauen unterschieden und ihnen sogar unterlegen seien, ist nur *ein* Beispiel von vielen, wie sehr wissenschaftlicher Rassismus in der medizinischen Praxis immer noch verhaftet ist. Darauf werden wir später in diesem Buch noch detaillierter eingehen. Diese besondere Form des wissenschaftlichen Rassismus zielt aber nicht nur auf Schwarze Frauen. Im Mexiko des 19. Jahrhunderts beschrieb der Entbindungsarzt Francisco Flores y Troncoso die Becken von Indigenen Frauen als »nach unten und hinten« gerichtet und als minderwertig gegenüber denen von *weißen* spanischen Frauen. Flores y Troncoso vertrat sogar die Ansicht, dass »Rassenvermischung« die eigentliche Ursache für die »nach unten und hinten« gerichteten Becken der mexikanischen Frauen sei. Diese Vorstellungen dienten später als Legitimation von Plänen zur eugenischen Sterilisation aufgrund einer vermeintlichen »Becken-Unzulänglichkeit« bei Indigenen Frauen in Mexiko.[44]

Rassistische Vorstellungen über die weibliche Becken-Anatomie sind Teil einer längeren Geschichte von Rassismus und Diskriminierung in der Geburtshilfe und Gynäkologie. Der US-amerikanische Arzt William Potts Dewees, einer der frühen Pioniere auf dem Gebiet der Geburtshilfe, glaubte, dass wohlhabende *weiße* Frauen während der Geburt mehr litten als vergleichsweise arme *weiße* oder Schwarze Frauen, da die Zivilisation ihre Gehirne empfindlicher gemacht habe.[45] Unterdessen führte der Arzt und Chirurg James Marion Sims, oft als »Vater der modernen Gynäkologie« bezeichnet, experimentelle Operationen ohne Narkose an versklavten Schwarzen Frauen durch.[46]

Dieses Versagen, sich in den Schmerz Schwarzer Frauen einzufühlen oder ihn gar anzuerkennen, stellt bis heute ein Problem dar. »Es ist diese Verpflichtung, Schwarze Menschen in ihrem Menschsein zu ignorieren, die uns dahin geführt hat, wo wir jetzt sind«, bemerkte Karbeah. »Die Leute glauben [Schwarzen Frauen und Gebärenden] einfach nicht, wenn sie so was sagen wie ›Mir geht es nicht gut‹. So wie im Fall von Serena Williams, es wird ihnen einfach nicht zugehört, wenn sie Sorgen und Ängste äußern«, sagte sie.

Laut Jenny Douglas, Forscherin im Bereich Public Health an der Open University in Milton Keynes, der größten staatlichen Universität in Großbritannien, könnte die über so lange Zeit geradezu besessene Fokussierung darauf, nach biologischen Unterschieden zwischen »Rassen« zu suchen, davon ablenken, die Grundursachen heutiger Unterschiede in der Müttergesundheit zu erforschen. Mit Blick auf die Erforschung von Faktoren, die zu ethnischen Ungleichheiten bei Schwangerschafts- und Geburtsergebnissen beitragen, sagte sie mir: »Wir verschwenden nur Geld, indem wir nach biologischen Erklärungen suchen.« In Großbritannien beispielsweise, wo Douglas seit Jahrzehnten zur

Gesundheit Schwarzer Frauen forscht, würde sie es begrüßen, wenn Studien zu Rassismus- oder Diskriminierungserfahrungen Schwarzer Frauen stärker in den Blick genommen würden.

»Was wir dringend brauchen, sind noch viel mehr qualitative Forschungen über die Erfahrungen Schwarzer Frauen in der Gesundheitsversorgung und Schwangerenbetreuung«, erklärte sie. »Schwarzen Frauen wird nicht zugehört, Schwarzen Frauen wird nicht geglaubt, Schwarze Frauen erfahren nicht die gleiche Versorgung wie *weiße* Frauen.« Und in der Tat, trotz des großen Gefälles der Müttersterblichkeit zwischen Schwarzen und *weißen* Frauen gibt es nur wenige Studien, die sich mit den real empfundenen Wahrnehmungen Schwarzer Frauen und Gebärender in der Gesundheits- und Schwangerenversorgung in Großbritannien systematisch befassen. »Wir haben Forschungsvorschläge eingereicht, die nicht finanziert wurden«, sagte Douglas. Die Grassroots-Initiative Five X More arbeitet daran, diese Informationslücke zu schließen und hat dazu im April 2021 erstmals eine landesweite Studie namens »Black Maternity Experiences Survey« gestartet, geleitet von einem Team Schwarzer Frauen – darunter auch Douglas und weitere Expert:innen für maternale Gesundheit in Großbritannien.

Die Ergebnisse dieser Studie veröffentlichte Five X More im Mai 2022:[47] 43 Prozent der Schwarzen oder *Mixed* Frauen berichteten, sich im Verlauf ihrer Schwangerschaftsbetreuung diskriminiert gefühlt zu haben; ein ähnlich hoher Anteil bewertete die Betreuung während der Geburt als »schlecht« oder »sehr schlecht«. Im Rahmen der umfassenden Befragung mit mehr als 1000 Schwarzen oder *Mixed* Frauen, die in Großbritannien zwischen 2016 und 2021 schwanger gewesen waren und gesundheitliche Versorgung vor und während der Geburt in Anspruch genommen hatten, konnten die Teilnehmerinnen auch untereinander ihre persönlichen Geschichten austauschen. Was dabei immer wieder durchklang, war das Gefühl, vom medizinischen Personal links liegen gelassen worden zu sein. Ihre »Sorgen« seien ignoriert worden, als würden ihre »Gedanken und Gefühle gar keine Rolle« spielen, was sie »verängstigt« zurückließ. In einigen Fällen führte dies zu Notfallsituationen, wie eine der Teilnehmerinnen berichtete: »Am Ende musste meine Tochter per Notkaiserschnitt geholt werden, weil ihr Herzschlag abgefallen war [...] Und alles nur, so mein Eindruck, weil die Hebamme mich stundenlang wie Luft behandelt hatte, während ich ihr begreiflich zu machen versuchte, dass irgendwas nicht stimmte.«

Laut Bericht von Five X More zu dieser Befragung schilderten viele Frauen auch Situationen, in denen man ihnen indirekt zu verstehen gegeben hatte, sich gefälligst nicht so anzustellen und ihre Wehenschmerzen doch bitte zu beherrschen. Aber auch im Vorfeld des eigentlichen Geburtsvorgangs sind rassistische Unterstellungen keine Seltenheit, wie die folgende Episode verdeutlicht: »Gleich beim ersten Vorsorgetermin sagte eine Krankenschwester, sie könne es kaum fassen, dass ich wisse, wer der Vater sei. Menschen wie ich wüssten das normalerweise nicht.« Eine andere Frau erzählt von ihrem Erlebnis während der Geburtswehen: »Dass die Eröffnungsphase bei mir so lange dauere, liege ›wahrscheinlich am afrikanischen Becken‹, sagte mir eine Hebamme während der Untersuchung. [...] Ich war unglaublich verletzt, da sie wirklich glaubte, es gäbe so etwas wie ein ›afrikanisches Becken‹.« Der Bericht von Five X More kam zu dem Schluss, dass die Erfahrungen Schwarzer Frauen in Großbritannien während der vor- und nachgeburtlichen Betreuung insgesamt »von rassistischer Ungleichheit geprägt sind«.

In derselben Woche, in der Five X More 2022 ihren Bericht

veröffentlichte, brachte auch die britische Wohltätigkeitsorganisation Birthrights – ursprünglich gegründet, um zu verhindern, dass Frauen und Babys während der Schwangerschaft und bei der Geburt sterben – einen eigenen Bericht heraus, der auf einer langjährigen Untersuchung zu rassistisch motivierten Ungerechtigkeiten und Menschenrechten in der Geburtshilfe und Mütterversorgung in Großbritannien basierte.[48] Er kam zu dem Schluss, dass Schwangere und Gebärende Schwarzer und asiatischer Herkunft durch rassistische Diskriminierung in der Betreuung Nachteile erlitten.

Des Weiteren legen frühere britische Studien zur Schwangerenversorgung nahe, dass Frauen ethnischer Minderheiten diesbezüglich generell schlechtere Erfahrungen machen als *weiße* Frauen. Eine britische Erhebung aus dem Jahr 2010 zu Betreuungsverläufen während Schwangerschaft und Geburt mit 24 000 teilnehmenden Frauen kam zu folgendem Ergebnis: Frauen aus ethnischen Minderheitengruppen berichteten seltener als *weiße* Frauen von einer rundum guten Begleitung durch Schwangerschaft und Geburt, hatten vergleichsweise seltener das Gefühl, verständlich und nachvollziehbar über alles aufgeklärt, empathisch und freundlich begleitet und ausreichend in Entscheidungen einbezogen zu werden oder sich vertrauensvoll in betreuende Hände begeben zu können.[49] Diese Ergebnisse decken sich mit denen einer kleineren, offen angelegten Umfrage mit anonymisierten Antworten, die in etwa zur gleichen Zeit ebenfalls in England durchgeführt wurde.[50] So etwa erzählt eine dieser anonymen Schwarzen Frauen: »Auf der Wöchnerinnenstation wurde ich ignoriert, hatte das Gefühl, hier überhaupt nicht erwünscht zu sein. Als man mich dann aufforderte, nach Hause zu gehen, obwohl ich noch eine Zeit der Ruhe und Erholung gebraucht hätte, gab ich klein bei und ging.« Eine andere anonyme Teilnehmerin der Umfrage, eine asiatisch-stämmige Frau, beschrieb folgende Situation: »Die Hebamme nahm die Schmerzen, die ich hatte, nicht weiter ernst und ging darüber hinweg … und obwohl ich sie wiederholt darauf ansprach und mehrfach betonte, dass ich und mein Mann studierte Ärzt:innen seien, wurde ich vorzeitig entlassen, unter höllischen Schmerzen.«

Geschichten wie diese spiegeln sich auch in Statistiken aus den USA wider, wo es sehr viel mehr Studien und dokumentierte Erfahrungen mit impliziten Formen von Vorurteilen und Rassismus in der Schwangerenbetreuung gibt, die dann teilweise sogar mit schlechteren Geburtsergebnissen in Verbindung gebracht werden, insbesondere bei Schwarzen und Indigenen Frauen.[51,52,53,54,55,56] Landesweit berichten BIPoC-Frauen tendenziell häufiger als *weiße* Frauen, während ihrer Schwangerschaft oder Geburt mindestens eine Form von falscher oder schlechter Behandlung durch eine medizinische Fachperson erlebt zu haben.[57] Und laut einer 2016 durchgeführten Befragung unter Frauen, die in jenem Jahr im US-Bundesstaat Kalifornien entbunden haben, berichten mehr als 10 Prozent der befragten Schwarzen Frauen von einer wahrgenommenen Ungleichbehandlung aufgrund rassistischer Vorurteile, im Vergleich zu nur 1 Prozent der befragten *weißen* Frauen. Darüber hinaus berichten Schwarze Frauen häufiger als *weiße* Frauen, sich während der Wehen und des Geburtsvorgangs unter Druck gesetzt und sich zu medizinischen Interventionen wie der Gabe von Wehenmitteln, PDA (Periduralanästhesie) etc. gedrängt gefühlt zu haben, sowie davon, nicht ermutigt worden zu sein, das Geburtsprozedere aktiv und selbstbestimmt nach ihren individuellen Bedürfnissen mitzugestalten.[58] Negative Erfahrungen wie diese, kombiniert mit Klischees über Schwarze Frauen, die angeblich immer wütend oder schwierig sind, halten Schwarze Schwangere und Gebärende möglicherweise davon ab, um Hilfe zu bitten, wenn sie

sie brauchen. »Wenn du als Schwarze Frau etwas willst und Ansprüche stellst, wirst du als Problem gesehen«, so Douglas. »Und so sprechen Schwarze Frauen oft gar nicht aus, wie sie sich fühlen, weil sie wissen, dass ihnen sowieso niemand wirklich zuhört.«

Neben impliziten Formen von Vorurteilen und Erfahrungen mit Alltagsrassismus in der Gesundheits- und Schwangerenversorgung haben Women of Colour auch noch mit Vorurteilen zu rechnen, die in medizinischen Algorithmen und Behandlungsrichtlinien verankert sind. In den USA enthielt ein Algorithmus namens Vaginal Birth After Caesarean (VBAC) – ein Verfahren zur Bewertung der Sicherheit einer Vaginalgeburt nach einem vorangegangenen Kaiserschnitt – noch bis Mai 2021 spezifische Anpassungsmöglichkeiten nach *race* und ethnischer Herkunft.[59] Diese Faktoren bedeuteten, dass für Schwarze und hispanische Frauen und Gebärende systematisch eine geringere Aussicht auf die sichere Option einer VBAC angenommen wurde als für *weiße* Frauen und Gebärende. Dies ist umso besorgniserregender angesichts der Tatsache, dass eine erfolgreiche spontane Entbindung nach vorausgegangenem Kaiserschnitt nachweislich gesundheitliche Vorteile mit sich bringt, wie zum Beispiel ein deutlich verringertes Risiko für Blutungen und Infektionen nach der Geburt oder Komplikationen bei weiteren Schwangerschaften.[60]

Faktoren wie *race* und ethnische Herkunft wurden in den VBAC-Algorithmus anfänglich inkludiert in dem Versuch, den Beobachtungen der Forschung Rechnung zu tragen, die darauf hinwiesen, dass *Weißsein* mit einer höheren Chance auf eine erfolgreiche VBAC einhergehe.[61] Möglicherweise »tragen ethnische Unterschiede in der weiblichen Beckenarchitektur dazu bei«[62], spekuliert eine Studie aus dem Jahr 2006 zur Untersuchung der Disparitäten in den Erfolgsraten von Vaginalgeburten nach Kaiserschnitt bei afroamerikanischen oder hispanischen Frauen und *weißen* Frauen. Doch wie Darshali Vyas und ihre Kolleg:innen 2019 in einem wissenschaftlichen Fachartikel herausstellten, sind rassifizierende und ethnische Unterschiede in Sachen VBAC-Erfolg auf soziale Ungleichbehandlungen zurückzuführen, nicht aber auf angeblich biologisch determinierte Unterschiede.[63] Und eine Automatisierung dieser Ungleichheiten, indem wir sie in einen medizinischen Algorithmus einfügen, ist sicherlich keine Lösung. »Wenn wir die bestehenden Unterschiede systematisieren, indem wir ›Rasse‹ und ethnische Herkunft als Subtraktionsfaktoren in ein Vorhersagemodell einbauen, riskieren wir eine Fortschreibung dieser Tendenzen«, schrieben die Forscher:innen.

Im Mai 2021 veröffentlichten die Entwickler:innen des ersten VBAC-Algorithmus, William Grobman von der Northwestern University in Illinois und Kolleg:innen, eine aktualisierte Version, die von den infragestehenden Faktoren bereinigt war.[64] Ein wichtiger Schritt, wenngleich ihr Erbe in den VBAC-Ergebnissen wohl noch einige Zeit spürbar sein wird. Nach Daten des National Vital Statistics Report, bezogen auf das Jahr 2019 (den zum Zeitpunkt meiner Recherchen aktuellsten), ist die Kaiserschnitt-Rate bei nicht-hispanischen Schwarzen Frauen und hispanischen Frauen nach wie vor höher als bei nicht-hispanischen *weißen* Frauen.[65] Eine frühere Studie an Frauen, die zwischen 1990 und 2008 an der University of California in San Francisco entbunden haben, zeigt, dass Schwarze Frauen sowie Latina-Frauen vergleichsweise häufiger eine Kaiserschnittgeburt hatten, und zwar auch nach Bereinigung um Faktoren wie chronische Krankheiten, Schwangerschaftskomplikationen oder soziodemographische Parameter.[66]

Kurz nach Veröffentlichung des neuen, nicht mehr rassifizierenden VBAC-Algorithmus in den USA, legte das National

Institute for Health and Care Excellence (NICE) in Großbritannien einen Versorgungsleitlinien-Entwurf vor. Darin wird Ärzt:innen und Hebammen in England, Wales und Nordirland empfohlen, bei schwangeren Frauen, die »einer Schwarzen oder asiatischen ethnischen Minderheit angehören«, die Einleitung der Geburtswehen in der 39. Schwangerschaftswoche, also noch vor Einsetzen der natürlichen Wehen, zu erwägen, und zwar aufgrund eines »höheren Risikos für Komplikationen, die mit einer fortgesetzten Schwangerschaft verbunden sind«. Dieser Entwurf stieß bei Ärzt:innen und Patientenvertreter:innen auf heftige Kritik. Eine frühzeitige Einleitung der Geburtswehen aufgrund von ethnischer Herkunft, so argumentieren sie, bekämpfe mitnichten die komplexen primären Faktoren, die ursächlich zu schlechteren Geburtsergebnissen bei Frauen aus ethnischen Minderheiten beitragen, und könne dazu führen, dass sich die Frauen zu dieser speziellen Methode gedrängt fühlten, ohne dass nachgewiesen ist, dass ihnen das wirklich zugutekommt.[67,68] Für die Endfassung des Leitfadens, die das NICE im November 2021 veröffentlichte, strich man diese umstrittene Handlungsempfehlung wieder.[69] Stattdessen empfiehlt die Leitlinie nun die Einleitung des Geburtsvorgangs in der 41. Schwangerschaftswoche, für alle unkomplizierten Schwangerschaften – ohne Bezug auf ethnische Herkunft. Gleichwohl, so heißt es weiter, solle sich das fachärztliche Klinikpersonal darüber im Klaren sein, dass »Frauen, die einer ethnischen Minderheit angehören oder aus benachteiligten Wohngegenden kommen«, ein erhöhtes Risiko für mögliche Komplikationen während der Geburt haben und ihnen daher eine intensive Überwachung und zusätzliche Unterstützung wohl zugutekäme.

▪

J'Mag Karbeah, die Gesundheitsforscherin an der University of Minnesota, bezeichnete den Prozess der Schwangerschaft und Geburt in unserem Gespräch als »eines der fantastischsten Dinge, die der menschliche Körper zu vollbringen imstande ist«. So schön dies klingen mag, es macht mir auch Angst: Ich bin an einem Punkt in meinem Leben angekommen, wo eine Schwangerschaft, die ich jahrelang aktiv zu verhindern versucht habe, für mich und meinen Partner langsam vorstellbar wird. Doch das eine wie das andere – nicht schwanger werden zu wollen und nun zu versuchen, schwanger zu werden – verbinden sich in meinem Kopf gleichermaßen mit Sorgen und Ängsten.

Solange ich mich erinnern kann, hatte ich Zugang zu Verhütungsmitteln und wusste um die Option eines Schwangerschaftsabbruchs, sollte es zu einer ungewollten oder gesundheitsgefährdenden Schwangerschaft kommen. Eine privilegierte Position, ich weiß, und alles andere als selbstverständlich. Die WHO bezeichnet Abtreibung als eine »wesentliche Gesundheitsdienstleistung«. Und doch hat der Oberste Gerichtshof der Vereinigten Staaten im Juni 2022 das seit 1973 bestehende und damals bahnbrechende Urteil »Roe v. Wade« gekippt und damit das verfassungsmäßige Recht auf einen Schwangerschaftsabbruch in den USA wieder aufgehoben. Seit dieser Entscheidung des Supreme Court haben Millionen von Menschen in den USA den ungehinderten Zugang zu legalen und sicheren Schwangerschaftsabbrüchen in ihren Bundesstaaten verloren, und wie immer sind Schwarze ebenso wie Angehörige anderer marginalisierter Gruppen unverhältnismäßig stark davon betroffen.

Nach Daten des CDC aus dem Jahr 2019 liegen die Abtreibungsraten bei Schwarzen Frauen und Latina-Frauen vier- beziehungsweise zweimal so hoch wie bei *weißen* Frauen.[70] Aus einem

Bericht der Kaiser Family Foundation vom Juli 2022 geht hervor, dass mehr als vier von zehn Frauen im Alter von 18 bis 49 Jahren, die in Staaten leben, in denen Abtreibung bereits illegal ist oder wahrscheinlich illegal werden wird, Women of Colour sind, darin eingeschlossen fast die Hälfte aller amerikanischen Indigenen und alaskischen Indigenen Frauen in ebendieser Altersgruppe.[71] Besonders grausam erscheint mir, dass all jene, die marginalisierten Gruppen angehören und ohnehin schon ein unverhältnismäßig hohes Risiko haben, während der Schwangerschaft oder Geburt zu sterben, oft auch noch der Wahlfreiheit auf selbstbestimmte Familienplanung und des Zugangs zu dieser lebenswichtigen Form der Gesundheitsversorgung beraubt werden. Und nicht nur in den USA sind Schwangerschaftsabbrüche nur eingeschränkt möglich oder sogar verboten. Viele der in den USA gegründeten Anti-Abtreibungsorganisationen haben mittlerweile Repräsentanzen im Ausland, auch in Europa, wo ich wohne. Und etliche Länder, darunter Polen (die Heimat meines Lebenspartners), El Salvador oder Nicaragua haben den Zugang zu Abtreibungen in den letzten Jahrzehnten ebenfalls stark eingeschränkt.

Ob ich überhaupt versuchen soll, schwanger zu werden? Auch diese Frage bereitet mir Sorgen. Ungleichheiten aufgrund der Ethnie sind in jeder Phase der Schwangerschaft spürbar vorhanden, sogar schon, bevor sie beginnt. Statistiken über Fehlgeburten gibt es zwar kaum, aber eine Studie von 2021, die Daten aus sieben Ländern in Nordamerika und Europa analysiert, zeigt, dass Schwarze Frauen ein höheres Risiko haben, eine Fehlgeburt zu erleiden, als *weiße* Frauen.[72] Aus Daten von 4,6 Millionen Schwangerschaften in den USA, Großbritannien, Kanada, Schweden, Dänemark, Finnland und Norwegen geht hervor, dass die Wahrscheinlichkeit für eine Fehlgeburt bei Schwarzen Frauen um 43 Prozent höher liegt als bei *weißen* Frauen. Überdies stoßen Schwarze Frauen beim Zugang zu medizinisch unterstützten Reproduktions- und Fruchtbarkeitsbehandlungen auf deutlich mehr Hindernisse, wie US-amerikanische und britische Untersuchungen nahelegen. Schwarze Frauen in den USA unterziehen sich seltener einer künstlichen Befruchtung (In-vitro-Fertilisation, IVF) und weisen im Schnitt eine niedrigere IVF-Geburtenrate auf als *weiße* Frauen, obwohl die Wahrscheinlichkeit, dass sie unfruchtbar sind, aus verschiedensten Gründen, die nichts mit der ethnischen Herkunft zu tun haben, etwa doppelt so hoch ist.[73] Im Vereinigten Königreich indes sind Schwarze Patientinnen, die eine künstliche Befruchtung erhalten, bei der Erstvorstellung tendenziell älter als der Durchschnitt, und die Geburtenraten nach erfolgreicher künstlicher Befruchtung liegen bei Schwarzen wie auch bei asiatischen Frauen tendenziell niedriger als bei *weißen* Frauen.[74]

Der erschwerte Zugang zu medizinisch unterstützten Fruchtbarkeitsbehandlungen ist *ein* Aspekt, hinzu kommen weitere Faktoren wie zum Beispiel mangelndes Vertrauen in das Gesundheitswesen infolge von Rassismuserfahrungen oder rassistische Klischees einer »Schwarzen Hyperfertilität«, die zu allgemeinen Ungleichheiten im Bereich der Gesundheitsfürsorge beitragen. »Derlei Faktoren sind in den Diskussionen rund um die Fertilität, die vorwiegend auf Erfahrungen *weißer* Frauen basieren, weitgehend unerforscht«, schreibt Christine Ekechi, Co-Vorsitzende der Race Equality Taskforce am Royal College of Obstetricians and Gynaecologists, in einem Gastkommentar von 2021 im medizinischen Fachblatt *The Lancet*: »Der einzige Weg, um die bestehende Kluft zwischen den Fertilitätsraten in signifikanter Weise zu überwinden, führt über das Verstehen. Wir müssen begreifen, wie klischeebehaftete Stereotype, objektives Wissen über Fertilität sowie kulturelle und religiöse Einflüsse mit Alltagsrassismus, mit dem Zugang zu medizinischen Leistungen und individuellen Gesundheitsfaktoren korrelieren.«[75]

Mit dem Gedanken, schwanger zu werden, kann ich mich inzwischen anfreunden, aber die ganze lange Reise durch die Schwangerschaft schreckt mich dann doch wieder ab. Schon allein die Liste der Dinge, die schiefgehen können, erscheint mir endlos und erdrückend. Und dann die Geburt selbst, die mir, wie vielen Menschen, bereits im Vorfeld Angst macht – Angst vor Wehenschmerzen, vor möglichen medizinischen Eingriffen, Angst und Unsicherheit vor dem Geburtsprozedere an sich. Noch dazu weiß ich ganz genau, dass ich mich – so wie viele andere Schwangere und Gebärende mit dunkler Hautfarbe – auch auf Rassismus gefasst machen muss. Jenny Douglas, die bereits genannte Forscherin im Bereich Public Health und Expertin für Müttergesundheit, erzählte mir, dass sie genau aus diesem Grund froh darüber war, ihre Mutter, selbst Hebamme, bei der Geburt ihres ersten Kindes im Krankenhaus an ihrer Seite gehabt zu haben, wo sie sich für ihre Belange einsetzte.

»So traurig es ist, aber jedem, der heute eine Klinik aufsucht, egal aus welchem Grund, gebe ich den Rat, eine Begleitperson zur Unterstützung mitzunehmen«, sagte Douglas. Ein pragmatischer Ratschlag, wenngleich ein trauriger – und natürlich nicht für alle machbar. Die Website von Five X More gibt ähnliche Ratschläge in Sachen Begleitperson ebenso wie Tipps für Schwarze Schwangere und Gebärende, was Douglas uneingeschränkt unterstützt. Es ist überaus wichtig, so Douglas, sich mit den eigenen Ängsten auseinanderzusetzen, sich über Schwangerschaft und Wehen zu informieren, über medizinische Entscheidungen und Behandlungen Buch zu führen, sich zu äußern, wenn sich etwas nicht richtig anfühlt, und notfalls eine medizinische Zweitmeinung einzuholen.

Meine Ängste vor meinem eigenen möglichen Tag X einer Geburt sind damit etwas besänftigt, doch es ist und bleibt deprimierend, dass die nach wie vor bestehenden ethnischen Ungleichheiten, die derlei Ratschläge überhaupt erst notwendig machen, dieses ohnehin sehr emotionale und komplexe Erlebnis auch noch unnötig kompliziert machen müssen.

▪

Naomi Williams wurde in Tumut in New South Wales, Australien, geboren, einer Stadt, die auf dem Land der Aborigine-Völker Wiradjuri, Walgalu und Ngunnawal liegt. Laut ihrer Mutter Sharon war Naomi ein aufgeschlossenes Kind und fühlte sich in der örtlichen Aborigine-Gemeinschaft in Tumut und Brungle, dem kleinen Nachbarort, sehr wohl. Von klein auf engagierte sie sich in der Gemeinde, liebte Filme, Musik, die Malerei und schrieb Gedichte. Später zog Naomi in die australische Hauptstadt Canberra, wo sie am Yurauna Centre Kunst und Design der Aborigines studierte, bevor sie schließlich nach Tumut zurückkehrte, weil sie ihre Heimatstadt und ihre Freunde vermisste. Wieder in Tumut, begann sie als Betreuerin für Erwachsene mit Behinderung in einer gemeinnützigen Einrichtung namens Valmar Support Services zu arbeiten. Sie liebte es dort und bekam von ihren Schützlingen ebenso viel Liebe zurück. Liebevoll war auch ihre Beziehung zu ihrem Freund Michael und ihrer Stieftochter Kayla, und 2015 wurde Naomi schwanger. »Wir freuten uns riesig auf die Geburt unseres hübschen kleinen Jungen«, sagte Michael später. »Unser Traum begann Wirklichkeit zu werden, und nun waren Naomi und ich genau da angekommen, wo wir immer hinwollten. Da ging wirklich ein Traum in Erfüllung.«

Anfang 2015, noch bevor sie schwanger wurde, hatte sich Naomi immer mal wieder unwohl gefühlt. Sie litt unter Übelkeit und Magenschmerzen und begab sich in den folgenden Monaten mindestens 18 Mal ins örtliche Tumut Hospital. Doch bei keinem dieser Besuche wurde sie an Spezialist:innen überwiesen, weder bevor noch nachdem sie erfahren hatte, dass sie schwanger war. Im Juli 2015 beschwerte sich Naomis Mutter Sharon schriftlich bei der Klinikleitung über die Art und Weise, wie ihre Tochter behandelt wurde. Ihre Tochter, so schrieb sie, habe zwar Cannabis konsumiert, aber dass sie »als eine dahergelaufene Drogensüchtige abgestempelt« und wiederholt an Beratungsstellen für Alkohol- und Drogenkranke verwiesen werde, bedeute »zusätzlichen Stress für ihre Tochter«. Sie sei, so betonte sie, sehr besorgt um Naomis Zustand und drängte auf die unbedingte Überweisung an einen Facharzt. Naomis Beschwerden hielten an, doch Zugang zu einem Facharzt erhielt sie nicht.

Naomis Schwangerschaft gestaltete sich von Anfang an schwierig. *Hyperemesis gravidarum* lautete schließlich die ärztliche Diagnose, eine extreme Form von Übelkeit und Erbrechen in der Frühschwangerschaft. Sie war zu diesem Zeitpunkt mit der Behandlung im Tumut Hospital derart unzufrieden, dass sie überlegte, zur Entbindung zurück nach Canberra zu gehen, wo ihre Mutter lebte.

Kurz nach Mitternacht am Neujahrstag 2016 setzte sich Naomi selbst hinters Steuer und fuhr in die Notaufnahme des Tumut Hospital. Ihr Freund Michael sagte später im Rahmen der gerichtlichen Befragung, dass sie sich am Abend zuvor »ziemlich unwohl« gefühlt habe, dass sie »Probleme hatte, aufzustehen und aus dem Bett zu kommen« und »langsam Fieber bekam«. Etwa 15 Minuten nach Mitternacht traf sie am Krankenhaus ein, wo sie von einer speziell ausgebildeten Triage-Krankenschwester und einer Hebamme untersucht und begutachtet wurde. Danach bekam sie Panadol und wurde wieder nach Hause geschickt – eine gute halbe Stunde nach der Ersteinschätzung der Behandlungsdringlichkeit in der Notaufnahme.

Am Nachmittag kam Naomi wieder ins Krankenhaus, diesmal mit Blaulicht im Rettungswagen. Sie war zu Hause zusammengebrochen und nicht mehr ansprechbar. Bei Ankunft im Krankenhaus hatte Naomis Herz aufgehört zu schlagen.

Im Rahmen der gerichtlichen Befragung im Juli 2019 sagte ihre Mutter Sharon: »Zum Zeitpunkt ihres Todes war meine Tochter eine wunderschöne 27-jährige junge Frau, die sich leidenschaftlich für soziale Gerechtigkeit engagierte, die sich riesig über ihre erste Schwangerschaft und auf ihr erstes Baby freute, hochgeachtet für das, was sie war, eine starke, hart arbeitende Wiradjuri-Frau.«

Wie die Untersuchung zur Klärung der Todesumstände im Juli 2019 abschließend befand, zeigte sich in der Art und Weise, wie man Naomi im Krankenhaus behandelt hatte, ein impliziter Rassismus in Form rassifizierter Vorurteile, der Naomis Aussichten auf eine gute medizinische Versorgung am Tag ihres Todes schmälerte. Als Todesursache wurde eine Sepsis ermittelt, eine lebensbedrohliche Reaktion auf eine Infektion. Eine Sepsis ist eine äußerst ernste Erkrankung, die aber, sofern frühzeitig erkannt, gut mit Antibiotika behandelbar ist. Harriet Grahame, die Gerichtsmedizinerin, kam zu dem Schluss, dass Naomi sofort nach Erstvorstellung am frühen Neujahrsmorgen hätte weitergehend untersucht werden müssen.[76]

Ich stieß ungefähr ein Jahr nach Naomis Tod auf ihre herzzerreißende Geschichte und die Ergebnisse der gerichtlichen Untersuchung, ungefähr zur selben Zeit, als ich auch von D'lissas tragischem Erlebnis einige Jahre zuvor erfuhr. Da wurde mir klar, dass das, was mit D'lissa geschehen war, mit dem zusammenhing, was Naomi auf der anderen Seite der Welt in Australien passiert war, und dass die Erfahrungen beider Frauen wiederum mit den Erfahrungen von Serena Williams in den USA zusammenhingen. 2021 vermittelte mir Naomis Cousine, die Autorin und Akademikerin Anita Heiss, freundlicherweise den Kontakt zu George Newhouse, CEO des National Justice Project mit Sitz in Sydney, einem unabhängigen Rechtsdienst zur Förderung der Menschenrechte im Kampf gegen Benachteiligung und Diskriminierung, der Naomis Familie vertritt.

In einem intensiven Gespräch voller Juristenjargon erläuterte mir Newhouse die erschütternden Einzelheiten der Vorfälle rund um Naomis Tod und hob hervor, warum die Befunde der Gerichtsmedizinerin gerade in Naomis speziellem Fall so überaus wichtig waren.

»Es war das erste Mal, dass eine Gerichtsmedizinerin in Australien in ihren Befunden von rassifizierten Vorurteilen berichtete, die zu einem diskriminierenden Verhalten mit Todesfolge führten«, erklärte Newhouse. »Wir hatten großes Glück, eine Gerichtsmedizinerin wie Grahame zu haben, die imstande war, den Strukturellen Rassismus in Naomis Fall zu erkennen. Und wichtiger noch, dass Naomis Mutter, Sharon Williams, klug genug war, sich mit einer schriftlichen Beschwerde an das Tumut Hospital zu wenden, um die vorurteilsbehaftete medizinische Versorgung, die ihrer Tochter zuteilwurde, aufzuklären. Sharon verging fast vor Sorge, als sie sah, wie ihre Tochter durch die unangemessene Behandlung zunehmend abbaute und ihre eindringlichen Appelle vom betreuenden Personal allesamt ignoriert wurden«, sagte er. »Durch ihre Intervention ist dies einer der seltenen Fälle, in denen bestehende Vorurteile tatsächlich dokumentiert sind. Nur aufgrund dieser objektiven Beweise wurde der Strukturelle Rassismus hier überhaupt erst anerkannt und bestätigt.«

Newhouse hat recht. Das Problem heißt Struktureller Rassismus. An diesem Punkt, so schien es mir, war der Rassismus, der sich wie ein roter Faden durch Naomis Erfahrungen und die Erfahrungen so vieler anderer zieht, nicht zu leugnen. Und Naomi war nicht einmal die Erste aus ihrer Familie, die im Tumut Hospital Rassismuserfahrungen gemacht hatte, wie ich weiter herausfand. Sowohl sie als auch ihre Mutter Sharon wurden in diesem Krankenhaus geboren, und Nellie, Naomis Großmutter mütterlicherseits, war dort rund 25 Jahre lang als Putzkraft beschäftigt. »Ihre Zeit dort war hart. Das Krankenhaus war historisch geprägt von der Segregation. Lediglich ein paar Jahre, bevor Nellie ihren Job dort antrat, war die Rassentrennung zwar offiziell abgeschafft worden, die rassistischen Vorurteile aber bestanden weiterhin, was Nellie in ihrer ganzen Zeit dort zu spüren bekam, obwohl sie unter der Kollegenschaft auch viele Freund:innen fürs Leben fand«, sagte Sharon in der gerichtlichen Befragung zur Aufklärung der Todesumstände ihrer Tochter. »Aufgrund der langjährigen Beziehung meiner Mutter zum Tumut Hospital und unserer familiären Bande mit dem Klinikpersonal hoffte und vertraute ich darauf, dass meine Sorgen und auch das Drängen meiner Tochter auf angemessene Versorgung ernst genommen würden. Aber wir konnten uns den Mund fusselig reden, wie wir wollten, es half nichts: Naomi wurde weiterhin grob nachlässig behandelt.«

Derlei Ungleichbehandlungen offenbaren sich in Australien auch auf nationaler Ebene. Nach Angaben des Australian Institute of Health and Welfare, einer unabhängigen Behörde des Commonwealth, liegt die Rate der schwangerschaftsbedingten Todesfälle unter den Indigenen Aborigines-Frauen und Torres-Strait-Insulanerinnen fast viermal so hoch wie unter nicht-Indigenen Frauen.[77] Indigene Frauen haben auch ein deutlich höheres Risiko für schwere Schwangerschaftskomplikationen, und wie eine Studie aus dem Jahr 2020 ergab, ist das Risiko einer schweren mütterlichen Morbidität bei Frauen »Indigener«, »Afrikanischer« oder »Anderer« Ethnien fast doppelt so hoch wie bei Frauen »Kaukasischer« Volksgruppen.[78] Die Studie zeigt auch, dass ein Großteil der Diskrepanzen zwischen Frauen aus »Indigenen« und Frauen aus »Kaukasischen« Ethnien sich nicht durch soziodemographische, soziale oder lebensstilbasierte Faktoren erklären lässt, etwa durch Mutterschaft im fortgeschrittenen Alter, niedrigen sozioökonomischen Status oder bestehende Vorerkrankungen.

In einer Erklärung nach Abschluss der Untersuchungen im Fall Naomi sprach Jill Ludford, Leiterin des kommunalen Gesundheitsbezirks von Murrumbidgee, zu dem auch das Tumut Hospital gehört, den Angehörigen und Freund:innen von Naomi ihr Beileid aus und versprach, sich fortan persönlich für Verbesserungen einzusetzen.[79] »Wir sind verpflichtet, dafür zu sorgen, dass die Gesundheitsversorgung für unsere Aborigine-Gemeinschaft zu einer positiven Erfahrung wird«, sagte Ludford. Bis heute setzt sich Naomis Familie für ethnische Gleichbehandlung und Gerechtigkeit im Gesundheitswesen ein.

Nach Abschluss der Untersuchungen rund um Naomis Tod im Jahr 2019 gab die Gerichtsmedizinerin neun Empfehlungen an den kommunalen Gesundheitsbezirk von Murrumbidgee, darunter die Förderung eines lokalen Aborigine-Liaison-Health-Worker-Programms (einer Initiative zur Einrichtung lokaler Gesundheitszentren für Aborigines), die Festlegung von Zielvorhaben zur Schaffung und Sicherung von Arbeitsplätzen für Indigene Fachkräfte im Gesundheitswesen sowie Auditoren zur Feststellung von systemischen

Rassismen. Man wolle die Empfehlungen prüfen und aufgreifen, hieß es. »Naomis Familie und deren Angehörige haben viel Zeit in die Ausarbeitung von Empfehlungen zur Verbesserung der Gesundheitsversorgung für die Angehörigen der First Nations gesteckt«, erklärte Newhouse. »Insofern sind die Empfehlungen der Gerichtsmedizinerin in weiten Teilen das Werk von Naomis Familie.«

Die Gerichtsmedizinerin drängte zudem auf die Entwicklung von Konzepten zur Erbringung einer kultursensiblen Gesundheitsversorgung, die sicher und angemessen ist. Die Sicherheitskultur im Gesundheitswesen, so führte sie aus, basiere sowohl auf Verständnis und Respekt für Kulturen und kulturelle Unterschiede, als auch auf einem aufgeklärten Bewusstsein für den historischen Kontext des Kolonialismus, für Rassismus und Ungleichheit als koloniales Erbe.[80] Der Schwerpunkt müsse auf der zu versorgenden Person liegen, einschließlich ihrer gemachten Betreuungserfahrungen, auf einer uneingeschränkten Inanspruchnahme medizinischer Leistungen mit der Möglichkeit, jederzeit Ängste und Bedenken thematisieren zu können. Der Congress of Aboriginal and Torres Strait Islander Nurses and Midwives (CATSINaM) setzt sich seit Jahren für kulturelle Sicherheit im Gesundheitswesen in ganz Australien ein. Zwei Jahre nach Naomis Tod – und nach Rücksprache mit dem CATSINaM und anderen Organisationen – fügte das Nursing and Midwifery Board of Australia (Australischer Ausschuss für Schwangeren- und Entbindungspflege, NMBA) seinen Leitprinzipien den Grundsatz der kulturellen Sicherheit hinzu.[81] Dies ist insofern von Bedeutung, als dass Erkenntnisse aus Australien und anderswo nahelegen, dass eine kultursensible und sichere Pflege die Gesundheitsergebnisse von marginalisierten ethnischen Gruppen durchaus verbessern kann.

Ein Beispiel: In Australien hat sich gezeigt, dass eine Schwangerschaftsversorgung, basierend auf der uralten Methode »Birthing on Country« – einer mehr als 60 000 Jahre alten Tradition, wonach die australischen Aborigines und Torres-Strait-Insulanerinnen ihre Kinder auf dem angestammten Land ihrer Vorfahren gebären –, die Gesundheitsparameter der Mütter und Babys signifikant verbessert. Eine klinische Beobachtungsstudie an mehr als 1400 Indigenen Australierinnen, die zwischen 2013 und 2019 im Mater Mothers' Public Hospital in Brisbane, Queensland, entbunden haben, ergab: Diejenigen, die an einem »Birthing on Country«-Programm namens »Birthing in Our Community« teilgenommen hatten, gingen tendenziell häufiger zu Vorsorgeuntersuchungen (mindestens fünfmal häufiger) und erlitten weniger häufig eine Fehl- oder Frühgeburt als diejenigen, die eine Standardversorgung erhielten.[82] Bei »Birthing on Country«-Programmen handelt es sich im Allgemeinen um von First Nation-Frauen geleitete geburtshilfliche Dienste unter Einbeziehung traditioneller kultureller Praktiken sowie der Verbindung zwischen Land und Vorfahren, die aber letztlich in jeder Umgebung möglich sind.

»Birthing on Country ist nichts Neues, es ist die Fortführung von jahrtausendealtem Wissen und uralten Praktiken«, sagte Janine Mohamed, ehemalige Geschäftsführerin von CATSINaM, dem Australian Nursing and Midwifery Journal im Jahr 2019.[83] »Birthing on Country-Programme bieten den Müttern Indigener Familien und Gemeinschaften der Aborigines und Torres-Strait-Insulaner eine integrative, ganzheitliche sowie eine kultursensible, sichere und respektvolle Betreuung, um ihren Kindern den allerbesten Start ins Leben zu ermöglichen«, sagte Mohamed, die heute Geschäftsführerin des Lowitja Institute, Australiens Nationalem Institut für die Gesundheitsforschung der Aborigines und Torres-Strait-Insulaner, mit Sitz in Melbourne ist.

Auch ein verbesserter Zugang zu Geburtszentren in ländlichen und abgelegenen Gebieten Australiens kann mehr Frauen zu einer kultursensiblen und sicheren Mutterschaftsbetreuung verhelfen. In Kanada wurde in den 1980er Jahren die Wiedereinführung traditioneller Geburtshilfemethoden und gemeinschaftlicher Geburtszentren in Inuit-Regionen wie Nunavik im nördlichsten Teil der kanadischen Provinz Quebec in einen direkten Zusammenhang mit verbesserten Ergebnissen der Müttergesundheit bei Inuit-Frauen gebracht.[84] Das erste Geburtszentrum dieser Art wurde 1986 in der kleinen Inuit-Siedlung Puvirnituq in der Region Nunavik von Inuit-Frauen eröffnet, als Reaktion auf ein institutionalisiertes Gesundheitssystem, das den Transport schwangerer Frauen in weit entfernte Entbindungskliniken vorsah. Oft wurden sie Hunderte Kilometer ins südlich gelegene Montreal geflogen, weit weg von daheim, über Wochen oder gar Monate. In einer Beschwerde der Nunavik-Projektgruppe von 2003 an das Gesundheitsministerium von Quebec heißt es: »Dieser intime, wesentliche Bestandteil unseres Lebens wurde uns genommen und durch ein medizinisches Modell ersetzt, ein Modell, das unsere Familien trennt, unseren Frauen die weibliche Urkraft der natürlichen Geburtserfahrung raubt, und die Gesundheit, die Stärke und den Geist unserer Gemeinschaften schwächt.«

Das Geburtszentrum in Puvirnituq entstand in Absprache mit Frauen und Ältesten der Gemeinde sowie mit Indigenen Hebammen, die traditionelle Geburtshilfe praktizieren. Sein Erfolg führte zur Einrichtung ähnlicher Geburtszentren in weiteren Dörfern entlang der Hudson Bay von Nunavik, wie zum Beispiel in Inukjuak und Salluit. Der überwiegende Teil der Bevölkerung an der Hudson Bay hat mittlerweile Zugang zu hebammengeleiteten Geburtsstationen in der Region. In abgelegenen Gebieten Australiens hingegen, wo mehrheitlich Aborigines und Torres-Strait-Insulaner:innen leben, zeigt sich ein anderes Bild. Dort ist der Zugang zu Geburtszentren nur sehr begrenzt vorhanden. Besonders stark eingeschränkt ist er in Regionen, in denen der Indigene Bevölkerungsanteil bei über 10 Prozent liegt, so das Ergebnis einer Studie aus dem Jahr 2017.[85] Und das, obwohl Forschungsdaten aus Australien nahelegen, dass geplante Entbindungen in einem Geburtszentrum bei Frauen mit komplikationslosen Schwangerschaften mit positiven Geburtsergebnissen verbunden sind.[86] Und dies gilt nicht nur für Australien: Eine Analyse der Geburtsergebnisse von Frauen mit leichter Risikoschwangerschaft in mehreren einkommensstarken Ländern ergab, dass geplante Entbindungen in einem Geburtszentrum mit einer höheren Wahrscheinlichkeit für natürliche Vaginalgeburten und einer geringeren Wahrscheinlichkeit für medizinische Interventionen (z. B. Kaiserschnittgeburten) verbunden waren.[87]

»Das integrative Betreuungskonzept der Geburtszentren zeichnet sich dadurch aus, dass es deutlich stärker auf die Patientinnen fokussiert ist«, erklärte Karbeah. Im Zuge umfassender Studien hat sie die Vorteile einer natürlichen Entbindung im Geburtshaus sowie die kultursensible Betreuung Schwarzer Frauen während Schwangerschaft und Geburt eingehend erforscht. »Wie wir inzwischen wissen, fühlen sich Frauen, die in Geburtszentren entbinden, sehr viel selbstsicherer und stärker, und sie haben auch eher das Gefühl, dass man ihnen zuhört«, sagte sie. In ihrer Analyse am Beispiel des Roots Community Birth Center – eines freistehenden Geburtszentrums in Minneapolis, Minnesota, unter Leitung afroamerikanischer Hebammen – registrieren Karbeah und ihr Team von der University of Minnesota eine hohe Patientinnenzufriedenheit und stellen heraus, dass es in keiner einzigen der 284 Familien, die Roots bis 2019 begleitete, zu einer Frühgeburt gekommen war.[88] »Roots ist fantastisch. So einen Ort sollte es für alle geben, wie ich finde«, so Karbeah. »Aber wie wir wissen, sieht die Realität anders aus.«

Es gibt in den USA gleich mehrere Hindernisse, die den Zugang zu Entbindungen in Geburtszentren einschränken, was Menschen mit dunkler Hautfarbe besonders stark zu spüren bekommen. Und die Kosten sind ein ganz besonders großes Hindernis. Im Vergleich zu *weißen* Frauen im erwerbsfähigen Alter sind erwerbsfähige Schwarze, Hispano-amerikanische, amerikanische Indigene, alaskische Indigene und Hawaiianische Frauen ebenso wie Frauen in anderen pazifischen Inselregionen häufiger nicht versichert und abhängig von Medicaid, einem Gesundheitsfürsorgeprogramm für Menschen mit niedrigem Einkommen. Und trotz einer bundesstaatlichen Maßgabe, wonach Medicaid sämtliche Kosten für geburtshilfliche Leistungen übernehmen muss, ergab eine Studie aus dem Jahr 2020, dass dies in der Praxis kaum erfolgt, da Kostenerstattungen und viele weitere bürokratische Erschwernisse die Geburtszentren oft abhalten, Medicaid-Empfänger:innen aufzunehmen und zu betreuen.[89]

Diese Faktoren könnten erklären, warum Schwarze und hispanische Frauen in den USA seltener als *weiße* Frauen in unabhängigen Geburtszentren entbinden, wobei man aber auch anmerken muss, dass die Zahl der Entbindungen in Geburtszentren ohnehin verschwindend gering ist und nicht einmal 1 Prozent aller Geburten in den USA insgesamt ausmacht. An mangelnder Nachfrage scheint es jedenfalls nicht zu liegen. Laut einer Erhebung in Kalifornien wünschen sich 14 Prozent der Schwarzen Frauen, 12 Prozent der *weißen* Frauen, 10 Prozent der Latina-Frauen und 7 Prozent der asiatischen Frauen und Frauen aus dem pazifischen Raum definitiv eine Entbindung in einem Geburtszentrum. Doulas, also Geburtsbegleiterinnen, die während Schwangerschaft und Geburt sowohl emotionale als auch praktische Unterstützung bieten, sind ebenfalls sehr beliebt. Aus der gleichen Erhebung geht hervor, dass Schwarze Frauen und Latina-Frauen überdurchschnittlich häufig angaben, während der Wehen von einer Geburtsbegleiterin unterstützt worden zu sein, wobei gleichzeitig ein noch weitaus höherer Anteil der Frauen bekundete, sich diese Form der Unterstützung für die Zukunft zu wünschen, was auf eine große unbefriedigte Nachfrage hindeutet.

Ein verbesserter Zugang zu Geburtszentren und unterstützenden medizinischen Leistungen mag ein Schritt in die richtige Richtung sein, um Ungleichheiten in der Müttergesundheit zu beheben. Doch dies allein wird nicht ausreichen, um sie aus der Welt zu schaffen. »Ich denke, wir müssen sehr sorgfältig darauf achten, die Krankenhäuser nicht aus ihrer Verantwortung zu entlassen«, sagte mir Karbeah. »*Weißes* Klinikpersonal tut sich leicht, so was zu sagen wie ›Ach, du fühlst dich als Schwarze Frau hier bei uns im Krankenhaus schlecht behandelt? Warum gehst du nicht ein paar Meter weiter in dieses Geburtszentrum für Schwarze?‹«, meinte sie. »Aber […] die Voraussetzung, um in einem Geburtszentrum aufgenommen zu werden und zu entbinden, ist eine risikoarme Schwangerschaft, und die erfüllt nicht jede Frau. Und auch nicht jede Frau will unbedingt außerklinisch in einem Geburtshaus entbinden. Manche fühlen sich in einem Krankenhaus wohler. Das ist eine persönliche Entscheidung.«

▪

Race und Ethnie sind soziale Konstrukte und nicht biologisch determiniert. Aber unsere *race* und ethnische Herkunft haben dennoch tiefgreifende Auswirkungen auf unsere Gesundheit, und zwar von dem Moment an, da wir das Licht der Welt erblicken. Weltweit haben BIPoC gegenüber *weißen* Menschen nicht nur ein allgemein höheres Risiko zu sterben, während sie entbinden, sondern genauso auch, während sie geboren werden oder kurz danach. Ein unendlicher Kreislauf. Im Jahr 2018 verzeichnete die WHO-Region Afrika die höchste Kindersterblichkeitsrate weltweit: Von 1000 Kindern, die lebend geboren wurden, starben 52 vor ihrem ersten Geburtstag. Zum Vergleich: In den Ländern der Region Europa kamen auf 1000 Lebendgeburten nur 7 Todesfälle. Doch auch innerhalb der Nationen gibt es rassifizierte und ethnische Unterschiede, also auch in Ländern mit hohem Einkommen wie in den USA oder Großbritannien. So etwa sterben Säuglinge von Schwarzen Müttern in den USA mehr als doppelt so häufig wie Säuglinge von *weißen* Müttern.[90] In England und Wales haben Babys von pakistanischen Müttern, von afrokaribischen und Schwarzen Müttern aus afrikanischen Ländern die höchste Sterblichkeitsrate; sie liegt jeweils rund doppelt so hoch wie bei Babys von *weißen* britischen Müttern.[91] Ähnliche gesundheitliche Ungleichheiten im Säuglings- und Kleinkindalter wurden auch in anderen Ländern registriert, darunter die beiden bevölkerungsreichsten Nationen der Welt: In Westchina, wo die Mehrheit der ethnischen Minderheiten Chinas lebt, liegen sowohl die Mütter- als auch die Kindersterblichkeitsraten um rund das Doppelte höher als unter Han-Chinesen.[92] Und auch in Indien ist die Sterblichkeitsrate von Kindern unter fünf Jahren in traditionell marginalisierten Kasten überdurchschnittlich hoch.[93]

Werdende Eltern haben genug Grund zur Sorge: Dr. Google liefert jede Menge Risikowarnungen vor dem Verzehr bestimmter Lebensmittel oder der Einnahme bestimmter Medikamente während der Schwangerschaft, und die Liste potenzieller Risiken setzt sich im Säuglings- und Kleinkindalter weiter fort. Die schwerwiegende Gefahr jedoch, die Rassismus für die Gesundheit von Müttern, Säuglingen und Kindern birgt, wird allzu oft übersehen. Rassismus treibt die soziale und wirtschaftliche Ungleichheit voran, beschränkt den Zugang zu einer kultursensiblen und qualitativ hochwertigen Gesundheitsversorgung und tarnt sich in medizinischen Lehrbüchern als wissenschaftliche Tatsache, was schlechtere Gesundheitsergebnisse bei marginalisierten Gruppen zur Folge hat. Rassismus schadet der Gesundheit, und das nicht nur in der Schwangerschaft und in frühen Jahren. Er birgt vielmehr eine heimtückische Gefahrenquelle, die mit der Geburt beginnt und sich – wie wir im nächsten Kapitel sehen werden – durch das ganze Leben zieht.

2

Leben und Tod

Saidy Brown ist in Itsoseng, einem kleinen Township in der Provinz Nordwest in Südafrika, geboren und aufgewachsen. Als jüngstes von vier Geschwistern hatte Saidy eine glückliche Kindheit. »Ich war immer das Nesthäkchen der Familie«, erzählte sie mir. Doch im Jahr 2004, Saidy war gerade neun Jahre alt, wurde die Familie von einem harten Schicksalsschlag getroffen. Ihr Vater wurde plötzlich und unerwartet schwer krank und verstarb. Wenig später erkrankte auch ihre Mutter, die im Jahr darauf ebenfalls verstarb, und Saidy und ihre Geschwister kamen in die Obhut ihrer Tante. Der plötzliche Verlust ihres Vaters und ihrer Mutter so kurz hintereinander waren durch die rätselhaften Umstände beider Tode umso schmerzhafter. Saidy hatte keine Ahnung, was ihre Eltern so sterbenskrank gemacht hatte. »Sie wurden halt einfach krank und starben, mehr wusste ich nicht«, sagte sie.

Erst einige Jahre später, im Juni 2009, erfuhr Saidy, woran ihre Eltern gestorben waren. Sie war auf Klassenfahrt, um eine Veranstaltung zum Youth Day, einem Feiertag zur Erinnerung an den Soweto-Aufstand, zu besuchen, als sie etwas erfuhr, das ihr ganzes weiteres Leben veränderte. »Wir kamen dort an und trafen auf Leute von einer Nichtregierungsorganisation, die sagten, ›Hey, wir machen kostenlose HIV-Tests.‹« Und Saidy und ihre Freund:innen, damals alle um die 14 Jahre alt, beschlossen, spaßeshalber mitzumachen und sich testen zu lassen. »Niemals hätte ich gedacht, dass mein Test positiv ausfallen würde und sagte nur wie in Dauerschleife ›Aber ich bin doch erst 14, ich hab' doch gar nichts gemacht‹«, erzählte sie. »Ich wollte einfach nur weinen. Aber dann dachte ich, wenn ich jetzt hier rausgehe und weine, dann wissen alle Bescheid. Also verbiss ich mir die Tränen.«

Aus Scham und Angst davor, was ihre Tante und ihre Mitschüler:innen von ihr denken würden, behielt Saidy ihre Diagnose für sich. Über das Thema aufgeklärt, hatte sie bis dahin niemand, und so kam die Diagnose für sie einem Todesurteil gleich. Um sich abzulenken, stürzte sie sich in ihre Schulaufgaben und in außerschulische Aktivitäten. Sie trat einer Theater-AG bei, die sie nach dem Schulunterricht mit Proben auf Trab hielt. »So war ich die nächsten fünf Monate ziemlich beschäftigt«, sagte Saidy, »und hatte gar keine Zeit, um über HIV, AIDS oder den Tod nachzudenken.«

Doch für immer konnte sie so nicht weitermachen. Der Dezember kam näher, und in Vorbereitung auf den AIDS Awareness Month begann ihre Theater-AG, an Stücken mit Bezug zu HIV und AIDS zu arbeiten. »Und das hat mich irgendwie bewogen, es jemandem zu erzählen«, erklärte Saidy. Sie beschloss, sich ihrer Lehrerin anzuvertrauen, die sofort wissen wollte, ob sie es ihrer Tante erzählt habe. Als Saidy antwortete, »Nein, Sie sind die Erste, der ich es überhaupt erzähle«, reagierte ihre Lehrerin überaus verständnisvoll und bot an, sie nach Hause zu begleiten, um gemeinsam mit ihrer Tante darüber zu reden. »Wir setzten uns hin, erzählten es meiner Tante, die daraufhin sagte, ›Dass es deine Eltern hatten, wusste ich – aber dass du deshalb mit HIV geboren werden könntest, das wusste ich nicht.‹«

Es sollte noch vier Jahre dauern, bis Saidy mit einer antiretroviralen Therapie beginnen konnte – eine kombinierte Medikation aus mehreren Wirkstoffen, um die HIV-Infektion zu behandeln und den Ausbruch von AIDS zu verhindern. Kaum hatte ihre Tante erfahren, dass Saidy HIV-positiv war, machte sie sich mit ihr auf den Weg ins Krankenhaus, wo sie die Diagnose bestätigt bekam und mit Medikamenten zur weiteren Einnahme wieder entlassen wurde. Doch dass sie diese Medikamente fortan dauerhaft einnehmen müsse, ihr Leben lang, so erzählte mir Saidy, habe ihr niemand gesagt. Erst einige Jahre später, inzwischen war sie 18, begab sie sich erneut ins Krankenhaus. Die Medikamente waren längst aufgebraucht, seitdem war sie unbehandelt gewesen, und ihr Gesundheitszustand hatte sich verschlechtert. Auf ihrer Brust zeigten sich wunde Stellen, die sich bis hoch zum Hals zogen. Sie hatte gerade begonnen, auf Dates zu gehen, und ihr Selbstwertgefühl, was das eigene Aussehen betraf, begann zunehmend zu bröckeln.

»Ich sagte mir, ›Nein, ich will hübsch aussehen und alles dafür tun. Ich will diese Wunden nicht, schon gar nicht im Gesicht‹«, erzählte sie mir. So ging sie also wieder ins Krankenhaus, obwohl sie Angst vor einer dauerhaften Einnahme antiretroviraler Medikamente hatte, da sie im Internet von möglichen Nebenwirkungen gelesen hatte. »Auf welcher Webseite genau ich gelandet war, weiß ich nicht mehr, aber es hieß dort, dass mir die Haare ausfallen würden und die Zähne, und dass sich mein ganzer Körper verändern würde. Und ich weiß noch, dass ich die Liste durchging und weinte«, sagte Saidy. »Ich war immer die Person mit den tollsten Haaren. Und nun sollten sie mir ausfallen? Nicht mit mir! Ich liebe es zu lächeln, ich liebe es zu lachen«, fuhr sie fort. »Meiner besten Freundin habe ich kurz vor dem Besuch im Krankenhaus noch eine SMS geschickt von wegen, ich sei doch erst 18, das will ich nicht (…) Pillen nehmen, auf gar keinen Fall, da schäme ich mich doch erst recht, dass ich HIV habe, und lass mich nur noch mehr runterziehen. Nicht mit mir. Lieber sterbe ich.«

Zum Glück wurde Saidy bei eben jenem Besuch im Krankenhaus kompetent beraten. Die Beraterin versuchte sie zu beruhigen, die Nebenwirkungen seien nicht so drastisch, wie sie das im Internet gelesen hätte. Und Saidy stimmte zu, wenn auch etwas widerwillig, die Medikamente zunächst einen Monat lang einzunehmen. »Gott sei Dank, denn ich habe tatsächlich schnell Veränderungen festgestellt«, sagte sie. Die Wunden heilten langsam ab, verschwanden, und es ging ihr immer besser. »Heute, Jahre später, bin ich immer noch da und immer noch in Behandlung«, erzählte sie mir stolz, als wir uns 2021 am Rande des AIDS Awareness Month trafen.

Saidys Erfahrung, als junges Schwarzes Mädchen in Südafrika mit HIV diagnostiziert zu werden und irgendwann den Weg in die Behandlung zu finden, veranschaulicht die seit langem bestehenden und anhaltenden rassistischen Ungleichheiten bezüglich einer Infektion, die seit Jahren komplett vermeidbar und gut behandelbar ist. Doch diese Ungleichheiten finden sich nicht nur bei Infektionskrankheiten wie HIV, sondern auch bei zahlreichen anderen der häufigsten Krankheiten unserer Zeit. Diskriminierungen aufgrund ihrer ethnischen Herkunft erleben auch Menschen mit nicht-infektiösen Erkrankungen (wie zum Beispiel Herz-Kreislauf-Erkrankungen, Krebs oder psychischen Erkrankungen), die mithin ein höheres Risiko tragen, schwerer zu erkranken oder gar zu sterben. Ungleichheiten, die auf Rassifizierungen beruhen, so wurde mir klar, haben Folgen für die physische und psychische Gesundheit, ein Leben lang. Und die Gesundheit von Müttern und ihren Babys bilden dabei nur die Spitze des Eisbergs. Es heißt so schön, dass vor der Krankheit am Ende alle gleich sind. Doch das stimmt nicht. Krankheit ist am Ende alles andere als die große Gleichmacherin, als die sie oft gepriesen wird.

Saidy ist heute eine preisgekrönte HIV-Aktivistin, die ihre Erfahrungen als HIV-positive Frau in Videos und Posts auf Social-Media-Plattformen teilt. Und auch wenn sie dankbar ist, dass sie Zugang zu lebensrettenden Behandlungsmöglichkeiten hat, ist ihr schmerzlich bewusst, dass dies für viele keine Selbstverständlichkeit ist. »Zu meinem großen Glück habe ich die Behandlung zu einem Zeitpunkt begonnen, als sie in Südafrika bereits kostenlos war. Doch mir ist wohlbewusst, dass dieses Glück nicht jedem Menschen auf der Welt zuteilwird«, sagte Saidy. »Es war für mich also nicht sonderlich schwierig, Zugang zu medizinischer Versorgung zu erhalten. Umso belastender war es, nicht zu wissen, was mit meinen Eltern passiert war«, fügte sie hinzu. »Denn wahrscheinlich wurde ich nur deshalb mit HIV geboren, weil es damals keine medizinische Behandlung gab, die für sie zugänglich gewesen wäre.«

Im Jahr 1987 erteilte die US Food and Drug Administration (FDA) die Zulassung für Azidothymidin (AZT) als erstes Medikament zur Behandlung von HIV. 1994 – ein Jahr vor Saidys Geburt – empfahl der US Public Health Service die Verabreichung von AZT an HIV-positive Schwangere, um das Risiko einer Virusübertragung auf das ungeborene Kind zu reduzieren.[1] Im Jahr 1996, ein Jahr nach Saidys Geburt, und fast ein Jahrzehnt, bevor ihre Eltern starben, wurde die antiretrovirale Therapie zum Standard im Kampf gegen das HI-Virus – für diejenigen, die Zugang dazu hatten. Die Therapie aus einer Kombination verschiedener antiviraler Medikamente wurde für Menschen in den wohlhabenderen – sprich: hauptsächlich *weißeren* – Ländern der Welt schnell zugänglich und führte zu einem drastischen Rückgang der AIDS-Todesfälle in diesen Regionen. Doch in den weniger wohlhabenden Ländern der Welt hinkte der Zugang zu dieser lebensrettenden Therapie hinterher, insbesondere in Ländern Subsahara-Afrikas, wo antiretrovirale Behandlungstherapien aufgrund der hohen Kosten erst etwa ein Jahrzehnt später üblich wurden.[2,3] Ein hartnäckiges Muster: 2023, mehr als zwei Jahre nach Ausbruch der Corona-Pandemie und dem Beginn der weltweit ersten Covid-19-Impfkampagnen, zeigten sich immer noch signifikante globale Ungleichheiten bei der Durchimpfungsrate gegen Covid-19: Von allen Kontinenten hatte Afrika die niedrigste Impf- und Boosterquote.[4]

In Südafrika wurde die schleppende Einführung antiretroviraler Therapien an der Schwelle zum 21. Jahrhundert zusätzlich verschärft, als Thabo Mbeki, der die Existenz von HIV und Aids verleugnete, neuer Präsident von Südafrika wurde und Maßnahmen traf, die den Zugang zu notwendigen Medikamenten beschränkten. Seitdem wird spekuliert, dass hinter seiner grundsätzlichen Leugnung gesicherter wissenschaftlicher Erkenntnisse wohl ein generalisiertes Misstrauen gegenüber der westlichen Medizin steckt, motiviert durch die Aktionen des Apartheid-Regimes.[5] Nach dem endgültigen Ende der Apartheid kam zutage, dass in den Laboren der Apartheid-Regierung – unter der Leitung eines Arztes – chemische und biologische Waffen zum Einsatz gegen Regimegegner:innen entwickelt und Methoden zur verdeckten und selektiven Fertilitätskontrolle erforscht worden waren.[6] Dieses Beispiel kratzt allenfalls an der Oberfläche der langen Geschichte von Rassismus in der westlichen Medizin und ihrem weltumfassenden Erbe, auf das wir an späterer Stelle noch eingehen werden.

Heute lebt die Mehrheit der HIV-Infizierten in Afrika, und während die HIV-Prävalenz weltweit bei etwa 0,2 Prozent liegt, beträgt sie in Subsahara-Afrika rund 6 Prozent.[7] Stand 2020 ist Südafrika die weltweit am schwersten von der HIV-Epidemie betroffene Region, in der mehr als 7 Millionen infizierte Menschen leben, fast 20 Prozent davon im Alter zwischen 15 und 49 Jahren. Die HIV-Prävalenz unter Schwarzen Südafrikaner:innen liegt vergleichsweise höher als unter Angehörigen anderer Ethnien, insbesondere in der Gruppe Schwarzer Frauen, zu der auch Saidy zählt.[8] »Vor allem betrifft es junge Mädchen, junge Frauen, Schwarze Menschen, Menschen, die weniger privilegiert sind«, erzählt Saidy.

Selbst in wohlhabenderen Ländern wie den USA gab es für HIV-Infizierte von Anfang an große Chancenungleichheiten beim Zugang zur antiretroviralen Behandlung. 1996 war AIDS erstmals seit Jahren nicht mehr die häufigste Todesursache in der Gruppe der erwachsenen US-Bürger:innen im Alter zwischen 25 und 44 Jahren, jedoch blieb es die häufigste Todesursache in der Gruppe der erwachsenen Afroamerikaner:innen im gleichen Altersbereich. Heute, viele Jahre später, ist die HIV-Prävalenz insgesamt zwar deutlich zurückgegangen, die großen Ungleichheiten zwischen den ethnischen Gruppen aber bestehen nach wie vor.[9] Rund 13 Prozent der Bevölkerung in den USA sind Schwarz, doch laut Zahlen von 2019 liegt der Anteil der HIV-infizierten Schwarzen Menschen an der US-Gesamtbevölkerung bei 40 Prozent.[10] Trotz dieser sehr viel höheren HIV-Prävalenz unter Schwarzen im Vergleich zu *Weißen* ist die Wahrscheinlichkeit, eine HIV-Behandlung zu erhalten, die die Viruslast im Blut schließlich nicht mehr nachweisbar macht und die Übertragung des HI-Virus unterbindet, nach wie vor sehr viel geringer. Und die Wahrscheinlichkeit, dass Schwarze in den USA die sogenannte Prä-Expositions-Prophylaxe verschrieben bekommen, die eine HIV-Übertragung verhindern kann, ist sechsmal geringer als bei *Weißen*. Außerdem informieren Gesundheitsdienstleister ihre Schwarzen Klient:innen tendenziell seltener über diese Methode.[11]

Diesen Ungleichheiten sind Menschen mit multiplen, intersektionalen, marginalisierten Identitäten, zum Beispiel Schwarze Transgender-Frauen, in besonderem Maße ausgesetzt. Grob 14 Prozent aller Transgender-Frauen in den USA leben mit HIV, bei Schwarzen Transgender-Frauen jedoch liegt der geschätzte Anteil bei 44 Prozent.[12]

Ähnliche Ungleichgewichte bestehen in anderen multiethnischen Gesellschaften weltweit. Wie aus einer britischen Studie von 2021 hervorgeht, erscheinen HIV-infizierte Schwarze, Asiat:innen und Angehörige ethnischer Minderheiten mit einer vergleichsweise schlechteren Immungesundheit in den Praxen, verbringen weniger Zeit mit Gesundheitspflege und erleben häufiger ein Wiederaufflammen der HIV-Infektion.[13]

Und das ist für uns alle von Belang: Ungleichheiten, die auf Rassifizierung beruhen, blockieren Bemühungen, die Ausbreitung von HIV zu stoppen und AIDS weltweit zu beenden. 2022 warnten die Vereinten Nationen davor, dass die Fortschritte bei der HIV-Prävention und HIV-Behandlung weltweit nachließen. Sie gaben zu bedenken, dass rassistische Diskriminierungen in der medizinischen Diagnostik die HIV-Risiken verschärften, und stellten heraus, dass der zahlenmäßige Rückgang der HIV-Neuinfektionen unter *weißen* Bevölkerungen größer gewesen sei als unter Schwarzen und Indigenen Bevölkerungen in Ländern wie den USA, Großbritannien, Kanada und Australien.

Es ist eine traurige Ironie: Ethnische Ungleichheiten in der HIV-Prävalenz befördern Rassismus sowie eine rassifizierte Stigmatisierung von Menschen mit HIV und AIDS – ein Hemmnis, das Infizierte abhält, sich testen zu lassen und eine Behandlung zu beginnen, sofern ihnen diese überhaupt zugänglich wäre. Und das erhält bestehende Ungleichheiten nur weiter aufrecht. Ich werde nie den Moment vergessen, als ich im Rahmen eines Aufklärungsprogramms an einer Schule in der Region Oxfordshire in Großbritannien mit Sieben- bis Achtjährigen über meine Forschungen zu Viren und dem Immunsystem sprach, und eines der Kinder plötzlich rief: »HIV kommt aus Afrika, weil Afrikaner schmutzig sind.« Ich war völlig perplex. Ähnlich perplex äußert sich Annabel Sowemimo, Ärztin für sexuelle und reproduktive Gesundheit in Großbritannien, in ihrem Buch *Divided*, als sie von einem Erlebnis auf einer Veranstaltung erzählt, die sie als Gründerin ihrer gemeinnützigen Organisation Decolonising Contraception organisiert hatte: Ein junger Schwarzer Homosexueller sprach sie an und erzählte ihr, er habe die Nutzung von Dating-Apps eingestellt, nachdem mehrere Nutzer sich lieber nicht mit ihm treffen wollten aus Angst, dass »Schwarze Männer HIV haben«, wie einer der Nutzer ihm kommunizierte.

Rassistische, homophobe und stigmatisierende Wahrnehmungen wie diese sind nicht nur ethisch verwerflich, sie schaden auch der Gesundheit. Wie Sowemimo in ihrem Buch weiter ausführt, trägt Rassismus in all seinen stereotypen und stigmatisierenden Erscheinungsformen zu immer größer werdenden Ungleichheiten in der sexuellen und reproduktiven Gesundheit bei, denn er hält Betroffene davon ab, medizinische Leistungen in Anspruch zu nehmen. Dabei können gesundheitliche Schäden für Menschen, die bereits mit HIV leben, besonders akut sein. Dass nach wie vor nicht alle von den Fortschritten in der HIV- und Aids-Prävention und -Behandlung profitieren, macht der UNAIDS-Bericht 2020 deutlich: Ungefähr 2 bis 21 Prozent der HIV-Infizierten in 13 Ländern mit verfügbaren Daten berichten, dass ihnen im Laufe der zwölf Monate zuvor eine medizinische Versorgung aufgrund ihrer HIV-Infektion verweigert wurde.[14] Andere Untersuchungen bringen HIV-Stigmatisierungen in Zusammenhang mit niedrigen HIV-Testraten und fehlendem Wissen über Behandlungsmöglichkeiten.[15]

Saidy erzählte mir, sie sei überzeugt, dass Stigmatisierungen und Rassismus sie beeinflusst hätten, ihre Diagnose monatelang für sich zu behalten und eine Behandlung über Jahre aufzuschieben. »Ich hatte wirklich das Gefühl, dass man mich dann meiden würde«, sagte sie. »Ich bin fest davon überzeugt, dass Rassismus und HIV-Stigma eng verwoben sind.«

Als HIV-Aktivistin setzt sich Saidy nun intensiv gegen Diskriminierung, Stigmatisierung und falsche Vorstellungen von Menschen mit HIV ein. Sie erzählte mir von ihrer Zeit als Freiwillige bei einer studentischen Aktivistengruppe und davon, dass sie immer wieder erlebt, wie rassistische Stigmatisierung Menschen aller Ethnien schadet. »Wir machten damals auch viel Aufklärungsarbeit auf dem Campus. Und wir hatten immer mal wieder sogenannte Gesundheitswochen mit kostenlosen HIV-Tests für die Studierenden. Vor allem die *weißen* Jungs spielten sich auf, meinten: ›Nee, wieso sollte ich mich auf HIV testen lassen? Wie kommst du denn da drauf? Oder sehe ich aus, als sei ich HIV-positiv?‹«, erklärte Saidy. Alles, was Menschen davon abhält, sich testen zu lassen, ist gesundheitsgefährdend. »HIV geht uns alle an«, sagte sie, unabhängig von der ethnischen Herkunft.

Obwohl das Stigma im Zusammenhang mit HIV besonders ausgeprägt ist, ist es bei weitem nicht die einzige Infektionskrankheit, die stigmatisiert und mit der Diskriminierung bestimmter Gruppen in Verbindung gebracht wird. Großbritannien, die USA und Australien sind unter den Ländern, in denen es in den ersten beiden Jahren der Covid-19-Pandemie zu einem Anstieg von Hasstiraden gegen Asiat:innen und anderen rassistischen Vorfällen kam.[16,17,18] Und im November 2021, als Berichte erschienen, wonach Forscher:innen in Botswana und Südafrika die Coronavirus-Variante Omikron identifiziert hatten, veröffentlichte die spanische Zeitung *La Tribuna de Albacete* eine Karikatur. Darauf zu sehen: Viren als Comicfiguren, mit dunkler Haut und Afro-Haar, zusammengepfercht in einem Boot mit Namen *Omicron* und südafrikanischer Flagge, das auf ein Stück Land zusteuert, auf dem die Flagge der Europäischen Union weht. Tedros Adhanom Ghebreyesus, Generaldirektor der Weltgesundheitsorganisation, kritisierte die Darstellung in einem Tweet: »Es schmerzt mich, dass unverhohlen rassistische Darstellungen wie diese noch immer eine der größten Seuchen sind, mit denen die Welt heute zu kämpfen hat. Menschen zu karikieren, zusammengepfercht in einem Boot, die ein Virus nach Europa bringen, ist widerwärtig und abscheulich. Wir können als eine [globale] Gemeinschaft nur vorankommen, wenn wir den Zusammenhalt fördern, nicht das Stigma.« Ähnlich empört war ich, als ich als Schwarze Frau in Deutschland am gleichen Tag den Aufmacher auf der Titelseite der *Rheinpfalz am Sonntag* sah: »Das Virus aus Afrika ist bei uns«, darüber ein Bild von zwei Schwarzen Menschen. Nach massivem öffentlichem Druck gaben beide Zeitungen eine Entschuldigung ab.[19,20]

Nichtsdestotrotz sah sich die Foreign Press Association Africa im Mai 2022 gezwungen, eine Stellungnahme dazu abzugeben, die an die europäischen und nordamerikanischen Medien adressiert war und die wiederholte Verwendung von Darstellungen Schwarzer Menschen zur Bebilderung von Artikeln über Affenpocken-Ausbrüche in Europa und Nordamerika scharf kritisierte. Im November 2022 schließlich benannte die WHO die im Englischen als »Monkeypox« bezeichnete Krankheit in »Mpox« um, um Rassismus und Stigmatisierung entgegenzuwirken.

Unglücklicherweise sind Infektionskrankheiten oft mit einem Stigma behaftet, insbesondere im Zusammenhang mit neu auftretenden Epidemien oder Pandemien, bei denen es viele Unbekannte und Ängste gibt. Auch die Ebolafieber-Epidemie, die von 2013 bis 2016 in mehreren westafrikanischen Ländern wütete, ging mit knallharten Stigmatisierungen einher, bis hin zu rassistisch motivierten Ausgrenzungen afrikanischer Einwander:innen in anderen Teilen der Welt, wie etwa in den USA.[21] Aber es ist nicht nur die Stigmatisierung, von der marginalisierte ethnische Gruppen bei Epidemien und Pandemien überproportional stark betroffen sind – sie weisen auch überproportional hohe Erkrankungs- und Sterberaten auf.[22]

Der letztgenannte Trend war unverkennbar, als 2020 die Corona-Pandemie begann und die ganze Welt in ihren Griff nahm. Um diese Zeit machte ich erstmals Bekanntschaft mit Nishi Chaturvedi, Professorin für Klinische Epidemiologie am University College London, die in umfangreichen Forschungen den Zusammenhang von ethnischer Zugehörigkeit und Gesundheit untersucht. Im Mai 2020 waren wir beide, Chaturvedi und ich, als Gäste des VICE UK Podcasts VENT weekly eingeladen, um darüber zu sprechen, warum Schwarze Menschen und Asiat:innen sowie Angehörige ethnischer Minderheiten in Großbritannien überproportional häufig an Covid-19 erkranken und sterben. In ihrer Einführung in die Diskussion streifte die erfahrene Podcast-

Moderatorin Amelia Mya eine Frage, die viele Menschen damals beschäftigte: *Ist das Coronavirus rassistisch*? »Ich habe das Gefühl, dass viele Leute sagen, dass dieses Virus nicht rassistisch diskriminiert, aber ich habe den Eindruck, dass es genau das tut«, meinte Mya.

Und da hatte sie durchaus einen Punkt. Einige Wochen vor der Podcast-Aufzeichnung hatte mich einer meiner Redakteure bei *New Scientist* gebeten, aktuelle Daten über ethnische Zugehörigkeit im Zusammenhang mit Covid-Inzidenzen in den USA und Großbritannien zu untersuchen und darüber zu berichten. Die vom britischen Intensive Care National Audit and Research Centre bereits im April 2020 veröffentlichten Zahlen zeigten, dass unter den lebensbedrohlich erkrankten Covid-Patient:innen die Zahl der Afroamerikaner:innen, Asiat:innen und Angehörige ethnischer Minderheiten im Vergleich zu ihrem Anteil an der Bevölkerung deutlich überrepräsentiert war. Die von der US-Gesundheitsbehörde Centers for Disease Control and Prevention (CDC) in etwa zur gleichen Zeit veröffentlichten Daten offenbarten ein ähnliches Muster, wonach Schwarze besonders überrepräsentiert waren. Stand 18. April 2020, mitten in der Ausarbeitung meines Berichts, entfielen 30 Prozent aller bestätigten Covid-19-Fälle mit bekannter ethnischer Zugehörigkeit auf Schwarze oder Afroamerikaner:innen, deren Anteil an der US-Gesamtbevölkerung jedoch nur 13 Prozent ausmacht.[23] Ähnliche Ungleichheiten wurden auch in anderen Ländern festgestellt, die einschlägige Daten gesammelt haben, darunter Australien und Brasilien.[24,25]

Diese Muster der Ungleichheit waren leider nichts Neues. »Dies ist kein neues Phänomen, das spezifisch für Covid-19 wäre, sondern es gab so etwas schon einmal«, sagte Chaturvedi damals. Und in der Tat, zehn Jahre vor Ausbruch der Corona-Pandemie wurde die ganze Welt von der H1N1-Influenzapandemie heimgesucht, auch bekannt als Schweinegrippe. Dabei war das H1N1-Virus weit weniger tödlich als das Coronavirus SARS-CoV-2, welches die COVID-19-Pandemie auslöste, doch gab es ähnliche Ungleichverteilungen in Bezug darauf, wer überlebte und wer starb. Zum Beispiel ergab eine in England durchgeführte Studie, dass Menschen nicht-*weißer* Ethnien im Vergleich zu *weißen* Menschen ein fast doppelt so hohes Sterberisiko hatten.[26]

Ähnliche Ungleichheiten kommen auch bei Tuberkulose (kurz: Tb oder Tbc) vor, einer der ältesten Krankheiten der Menschheit.[27,28] »Ich denke, dass Infektionskrankheiten wie Tbc oder Covid-19 uns immer einen Spiegel vorhalten, uns den offenkundigen Rassismus und die daraus resultierenden Ungleichheiten, die allseits um sich greifen, verdeutlichen. Sie waren schon immer da«, sagte Madhukar Pai, Professor für *Epidemiologie* und Biostatistik an der McGill University im kanadischen Montreal mit Forschungsschwerpunkt Tuberkulose.

Ähnlich äußerte sich Nishi Chaturvedi in ihrem Podcast: »Was bleibt, wenn Covid einmal vorüber ist, ist die Moral von der Geschicht', nämlich, dass Menschen, die in irgendeiner Weise benachteiligt sind, ein höheres Risiko für bestimmte Krankheiten mit vergleichsweise schweren Verläufen haben. Insofern hoffe ich, dass daraus etwas Positives erwächst, dass genau diese Erkenntnis auf regierungsstaatlicher und kommunaler Ebene zum Tragen kommt und in der Art unseres Zusammenlebens spürbar wird.« Ist das Coronavirus also ein Beschleuniger der Ungleichheiten? Auf diese Frage kommen wir im nächsten Kapitel zurück und werden sehen, dass es nicht Viren oder Krankheiten sind, die »rassistisch« sind – es sind unsere Gesellschaften. Rassismus macht krank, schadet der gesamten Gesellschaft und erhöht insbesondere das Risiko für Herz-Kreislauf-Erkrankungen.

▪

Im Januar 2018 war Carol Ighofose gerade dabei, ihre Schicht als Land- und Hausärztin in der englischen Grafschaft Leicestershire zu beenden, als sie ein leichtes Unbehagen im Oberbauch verspürte – wie Sodbrennen. Wahrscheinlich nur eine kleine Magenverstimmung, dachte sie bei sich. Sie hatte tagsüber gefastet, aus religiösen Gründen, und nahm sich daher vor, gleich etwas zu essen, sobald sie zu Hause war, und auch später am Nachmittag noch mal, vor Beginn ihrer nächsten Schicht. Sie stieg ins Auto, rief ihren Mann Simon an, um ihm mitzuteilen, dass sie auf dem Heimweg sei. Über die Freisprecheinrichtung telefonierte sie dann mit Tracey, einer Freundin, um auf der Fahrt mit ihr zu plaudern. Tracey, damals Ärztin in Ausbildung, hatte ihre Nachtschicht an jenem Tag schon hinter sich, war aber aufgeblieben, weil sie etwas mit Carol besprechen wollte. Mitten im Gespräch bemerkte Carol, dass ihre Symptome im Oberbauch noch immer nicht abgeklungen waren.

»Trace, du weißt, ich bin normalerweise nicht wehleidig, aber diese Schmerzen in der Brust gehen einfach nicht weg«, sagte Carol zu ihrer Freundin. Sie waren beide Ärztinnen und verfielen sofort in Diagnose-Modus. »[Tracey] begann mit dem ganzen Fragenkatalog, wollte wissen, wie sich der Schmerz anfühlte, wie stark ich ihn einstufen würde, wie ich ihn beschreiben würde, so was halt«, erzählte Carol ein paar Jahre später. Aber nichts wollte so recht zusammenpassen, und so kamen die beiden überein, dass Carol unverzüglich zum Arzt gehen müsse, sollten ihre Beschwerden weiter andauern. »Wir dachten in Richtung Herzsymptomatik, und Tracey stellte mir all die üblichen Fragen, aber es ergab alles keinen Sinn«, erklärte Carol. »Was die üblichen Risikofaktoren anbelangte, so war ich nicht übergewichtig, hatte kein Diabetes, keinen hohen Blutdruck, mein Cholesterinspiegel war normal, und ich machte jeden Morgen meine Übungen, bevor ich aus dem Haus zur Arbeit ging. Es passte einfach nicht zusammen.«

Carol saß also im Auto auf dem Weg nach Hause, während sich ihre Symptome verschlimmerten. Tracey war noch immer in der Leitung, doch Carol hatte zunehmend Mühe, sich auf die Unterhaltung mit ihr zu konzentrieren, denn das eben noch unwohle Gefühl im Oberbauch hatte sich zu eher drückenden Schmerzen im Brustkorb entwickelt. »Das fühlt sich gar nicht gut an, ich muss anhalten«, sagte Carol zu ihrer Freundin.

»Ja, fahr rechts ran, ich ruf' die 999«, antwortete Tracey.

Carol hielt an, und während sich ihre Symptome weiter verschlimmerten, dämmerte ihr, was mit ihr los war. »Da wurde mir klar, dass ich gerade einen Herzinfarkt habe«, sagte sie.

Carol wartete im Auto auf das Eintreffen der Sanitäter:innen, eine gefühlte halbe Ewigkeit. Inzwischen verspürte sie ein starkes Druckgefühl in der Mitte der Brust, fühlte sich extrem desorientiert und verwirrt. Sie beschloss, selbst noch einmal den Notruf zu wählen. »Ich bin Ärztin und glaube, ich habe einen Herzinfarkt«, sagte sie dem Assistenten der Notfall-Leitstelle am anderen Ende der Leitung. Zehn Minuten später waren die Rettungssanitäter:innen da, und Carol war erleichtert, aber auch überrascht, dass diese so gelassen wirkten. »Nach meinem Dafürhalten hatte ich gerade einen Herzinfarkt, also erwartete ich, dass sie schleunigst alle Hebel in Bewegung setzten, aber sie schienen recht unaufgeregt«, erzählte sie im Rückblick.

»Sie parkten den Rettungswagen ein Stück weg von meinem

Auto, kamen dann zu mir und wiesen mich an, das Auto stehenzulassen, die Fenster hochzufahren, alles gut abzusperren und mit ihnen zum Krankenwagen zu *laufen*. Keine Ahnung, wie ich das alles hinbekommen habe in meinem verwirrten Zustand, und allein daraus schloss ich, dass diese Leute mich nicht wirklich ernst nahmen. Wenn du eine Patientin mit Herzinfarkt vor dir hast, dann willst du nicht, dass sie *läuft*, sondern du willst, dass sie möglichst im Ruhezustand bleibt«, erklärte Carol. Auch als die Sanitäter:innen sie zum Rettungswagen führten und sie vor Schmerz fast verging, behielt sie ihren Doktorhut auf. »Ich bin Ärztin, und ich denke, ich habe einen Herzinfarkt«, betonte sie noch einmal, doch der Sanitäter warf ihr nur einen kurzen Seitenblick zu und meinte, »Ach, ihr Ärzte geht immer vom Schlimmsten aus.«

»Im Rettungswagen dann«, so Carol, »leiteten sie schließlich endlich die richtigen Schritte zur Herzinfarkt-Behandlung ein. Sie gaben mir eine Aspirin und legten mir einen Venenzugang, um Flüssigkeiten zuzuführen«, erzählte sie. Zudem bekam sie Morphium sowie ein paar Medikamente gegen Übelkeit und auch ein Elektrokardiogramm (EKG) wurde gemacht, um die elektrische Aktivität des Herzmuskels zu messen. »Es seien, so hieß es, extrem hohe Ableitungspunkte erkennbar, wie wir das in der Medizin nennen«, erklärte sie mir und fuhr fort: »Diese extrem hohen Ausschläge könnten ein erstes Anzeichen für einen Herzinfarkt sein.« Und so rechnete sie damit, dass man sie zur weiteren Behandlung umgehend in die Herzklinik bringen würde. »Wäre *ich* hier die Notärztin gewesen, und hätte *mich* als Patientin vor mir gehabt, hätte ich mich zur stationären Aufnahme sofort in die Herzklinik nach Leicester gefahren, meinen Heimatort. Also bat ich sie, mich dorthin zu bringen«, sagte sie. Doch die Auffälligkeiten in ihrem EKG-Befund wurden anders interpretiert, und so brachte man sie in das nächstgelegene Krankenhaus, etwa fünf Minuten Fahrzeit entfernt.

»Zu allem Unglück war ich nun also in diesem Krankenhaus, wo man mich geschlagene 14 Stunden warten ließ, obwohl ich quälende Schmerzen litt – sie mussten mir ständig Morphium geben«, erinnerte sie sich. Dann, gegen vier Uhr am nächsten Morgen, wurde Carol schließlich in das Glenfield Hospital verlegt, jene Herzklinik, in die sie von Anfang an eingewiesen werden wollte. Kaum eingetroffen, bestätigten die Ärzt:innen ihre schlimmsten Befürchtungen. »Ja, ich hatte tatsächlich einen Herzinfarkt, bestätigten sie«, sagte sie, fast feierlich. »Ich hatte eine totale Verstopfung der linken vorderen absteigenden Arterie«, fügte sie hinzu und verwies damit auf das lebenswichtige Blutgefäß, das die linke Seite des Herzens im Normalfall mit sauerstoffreichem Blut versorgt. So ein Verschluss der linken vorderen absteigenden Arterie, bisweilen salopp auch »Witwenmacher« genannt, weil er ein hohes Todesrisiko birgt (und vermutlich auch weil, na ja, Sexismus). Trotz ihrer ernsten körperlichen Verfassung vergingen weitere sechs Stunden – und damit insgesamt ganze zwanzig, seit ihr klar geworden war, dass sie gerade einen Herzinfarkt hatte –, bis ein Stent in die Arterie implantiert wurde, um die Blockade zu lösen.

Eine Ultraschalluntersuchung am nächsten Tag ergab, dass die linke Seite ihres Herzens schweren Schaden genommen hatte. Die Blutmenge, die ihr Herz nun pro Herzschlag noch durch ihren Körper pumpen konnte, war äußerst gering. »In aller Regel brauchen wir rund 65 Prozent unseres Blutvolumens, um unseren Körper ausreichend zu versorgen. Mein Herzmuskel stieß gerade mal 18,18 Prozent aus«, erklärte Carol. »Als ich das hörte, als Ärztin, fing ich an zu weinen, denn mir war klar, was das für mich bedeutete, nämlich eine dauerhafte Herzschwäche und ein Leben voller … ja, ein völlig anderes Leben.«

Ich hörte Carol im April 2021 von ihren Erfahrungen berichten, als ich auf einer Veranstaltung der British Heart Foundation war. Ein Teil in mir reagierte schockiert:[29] Diese Frau, eine Ärztin, hatte *mitten im Zustand eines Herzinfarktes* noch die Geistesgegenwart besessen, sich selbst zu diagnostizieren und zu erkennen, welche Art von Behandlung sie unverzüglich brauchte, und wurde dennoch von den Notfallmediziner:innen nicht für voll genommen. Ein anderer Teil aber war nicht sonderlich überrascht: Traurig, mal wieder ein weiteres Beispiel einer Schwarzen Frau, die erleben muss, dass man ihr nicht glaubt und einfach übergangen wird, was da in ihrem eigenen Körper gerade passiert.

Carol ist überzeugt, dass ihre Herzschädigung letztlich auf die verzögerte Diagnosestellung und Behandlung zurückzuführen ist, die gar nicht erst entstanden wäre, hätte man sie schneller und frühzeitiger behandelt. Sie beendete ihren Vortrag mit einer Botschaft: »Ich bin dankbar, meine Geschichte hier teilen zu dürfen, und ich hoffe, dass insbesondere Frauen sowie Menschen ethnischer Minderheiten und wer auch immer … dass Sie alle Ihren Körper kennen, und wenn Sie meinen, dass irgendetwas nicht stimmt, dann äußern Sie dies, freundlich und höflich, aber bitte, und das sage ich immer wieder, lassen Sie nicht locker, denn wir wissen selbst am besten, wenn etwas mit uns nicht stimmt.«

Nur reicht es leider manchmal nicht aus, den eigenen Körper zu kennen, freundlich und höflich zu sein. Nishi Chaturvedi, die Professorin für Klinische Epidemiologie aus London, die ich ein Jahr zuvor über einen Podcast zum Thema Covid-19 kennengelernt hatte, und die auf eben jener Veranstaltung der British

Heart Foundation ebenfalls einen Vortrag hielt, erklärte, warum das so ist:

»Die richtige Behandlung für eine Herz-Kreislauf-Erkrankung zu bekommen, ist ein komplexer Prozess, an dem beide Seiten beteiligt sind, der Betroffene ebenso wie das Gesundheitssystem«, sagte Chaturvedi. »Im Falle eines Herzinfarkts zum Beispiel muss der:die Betroffene das lebensbedrohliche Ereignis erst einmal erkennen, schnell reagieren und den Rettungsdienst rufen, und zwar unverzüglich, und die Notfallsofortmaßnahmen akzeptieren. Die Ärzt:innen müssen die richtige Diagnose stellen, die richtigen Tests durchführen, die richtigen Untersuchungen vornehmen und die richtigen Behandlungen zur Verfügung stellen. Doch es gibt Indizien dafür, dass Angehörige ethnischer Minderheiten oft erst mit Verzögerung eine angemessene medizinische Versorgung erhalten.« Chaturvedi und ihre Kolleg:innen haben sich intensiv mit der Frage beschäftigt, warum Menschen aus ethnischen Minderheiten in Großbritannien – insbesondere Menschen südasiatischer, Schwarzer afrikanischer oder Schwarzer karibischer Herkunft (so wie Carol) – im Vergleich zu *weißen* Menschen nicht nur ein höheres Risiko für Herz-Kreislauf-Erkrankungen haben, sondern auch ungleich häufiger Verzögerungen ausgeliefert sind, bis sie die dringend benötigte medizinische Versorgung erhalten.[30]

»Für eine der Studien, die wir durchgeführt haben, verschickten wir einen Fragebogen an Menschen südasiatischer und europäischer Herkunft, alle im mittleren Alter. In der Einleitung dazu skizzierten wir ein Bild, eine Geschichte: Eine Person steigt die Treppe hinauf, mit schwerem Gepäck, und verspürt plötzlich starke Schmerzen in der Mitte der Brust, stellt das Gepäck ab, fühlt sich etwas besser, ist aber beunruhigt, da sie diesen Zustand nicht zum ersten Mal erlebt. Danach stellten wir den Teilnehmenden der Studie folgende Fragen:

Was glauben Sie? Woher kommt dieser Schmerz? Handelt es sich um ernsthafte Beschwerden? Würden Sie ärztliche Hilfe suchen? Würden Sie unverzüglich den Rettungsdienst rufen? Würden Sie eine Maßnahme akzeptieren, sofern angeboten? Die überwiegende Mehrheit in der ›südasiatischen‹ Gruppe erkannte, genauso wie die Mehrheit der ›europäischen‹ Gruppe, dass der Schmerz vom Herzen ausstrahlt, und die Mehrheit der ›südasiatischen‹ Gruppe war sogar vergleichsweise eher bereit, sofort ärztliche Hilfe zu rufen und Maßnahmen zu akzeptieren, seien es medizinische oder chirurgische«, sagte Chaturvedi.

Auf einer PowerPoint-Folie veranschaulichte sie daraufhin die »typischen« Herzinfarkt-Symptome. »Im Medizinstudium haben wir gelernt, wie man einen Herzinfarkt erkennt. Die Symptome, die hier auf der linken Seite der Folie aufgezeigt sind, sind Frühwarnzeichen, auf die es unbedingt zu achten gilt«, erklärte sie. »Stark anhaltende Schmerzen in der Brust sowie Atemnot und Schmerzen, die in Kiefer, Hals oder Schulter ausstrahlen – alles Alarmzeichen, die auf einen Herzinfarkt hindeuten«, führte sie aus und fügte hinzu: »Inzwischen ist klar, dass es neben diesen ›typischen‹ Symptomen weitere, eher atypische Anzeichen gibt, wie zum Beispiel Schwindel, Sodbrennen, kalter Schweiß, häufig auftretende Müdigkeit und Abgeschlagenheit. Und wie es scheint, treten diese atypischen Symptome vermehrt bei Diabetiker:innen, Frauen und Angehörigen ethnischer Minderheiten auf.«

Als ich mir Chaturvedis Vortrag später noch einmal ansah, musste ich an Carols Erlebnis denken: Sodbrennen war das erste Symptom, das Carol bemerkte, als sie sich an jenem Tag nach Feierabend auf die Heimfahrt machte. Doch obwohl sie Ärztin ist – und während der Fahrt ihre Freundin am Telefon hatte, die ebenfalls Ärztin ist –, war beiden nicht sofort klar, dass es sich um ein

Herzereignis handeln könnte. Vielleicht wäre Carol schneller daraufgekommen, wenn es ein größeres Bewusstsein für diese sogenannten »atypischen« Herzinfarkt-Symptome gäbe. Selbst als Carols Symptome andauerten, kamen beide nicht sofort auf die Idee, dass es sich um einen Herzinfarkt handeln könnte, denn keiner der üblichen Risikofaktoren – Übergewicht, Diabetes, Bluthochdruck, erhöhter Cholesterinspiegel – schien auf Carol zuzutreffen, die damals gerade mal 48 Jahre alt war und einen aktiven Lebensstil pflegte. Bei einem Gesundheitscheck acht Jahre zuvor hatte man ihr sogar gesagt, dass sie gut und gerne weit über achtzig werden könne, ohne einen Herzinfarkt oder Schlaganfall zu erleiden.

Tatsächlich also lassen sowohl Carols Erlebnis als auch Chaturvedis Studien darauf schließen, dass die »typischen« Symptome und Risikofaktoren für Herz-Kreislauf-Erkrankungen gar nicht immer so »typisch« sind und auch nicht immer bei allen Betroffenen bestehen müssen. »Die Leitlinien [zu Diagnostik und Therapie von Herz-Kreislauf-Erkrankungen] werden und wurden überwiegend von Menschen *weißer* europäischer Herkunft entwickelt und angewendet, und es steht zu vermuten, dass sie bei Menschen südasiatischer und afrokaribischer Herkunft nicht so gut funktionieren, da […] die Konstellation und das Zusammenspiel der Risikofaktoren ganz anders sind. Zwar versuchen solche Versorgungsleitlinien, den verschiedenen Ethnien gerecht zu werden, doch wie unsere Forschungen zeigen, tun sie dies nicht besonders gut, so dass einige ethnische Minderheiten unter Umständen zu wenig betrachtet werden«, führte Chaturvedi weiter aus. »Mit Blick auf die Gesundheitsversorgung ist durchaus denkbar, dass die sogenannten ›typischen‹ Symptome und mithin die Versorgungsleitlinien zu kurz greifen und das breite Spektrum der Risikofaktoren für kardiovaskuläre Erkrankungen sowie das Zusammenspiel der unterschiedlichsten

Risikofaktoren außer Acht lassen.« Dies bedeute aber nicht, so Chaturvedi, dass Menschen verschiedener Ethnien von Natur aus unterschiedliche Biologien hätten, sondern vielmehr, dass umweltbedingte Risikofaktoren unsere menschliche Biologie beeinflussen.

Wie genau dies geschieht, sehen wir, wenn wir uns die Beziehungen zwischen ethnischer Zugehörigkeit, Umwelt und Biologie bei kardiovaskulären Erkrankungen betrachten. Menschen Schwarzer und südasiatischer Herkunft sind in Großbritannien überproportional von Typ-2-Diabetes betroffen, was nicht nur ein großer Risikofaktor für Herz-Kreislauf-Erkrankungen ist, sondern auch mit einer erhöhten Wahrscheinlichkeit für das Auftreten einiger der oben erwähnten »atypischen« Herzinfarkt-Symptome verbunden ist.[31,32] Und obwohl bereits mehr als 120 Genvarianten als Risikogene für Typ-2-Diabetes identifiziert sind, legen die Forschungen von Chaturvedi und Team nahe, dass es umweltbedingte Faktoren sind, wie etwa der sozioökonomische Status, die den größten Beitrag zur Erklärung ethnischer Unterschiede im Typ-2-Diabetes-Risiko liefern.

In einer Studie aus dem Jahr 2022 analysierten Chaturvedi und ihr Team Daten aus der UK Biobank, einer groß angelegten biomedizinischen Datenbank, die genetische und gesundheitsrelevante Informationen von rund 500 000 Menschen im Alter zwischen 40 und 69 Jahren enthält.[33] Die Analyse bestätigte die Ergebnisse aus bisherigen Studien, wonach Menschen Schwarzer und südasiatischer Herkunft stärker von Typ-2-Diabetes betroffen sind als die *weiße* Bevölkerung im Vereinigten Königreich. Wenn dieses Ungleichgewicht größtenteils auf genetische Unterschiede zurückzuführen wäre, so würde man erwarten, dass es zwischen den Generationen weitgehend unverändert bliebe. Stattdessen ergab die Studie, dass Migrant:innen aus der zweiten Generation mit Schwarzer und südasiatischer Herkunft, ein um 20 Prozent geringeres Risiko für Typ-2-Diabetes aufweisen als Migrant:innen der ersten Generation. Hiermit verbunden waren ein Rückgang der sozioökonomischen Benachteiligung sowie Körperfettmessungen zwischen den Generationen.

Chaturvedi formuliert es so: »Das Erbgut selbst hat sich nicht wirklich verändert, die Umwelt aber schon.« Diese Ergebnisse stimmen optimistisch, denn sie lassen darauf schließen, dass die bestehenden Unterschiede der Typ-2-Diabetes-Inzidenz zwischen den Schwarzen und südasiatischen Gruppen und der Bevölkerungsgruppe der *Weißen* auf ähnliche Weise reduziert werden können. Das gelingt, indem man beispielsweise umweltbedingten Risikofaktoren einen höheren Stellenwert einräumt, wie etwa den ethnischen Ungleichheiten beim Zugang zu gesunden Lebensmitteln oder wohnortnahen Grünflächen, die zu mehr Bewegung animieren. Denn beides, sowohl ein gesundes Ernährungsverhalten als auch ein gesundes Bewegungsverhalten, bietet einen nachweisbar effektiven Schutz vor Adipositas, Typ-2-Diabetes und Herz-Kreislauf-Erkrankungen.

Im nächsten Kapitel werden wir diese Aspekte näher beleuchten. Doch zunächst zurück zu Carol. Als sie acht Jahre vor ihrem Herzinfarkt zum Gesundheits-Check-up ging, wies sie keinen der oben genannten Risikofaktoren auf. Sie war nicht fettleibig, und sie litt auch nicht an Diabetes. Doch es war etwas anderes, was ihre Gesundheit wohl negativ belastet hatte. »Im Rückblick betrachtet, aus meiner ganz persönlichen Perspektive heraus, ist mein Leben als eine vielbeschäftigte Ärztin generell sehr stressreich, und noch dazu gibt es andere Stressfaktoren, und so denke ich schon, dass Stress eine zentrale Rolle spielt«, reflektierte Carol während einer Fragerunde im Anschluss an ihren Vortrag. Dann verfiel sie wieder zurück in ihren Ärztinnenmodus: »Stress wird nicht als eigenständiger Risikofaktor für Herzinfarkte angeführt, unabhängig von allen anderen, sondern eher als ein verstärkender Begleitumstand. Mein persönliches Gefühl sagt mir, dass es hier noch eine ganze Menge zu tun gibt.«

Carols Mutmaßungen über den potenziellen Einfluss von Stress auf ihr Herz erinnerten mich an Forschungsarbeiten, auf die ich zuvor gestoßen war und die Zusammenhänge zwischen Rassismus, chronischem Stress und Herz-Kreislauf-Erkrankungen untersuchten. Um diese Zusammenhänge zu verstehen, kann es nicht schaden, uns kurz an den lebenswichtigen Motor unseres Kreislaufs zu erinnern – das Herz.

Das Herz ist eines der erstaunlichsten Organe des menschlichen Körpers. Es ist eine Art glorifizierte Pumpe, die mit jedem Herzschlag, durch ein unglaubliches Netzwerk aus fleischigen Bahnen, sauerstoffreiches Blut in sämtliche Organe unseres Körpers und sauerstoffarmes Blut wieder zurück zum Herzen treibt. Die Blutbahnen sind die unbesungenen Helden in diesem gleichsam ewig zirkulierenden Kreis – was offenbar wird, wenn auch nur eine von ihnen verstopft. Vor allem wenn die Blockade ein Gefäß betrifft, das ein lebenswichtiges Organ versorgt, wie das Gehirn oder das Herz – dann wird es richtig gefährlich. Tatsächlich werden Schlaganfälle und Herzinfarkte überwiegend durch eine Blockade der Blutzufuhr in das Gehirn oder Herz verursacht, meist aufgrund von Fettablagerungen an den Innenwänden der Blutgefäße, die diese Organe versorgen. Diese Ablagerungen entstehen vor allem in Bereichen der Blutgefäßwände, die aus irgendeinem Grund eine Schädigung aufweisen. Ist eine Schädigung erst einmal vorhanden, können sich im Blut schwimmende Substanzen, wie beispielsweise Cholesterin und Fett, im geschädigten Bereich ansammeln und einen unkontrollierten Kreislauf von entzündlichen Prozessen und weiteren Schädigungen auslösen. Dieser Prozess führt schlimmstenfalls zur Bildung einer Plaque – einem wuchernden, klebrigen Blutklumpen, der sich in das Blutgefäß vor- und hineinwölbt, das Gefäß dadurch verengt und den Blutfluss behindert. Das kann zur Bildung gefährlicher Blutgerinnsel führen, die den Blutfluss vollständig blockieren können. Ein chronisch hoher Blutdruck wiederum kann die Bildung von Plaques in den Arterien begünstigen, denn durch die große Kraft, sprich den anhaltend hohen Druck, mit dem das Blut durch die Gefäße zirkuliert, steigt die Wahrscheinlichkeit einer Schädigung der Blutgefäßwände. Bluthochdruck oder Hypertonie bedeutet zudem eine starke Belastung für das Herz, und der dauerhaft hohe Druck in den Arterien ist einer der Hauptrisikofaktoren für die Entstehung von Herz-Kreislauf-Erkrankungen wie Herzinfarkt, Schlaganfall oder Herzinsuffizienz.

Inzwischen ist bekannt, dass chronischer Stress, neben einer Reihe anderer Faktoren wie genetischer Disposition, ungesunder Ernährung und mangelnder Bewegung, den Blutdruck ebenfalls stark in die Höhe treiben kann.[34,35] Wir haben es wohl alle schon mal erlebt, wenn der Körper mit deutlichen Signalen wie Herzrasen und hohem Blutdruck auf psychischen oder physischen Stress reagiert. Sofort kommt es zu einer verstärkten Ausschüttung von Stresshormonen wie Cortisol und Adrenalin, die im Normalfall wieder eingestellt wird, sobald die Stresssituation vorbei ist. Problematisch wird es dann, wenn der Stress zum Dauerzustand wird und die stressbedingten Hormone im Blut sowie der Blutdruck dauerhaft hoch bleiben.

In den letzten Jahrzehnten wurde Rassismus in etlichen Studien als ein chronischer Stressor identifiziert, der zu Bluthochdruck beitragen und sich negativ auf die kardiovaskuläre Gesundheit auswirken kann. Einschlägige Forschungen dazu werden wir weiter hinten im Buch noch ausführlicher behandeln, aber hier schon einmal ein grober Überblick: Sowohl die wahrgenommene rassistische Diskriminierung wie auch eine damit einhergehende rassismusbezogene Wachsamkeit – ein antizipatorischer Stress, der mit einem rassistischen Lebensumfeld verbunden ist – wurden beide mit einer verstärkten Tendenz zu Bluthochdruck bei Schwarzen US-Bürger:innen in Verbindung gebracht, die höhere Inzidenzen von Bluthochdruck und Herz-Kreislauf-Erkrankungen aufweisen als die breite US-Bevölkerung.[36,37,38] Auch in Großbritannien liegen die Inzidenzen von Hypertonie bei Schwarzen Menschen ebenso wie bei Menschen südasiatischer Herkunft höher als bei Menschen *weißer* Gruppen. Und obwohl Carols Blutdruck zum Zeitpunkt ihres Gesundheits-Checks normal erschienen war, war Bluthochdruck an sich nichts Neues für sie.

»In meinen beiden Schwangerschaften litt ich unter schwangerschaftsinduzierter Hypertonie«, erzählte sie. »Ich habe mir oft darüber Gedanken gemacht und darüber diskutiert, ob das überhaupt eine Rolle gespielt hat«, fügte sie hinzu. Bluthochdruck in der Schwangerschaft ist eine der häufigsten Ursachen für schwangerschaftsbedingte Todesfälle, deren Zahl bei Schwarzen Frauen deutlich höher liegt als bei *weißen* Frauen, sowohl in den USA als auch in Großbritannien – wie wir im vorangegangenen Kapitel gesehen haben. Und vieles weist darauf hin, dass Frauen mit einer solchen schwangerschaftsinduzierten Hypertonie ein erhöhtes Risiko tragen, später im Leben unter Herz-Kreislauf-Erkrankungen zu leiden.[39]

Wenn man Carol so reden hört, wird klar, dass sie eine Person ist, die sehr verantwortungsbewusst mit der eigenen Gesundheit umgeht, durch ihre medizinische Brille alles präzise betrachtet und angeht. Nach ihrem Herzinfarkt, so erzählte sie mir, habe sie noch einmal all ihre Krankenunterlagen durchgesehen und festgestellt, dass – auch wenn sie nie mit Diabetes diagnostiziert worden war – ihre Blutzuckerwerte in der Vergangenheit immer leicht über dem Normalwert gelegen haben.

Seit ihrem Herzinfarkt habe sie ständig zu kämpfen gehabt, ihren Blutzuckerspiegel dauerhaft niedrig zu halten. »Ich habe dabei sogar immer weiter abgenommen, und mein Lebensstil ist – naja, ich weiß gar nicht, was ich noch tun kann, außer halt am Ball zu bleiben«, sagte sie.

Dass Carol unbedingt jene Faktoren zu eruieren und verstehen suchte, die zu einer so schwerwiegenden, lebensverändernden Schädigung ihres Herzens geführt hatten, konnte ich gut nachvollziehen. Lag es an ihren »atypischen« Symptomen? Lag es daran, dass man ihr nicht geglaubt hatte, als sie sich in Behandlung begab? Lag es am Stress? Wie Carol können auch wir es nicht mit Gewissheit sagen. Doch all ihre Erfahrungen deuten auf eine Verflechtung von Faktoren hin, von denen viele unmittelbar mit Rassismus zusammenhängen. Und dies hat weitreichende Folgen: Herz-Kreislauf-Erkrankungen sind weltweit Todesursache Nummer Eins, obwohl viele davon durch Maßnahmen gegen umweltbedingte Risikofaktoren vermeidbar wären. Mit einem verbesserten Zugang zu gesunden Lebensbedingungen, einer gerechten medizinischen Versorgung und einer Umgebung, die frei ist von Belastungen alltäglicher Diskriminierungen, wäre ein erster großer Schritt zum Abbau ethnisch bedingter Ungleichheiten bei Herz-Kreislauf-Erkrankungen getan. Dies gilt ebenso für andere Erkrankungen, auch für die zweithäufigste Todesursache weltweit – den Krebs, der fast jedes Organ des menschlichen Körpers befallen kann.

▪

Ich habe mich nie besonders für Superhelden-Filme oder Comics interessiert, schon als Kind nicht. Aber als im Februar 2018 der erste Black-Panther-Film in die britischen Kinos kam, konnte ich es kaum erwarten, ihn zu sehen. Eines schönen Wochenendes schließlich schaute ich mir den Film zusammen mit einem Freund in Oxford an, und ja, was soll ich sagen, der Film hat meine Erwartungen mehr als erfüllt. Ich weiß noch, dass ich ziemlich ergriffen und überwältigt war. Es war ein Film, von dem ich wünschte, ich hätte ihn als Kind gesehen, als ich als eines von wenigen Schwarzen Kindern in einer überwiegend *weißen* Umgebung aufwuchs und zur Schule ging. Ich schämte mich für meine Haut, meine Haare, mein Schwarzsein, mein »Anderssein«, und ich glaube, dass dieser Film – ein Mega-Blockbuster, mit einem Schwarzen Regisseur und hochkarätig besetzt mit fast ausschließlich Schwarzen Darsteller:innen, die allesamt Dashikis trugen, halblange Unisex-Hemden aus Kente-Stoffen, und natürliche Hairstyles – meinem kindlichen Ich sehr geholfen hätte, sich *gesehen* zu fühlen. Im Sommer 2020, zwei Jahre nach der Erstausstrahlung, war die Erinnerung an mein Kinoerlebnis mit *Black Panther* plötzlich wieder da, als ich in den Nachrichten hörte, dass der Schauspieler Chadwick Boseman – *der* Black Panther – im Alter von nur 43 Jahren an Krebs verstorben war.

»Es war die größte Ehre seiner Karriere, König T'Challa in Black Panther zum Leben erwecken zu dürfen«, hieß es in einer emotionalen Mitteilung seiner Familie auf seinem Instagram-Account kurz nach seinem Tod. Demnach hatten die Ärzt:innen bei Boseman 2016 Darmkrebs im Stadium III diagnostiziert, der sich dann zu Stadium IV entwickelte. Seine Fans reagierten schockiert auf diese Nachricht. Wie die Familie weiterhin erklärte, hatte Boseman unter Ausschluss der Öffentlichkeit gegen die Krankheit angekämpft, sich zahllosen Operationen und Chemotherapien unterzogen, seine Erkrankung für sich behalten und bis zuletzt weiter für mehrere Filme gedreht.

Bosemans Tod erschütterte so viele Menschen, die ihn, so wie ich auch, als einen Superhelden betrachteten, im wahrsten Sinne des Wortes. In einem Jahr, in dem Corona in den USA, in Großbritannien und anderswo auf der Welt bereits enorme gesundheitliche Chancenungleichheiten aufgrund von *race* oder ethnischer Zugehörigkeit zutage gefördert hatte, warf Bosemans Tod ein grelles Schlaglicht auch auf ethnische Ungleichheiten bei Krebs – der derzeit zweithäufigsten Todesursache weltweit nach Herz-Kreislauf-Erkrankungen. Krebserkrankungen haben, so wie Herz-Kreislauf-Erkrankungen auch, viele Gesichter, die fast überall im Körper in Erscheinung treten können, denn es gibt ein Merkmal, das sie alle verbindet: unkontrolliertes Zellwachstum.

Normalerweise wachsen und vermehren sich unsere Zellen durch einen vielstufigen, exakt kontrollierten Prozess, die sogenannte Zellteilung. Als ich zum ersten Mal die Gelegenheit hatte, diese fein orchestrierte Choreographie einer lebenden Zellteilung unter dem Mikroskop mitzuerleben, war ich voller Ehrfurcht. Dort, wo dieser ausgewogene Prozess infolge genetischer Mutationen, also Veränderungen in der DNA, nicht mehr stattfindet, können sich Krebszellen entwickeln, was mit zunehmendem Alter immer häufiger vorkommt, da sich mit jeder Stammzellteilung im Laufe des Lebens immer mehr genetische Mutationen ansammeln. Allerdings entstehen Mutationen nicht nur bei Zellteilungen, sondern auch durch andere krebsauslösende Faktoren. Zum allergrößten Teil sind es Umwelteinflüsse, die eine Krebserkrankung auslösen, aber auch erbliche Veranlagungen können das Risiko dafür erhöhen. Krebszellen sehen normalen Zellen zum Verwechseln ähnlich, verhalten sich mitunter aber völlig anders: sie beginnen unkontrolliert zu wuchern, reagieren nicht auf wachstumshemmende Signale, breiten sich im ganzen Körper aus, dringen in Blutgefäße ein, um darin einzuwachsen und sich vor dem Angriff durch das Immunsystem zu verstecken. Je früher diese gefährlichen Zellen entdeckt werden, desto besser. Boseman bekam seine Darmkrebs-Diagnose erst im fortgeschrittenen Stadium III, was bedeutet, dass der Krebs sich wahrscheinlich längst über den Darm hinaus ausgebreitet und umliegende Körperbereiche befallen hatte. Als Boseman starb, keine fünf Jahre nach der Diagnose, hatte der Krebs das metastasierte Stadium IV erreicht, sich also weiter ausgebreitet und Metastasen in entfernten Organen gebildet.

Leider spiegelt das, was Chadwick Boseman widerfahren ist, ein in den USA tief verankertes Muster wider, das seine Ehefrau Taylor Simone Ledward in einer bewegenden Rede hervorhob, als sie im Namen ihres verstorbenen Mannes den NAACP Image Award 2021 entgegennahm. »Er war ein ungewöhnlicher Künstler und ein noch ungewöhnlicherer Mensch – ganz und gar nicht ungewöhnlich allerdings, für unsere Black Community jedenfalls, ist die Art und Weise, wie wir ihn verloren haben«, sagte Ledward unter Tränen. Sie bezog sich damit auf die Tatsache, dass Schwarze in den USA ein um 20 Prozent höheres Risiko haben, an Darmkrebs zu erkranken, und ein um 40 Prozent höheres Risiko, daran zu sterben, als die meisten Menschen anderer rassifizierter und ethnischer Gruppen.[40,41] Bei fast allen Krebsarten liegen die Sterblichkeitsraten für Schwarze höher und die Fünf-Jahres-Überlebensraten niedriger als für andere Gruppen. Dies ist umso bemerkenswerter in Anbetracht der Tatsache, dass die Krebsinzidenzen bei *Weißen* insgesamt ähnlich hoch liegen wie bei Schwarzen, wenn nicht gar noch leicht darüber, wobei *Weiße* von allen ethnischen Gruppen im Land die höchste Krebsrate aufweisen.[42]

Bei Brustkrebs beispielsweise – die mit Abstand häufigste Krebserkrankung – liegen die Inzidenzen für Schwarze und *weiße* Frauen ähnlich hoch, und trotzdem liegen die Brustkrebs-Sterberaten für Schwarze US-Amerikanerinnen um 41 Prozent höher. Dieses scheinbare Paradox erklärt sich zumindest teilweise durch Disparitäten bei der Krebsdiagnose und dem Zugang zu einer frühzeitigen Behandlung. Schwarze in den USA werden sehr viel häufiger als *Weiße* erst in einem fortgeschrittenen Erkrankungsstadium mit Krebs diagnostiziert (so wie bei Boseman), also dann, wenn die Behandlung allgemein teurer und die Aussicht auf Erfolg geringer ist.

Diesen Aspekt sprach Ledward in ihrer Rede an und betonte einmal mehr, wie wichtig es sei, regelmäßig zur Vorsorge zu gehen, um Darmkrebs im Frühstadium zu erkennen. »Wenn Sie fünfundvierzig Jahre oder älter sind, lassen Sie sich bitte untersuchen. Schieben Sie das nicht länger auf«, sagte sie und fügte hinzu: »Dieser Krebs ist bezwingbar, wenn man ihn im Frühstadium erkennt. Warten Sie also nicht länger, und verlieren Sie keine Zeit.«

Die Menschen zu ermutigen, regelmäßig zur Krebsvorsorge zu gehen, ist schön und gut, wird aber allein nicht ausreichen, um die bestehenden Ungleichheiten bei den klinischen Ergebnissen (*disease outcomes*), die mit der Erkrankung und dem Therapieerfolg verbunden sind, zu beseitigen. Es wird zudem darauf ankommen, zu gewährleisten, dass ein gleichberechtigter Zugang zu Vorsorgeuntersuchungen grundsätzlich gegeben ist. In den USA sind BIPoC häufiger als *Weiße* nicht krankenversichert und sehen sich auch sonst mit etlichen Hindernissen konfrontiert, die den Zugang zu medizinischen Versorgungsleistungen, einschließlich der regelmäßigen Krebsvorsorge, erschweren.[43] Doch auch über den Zeitpunkt der Erstdiagnose hinaus haben BIPoC das Nachsehen, denn wie etliche Studien belegen, kommt es bei ihnen mit einer höheren Wahrscheinlichkeit als bei ihren *weißen* Leidensgenoss:innen zu zeitlichen Verzögerungen bis zum Beginn der Behandlungstherapien.[44,45]

So ist es wohl kaum überraschend zu erfahren, dass Ungleichheiten aufgrund der Herkunft bei Krebserkrankungen auch in anderen Teilen der Welt dokumentiert sind. Im Jahr 2021 machte die neuseeländische Politikerin und Parlamentsabgeordnete Kiritapu »Kiri« Lindsay Allan ihre Gebärmutterhalskrebs-Diagnose in den sozialen Medien bekannt, um mehr Menschen zu ermutigen, Vorsorgeuntersuchungen wahrzunehmen. »Bitte, bitte, bitte – ermutigt eure Schwestern, eure Mütter, eure Töchter, eure Freundinnen – bitte #SmearYourMea – es kann euer Leben retten, wir brauchen euch, hier und jetzt«, schrieb sie. Mit #SmearYourMea verwies sie auf die gleichnamige Kampagne, die die inzwischen an Gebärmutterhalskrebs verstorbene Talei Morrison gegründet hatte, um insbesondere Māori-Frauen zu animieren, sich auf diese Krebserkrankung untersuchen zu lassen.

Die meisten Fälle von Gebärmutterhalskrebs werden fast immer durch eine Infektion mit bestimmten Humanen Papillomviren (HPV) verursacht. Die Kombination aus HPV-Impfung und regelmäßiger Vorsorgeuntersuchung jedoch senkt das Risiko signifikant, an dieser Krebsart zu erkranken oder gar zu sterben. Im Jahr 2020 entfielen 90 Prozent der Neuerkrankungen und Todesfälle weltweit auf Länder mit niedrigen und mittleren Einkommen, in denen der Zugang zu besagten Präventivmaßnahmen ohnehin begrenzt ist. Doch auch zwischen den einzelnen wohlhabenderen Ländern, wie auch innerhalb dieser, bestehen massive gesundheitliche Verwerfungen, die sich überwiegend entlang ethnischer Linien zeigen.

Māori-Frauen werden mehr als doppelt so häufig mit Gebärmutterhalskrebs diagnostiziert wie Neuseeländerinnen europäischer Herkunft und haben eine dreimal höhere Wahrscheinlichkeit, an dieser Erkrankung zu sterben. Ähnliche Ungleichheiten wurden im benachbarten Australien registriert, wo die Diagnose- und Sterberaten durch Gebärmutterhalskrebs bei Indigenen Frauen zwei- bis dreimal höher liegen als bei nicht-Indigenen Frauen.[46] Und obwohl die Weltgesundheitsorganisation bestätigt hat, dass Indigene Bevölkerungsgruppen in den Krebsregistern weltweit nicht hinreichend erfasst sind, belegen die Statistiken aus Ländern, in denen entsprechende Daten erhoben werden, dass Indigene Völker tendenziell einem höheren Krebsrisiko ausgesetzt sind und schlechtere *health outcomes* haben als ihre nicht-Indigenen Landsleute.[47,48,49]

Als ein begünstigender Faktor wird häufig die vergleichsweise geringe Inanspruchnahme der Krebsvorsorge genannt. In Neuseeland zum Beispiel nehmen 34 Prozent der Māori-Frauen nicht am regelmäßigen Gebärmutterhals-Screening teil, gegenüber nur 21 Prozent der Neuseeländerinnen europäischer Herkunft.[50] Doch egal, wo auf der Welt, ob in den USA, in Neuseeland oder anderswo: Um diese gesundheitliche Kluft zu schließen, müssen nicht nur Menschen aus marginalisierten rassifizierten und ethnischen Gruppen angespornt werden, Vorsorgeleistungen in Anspruch zu nehmen. Zugleich müssen Barrieren, die ihnen den Zugang zu diesen potenziell lebensrettenden Maßnahmen behindern, identifiziert und aktiv beseitigt werden.

Wie dies gelingen kann, zeigt eine jüngst erprobte gesundheitspolitische Intervention in Neuseeland: Laut einer 2019 durchgeführten Befragung ist für Māori-Frauen die körperliche Autonomie, einschließlich whakamā (Schamgefühl, Scheu oder verlegenes Schweigen), besonders ausschlaggebend dafür, um nicht an regelmäßigen Screenings teilzunehmen. Die große Mehrheit der Māori-Frauen gab zudem an, wahrscheinlich oder sehr wahrscheinlich lieber einen HPV-Selbsttest zu Hause durchführen zu wollen und sich erst nach einem positiven Testergebnis in ärztliche Behandlung zu begeben.[51] Die Ergebnisse der Befragung wurden anschließend in einer randomisierten kontrollierten Studie auf den Prüfstand gestellt. Das Ergebnis: Die Screening-Raten bei Māori-Frauen, die die Möglichkeit zur Durchführung eines HPV-Selbsttests zu Hause hatten, lagen fast dreimal höher als bei jenen, denen sich nur die Möglichkeit zu einem PAP-Abstrich beim Frauenarzt bot.[52] Im Anschluss an die Veröffentlichung der Studie gab das neuseeländische Gesundheitsministerium im Mai 2021 darum bekannt, Mittel in Höhe von 53 Mio. NZD (30 Mio. Euro) zur gezielten Förderung eines umfangreichen Programms für die häusliche Gebärmutterhalskrebs-Vorsorge bereitzustellen.

Neben den Vorsorgeuntersuchungen ist auch das frühzeitige Erkennen von Krebssymptomen entscheidend. Doch wie eine britische Studie belegt, zeichnen sich auch in dieser Phase der Diagnosestellung weltweit Ungleichheiten aufgrund von *race* ab.[53] Die Analyse von mehr als 126 000 Krebsfällen in England zwischen 2006 und 2016 ergab, dass Menschen Schwarzer oder asiatischer Herkunft mit Anzeichen einer Krebserkrankung nach Erstvorstellung bei Allgemeinmediziner:innen länger auf eine Diagnose warten mussten als *Weiße*. Während die mittlere Wartezeit bei *Weißen* 55 Tage betrug, lag sie bei Menschen asiatischer Herkunft bei 60 Tagen und bei Schwarzen bei 61 Tagen.

Alle, die schon einmal mit dieser Erkrankung in Berührung gekommen sind, sei es direkt oder indirekt, wissen: Umso früher erkannt, umso größer die Überlebenschancen. Jeder Tag zählt.

Deshalb sind Krebsvorsorge und Früherkennung so überaus wichtig. Doch Krebserkrankungen sind komplex und schwer zu greifen. Und der lange Leidensweg beginnt oder endet auch nicht mit der Diagnose – ebenso wenig wie die damit einhergehenden Ungleichheiten. Die schiere Komplexität von Krebs bekräftigten auch die Autor:innen einer britischen Studie in einem Forschungsartikel von 2022, in dem sie ihre Ergebnisse noch einmal zusammenfassten. Die beobachteten Ungleichheiten in Bezug auf die langen Wartezeiten bis zur Diagnosestellung, die sie im Rahmen der Studie im Vereinigten Königreich ebenso wie in den USA, Neuseeland und anderswo dokumentiert hatten, so führten sie aus, seien »wohl kaum die alleinige Erklärung für ethnische Unterschiede in den Verläufen und Ergebnissen von Krebserkrankungen«.

Ob eine Krebserkrankung entsteht und wie sie verläuft, wird von vielerlei Faktoren beeinflusst. Ein Krebs beginnt, wie wir schon gesehen haben, mit der irreversiblen Veränderung körpereigener Zellen, die daraufhin unkontrolliert wachsen und gefährlich werden können. Je älter wir werden, desto mehr Veränderungen häufen sich an, was erklärt, warum das Krebsrisiko mit zunehmendem Alter steigt. Aber auch Umweltbelastungen können die Entstehung einer Krebserkrankung beschleunigen. Die Tatsache, dass einige dieser Umweltbelastungen bestens bekannt sind, wie etwa Strahlung oder Tabakrauch, mag den Anschein erwecken, als wären sie komplett vermeidbar.

Doch für viele von uns ist es schwierig – wenn nicht gar unmöglich –, sich der Aussetzung von krebserregenden Stoffen, den so genannten Karzinogenen, zu entziehen. Wie soll das gehen, wenn diese in der Luft enthalten sind, die wir einatmen? Oder im Wasser, das wir trinken? Oder in Materialien, die wir für unsere Arbeit verwenden?

Soziale Ungleichheiten in Bezug auf unvermeidbare Umwelteinflüsse treffen Menschen, die marginalisierten rassifizierten Gruppen angehören, überproportional stark – und das weltweit.[54,55,56,57,58,59] Rassismus macht krank, in vielerlei Hinsicht – und darunter leidet nicht nur unsere körperliche Gesundheit.

▪

Im Sommer 2021 hatte ich mit ein paar persönlichen Herausforderungen zu kämpfen und beschloss, mich in therapeutische Behandlung zu begeben. Dazu ermutigt hatte mich meine Mutter, die kurz zuvor ihre berufliche Tätigkeit gewechselt hatte, aus der Pharmazie in den psychosozialen Beratungsdienst. In den sozialen Medien war ich auf eine dieser Apps gestoßen, auf denen eingetragene Berater:innen und Therapeut:innen für Beratung und Therapie Online-Sitzungen per Telefon oder Video-Call anbieten. Warum nicht, dachte ich mir, das versuche ich mal. Nachdem ich in der App ein paar Multiple-Choice-Fragen beantwortet hatte, bekam ich eine lange Liste potenzieller Therapeut:innen zur Auswahl angezeigt.

Ein Erstgespräch per Video mit meiner auserkorenen Therapeutin lief gut. Wir plauderten kurz, sie erzählte mir ein bisschen von ihrem Werdegang und ihrer Arbeitsweise. Und ich erzählte ihr von mir, von einigen meiner psychischen Probleme, mit denen ich in der Vergangenheit zu kämpfen hatte, sagte, dass ich einmal eine Therapie ausprobieren wolle, um möglicherweise ein paar Werkzeuge an die Hand zu bekommen, die mir helfen könnten, aktuelle und künftige Herausforderungen in meinem Leben zu bewältigen. Ich verließ diese erste Sitzung mit einem sehr positiven Gefühl und vereinbarte auch gleich einen Folgetermin für ein paar Wochen später. Bei dieser zweiten Sitzung jedoch spürte ich, dass etwas nicht stimmte.

Meine Therapeutin, eine *weiße* Frau, schätzungsweise zwischen Mitte vierzig und Mitte fünfzig, fühlte sich merklich unwohl, als ich begann, über meine Erfahrungen mit Alltagsrassismus zu sprechen. Im weiteren Verlauf des Gesprächs fühlte ich mich dann zunehmend genötigt, die eigenen Erfahrungen herunterzuspielen, um ihre Empfindungen zu schonen. Das machte es für mich schwierig, offen und frei über meine Erlebnisse zu sprechen, da Rassismus darin eine zentrale Rolle spielte. Nachdem ich diese für mich unangenehme Situation mit meiner Mutter und meinem Partner im Nachhinein noch einmal reflektiert hatte, beschloss ich, die Zusammenarbeit mit dieser Therapeutin zu beenden.

Ich dachte dann auch nicht mehr viel an diese Erfahrung, bis ich Alfiee Breland-Noble kennenlernte, Psychologin und Gründerin von AAKOMA, einem gemeinnützigen Projekt für psychische Gesundheit in den USA, das sich dafür einsetzt, über vorhandene Ungleichheiten im Bereich der psychischen Gesundheit aufzuklären und sie abzubauen. Dr. Alfiee, wie sie liebevoll genannt wird, gründete das AAKOMA-Projekt bereits 1999. Als Professorin, die am Center for Trauma and the Community der Georgetown University auf dem Gebiet der psychischen Gesundheit forscht, war sie es irgendwann leid, dass die US-Regierung kaum Mittel bereitstellt, um die psychischen Bedürfnisse und Belastungen von BIPoC bestmöglich zu erforschen. Und so beschloss sie, ihre Ideen und ihre Forschungsleidenschaft in eine gemeinnützige Organisation einzubringen. Anfangs »habe ich alles aus eigener Tasche finanziert, alles selbst bezahlt, alles alleine gemacht«, sagte sie. Doch dann, nach dem Mord an George

Floyd, einem unbewaffneten Schwarzen, der im Mai 2020 unter dem Knie eines *weißen* US-Polizisten namens Derek Chauvin in Minneapolis, Minnesota, starb, habe sich die allgemeine Einstellung zu ihrer Arbeit plötzlich stark gewandelt.

Floyds Ermordung löste eine Welle von Antirassismus-Protesten aus, nicht nur in den USA, sondern weltweit. So auch in Deutschland, wo ich damals kurz zuvor mit meinem Partner hingezogen war. »Dann ging es Schlag auf Schlag«, erzählte mir Dr. Alfiee weiter, »denn das geschärfte Bewusstsein der Öffentlichkeit für Rassismus und seine unheilvollen Folgen ging einher mit einem starken Anstieg an Spenden. AAKOMA verwendete diese Spendengelder, um Jugendlichen und jungen Erwachsenen of Colour kostenlose Therapiestunden und Workshops zu ermöglichen, aber auch, um sie zusammen mit ihren Familien über die Bedeutung der psychischen Gesundheit aufzuklären und ein größeres Bewusstsein dafür zu schaffen. Diese Aufklärungsarbeit ist bitter nötig, denn so wie bei der physischen Gesundheit, gibt es auch bei der psychischen Gesundheit große Ungleichheiten in Bezug auf *race*.

Ob in Deutschland oder anderswo, ich stehe offenbar nicht allein mit meiner Erfahrung, dass es sich schwierig gestaltet, mit Therapeut:innen über erlebten Rassismus zu sprechen. Laut einer Umfrage aus dem Jahr 2020 unter mehr als 800 in Deutschland lebenden Schwarzen stimmen 62 Prozent folgender Aussage zu: »In der Psychotherapie werden meine persönlichen Erfahrungen mit Rassismus nicht ernst genommen oder angezweifelt«.[60] Mehr als ein Drittel gab an, dass dies »häufig« oder »sehr häufig« der Fall sei.

Das Versäumnis seitens psychologischer Dienstleister, die Lebensrealitäten von Menschen aus rassistisch markierten Gruppen anzuerkennen und entsprechend aufzuarbeiten, wird damit in Zusammenhang gebracht, dass Angehörige dieser Minderheiten ihre Versorgung als schlechter wahrnehmen und erfahren, beispielsweise in Großbritannien und den USA.[61,62] Und diese Negativerfahrungen wiederum können Betroffene abschrecken, Versorgungsangebote überhaupt in Anspruch zu nehmen, was dazu beiträgt, Ungleichheiten beim Zugang zu psychotherapeutischen Versorgungsangeboten für BIPoC weltweit aufrechtzuerhalten.[63,64] »Es ist nicht unsere Identität, die unseren Bemühungen um einen gleichberechtigten Zugang zu Versorgungsleistungen im Wege steht. Es ist die Unfähigkeit des Systems, unsere Bedürfnisse zu erkennen, zu verstehen und einzubeziehen«, erklärte mir Dr. Alfiee, nachdem ich ihr von meinem Erlebnis mit meiner Therapeutin erzählt hatte. »Niemals solltest du das Gefühl haben, deine Erfahrungen herunterspielen zu müssen. Dafür warst du nicht dort.«

Ich war immerhin in der glücklichen Lage, mir überhaupt vorstellen zu können, mir Unterstützung zu suchen. Das ganze Thema der psychischen Gesundheit ist mit einem Stigma behaftet, insbesondere wenn es um psychische Erkrankungen geht. Studien aus den USA, Großbritannien und anderen Ländern legen nahe, dass so eine Stigmatisierung bei ethnischen Minderheiten tendenziell stärker ausfällt als bei Gruppen einer gesellschaftlichen Mehrheitskultur.[65] Ein weiteres großes Hindernis, so fuhr Dr. Alfiee fort, seien die Kosten, die den Zugang zur Psychotherapie einmal mehr erschwerten. In den USA, wo sie selbst lebt und arbeitet, stelle dies vor allem für BIPoC sehr oft ein großes Problem dar, sagte sie mir. »Man stelle sich vor: Du hast die finanzielle Hürde genommen und auch noch die nächste, findest schließlich jemanden und bekommst einen Therapieplatz, und dann sitzt du da, und er oder sie gibt dir nichts weiter als das Gefühl, dich selbst und das, was du bist, verleugnen zu müssen«, sagte sie. »Im Ernst?«

Einige Monate nach meinem Gespräch mit Dr. Alfiee fand ich über das Netzwerk meiner Mutter in den Niederlanden, wo sie eine eigene Beratungspraxis hat, eine andere Therapeutin. Diese Therapeutin, eine *Weiße*, bei der ich dann auch etliche Sitzungen absolvierte, hatte von Anfang an ein sehr offenes Ohr für meine Erfahrungen mit Alltagsrassismus wie auch für andere auf meine Identität und Lebenserfahrungen bezogene Themen, und scheute sich nicht, diese Dynamiken auch im Kontext unserer Therapeutin-Klientin-Interaktion anzuerkennen und zu erörtern. Ich war wirklich dankbar, in ihr eine Therapeutin gefunden zu haben, die mich in allen Aspekten meiner Identität voll und ganz unterstützen konnte und wollte. Leider ist diese Art der therapeutischen Unterstützung vielen Menschen auf dieser Erde, die marginalisierten rassifizierten und ethnischen Gruppen angehören, schlichtweg nicht zugänglich – insbesondere Menschen mit intersektionalen marginalisierten Mehrfachidentitäten.[66] Tragischerweise sind dies oft genau die Menschen, die von dieser Form der Unterstützung am meisten profitieren könnten. Denn Erfahrungen mit Rassismus und Diskriminierung haben bekanntlich negative Auswirkungen auf die mentale Gesundheit und das allgemeine Wohlbefinden.

»Im Bereich der psychischen Gesundheit haben wir einen helfenden Beruf. Man kann aber keinen helfenden Beruf ausüben, ohne auf die Fülle und Ganzheit dessen einzugehen, was eine Person mitbringt. Wenn wir also von kultureller Kompetenz reden, dann geht es genau darum«, sagte Dr. Alfiee. »Damit ist aber nicht gemeint, dass du alles im Detail wissen musst, was es über eine Kultur zu wissen gibt. Nein, du kannst nur möglichst offen sein, die richtigen Fähigkeiten mitbringen, über einigermaßen Grundwissen verfügen und einen wachen Geist haben, um für alle, die deinen psychotherapeutischen Raum betreten und deine Hilfe suchen, ganz da zu sein, sie willkommen zu heißen, ihnen einladend zu begegnen, sie zu unterstützen«, sagte sie. »Wir alle haben ein Anrecht darauf, in diesen psychotherapeutischen Raum einzutreten und zu einhundert Prozent als das gesehen zu werden, was wir sind.«

Zusätzlich zu den Chancenungleichheiten beim Zugang zu psychotherapeutischen Leistungen, gibt es in vielen Ländern auch noch auf *race* beruhende Disparitäten in der Diagnosestellung und Behandlung psychischer Erkrankungen. Für die USA beispielsweise haben Studien von Dr. Alfiee und Kolleg:innen ergeben, dass Universitätsstudierende of Colour mit psychischen Erkrankungen weniger häufig therapeutische Behandlung erhalten als *weiße* Studierende.[67] Ähnliche Ungleichheiten sind für Kinder und junge Erwachsene dokumentiert.[68,69] »Das geht aus vorliegenden Daten hervor: Nehmen wir einmal zwei Kinder, mit ein und demselben Krankheitsbild, das den Symptomen nach auf eine psychische Erkrankung hindeuten könnte, auf eine Depression etwa – und nun stellen wir diese beiden Kinder, von denen das eine zufällig *weiß* und das andere zufällig Schwarz ist, einem Experten vor, dann erfährt das *weiße* Kind eine dem Ansatz nach eher verhaltenstherapeutische Behandlung, das Schwarze Kind wird dagegen eher sanktionierenden Maßnahmen überstellt«, erzählte mir Dr. Alfiee. »Das ist einer der Gründe, warum so viel mehr Schwarze junge Menschen vor dem Jugendgericht landen, vom Unterricht suspendiert werden und schließlich von der Schule fliegen«, sagte sie.

Ungleichheiten in der Behandlung von Depressionen erstrecken sich auch auf die Erwachsenenbevölkerung. Laut Erhebungen des Mayor's Office of Community Mental Health in New York, gaben nur 30 Prozent der in New York lebenden Schwarzen mit Depressionen an, im Jahr 2017 eine psychotherapeutische Behandlung erhalten zu haben, gegenüber 58 Prozent der *weißen* New Yorker:innen mit Depressionen.[70] Den Angaben zufolge erhalten New Yorker:innen mit Depressionen mit Schwarzem, südasiatischem oder Latinx*-Hintergrund sowie aus pazifischen Inselregionen insgesamt seltener einen Therapieplatz als *weiße* New Yorker:innen. »Unbehandelte Depressionen, unbehandelte Ängste, posttraumatische Belastungsstörungen – wenn diese Dinge unbehandelt bleiben, verhalten sich Betroffene auf eine Art und Weise, die nicht die gesündeste ist«, erklärte Dr. Alfiee. »Für Schwarze führt so ein ungesundes Verhalten oft geradewegs in den Knast. Für *Weiße* führt es zu kurzfristiger professioneller Hilfe und Unterstützung. Nicht immer, aber meistens«, fügte sie hinzu.

Ähnliche Ungleichheiten gibt es auch in anderen Ländern, zum Beispiel in Großbritannien. Aus einer Studie von 2021 geht hervor, dass die Aussicht auf einen Therapieplatz bei Menschen mit gängigen psychischen Erkrankungen – darunter Depressionen, Angst-, Panik- und Zwangsstörungen, posttraumatische Belastungsstörungen und soziale Angststörungen – bei allen ethnischen Minderheiten vergleichsweise niedriger war als bei *weißen* ethnischen Gruppen, am allerniedrigsten bei Schwarzen.[71] Zugleich weisen gesammelte Daten aus dem Vereinigten Königreich, den USA und etlichen anderen Ländern (darunter Kanada, die Niederlande und Neuseeland) darauf hin, dass Zwangseinweisungen in

* Latinx (sprich: La-tí-nex) ist ein Neologismus im amerikanischen Englisch und die Selbstbezeichnung von Menschen lateinamerikanischer Herkunft. Der Begriff hat sich als inklusive und geschlechtergerechte Alternative für Latino/ Latina im englischsprachigen Raum entwickelt (Anm. d. Ü.).

eine psychiatrische Einrichtung für Schwarze und Angehörige anderer ethnischer Minderheiten sehr viel häufiger veranlasst werden als für *Weiße*.[72,73] Die höheren Einweisungsraten in psychiatrische Einrichtungen unter Angehörigen ethnischer Minderheitengruppen werden am häufigsten mit einer erhöhten Prävalenz von Psychosen, einem als erhöht empfundenen Risiko der Gewaltgefährdung sowie einer erhöhten Zahl an Polizeikontakten begründet, wie eine Studie zur Überprüfung der vorliegenden Daten im Vereinigten Königreich und auf internationaler Ebene ergab. Aus weiteren unabhängigen Studien geht hervor, dass Ärzt:innen bei der Untersuchung Schwarzer Patient:innen im Vergleich zu *weißen* Patient:innen ihr diagnostisches Augenmerk tendenziell sehr viel häufiger auf psychotische Symptome legen, nicht auf depressive – ein Fakt, der die Überdiagnosen psychiatrisch-schizophrener Erkrankungen und die Unterdiagnosen depressiver Störungen bei Schwarzen zusätzlich erklären mag.[74,75,76]

Negative Stereotype über Schwarze Menschen – und insbesondere Schwarze Männer –, wonach sie gefährlich und gewaltbereit seien, können bei Menschen, die in irgendeiner Form von psychischer Erkrankung betroffen sind, ebenfalls zu vermehrter Beteiligung der Polizei und Zwangseinweisungen in psychiatrische Einrichtungen führen, mit möglicherweise verheerenden Folgen.[77] Eine Analyse von Tötungen durch die Polizei in den USA zwischen 2015 und 2019 ergab, dass unbewaffnete Schwarze Männer, die psychisch auffällig schienen, häufiger von der Polizei niedergeschossen wurden als *weiße* Männer, die ähnlich auffällige Verhaltensweisen an den Tag legten.[78] Die überproportional hohen Zahlen von Tötungen Schwarzer Männer durch Polizeigewalt tragen einmal mehr zu rassistischen Traumata bei und sind der psychischen Gesundheit generell abträglich.[79,80] All diesen Ungleichheiten liegt das historische Erbe von Segregation und Rassismus zugrunde, das sich auch im weiten Feld der Psychiatrie tief verankert hat.

»Es gab einmal einen *weißen* Psychiater, wie er im Buche steht, der für versklavte Afrikaner:innen, die zu fliehen versuchten, eine psychiatrische Krankheit ersann und dafür eigens einen Begriff prägte«, erzählte mir Dr. Alfiee. Der Psychiater, auf den sie anspielte, ist Samuel Cartwright, US-amerikanischer Arzt und Sklavenhalter, der in den 1850er Jahren die Hypothese aufstellte, wonach versklavte Afrikaner:innen, die aus der Gefangenschaft flüchten, »einer eigenthümlichen Form von geistiger Störung unterworfen sind«, die er als »Drapetomanie« bezeichnete.[81] »Dahinter stand der Gedanke, dass mit einem freiheitssuchenden Schwarzen, der aus der Knechtschaft seiner *weißen* Herren entkommen wollte, psychisch was nicht stimmte«, sagte Dr. Alfiee.

Der Kampf der Schwarzen für die Bürgerrechte in den USA des 20. Jahrhunderts wurde von Psychiater:innen ähnlich pathologisiert, als eine vermeintlich schizophrenie-artige Erkrankung, »Protest-Psychose« genannt, wie der Medizinanthropologe Jonathan Metzl in seinem gleichnamigen Buch anschaulich erläutert. »Stereotype über Schwarze halten sich bis heute, durch die Geschichte hindurch, in den Vereinigten Staaten und überall auf der Welt, und sie reproduzieren das Bild von Schwarzen als Wilde, als faul und ungebildet. Hält man sich diese Historie vor Augen, und betrachtet man dann den Bereich der Psychiatrie insgesamt, bis zum heutigen Tag, dann hat die Menschheit doch ein ganz schön langes Gedächtnis.«

▪

Die Liste der Beispiele, die wir bisher behandelt haben – von Serena Williams' Geburtserfahrung in den USA bis zu Saidy Browns

HIV-Infektion in Südafrika –, ist damit längst nicht erschöpft. Ich habe mich bewusst entschieden, einen nicht allzu großen Teil dieses Buches der bloßen Dokumentation von Ungleichheiten zu widmen. Und so wichtig so eine Dokumentation zweifelsohne ist, so wenig trägt sie dazu bei, die wahren Ursachen dieser Ungleichheiten herauszufinden.

Nachdem wir nun festgestellt haben, dass *health gaps*, also ethnisch bedingte Unterschiede im Gesundheitswesen, tatsächlich existieren, soll es im Weiteren darum gehen zu ergründen, *warum* sie existieren. Die Frage ist, inwiefern Rassismus in der Gesellschaft, in der Medizin und Wissenschaft dazu beiträgt, das System der Ungleichheit aufrechtzuerhalten und der Allgemeingesundheit auf breiter Basis schadet. Gesellschaft, Medizin und Wissenschaft sind Bereiche, die sich überlappen – Medizin und Wissenschaft existieren schließlich innerhalb der Gesellschaft. Für unsere weiteren Betrachtungen allerdings werden wir sie der Reihe nach einzeln beleuchten und dabei, so hoffe ich – zusammen mit Patient:innen, Aktivist:innen, Medizinstudierenden, Ärzt:innen und Wissenschaftler:innen, denen wir unterwegs begegnen –, mögliche Lösungen auftun.

Hinter allem, was wir bisher besprochen haben, steckt systemischer Rassismus, eine tückische Form der Diskriminierung, die in alle Bereiche unseres Lebens hineinwirkt – vom Zugang zu medizinischer Versorgung bis hin zur Luft, die wir atmen. Schauen wir uns das in Teil Zwei genauer an.[82]

TEIL II

Rassismus in der Gesellschaft

3

Systemischer Rassismus

Die Situation war verzweifelt. Viele starben zu Hause, aus Angst, sich in die überfüllten Kliniken zu begeben, wo Menschen auf dem Boden lagen und auf ein Bett warteten. »Wir haben erlebt, wie das Virus ganze Familien fast komplett dahingerafft hat«, sagte Marcos Antônio dos Santos Junior, als er mir davon erzählte, wie die erste Welle der Corona-Pandemie 2020 durch seine Gemeinde im Südosten Brasiliens tobte.

Marcos lebt in São João de Meriti, einer Großstadt im brasilianischen Bundesstaat Rio de Janeiro, die sich mit einer der höchsten Bevölkerungsdichten in ganz Lateinamerika den Beinamen Formigueiro das Américas, Ameisenhaufen von Amerika, erworben hat. Wie die meisten anderen Städte in der Baixada Fluminense, in der Metropolregion Rio de Janeiro, ist sie laut Marcos auch als Pendlervorort bekannt, aus der viele Einwohner:innen morgens ins Zentrum von Rio de Janeiro zur Arbeit pendeln und abends wieder zurück. Zwar liebe er seine Heimatstadt, doch sei er sich auch ihrer »großen Nöte« bewusst, vor allem im Bereich der Gesundheit, sagte er.

Die Gesundheitsversorgung in Brasilien ist zwar für alle Brasilianer:innen frei zugänglich und kostenlos, die staatlichen Krankenhäuser aber sind massiv unterfinanziert. Besonders schlimm ist die Situation in einkommensschwachen Vororten, Favelas und Städten wie São João de Meriti, wo die große Mehrheit der Bevölkerung afrikanische Wurzeln hat und damit *Preto* (Schwarz) oder *Pardo* (Braun/*Mixed*) ist. Laut Volkszählung von 2010 (der aktuellsten zum Zeitpunkt meiner Recherchen) identifizierten sich rund 63 Prozent der Bevölkerung von São João de Meriti als Schwarz oder *Mixed*, gegenüber 48 Prozent im benachbarten Rio de Janeiro. Schwarze und *Mixed* Brasilianer:innen sind zudem sehr viel häufiger als ihre *weißen* Landsleute fast ausschließlich auf das staatliche Gesundheitssystem angewiesen, da der Zugang zu privaten Krankenversicherungen mit großen wirtschaftlichen Hürden verbunden ist.[1,2] Für Marcos, der sich selbst als Schwarz identifiziert, ist dies nur *ein* Beispiel von vielen für Systemischen Rassismus, der seiner Ansicht nach in Brasilien die stärkste treibende Kraft hinter dem ausgeprägten Gefälle im Gesundheitswesen entlang rassifizierender Trennlinien ist.

»Es gibt in São João bitterarme Viertel, Menschen, die unterhalb der Armutsgrenze leben, ohne staatliche Zuwendungen«, erklärte er. »Um Zugang zu qualitativ hochwertigen Gesundheitsdienstleistungen zu bekommen, ist es leider unumgänglich, aus unserer Stadt weg in die Hauptstadt zu ziehen, und selbst dann noch braucht es entsprechende finanzielle Voraussetzungen, um Ansprüche auf Leistungen zu erwerben, die eigentlich öffentliche Behörden bieten müssten«, sagte er. »Wenn ich mich umschaue, dann ist mir wohlbewusst, dass Schwarzsein in Brasilien äußerst beschwerlich ist.«

Marcos und ich begannen unsere Korrespondenz im November 2021, mit Hilfe eines online-Übersetzer-Tools (ich spreche kaum Portugiesisch, er kaum Englisch). Er erzählte mir von seiner Familie, später dann vom Schmerz und dem Verlust, den sie erlitten, als Corona im Jahr zuvor ganz São João de Meriti erfasste. »Ich hatte das große Glück, einen Vater zu haben, der Kältegerätetechniker war, und die Firma, für die er arbeitete, bot ihren Mitarbeitern einen Krankenversicherungsschutz, von dem auch ich als Familienangehöriger profitiert habe«, sagte er. »Nach meiner Ausbildung zum Maschinenmechaniker kam ich ebenfalls in einer Firma unter, die eine Krankenversicherung bot, auch wenn das dort nicht mein Traumjob war«, fügte er hinzu. Als Schwarzer in Brasilien habe man immer das Gefühl, alle Chancen stünden gegen einen, meinte er. »Selbst wenn ein Weißer und ein Schwarzer der gleichen gesellschaftlichen Schicht angehören, hat der Schwarze ganz bestimmt größere Schwierigkeiten, seine Ziele zu erreichen«, sagte er. »Das war bei mir und meiner Familie nicht anders, wir mussten immer viel kämpfen, um unsere Grundbedürfnisse zu decken.«

Als die Corona-Pandemie auch São João de Meriti traf, hatte Marcos das Gefühl, dass ihm nichts anderes übrigblieb, als jeden Tag wie gehabt in überfüllten öffentlichen Verkehrsmitteln zur Arbeit zu pendeln und zu Gott zu beten, dass er ihn und seine Familie beschützen möge. Schließlich war er dank seines Jobs in der Lage, für seine Gesundheit und die seiner Familie zu sorgen. Doch eine bereits bestehende Herzerkrankung machte seinen Vater, damals Ende sechzig, besonders anfällig für das Virus.[3]

»Ich habe meinen Vater durch Corona verloren«, erzählte Marcos. »Es war sehr hart für uns, denn wir hatten nicht einmal die Möglichkeit, uns zu verabschieden und ihn in einem würdigen Rahmen beizusetzen.« Zeitgleich stieg die Zahl der Covid-19-

Todesfälle im näheren Umfeld immer weiter an. »Ständig erhielten wir Todesnachrichten von Nachbar:innen und Freund:innen«, erinnerte sich Marcos. Die Krankenhäuser und Gesundheitszentren der Stadt waren überfüllt mit schwer kranken Corona-Patient:innen, weshalb sich viele gezwungen sahen, sich nach Rio de Janeiro aufzumachen, um die dringend benötigte Hilfe dort zu finden.«

Im Mai 2020 enthüllte ein Bericht der investigativen non-profit Presseagentur *Pública*, dass die mehrheitlich »Schwarzen« Stadtteile von Rio de Janeiro und São Paulo mehr Covid-19-Todesfälle verzeichnen als die Stadtteile mit überwiegend *weißer* Bevölkerung.[4] Nachfolgende Untersuchungen haben bestätigt, dass Schwarze und Brasilianer:innen of Colour, die in den ersten Monaten der Epidemie mit Covid-19 ins Krankenhaus eingeliefert wurden, deutlich häufiger an der Corona-Erkrankung starben als *weiße* Brasilianer:innen. »Dieses Muster lässt sich durch soziale Ungleichheiten und Vorurteile erklären«, sagte Marcos. »Ich denke, dass aufgrund von institutionellem Rassismus hier in Brasilien zwischen Schwarzen und *weißen* Patient:innen unterschieden wird.«

Die Begriffe Institutioneller Rassismus, Struktureller Rassismus und Systemischer Rassismus werden oft synonym gebraucht, um die vielfältigen Rassismen zu bezeichnen, die tief in den Systemen, Strukturen und Institutionen verankert sind und den Gesellschaften ihr Gefüge geben, überall auf der Welt. Wie auch immer wir diese Form der Unterdrückung bezeichnen mögen – ich persönlich präferiere den Begriff Systemischer Rassismus –, viel wichtiger sind die verheerenden Folgen für die Gesundheit, die daraus resultieren.

Systemischer Rassismus ist das, was passiert, wenn Schwarze Brasilianer:innen wie Marcos beim Zugang zu qualitativ hochwertiger Gesundheitsversorgung auf Hindernisse stoßen, die es für ihre *weißen* Landsleute gar nicht gibt. Es ist das, was passiert, wenn (wie wir gesehen haben) Entbindungsstationen in Schwarzen Vierteln in den USA überproportional häufig geschlossen werden, oder wenn Māori-Frauen in Neuseeland auf zusätzliche Hindernisse beim Zugang zu kultursensiblen Gebärmutterhalskrebs-Screenings stoßen. Und – nicht minder wichtig – es ist das, was passiert, *bevor* Menschen an den Punkt kommen, an dem sie gesundheitliche Versorgung überhaupt erst benötigen. Es sind all die zusätzlichen Herausforderungen, denen sich viele Angehörige rassifizierter und ethnischer Gruppen weltweit im täglichen Leben stellen müssen, um ein halbwegs gesundes Leben führen zu können – um saubere Luft zum Atmen zu haben, sauberes Trinkwasser, nahrhaftes Essen und sichere Räume für Freizeitsport.

Um zu verstehen, wie Systemischer Rassismus der Gesundheit schadet, ist es hilfreich, sich an seine Anfänge zu erinnern. »Es gibt [in Brasilien] eine schier unbezahlbare Schuld aus 300 Jahren Sklaverei«, wie es Marcos formulierte.

Edna Maria de Araújo, Forscherin im Bereich Öffentliche Gesundheit an der State University of Feira de Santana in Brasilien und Mitglied der Arbeitsgruppe Rassismus und Gesundheit der Brazilian Association of Collective Health, geht konform mit Marcos. Um die ethnischen Ungleichheiten bezüglich *race* im heutigen Brasilien zu verstehen, so sagt auch sie, müsse man das Erbe betrachten, das die europäische Kolonialisierung und der transatlantische Sklavenhandel dem Land hinterlassen haben. Für einen Forschungsbeitrag 2020 analysierten de Araújo und Kia Lilly Caldwell, eine Forscherin für Afrikanische, Afroamerikanische und Diaspora-Studien an der University of North Carolina in Chapel Hill, zusammen mit anderen Wissenschaftler:innen Daten, die enorme ethnisch bedingte Disparitäten bei Covid-19-Ergebnissen in Brasilien und den USA aufzeigen, den Heimatländern der beiden Forscherinnen; des Weiteren machten sie auf Gemeinsamkeiten zwischen den beiden Staaten aufmerksam, welche die strukturellen Muster hinter diesen Ungleichheiten erklären könnten.[5] Und sie stellten die Tatsache heraus, dass insbesondere Schwarze und *Mixed* People, mehrheitlich direkte Nachfahr:innen versklavter Afrikaner:innen, sowohl in Brasilien als auch in den USA überproportional stark von der Pandemie betroffen waren. Dieses Kapitel der Menschheitsgeschichte hat durchaus in erheblichem Maße zum Systemischen Rassismus beigetragen und damit auch zu den gesundheitlichen Ungleichheiten, die in vielen Ländern der Welt bis zum heutigen Tag fortbestehen.

Von den geschätzten 11 Millionen versklavten Afrikaner:innen, die zwischen dem 16. und 19. Jahrhundert nach Amerika verschleppt worden waren, wurden vermutlich rund 5 Millionen nach Brasilien verbracht: mehr als in jedes andere Land.

Die Portugiesen gelten als die Pioniere des transatlantischen Sklavenhandels. Als erste Europäer fuhren sie Ende des 14. Jahrhunderts über den Atlantik und drangen bis nach Westafrika vor, wo sie Sklavenhändler:innen Menschen abkauften, die sie nach Brasilien verschifften.

Ich weiß noch, dass ich von diesem Teil der Geschichte zum ersten Mal erfuhr, als ich als Kind zu Besuch in Ghana war, wo meine beiden Großmütter herkommen, mütterlicher- wie väterlicherseits, und wo mein Vater aufgewachsen war. Meine Eltern machten mit meiner Schwester und mir einen Ausflug nach Elmina Castle (früher Fort São Jorge da Mina) – eine eindrucksvolle Festung, die 1482 von den Portugiesen an der Goldküste des heutigen Ghana errichtet und in der Zeit des transatlantischen Sklavenhandels zu einer Hochburg wurde, zum größten Gefangenenlager für Menschen aus allen Teilen Westafrikas. Unser Reiseleiter erzählte uns von den schrecklichen Bedingungen, unter denen die Menschen dort gefangen gehalten wurden, von menschenunwürdigen Behandlungen, die sie erleiden mussten, bis man sie als menschliche Fracht auf Schiffe verlud, dazu bestimmt, einen elenden Tod auf See zu sterben oder irgendwo auf dem amerikanischen Kontinent weiterzuleben, als Eigentum *weißer* Sklavenhalter. Wir erfuhren auch, wie die Niederländer die Festung Ende des 16. Jahrhunderts einnahmen und sie dann im 19. Jahrhundert an die Briten abtraten, eine dann ebenfalls führende Seemacht und große Nation im Sklavenhandel.

Meine Schwester und ich konnten fühlen, dass wir das Produkt all dieser Geschichten waren: Unsere Eltern sind beide halbghanaisch, wir sind in den Niederlanden aufgewachsen, haben die britische Staatsbürgerschaft, und wir sind beide Nachfahrinnen versklavter Afrikaner:innen, über unseren Opa väterlicherseits, der aus Dominica stammt, einem kleinen karibischen Inselstaat südlich von Guadeloupe. Unser Nachname Liverpool lässt darauf schließen, dass unser versklavter Ahne von den Briten über den Hafen Liverpool, einen wichtigen Sklavenumschlagplatz in Großbritannien, von Afrika nach Amerika verschifft wurde. Wir beide, meine Schwester und ich, haben noch lange gebraucht, um all diese vielen Geschichten in einem bis heute nachwirkenden historischen Erbe vollständig zu erfassen.

Wie de Araújo und Caldwell in ihrem Forschungsartikel veranschaulichen, hängt dieses Erbe eng mit den unverhältnismäßig starken Auswirkungen von Covid-19 auf Schwarze Menschen zusammen, die sowohl in Brasilien als auch in den USA feststellbar sind. 1888 hat Brasilien, als letztes Land der westlichen Welt, die

Versklavung abgeschafft. Legalisierte Formen von Rassismus, die den Jim-Crow-Gesetzen zur offiziellen Legitimierung der Rassentrennung in den USA unmittelbar vergleichbar gewesen wären, hat es in Brasilien zwar nie gegeben, dennoch haben systematische Diskriminierungen in der Arbeitswelt und sozialräumliche Segregationen von Wohngebieten die Möglichkeiten für Schwarze und *Mixed* Brasilianer:innen beständig eingeschränkt.[6] Dieser Systemische Rassismus ist für die Menschen bis heute spürbar: Das durchschnittliche Einkommen Schwarzer und *Mixed* Brasilianer:innen liegt nach wie vor nur etwa halb so hoch wie das *weißer* Brasilianer:innen, was dem Bild, das sich für die USA ergibt, nicht ganz unähnlich ist: 2019 verdienten dort Schwarze Männer und Frauen etwa 78 respektive 66 US-Cent, gerechnet auf 1 US-Dollar des durchschnittlichen Stundenlohns, den *weiße* Männer verdienten.[7,8]

Eine solche wirtschaftliche Ungleichheit gibt es auch in vielen anderen Ländern der Welt, so auch im Vereinigten Königreich, wo britische Regierungsagenturen nach dem Zweiten Weltkrieg begannen, Menschen aus den Kolonien und ehemaligen Kolonien in Afrika, der Karibik und Asien ins Land zu holen, um die Lücken auf dem Arbeitsmarkt zu füllen und die Wirtschaft anzukurbeln. Doch kaum eingereist, waren diese nicht-*weißen* Immigrant:innen, darunter auch meine Großeltern väterlicherseits, erheblichen rassistischen Diskriminierungen ausgesetzt (die erst 1965 gesetzlich verboten wurden – ein Jahr nach der Geburt meines Vaters in London), was BIPoC die Suche nach Arbeit und Wohnung erschwerte und zur wirtschaftlichen Ungleichheit beitrug:

Bei den Unterhauswahlen 1964 wurde ein konservativer Kandidat zum Abgeordneten gewählt, der mit dem unzensierten Slogan »If you want a n***** for a neighbour, vote Labour« (*Willst du als Nachbar einen N*****, wähl Labour*) in den Wahlkampf gezogen war. Das Erbe dieses Systemischen Rassismus ist im Vereinigten Königreich, wie auch in anderen Ländern, bis heute spürbar.

Ein Bericht, in dem die Armutsquoten im Vereinigten Königreich vor der Corona-Pandemie untersucht wurden, ergab zum Beispiel, dass 43 Prozent der Schwarzen Haushalte in dauerhafter Armut lebten, gegenüber 19 Prozent der *weißen* Haushalte.[9] Und egal wo, ob im Vereinigten Königreich, in den USA oder in Brasilien, es ist unbestritten, dass ein niedriges Einkommen mit einer schlechteren Gesundheit verbunden ist – einschließlich einer höheren Prävalenz chronischer Erkrankungen wie kardiovaskulären Krankheiten und Diabetes infolge von schlechteren Covid-19-Verläufen.[10,11] Über ein niedriges Einkommen zu verfügen, bedeutet auch, einen schlechteren Zugang zu einer qualitativ hochwertigen Gesundheitsversorgung zu haben, insbesondere in den Vereinigten Staaten, die innerhalb der OECD – einem Zusammenschluss überwiegend reicher Länder mit einem hohen Pro-Kopf-Einkommen – insofern eine Ausnahme darstellen, als dass es dort kein einheitlich geregeltes Gesundheitssystem gibt. Doch wie die Erfahrungen von Marcos und so vielen anderen zeigen, existieren selbst in Brasilien, das über ein einheitliches Gesundheitssystem verfügt, vergleichbare Ungerechtigkeiten beim uneingeschränkten Zugang zu öffentlichen Gesundheitsleistungen.

»Diejenigen mit einem niedrigen sozioökonomischen Status sind auch diejenigen, die einen begrenzten Zugang zum öffentlichen Gesundheitssystem haben und sich eine private Krankenversicherung nicht leisten können«, betonte de Araújo und wiederholte damit, was Marcos mir erzählt hatte. Und in Brasilien, fuhr sie fort, seien davon überproportional viele Schwarze betroffen. »Wir leben in einem Land, in dem Rassismus strukturell verankert ist«, sagte de Araújo. »Ich halte es für unabdingbar, den Rassismus zu dekonstruieren, und zwar durch politisches und staatliches Handeln, das darauf abzielt, Ungerechtigkeiten gegen die Schwarze Bevölkerung zu beheben, nicht nur im Bereich der Gesundheit, sondern in allen Bereichen«, fügte sie hinzu.

Laut Darrick Hamilton, einem Ökonom an der New School in New York City, ist Einkommensungleichheit nicht die einzige Form, in der sich Systemischer Rassismus in der heutigen Welt manifestiert. Hamilton ist ein bekannter US-Politikberater und ein führender Wissenschaftler im Bereich Stratification Economics (in etwa »Ökonomie der Schichtung«), der die Bedeutung von sozialen Hierarchien und Strukturen für die Gestaltung der wirtschaftlichen Erfolge der Menschen erkennbar macht. Er sagte: »Viele unserer Gespräche über Wirtschaftssicherheit und Wohlergehen haben sich lange auf das Einkommen konzentriert. Doch in den letzten zehn Jahren etwa wurde mehr Gewicht auf das Verständnis eines vielleicht noch wichtigeren Indikators für wirtschaftliche Sicherheit gelegt: das Vermögen.«

So wie das Einkommen ist auch das Vermögen – das Hamilton kurz und knapp definiert als »Differenz zwischen dem, was man besitzt, und dem, was man schuldet« – ein starker Prädiktor für Gesundheit und Wohlbefinden.[12,13] »Ein lebensveränderndes Ereignis reißt dich aus dem Alltag, völlig unvorhergesehen – du verlierst deinen Job, es gibt eine Pandemie –, dann ist es genau dieses finanzielle Polster, das es dir möglich macht durchzuhalten«, sagte er. Inzwischen werden Schulden – das Gegenteil von Vermögen – mit einer subjektiv höheren Stresswahrnehmung, mit Angstzuständen und Depressionen sowie einer schlechter eingeschätzten Allgemeingesundheit und erhöhtem Blutdruck in Zusammenhang gebracht.[14]

Noch stärker als das Einkommen ist das Vermögen entlang rassifizierender Linien ungleich verteilt. In den USA beispielsweise hat der durchschnittliche Schwarze oder Latinx-Haushalt 10 bzw. 12 US-Cent Vermögen, gerechnet auf jeden einzelnen US-Dollar, den ein durchschnittlicher *weißer* Haushalt besitzt. Dieses von Hamilton so bezeichnete rassistisch bedingte Vermögensgefälle trägt maßgeblich zu ethnisch bedingten Ungleichheiten im Gesundheitsbereich bei und kann zum Teil eine Erklärung dafür sein, warum diese Diskrepanzen oft auch nach einer Regulierung der Einkommen fortbestehen.

»Dieses rassistisch bedingte Vermögensgefälle ist in ökonomischer Hinsicht ein impliziter Indikator für eine lange rassistische Geschichte in den Vereinigten Staaten, die massiv bis in unser heutiges Leben hineinwirkt«, sagte er. »Wenn wir mal zu den Anfängen der Nation zurückgehen, dann war das eine Zeit, in der Schwarze buchstäblich als ein geldwerter Aktivposten zur Bereicherung *weißer* Plantagenbesitzer dienten.« In der jüngeren Vergangenheit des Landes verwehrten rassistische Praktiken Schwarzen Familien Wohlstand über Generationen hinweg. Dazu gehörte auch das sogenannte Redlining. Diese Praxis der Federal Housing Administration gewährte in vorwiegend von Schwarzen bewohnten Vierteln keine Darlehen für Hausbau und Wohnungserwerb, und rassendiskriminierende Klauseln schlossen nicht-*Weiße* vom Hauskauf in bestimmten Vierteln aus.[15,16]

Hamilton vermutet, dass diese langjährigen ökonomischen Ungerechtigkeiten zu schlechteren Gesundheitsergebnissen für BIPoC beitragen, nicht nur, weil sie die sozialen Ungerechtigkeiten beim Zugang zu einer qualitativ hochwertigen Gesundheitsversorgung alles andere als schließen, sondern auch, weil sie Körper und Seele unmittelbar belasten. »Wenn wir von Schwarzen verlangen, dass sie doppelt so hart arbeiten, um Hindernisse zu überwinden und Schwierigkeiten zu meistern, dann wirkt sich das negativ auf die Gesundheit aus. Und das Schlimme und Ironische daran ist, dass diejenigen, die vielleicht als soziale Aufsteiger:innen zu bezeichnen sind, relativ zu *Weißen* gesehen, für noch größere Gesundheitsrisiken prädisponiert sind«, sagte er.

Als Beispiel verwies er auf die große Kluft zwischen Schwarz und *Weiß* in der Säuglingssterblichkeit, die sich bei Säuglingen von Müttern aller Bildungsniveaus zeigt, aber noch größer ist bei Säuglingen, deren Mütter mindestens einen Masterabschluss haben.[17] »Wenn sich zeigt, dass eine Schwarze Frau mit College-Abschluss ein höheres Risiko hat, noch während der Schwangerschaft einen plötzlichen Kindstod zu erleiden, als eine *weiße* Frau, die die High School abgebrochen hat, dann deutet dies nicht nur auf eine Ungleichheit zwischen den *races* hin, sondern auch darauf, dass die komparativen Unterschiede zwischen ihnen tatsächlich zunehmen, umso höher der sozioökonomische Status eines Schwarzen Menschen steigt«, fuhr er fort.

Beim Schreiben dieses Buches sah ich mich gezwungen, mein Verständnis der Auswirkungen von Rassismus auf die Gesundheit neu zu überdenken. Hamiltons Argumentation und seine angeführten Beweise brachten mich zu der Einsicht, dass die Beziehung zwischen wirtschaftlicher Ungleichheit und Gesundheit weitaus komplizierter ist, als es vordergründig scheinen mag. Wie wohl viele von uns war auch ich immer davon ausgegangen, dass jemand, der es schafft, allen Widrigkeiten in unserer ungleichen Welt zu trotzen und alle Hürden zu nehmen – samt denen, die aus Systemischem Rassismus resultieren –, um die eigene wirtschaftliche Situation zum Besseren zu wenden, auch alle damit verbundenen gesundheitlichen Gewinne einstreichen könne. Schließlich ist ein höherer sozioökonomischer Status eindeutig mit einer Verbesserung der Gesundheit verbunden, und zwar in allen ethnischen

Gruppen. Diese Annahme jedoch verkennt die Tatsache, dass die Überwindung aller Widrigkeiten – insbesondere die Überwindung des Systemischen Rassismus – selbst auf Kosten der Gesundheit gehen kann.

»Wenn wir jemandem erzählen, doch einfach doppelt so hart zu arbeiten, um über die Runden zu kommen, dann verlangen wir ihm überdurchschnittlich viel ab. Wir verlangen, dass er etwas schafft, das überdurchschnittlich ist, das weit über die Norm hinausgeht«, sagte Hamilton. »Und das ist, wie bei jedem anderen System auch, mit Kosten verbunden.« Dies mag einer der Gründe dafür sein, warum die gesundheitlichen Gewinne, die mit einem höheren sozioökonomischen Status einhergehen (in Hamiltons obigem Beispiel bemessen am Bildungsniveau Schwarzer und *weißer* Mütter in den USA), bei denen, die durch einen systembedingten Rassismus am ehesten benachteiligt werden, tendenziell geringer ausfallen als bei denen, die am ehesten davon profitieren.

Aber es gibt noch ein weiteres Problem mit meiner ursprünglichen Annahme: Sie setzt entsprechend voraus, dass die Gesundheit einer Person von ihrer wirtschaftlichen Situation abhängt, und stellt es dem Einzelnen selbst anheim, seine Situation und damit seine Gesundheit zu verbessern. Das könnte durchaus funktionieren, würden wir in einer Welt leben, in der alle Menschen den gleichen Zugang zu Chancen und Ressourcen hätten. Das aber ist eindeutig nicht der Fall. Und ich glaube, dass ich dies früher aufgrund meiner eigenen privilegierten Situation nicht vollständig verstanden habe.

Ich kann mich froh und glücklich schätzen, sehr privilegiert aufgewachsen zu sein. Meine Eltern sind in den 1980er Jahren nach Europa immigriert – mein Vater aus Ghana in die Niederlande und meine Mutter aus dem Libanon nach Großbritannien. Mein Vater ist zwar in Großbritannien geboren, aber da seine Familie zurück nach Ghana zog, als er ein Baby war, wuchs er in Ghana auf. Meine Eltern haben beide an der Universität studiert und hart dafür gearbeitet, dass es meiner Schwester und mir an nichts fehlte, dass wir einen guten Schulabschluss machen und uns mehr Möglichkeiten eröffnen konnten, als sie selbst je gehabt hatten. Wir waren eine der wenigen Schwarzen Familien in unserem Viertel in Den Haag, wo ich geboren und aufgewachsen bin, und meine Schwester und ich gehörten zu den wenigen Schwarzen Kindern an der internationalen Eliteschule, für die meine Eltern eine Menge Geld aufbringen mussten.

Ich glaube, meine Eltern haben beide das, was meine Schwester und ich heute oft scherzhaft als das »gute-Einwanderer-Syndrom« bezeichnen. Sie hatten in ihrem Leben sehr viel Rassismus zu spüren bekommen und wünschten sich nichts sehnlicher als dazuzugehören, wollten sich unbedingt einfügen in das überwiegend *weiße* Umfeld, in dem wir lebten, wollten akzeptiert werden und es zu etwas bringen – und das wünschten sie sich auch für uns, ihre Kinder. Wir wuchsen auf mit dem Gefühl, »überdurchschnittlich gut« sein zu müssen, wie Hamilton es formulierte – wir mussten doppelt so gut sein, mussten doppelt so hart arbeiten, als müssten wir unser Schwarzsein irgendwie wettmachen. Ich glaube, das hat mich tief geprägt. Als Teenager nahm ich die Schule äußerst ernst, hatte in allen Fächern Bestnoten. Ich war extrem motiviert, in Großbritannien zu studieren, wie schon meine Mutter vor mir, und ich erhielt von vier der fünf Universitäten, bei denen ich mich beworben hatte, eine Zusage auf einen Studienplatz für Biomedizin.

Dass ich eine Eliteschule besucht hatte, eine mehrheitlich *weiße* Schule, erwies sich als ideale Vorbereitung für mein Studentinnenleben an der Uni, wo ich in den Vorlesungen nicht selten die einzige Schwarze war, eine der überhaupt nur wenigen Schwarzen Studierenden. Mein Bachelor-Studium am University College London schloss ich mit First-Class Honours in Immunologie und Infektionsforschung ab und ging danach an die University of Oxford, wo ich in ein hart umkämpftes PhD-Programm aufgenommen wurde, finanziert vom Wellcome Trust, der weltweit zweitreichsten Stiftung zur Förderung der biomedizinischen Forschung.

Um mich in die einzelnen *weißen* elitären Welten einzufinden, in den Niederlanden ebenso wie in Großbritannien, war ich gezwungen, negative Vorstellungen und Klischees über Schwarze für mich selbst als gültig anzunehmen – ein Mechanismus, der, wie ich inzwischen weiß, bei Angehörigen minorisierter Gruppen in einer privilegierten Position häufig anzutreffen ist. So beschreibt es auch die US-amerikanische Journalistin Linda Villarosa, die das so ähnlich erlebt hat, in ihrem Buch *Under the Skin*. Damit diese rassistischen Vorstellungen, die ich mir zu eigen gemacht und verinnerlicht hatte, auch einen Sinn ergaben, musste ich glauben, dass meine Familie und ich irgendwie Ausnahmen waren. Wir waren »nicht wie andere Schwarze«, wie viele der *Weißen* in unserem Umfeld öfter mal beteuerten. Sogar wenn ich selbst Rassismus erfuhr oder mich unmittelbar mit Auswirkungen des Systemischen Rassismus konfrontiert sah – wie etwa mit dem Fakt, dass lediglich 1 Prozent aller Universitätsprofessor:innen im Vereinigten Königreich Schwarz sind, obwohl ihr Bevölkerungsanteil über 3 Prozent beträgt –, redete ich mir ein, dass der Grund dafür in einem persönlichen Versagen liege und bestimmt nicht systembedingt sei.[18]

Die gleiche fehlerhafte Logik wird oft auch auf ethnische Ungleichheiten im Gesundheitsbereich angewandt. Auch ich war ja früher immer davon ausgegangen, dass man allen Widrigkeiten zum Trotz die (sozio)ökonomische Leiter nur erklimmen müsse, um Schwarze und andere systembedingt marginalisierte Menschen vor schlechter Gesundheit zu bewahren. Doch damit wird verkannt, dass unsere Gesellschaften von Grund auf ungleich sind, in vielerlei Hinsicht.

Die Corona-Pandemie erzwang eine intensivere Auseinandersetzung mit dieser Ungleichheit, weil sie deren systemische Natur so brutal offenbarte. Denken wir noch einmal an Marcos in Brasilien. Auf dem Höhepunkt der Pandemie waren Schwarze und *Mixed* Brasilianer:innen wie Marcos dem Virus stärker ausgesetzt, weil sie seltener in Jobs beschäftigt waren, die von daheim aus erledigt werden konnten, sodass sie häufiger mit öffentlichen Verkehrsmitteln zur Arbeit pendeln mussten, so wie auch Marcos es tat.[19] Ähnlich sah es in anderen Ländern aus, wo vornehmlich BIPoC in Berufen arbeiten, die während der Pandemie als »systemrelevant« galten und nicht ins Home-Office verlegt werden konnten.[20,21] Doch wie zum Hohn werden viele dieser sogenannten »systemrelevanten« Jobs schlecht bezahlt: Eine US-amerikanische Analyse aus dem Jahr 2021 ergab, dass diese »systemrelevanten« Arbeitskräfte fast die Hälfte aller Beschäftigten in schlechter bezahlten Berufen ausmachten.[22] Und ein schlechteres Einkommen geht einher mit einer schlechteren Gesundheit und einer erhöhten Anfälligkeit für Erkrankungen wie einer Covid-19-Infektion – ein Teufelskreis. Jedoch ist die (sozio)ökonomische Ungleichheit – wie wir gleich noch sehen werden – nicht die einzige Form, in der sich Systemischer Rassismus manifestiert und der Gesundheit schadet.

▪

Dass mit ihrer Tochter Ella irgendwas nicht stimmte, bemerkte Rosamund Kissi-Debrah erstmals im Oktober 2010. Ella war damals sieben Jahre alt, und es waren gerade Schulferien. »Für die Schule hatten wir uns mit dem Großen Brand von London beschäftigt, und so machten wir einen Ausflug zum ›Monument to the Great Fire of London‹, das noch heute an den Ausbruch des Feuers erinnert«, erzählte Rosamund im Jahr 2020, etwa ein Jahrzehnt später, in einem Interview mit der BBC.[23] »Ella war erkältet, und ich weiß noch, wie sie die Wendeltreppe zur Aussichtsplattform hochstieg und irgendwann meinte, ›Ich kann nicht mehr, Mama‹. ›Du bist halt erkältet, das geht schon‹, erwiderte ich, was man als Mutter halt so sagt. Bis heute fühle ich mich schlecht deswegen«, erzählte sie. Ella schaffte es schließlich bis nach oben auf die Spitze, war danach aber völlig erschöpft und sank auf der Heimfahrt im Zug in einen tiefen Schlaf, was recht untypisch für sie war. Bald danach entwickelte sie einen seltsam klingenden Husten, ein bisschen so wie ein Raucherhusten, und binnen weniger Wochen ging es ihr dermaßen schlecht, dass sie in ein künstliches Koma versetzt werden musste.

In den darauffolgenden drei Jahren musste Ella fast dreißigmal mit akuten asthmatischen Beschwerden im Krankenhaus stationär behandelt werden und bekam schließlich eine seltene, besonders schwere Form von Asthma diagnostiziert. »Sie hatte ständig zu kämpfen, um überhaupt Luft zu kriegen … darüber werde ich nie hinwegkommen. Mein Kind zu sehen, wie es langsam erstickt, so nenne ich das, immer wieder, wie es zusammenbricht und aufhört zu atmen, ich sie dann reanimieren muss, bis sie wieder da ist …«, erzählte Rosamund im BBC-Interview in Erinnerung an ihre Tochter. »Und wenn sie mir dann sagte, ›Ich glaube, ich sterbe, Mama‹, dann zieht sich bis heute alles in mir zusammen, und mir ist nur noch übel.« Und dann, im Februar 2013, verstarb Ella an einem schweren Asthma-Anfall. »Ich kann kaum glauben, wie sehr sie gekämpft hat, doch sie hat entsetzlich gelitten«, sagte Rosamund. »Sie war neun.«

Im Dezember 2020, nach einer jahrelangen, von Rosamund und anderen Mitstreiter:innen initiierten Kampagne, entschied ein Londoner Gericht in einem bahnbrechenden Urteil, dass die verschmutzte Luft in der britischen Hauptstadt maßgeblich zu Ellas Tod beigetragen habe, und machte sie damit zur ersten Person im Vereinigten Königreich, für die Luftverschmutzung als Mitursache für ihren frühzeitigen Tod offiziell genannt wurde.[24] Ella und ihre Familie lebten in unmittelbarer Nähe der South Circular Road, einer der verkehrsreichsten Ringautobahnen Londons. Zur Schule ging sie etwa 30 Minuten zu Fuß, großenteils dicht am Verkehr entlang. Entscheidungsrelevante Beweise lieferte ein Bericht des Mediziners Stephen Holgate aus dem Jahr 2018, Experte für Atemwegserkrankungen und Luftverschmutzung an der University of Southampton, der als Gutachter geladen war. Holgate kam darin zu dem Schluss, dass die Feinstaubbelastung, die in Ellas Wohnumfeld weit über den gesetzlich zulässigen Höchstwerten lag, einer der zentralen Treiber für ihr Asthma war.[25] Holgate hatte Gewebeproben aus Ellas Körper untersucht sowie Daten ausgelesen, die Sensoren zur Messung von Luftschadstoffen unweit ihres Hauses an der South Circular Road aufgezeichnet hatten. Ella, so hieß es in der offiziellen Todesursache, »starb an akutem Asthma, mitverursacht durch die Exposition gegenüber extrem hoher Luftverschmutzung.« Der bestellte Gerichtsmediziner Philip Barlow merkte zudem an, dass das jahrelange Nichtstun der Behörden in Bezug auf eine Absenkung der Grenzwerte für Feinstaub in der Luft und eine absolut fehlende Informationspolitik gegenüber Ellas Mutter sowie auch der übrigen Bevölkerung in den belasteten Stadtteilen, um über die mit der Luftverschmutzung einhergehenden Gefahren aufzuklären, »möglicherweise mit zum Tod des Mädchens beigetragen haben«.[26]

Nach dem Urteilsspruch sagte Rosamund zu meinem ehemaligen Kollegen und Mentor, dem Journalisten Adam Vaughan von der Zeitschrift *New Scientist*: »Das ist meine Tochter, das ist ihr passiert, und wir haben es belegt.«[27] In einem unserer vielen Gespräche, ungefähr ein Jahr später, fragte ich Rosamund, was sie in diesem Moment gefühlt hatte. »Ich denke, Erleichterung, ja, Traurigkeit, Traurigkeit wahrscheinlich zuerst. Auch, weil sie nicht dabei war, wo sie doch immer wissen wollte, was mit ihr los war.« Sie verstummte. »Das brachte sie natürlich nicht zurück«, sagte Rosamund. »Aber mir schenkte es ein Gefühl von innerem Frieden.«

Rosamund ist ein bemerkenswerter Mensch – ich bewundere sie seit unserem ersten Gespräch. Sie lebt immer noch im selben Viertel und kämpft auch nach dem Urteilsspruch zur Todesursache ihrer Tochter Ella unermüdlich für saubere Luft in London und Umgebung. Sie ist äußerst freundlich und geduldig und fest entschlossen, die Welt für ihre Kinder – Ellas Zwillingsgeschwister – und künftige Generationen zu einem besseren Ort zu machen. »Man muss nach Veränderung streben, danach, dass die Dinge besser werden. Das ist mein Antrieb, und eben deshalb tue ich, was ich tue«, sagte sie mir. »Ich hoffe sehr, dass es das Leben der nächsten Generation junger Menschen positiv beeinflusst, dass meine Kinder, die heute Teenager sind, eines Tages bessere Luft atmen werden.« Außerdem ist sie extrem resilient. »Sie haben mich an einem guten Tag erwischt. Ich bin immer zuversichtlich«, sagte sie mir. »Es gibt Eltern, die ihre Kinder verloren haben und kurz darauf selbst sterben. Das eigene Kind zu verlieren, verändert dein ganzes Leben«, sagte sie. »Ich schätze mich glücklich. Ich habe die Zwillinge. Und ja, ich habe auch schwere Tage. Aber ich will für sie da sein, so lange wie möglich.«

Aus Rosamund spricht eine große, tiefe Liebe für ihre Kinder, und ihr Gesicht strahlt, wenn sie von Ella erzählt. Wie würde Ella wohl in Erinnerung bleiben wollen, fragte ich sie in einem unserer Gespräche. »Ganz einfach«, sagte sie. »Sie würde wollen, dass die Menschen wissen, wie herzlich sie war, wie sehr sie ihre Freunde und ihre Familie liebte. Ella war eine ›Allrounderin‹. Sie war eine sehr gute Schülerin und sogar, als sie im Krankenhaus lag, blieb sie am Ball und machte die Aufgaben, die ihre Lehrer ihr schickten. Sie war auch sportlich sehr begabt«, sagte Rosamund. »Nicht atmen zu können, war die größte Herausforderung für sie. Aber die meisten Dinge fielen ihr recht leicht«, erklärte sie. »Sie war sehr gut im Radfahren, im Schwimmen, im Fußball«, erzählte Rosamund weiter. »Doch all das war bloß Zeitvertreib für sie – ihr oberstes Ziel war es, Pilotin zu werden.« Rosamunds Augen leuchteten, als sie von einem Ausflug mit Ella und den Zwillingen nach Bournemouth erzählte, um die Red Arrows zu sehen, die Kunstflugstaffel der British Royal Airforce – ein paar Jahre bevor Ella starb. »Damals dachte ich, oje, jetzt sind wir aus dem diversen Lewisham ins konservative Bournemouth gekommen und praktisch die einzige Schwarze Familie da am Strand, du weißt, was ich meine«, sagte sie, und wir mussten beide lachen.

»Weil sie so eine Leidenschaft für den Flugsport hatte, sind wir frühzeitig losgefahren, damit wir auch ja pünktlich da waren und sie die Red Arrows für zehn Minuten sehen konnte.« Rosamund schmunzelte in sich hinein. »Es wurde zum jährlichen Ritual, nach Bournemouth zu fahren, um die Red Arrows zu sehen. Ella war absolut begeistert; sie war fest entschlossen, ihr Asthma in den Griff zu bekommen, damit ihr Traum, eines Tages Pilotin zu werden, nicht an ihrer Gesundheit scheiterte. Man hat ihr später ein Flugfeld und ein Flugzeug gewidmet, um Kinder mit einer ähnlichen Geschichte zu ermutigen, vielleicht auch einmal Pilot oder Pilotin zu werden«, erzählte mir Rosamund voller Stolz. »Wenn sie noch da wäre, würde ihr das wirklich sehr gefallen.«

Aber Ella ist nicht mehr da. Und ihre tragische Geschichte ist leider Teil eines viel weitreichenderen Problems. Eine britische Analyse ergab, dass Schwarze Kinder und Erwachsene etwa doppelt so häufig mit akuten asthmatischen Beschwerden ins Krankenhaus eingeliefert werden wie *Weiße* in den entsprechenden Vergleichsgruppen, Kinder und Erwachsene südasiatischer Herkunft sogar fast dreimal so häufig.[28] Für London, wo Ella lebte, belegt eine vom Bürgermeister der Stadt beauftragte Studie von 2016, dass 15 Prozent aller Londoner:innen, die Feinstaubbelastungen oberhalb der EU-weit vereinbarten Grenzwerte ausgesetzt sind, Schwarzen Bevölkerungsgruppen entstammen, obgleich diese zum damaligen Zeitpunkt nur 13 Prozent der Gesamtbevölkerung der Stadt ausmachten.[29] Über diese Ungleichheiten unterhielt ich mich mit Ellas Mutter Rosamund, einen Tag nachdem Ellas 18. Geburtstag gewesen wäre.

»Lewisham hat eine der höchsten Asthma-Raten in London«, sagte Rosamund. Sie und Ellas Geschwister leben bis heute im selben Haus in Lewisham, im Südosten Londons. »Ein Vorwurf, den ich immer wieder zu hören bekomme, ist, warum ich nicht wegziehe.«, sagte sie. »Erstens kann ich es mir nicht leisten – aber darum geht es gar nicht mal«, fuhr sie fort. »Außerdem, wenn du in eine exklusivere Gegend ziehst, exklusiver, einfach nur weil die Luft dort sauber ist, dann hast du aber auch eine geringere [ethnische] Vielfalt«, erklärte sie. »Wenn ich Kochbananen und Yamswurzeln kaufen will, gehe ich einfach die Straße runter. Das ist für mich selbstverständlich. Wenn ich Kenkey [ein westafrikanisches Gericht] kaufen will, oder sonst irgendwas, laufe ich zu Catford rüber. Ich glaube nicht, dass das irgendwer versteht, aber egal. Außerdem sind meine Freund:innen hier – meine Freund:innen, die in der ganzen Zeit für mich da gewesen sind, sie wohnen alle hier«, sagte sie. Ich konnte das sehr gut nachvollziehen, vor allem als Kind ghanaischer Einwander:innen und als ausgemachter Kochbananen-Fan sowieso, aber auch – weit wichtiger noch – einfach als Mensch: Der Vorschlag, Menschen sollten ihre Wohnungen und Viertel verlassen, um der schmutzigen Luft zu entfliehen, ist nicht nur absurd (wo sollen sie denn alle hin, nachdem wir die ganze Luft verschmutzt haben?), sondern auch rassistisch.

BIPoC sind der Luftverschmutzung überproportional stark ausgesetzt, nicht nur in London, sondern in ganz England. Laut einer 2022 durchgeführten Studie der Friends of the Earth, eines internationalen Aktionsnetzwerks für Umweltschutz, leben People of Colour in England dreimal häufiger in Gegenden mit besonders hoher Luftverschmutzung als *Weiße*.[30] Zugleich sind Gegenden mit einer besonders hohen Luftverschmutzung besonders stark von sozialer Benachteiligung betroffen, was den Schluss nahelegt, dass diejenigen, die den höchsten Schadstoffbelastungen ausgesetzt sind, sich einen Umzug am wenigsten leisten können.

»Um sich aussuchen zu können, wo man wohnen möchte, muss man entsprechend verdienen. Und wie viele von uns tun das?«, bemerkte Rosamund. »Es gibt ein [weniger verschmutztes] Viertel hier ganz in der Nähe, in das ich gerne ziehen würde, wenn ich das nötige Kleingeld hätte. Doch das sprengt unser Budget, geht weit darüber hinaus – weit, weit, weit. Unsereiner spielt nicht in dieser Einkommensliga. Nein, gottverdammt, ganz und gar nicht«, sagte sie.

Die sozial und räumlich ungleiche Verteilung von Umweltbelastungen wie Luftverschmutzung, die Rosamund und ihre Familie in Großbritannien so teuer zu stehen kommen, spiegeln sich auch auf der anderen Seite des Atlantiks wider, ebenso wie in vielen anderen Ländern der Welt. »Umweltrassismus wird für gewöhnlich nicht mit Großbritannien in Verbindung gebracht, doch es gibt ihn hier durchaus«, sagte Rosamund. »Als ich mich aber mit dem Thema Umweltrassismus in den USA beschäftigt habe, herrje … da sieht es ja noch schlimmer aus«, erzählte sie mir.

So ergab eine US-Studie aus dem Jahr 2019, dass Schwarze und Hispano-Amerikaner:innen im Vergleich zu *weißen* US-Bürger:innen mit Konzentrationen von PM 2,5 (Feinstaubpartikel mit einem Durchmesser kleiner als 2,5 µm) stärkeren Schadstoffbelastungen ausgesetzt sind, obwohl sie insgesamt weniger zur Luftverschmutzung beitragen.[31] Auch die Asthma-Prävalenz liegt bei Schwarzen US-Bürger:innen höher als bei *weißen*. Nach Angaben des US Office of Minority Health lag die Zahl der asthmabedingten Todesfälle bei nicht-hispanischen Schwarzen im Jahr 2020 nahezu dreimal höher als bei nicht-hispanischen *Weißen*.[32] Bei Kindern, die generell häufiger an Asthma leiden als Erwachsene, ist diese Diskrepanz noch größer: 2019 zum Beispiel wurden Schwarze Kinder fünfmal häufiger mit akuten asthmatischen Beschwerden ins Krankenhaus eingeliefert als *weiße* Kinder.

Der Klimawandel verschärft dieses gesundheitliche Gefälle zwischen ethnischen Gruppen zusätzlich, wie Yoshira Ornelas Van Horne konstatiert, die von der University of Southern California in Los Angeles an die Columbia University in New York City kam, wo sie zu Umweltgesundheit und umweltbezogenen (Un)Gerechtigkeiten forscht. Ornelas Van Horne konzentriert sich in ihrer Forschung auf Schadstoff-Expositionen, von denen strukturell marginalisierte Bevölkerungsgruppen besonders stark betroffen sind – etwas, das sie aus eigenem Erleben kennt. »Ich bin in einem Viertel in Phoenix [Arizona] aufgewachsen, im Westen von Phoenix, in einem jener Viertel, die in der akademischen Welt als Environmental Justice Community bezeichnet werden. In einem Viertel also, das keinen Zugang hat zu Wald und Bäumen, zu Grünflächen. Alles ist durchschnitten von einer Autobahn. Und autobahnnahes Wohnen trägt im Hinblick auf Asthma zu schlechteren respiratorischen *health outcomes* bei«, erzählte sie mir. »Für mich kann ich sagen, dass allein der Anblick dieses Viertels und anderer, mit denen ich mich identifizieren kann, die die Hauptlast der Umweltverschmutzung zu tragen haben, mich am meisten dazu bewogen haben, das Thema in der Forschung weiter zu verfolgen«, sagte sie.

Ich kontaktierte Ornelas Van Horne, nachdem ich sie in einem Podcast der Umweltorganisation Agents for Change in Environmental Justice, für die sie als stellvertretende Direktorin für Lehrplanentwicklung tätig ist, gehört hatte, wo sie über ihre weitreichenden Forschungsarbeiten sprach. Wir trafen uns, und sie erzählte mir von einer Studie zu den gesundheitlichen Auswirkungen von »Playa Dust«, Windstaub, in Imperial Valley im südlichen Kalifornien nahe dem Salton Sea, einem salzigen See unweit der Grenze zu Mexiko. Die Bevölkerung dort besteht mehrheitlich aus hispanisch- und mexikanisch-stämmigen Amerikaner:innen. Der See entstand 1905 durch einen Unfall, bei dem starke Regenfälle und Schneeschmelze den Damm des nahe gelegenen Colorado River brechen ließen und das Gebiet überflutet wurde. Seither leiten nahegelegene Farmen ihre Abwässer in den See, doch aufgrund zunehmender Wasserknappheit und Verschmutzung durch die im Abwasser enthaltenen Düngemittel versiegt seine Quelle und der See schrumpft immer weiter.[33,34]

»Wir erleben gerade, dass der Salton Sea langsam austrocknet – und ein Phänomen hervorbringt, dass wir Playa Dust nennen«, erzählte mir Ornelas Van Horne und meint damit die Entwicklung von giftigen Staubarten auf trockengefallenem ehemaligem Seeboden. »Playa ist das spanische Wort für Strand. Die Gegend ist sehr staubreich, von Wüstenbildung bedroht. Immer wieder hören wir von den Bewohner:innen hier, dass sie ihr Haus unmöglich verlassen können, wenn starke Winde wehen, denn der mitgetragene Staub habe schädliche Auswirkungen auf die Gesundheit, auf die eigene und die ihrer Kinder«, sagte sie.

Um dies genauer zu untersuchen, befragten Ornelas Van Horne und Kolleg:innen 456 Eltern von Grundschulkindern in der Region zu Symptomatiken ihrer Kinder und stellten diese der geschätzten Exposition der Kinder mit Luftverschmutzung durch Feinstaub gegenüber, unter Verwendung von Messdaten der örtlichen Luftqualitätsmonitore.[35] »Tatsächlich haben wir für diese Gegend eine Asthma-Prävalenz von über 22 Prozent ermittelt, was extrem hoch ist«, sagte sie. »Einer der höchsten Werte in ganz Kalifornien.« Diese Ergebnisse stimmen mit früheren Untersuchungen überein, die belegen, dass die Anzahl der Asthma-bedingten Notfallbesuche mit Kindern im Imperial Valley doppelt so hoch liegt wie im landesweiten Durchschnitt.[36] Entsprechende Vorstudien belegen zudem einen Zusammenhang zwischen Zunahme der Luftverschmutzung durch Feinstaub sowie vermehrten Berichten über respiratorische Symptome (z. B. Hustengeräusche wie Keuchen, Rasseln oder Pfeifen) und Asthmamedikationen unter den Kindern in dieser Gegend. »Wir vermuten sehr stark, dass irgendetwas in der unmittelbaren Umgebung zu diesen Symptomen beiträgt. Und so tun wir alles, wirklich alles, um herauszufinden, was es mit diesem Staub auf sich hat. Insbesondere Pestizide habe ich im Visier«, sagte sie.

Jahrelange landwirtschaftliche Zuflüsse aus den Farmen ringsum haben zu einer großen Menge an Pestiziden im Seegrund geführt – neben anderen potenziell toxischen Substanzen, darunter auch giftige Schwermetalle wie Blei oder auch Halbmetalle wie Arsen. Diese können allesamt als feiner Staub aufgewirbelt werden, wenn Wind über die trockengefallenen Bereiche des Seegrundes bläst.[37] Mit zunehmender Erderwärmung, so warnt Ornelas Van Horne, dürften sich umweltbezogene Ungerechtigkeiten wie diese global noch verstärken.

Da der Klimawandel Veränderungen in der Landnutzung notwendig macht und zu schwindenden Wasserressourcen führt, steht zu erwarten, dass sich die Entwicklung von Windverwehungen und Staubstürmen beschleunigen wird. In Indien, wo es regelmäßig zu Staubstürmen kommt, nehmen Stärke und Häufigkeit dieser extremen Wetterereignisse schon heute zu. 2018 wurde Nordindien von drei schweren Staubstürmen in Folge getroffen, die eindeutig mit Anstiegen der Feinstaubkonzentration in Verbindung gebracht werden konnten.[38]

Indien zählt schon zu den Regionen mit den höchsten Luftverschmutzungsraten weltweit, und innerhalb des Landes herrschen große Ungleichheiten in Bezug auf die Belastung mit gesundheitsschädigenden Luftschadstoffen. Zum Beispiel weisen Bezirke mit einem prozentual höheren Anteil an Menschen, die traditionell marginalisierten Kasten angehören, im Schnitt höhere Feinstaub-Konzentrationen auf.[39]

Umweltrassismus ist allgegenwärtig und damit eine weitere mehr oder weniger subtile Erscheinungsform von Systemischem Rassismus, der die Gesundheit von Menschen aus marginalisierten Gruppen gefährdet, überall auf der Welt. Das ist kein neues Phänomen. Der Begriff »Umweltrassismus« wurde bereits Ende des

20. Jahrhunderts in den USA geprägt, und wurde vom Bürgerrechtsaktivisten Benjamin Chavis geprägt. 1987 veröffentlichte die United Church of Christ Commission for Racial Justice einen bahnbrechenden Bericht, der zeigt, dass die am meisten mit Giftmüll belasteten Viertel überwiegend von marginalisierten ethnischen Gruppen bewohnt sind. Und der Soziologe Robert Bullard stellt in seinem 1990 erschienenen Buch *Dumping in Dixie* einen Zusammenhang zwischen Giftmüll-Deponien und historischen Mustern der Rassentrennung im Süden der USA her.[40,41] Der Bericht der United Church und Bullards Buch werden häufig im Zusammenhang mit den Anfängen der US-amerikanischen Environmental-Justice Movement (Bewegung für Umweltgerechtigkeit) genannt, und leider sind deren Ergebnisse heute noch genauso relevant wie zum Zeitpunkt ihrer jeweils ersten Veröffentlichung; neuere Analysen haben ähnliche Zusammenhänge zwischen *race* und Standorten von Giftmüll-Deponien in den USA festgestellt.[42,43,44]

Neben Schadstoffen in der Luft bestehen auch Ungleichheiten auf Basis von ethnischer Zugehörigkeit in Bezug auf Expositionen gegenüber anderen Umweltschadstoffen und Umweltkontaminanten. Aus einem Bericht von 2019 geht hervor, dass die hauptsächlich von BIPoC bewohnten Stadtviertel in den USA überproportional häufig von Verstößen gegen die Trinkwasserverordnung betroffen sind und die Trinkwasserqualität nicht den gesetzlichen Vorgaben entspricht.[45] Beispielhaft für diese Ungleichheit sind die schweren Wasserkrisen in Flint (Michigan) und Jackson (Mississippi), beides Städte mit mehrheitlich Schwarzer Bevölkerung.

In Flint etwa waren die Bewohner:innen mit Blei und anderen Schadstoffen verunreinigtem Trinkwasser ausgesetzt, nachdem die Stadt im Jahr 2014 die Wasserversorgung aus dem Lake Huron aus Kostengründen eingestellt hatte, um das Trinkwasser fortan aus dem Flint River aufzubereiten. Eine Studie aus dem gleichen Jahr belegte deutliche Auswirkungen auf die Gesundheit der Einwohner:innen: nach der Umstellung zeigten sich im Blut von Kindern unter fünf Jahren aus der Region Flint auffällig erhöhte Bleikonzentrationen.[46] An dieser Stelle sei darauf verwiesen, dass es *keine* als unbedenklich geltenden Grenz- oder Bezugswerte für Blei-Expositionen gibt, und dass kleine Kinder besonders anfällig für Bleivergiftungen sind, die dauerhafte Schädigungen im Gehirn und zentralen Nervensystem nach sich ziehen können. Von Armut betroffene Schwarze Kinder sind besonders gefährdet, wie eine weitere Studie für die gesamten USA belegt: Schwarze Kinder, die unterhalb der Armutsgrenze leben, haben viermal häufiger erhöhte Bleiwerte im Blut als *weiße* in Armut lebende Kinder.[47]

Doch all dies kratzt allenfalls an der Oberfläche der Wechselbeziehungen zwischen *race*, Umwelt und Gesundheit. Gut 1000 Kilometer südlich von Flint erstreckt sich entlang des Mississippi im US-Bundesstaat Louisiana ein Landstrich mit mehr als 100 Ölraffinerien, Kunststoffwerken und Chemieanlagen; infolge massiver gesundheitlicher Probleme der dort überwiegend Schwarzen Bevölkerung wird er auch »Cancer Alley« (Krebs-Allee) genannt. 2021 bezeichnete ein Team unabhängiger UN-Menschenrechtsexpert:innen die bestehende Situation als »Umweltrassismus« und forderte den sofortigen Stopp von Plänen zum Ausbau weiterer Industrieanlagen in der Region.[48]

Ein anderes Beispiel: Der historische Abbau von Hartgestein im Westen der USA hinterließ mehr als 160 000 stillgelegte Minen, die sich großteils auf dem angestammten Land Indigener Völker befinden. Und es liegen Beweise vor, dass die Indigenen Bevölkerungsgruppen, die unweit der stillgelegten Uran-Minen leben, ein erhöhtes Risiko für Nierenerkrankungen und Bluthochdruck haben.[49] Ornelas Van Horne war Teil eines Forscherteams, das die gesundheitlichen Auswirkungen nach einer folgenschweren Umweltpanne untersuchte, die an der Gold King Mine bei Silverton (Colorado) ihren Anfang nahm: Am 5. August 2015 flossen dort 11,3 Millionen Liter an sauren Grubenabwässern ab (durchsetzt mit giftigem Arsen und Schwermetallen wie Blei), nachdem ein von der US-Umweltschutzbehörde mit der Inspektion der Mine beauftragtes Team versehentlich eine Schicht aus Gestein und Erde aufbohrte, die den Eingang zur Mine verschlossen hatte. Die unansehnliche gelblich-braune Giftbrühe ergoss sich in den Cement Creek, weiter in den Animas River und über den San Juan bis in den Colorado River.[50,51] Eine ebenfalls von der Umweltschutzbehörde durchgeführte Risikoanalyse, die in diesem Gebiet eine Erschließung von Freizeitgebieten für Wanderer erwog, kam zu dem Schluss, dass eine dauerhafte Exposition gegenüber Flusssedimenten durch eine tägliche Aufnahme von zwei Litern Wasser aus dem Flint River, auch über einen längeren Zeitraum hinweg, gesundheitlich wohl unbedenklich sei. Doch diese Risikoanalyse, so Ornelas Van Horne, lasse das enge und lebendige Zusammenspiel zwischen den lokalen Indigenen Völkern (darunter die Diné und Navajo) und dem San Juan River völlig außer Acht.

»Die Communitys waren tatsächlich diejenigen, die uns wirklich dabei halfen, detaillierte wissenschaftliche Analysen vorzunehmen, indem sie beispielsweise Dinge zu bedenken gaben wie: ›Naja, ich nutze diesen Fluss für eine ganze Menge mehr, als nur entlang seiner Ufer zu wandern. Wir leben mit dem Fluss, mit meinen Kindern komme ich her, um gemeinsam mit seinem Wasser zu beten, das wir auch zum Bewässern nutzen‹«, erzählte mir Ornelas Van Horne. Um diese katastrophale Umweltpanne aufzuarbeiten, tat sie sich im Sommer 2016 mit Mitgliedern der lokalen

Gemeinden zusammen, ebenso wie mit Forscher:innen des Diné Environmental Institute, des Navajo Nation Department of Health und der University of Arizona, um mit gleich mehreren Interessengruppen im Gespräch zu bleiben und Befragungen unter 63 Erwachsenen und 27 Kindern vorzunehmen, die in drei Navajo-Communitys entlang der Flussufer leben. Gemeinsam ermittelten sie 43 einzigartige Tätigkeiten der Diné, die alle im Einklang mit dem Ökosystem San Juan River erfolgen, und stellten seit dem unkontrollierten Abfluss aus der Gold King Mine einen eindeutigen Rückgang dieser Tätigkeiten fest: Jede einzelne befragte Person berichtete von zuvor ausgeübten und nun unterlassenen Betätigungen, was unterm Strich einen anteiligen Rückgang um durchschnittlich 56 Prozent ergab – für die Mitglieder der Communitys ein tiefsitzendes Trauma.

»Viele von ihnen brachten diese historischen Traumata zur Sprache – es ist schließlich nicht das erste Mal, dass so etwas passiert. Ein paar Jahrzehnte zuvor hatte es schon einmal einen Skandal um verseuchtes Wasser gegeben, doch die Behörden duckten sich weg, Hilfe blieb aus, und so waren die Communitys über Jahrzehnte durch angrenzende Bergwerksindustrien stark belastet worden. Ganz abgesehen davon ist natürlich die Kolonisierung ihr Ur-Trauma«, sagte Ornelas Van Horne. »Die Wasserverseuchung hat für sie spürbare gesundheitliche Folgen und ist Auslöser für große Ängste und Zukunftssorgen, denn kaum jemand weiß, wie er das seinen Kindern erklären soll, oder ob eine Rückkehr zu den alten, kulturell verankerten Tätigkeiten, die ihnen als protektive Faktoren ihrer Gesundheit gelten, jemals wieder möglich sein wird«, fügte sie hinzu.

Unter Einbeziehung all dieser traditionellen Tätigkeiten zwischen den Diné und San Juan River holten Ornelas Van Horne und ihr Team die betroffenen Communitys mit ins Boot, um gemeinschaftsbasierte Risikoanalysen zu entwickeln und ortsspezifische Entnahmen von Umweltproben durchzuführen. »Insgesamt stellten wir fest, dass die Werte mindestens zweier Kontaminanten, die in unserem Fokus standen, nämlich Arsen und Blei, unterhalb [der Grenzwerte] lagen, die die Navajo-Nation für einige ihrer traditionellen Tätigkeiten festgelegt hatte«, sagte mir Ornelas Van Horne. »Und das zeigt, wie wichtig es ist, dass die Communitys ihre eigenen Standards festlegen und auch die Verantwortung für die entsprechend erhobenen Daten tragen«, sagte sie. »Was wir für die Community wirklich befürworten, nicht nur für die Navajo-Nation, ist der Aufbau einer Infrastruktur, um ein laufendes Umwelt-Monitoring betreiben zu können. Wichtig ist dies vor allem deshalb, da weiterhin große Verunsicherungen bestehen, was die Ansammlung von Schadstoffen im San Juan River betrifft, aber auch die Verseuchung des Flusses durch Tausende anderer stillgelegter Minen, sowohl in der Region als auch in anderen Teilen des Landes. Allein in diesem Gebiet gibt es über 10000 stillgelegte Minen. Wir sind unmöglich in der Lage, den genauen Status der anderen Minen zu kennen oder zu wissen, welche Verseuchungsmengen in den Flint River oder in andere Flüsse gelangen könnten, es sei denn, wir betreiben aktives Monitoring«, sagte sie.

Umweltrassismus ist aber – wie alle Arten von Systemischem Rassismus, die wir bereits kennengelernt haben – kein reines US-amerikanisches Phänomen. Ähnliche Fälle finden sich auch jenseits der amerikanischen Grenze, z. B. in Kanada. Nachdem eine Studie von 2020 einen unmittelbaren Zusammenhang zwischen langfristiger Quecksilberexposition und überhoher vorzeitiger Sterblichkeit bei Angehörigen der Grassy Narrows First Nation, einem Indigenen Volk in der kanadischen Provinz Ontario belegte, votierten die Gesetzgeber dafür, mehr Daten über die Auswirkungen von Umweltschadstoffen auf ethnische Minderheitengruppen zu sammeln.[52,53] In den 1960er Jahren entsorgte hier eine Chemiefabrik tonnenweise Quecksilber in das aquatische Ökosystem der Community und verursachte dadurch eine der schlimmsten Umweltkatastrophen in der Geschichte Kanadas. Währenddessen leben auch in Ecuador Tausende von Indigenen noch immer mit den gesundheitlichen Folgen einer Umweltkatastrophe, die sich im April 2020 ereignete, als ein Ölpipeline-Bruch das Wasser des Río Coca und Río Napo verseuchte – zentrale Wasser- und Nahrungsquellen für die lokalen Gemeinden.[54]

Umweltrassismus und Ungerechtigkeit werden aber auch auf globaler Ebene sichtbar: Laut der Weltgesundheitsorganisation verursachte die Luftverschmutzung im Jahr 2012 weltweit geschätzte drei Millionen vorzeitige Todesfälle, wobei 88 Prozent davon in Ländern mit niedrigem und mittlerem Einkommen auftraten und wiederum der größte Teil davon in den WHO-Regionen Westpazifik und Südostasien. Und es ist kein Geheimnis, dass der globale Süden, einschließlich großer Bevölkerungsgruppen von Indigenen und People of Colour, von den Folgen des Klimawandels tendenziell weitaus stärker betroffen ist – gesundheitliche Folgen inbegriffen.[55,56]

Die Umgebung, in der wir leben, hat einen enormen Einfluss auf unsere Lebensqualität und unsere Möglichkeiten, ein gesundes Leben führen zu können.

Diese Tatsache stand auch Marcos einmal mehr deutlich vor Augen, als er die Herausforderungen, mit denen seine und andere Gemeinden in den Randvierteln von Rio de Janeiro konfrontiert sind, erneut reflektierte. »Wir brauchen eine sanitäre Grundversorgung«, sagte er mir. »Viele Gemeinden und Randviertel haben keinerlei Zugang dazu.« Schlechte sanitäre Bedingungen sind unmittelbar mit einem erhöhten Übertragungsrisiko von Krankheitserregern verbunden und in der Folge mit einer schlechten Gesundheit. So etwa deutet eine brasilianische Studie von 2021 auf einen möglichen Zusammenhang zwischen schlechter sanitärer Grundversorgung und Covid-19-Fällen hin.[57] Diese Studie beinhaltet zwar keine Analyse personenbezogener Daten auf Grundlage ethnischer Zugehörigkeit, doch Untersuchungen aus anderen Ländern berechtigen stark zu der Annahme, dass Ungleichheiten im Lebensumfeld der Menschen auch Unterschiede auf Grundlage der ethnischen Zugehörigkeit hinsichtlich Gesundheitschancen, Krankheitsrisiken und Todesfällen während der Pandemie beförderten. In Großbritannien beispielsweise wurden große Mehrpersonenhaushalte ethnischer Minderheiten mit einem erhöhten Covid-19-Risiko in Zusammenhang gebracht. Und britische wie US-amerikanische Studien benennen eine langfristig erhöhte Luftschadstoffbelastung als verstärkenden Faktor für deutlich mehr schwere und tödliche Krankheitsverläufe nach einer COVID-19-Infektion bei marginalisierten ethnischen Gruppen.[58,59,60,61]

▪

Umso mehr wir die ökonomischen und ökologischen Folgen des Systemischen Rassismus in der Gesellschaft entflechten, umso weniger überraschend sind die *health gaps* aufgrund von *race* und Ethnie. Dass diese Disparitäten mit einer Reihe von Erkrankungen verbunden sind, haben wir bereits eingehend betrachtet. Darunter waren Herz-Kreislauf-Erkrankungen, die weltweite Todesursache Nummer Eins – wobei das eigene Erkrankungsrisiko über eine gesunde Ernährung und ein gesundes Maß an körperlicher Bewegung stark beeinflusst werden kann. Doch wo sich ökonomische und ökologische Ungleichheiten überlagern, beeinflusst von Systemischem Rassismus, existiert ein gleichberechtigter Zugang zu einem Umfeld, wo bezahlbare und gesunde Lebensmittel oder sichere Grünflächen mit ausreichend Platz für Sport und Bewegung in sauberer Luft verfügbar sind, längst nicht für alle.

In mehreren Ländern, darunter die USA, Großbritannien und Brasilien, zeigt sich eine systematische Benachteiligung von Menschen, die marginalisierten ethnischen Gruppen und/oder einkommensschwachen Schichten angehören: Sie leben vergleichsweise häufiger in sogenannten *food deserts* (Lebensmittelwüsten), wo es kaum oder gar keinen Zugang zu gesunden Lebensmitteln gibt, oder auch in sogenannten *food swamps*, wo das Angebot an ungesunden Lebensmitteln größer ist als das an gesunden.[62,63,64,65,66]

Ungesunde Ernährungsumgebungen gehen nachweislich mit Adipositas einher, neben anderen gesundheitsgefährdenden Zuständen ein Hauptrisikofaktor für Herz-Kreislauf-Erkrankungen. Zudem ist erwiesen, dass die Adipositas-Raten bei Schwarzen Menschen und Menschen mit hispanischer-Herkunft in den USA überdurchschnittlich hoch sind, ebenso wie zum Beispiel bei Schwarzen in Großbritannien.[67,68,69,70]

Ähnliche Ungleichheiten gibt es beim Zugang zu Grünanlagen, die den Menschen die Möglichkeit bieten, Sport zu treiben oder einfach nur Zeit in der Natur zu verbringen, was sich überaus positiv auf die körperliche und geistige Gesundheit auswirkt.[71] Während meiner Zeit in Oxford im Südosten Englands, wo ich zu meinem großen Glück viele wunderschöne Laufstrecken direkt vor der Haustür hatte, habe ich das Joggen für mich entdeckt und bis heute beibehalten. Doch in England gibt es in überwiegend von Schwarzen und anderen ethnischen Minderheiten bewohnten Wohngebieten weniger Grünanlagen als in mehrheitlich *weißen* Vierteln. Laut einem Bericht der Commission for Architecture and the Built Environment von 2010 (heute: British Design Council) gibt es in Wohngebieten mit einem Bevölkerungsanteil von weniger als 2 Prozent »Schwarzer Menschen oder Angehöriger anderer ethnischer Minderheiten« im Schnitt sechsmal so viele Grünanlagen wie in Wohngebieten, in denen ethnische Minderheitengruppen mehr als 40 Prozent ausmachen.[72]

In Ländern wie Großbritannien, den USA und Brasilien, in denen Schwarze Menschen (und insbesondere Schwarze Männer) oft übermäßig polizeilich kontrolliert werden und vergleichsweise häufiger Opfer von Gewaltverbrechen werden, sind Sorgen um die eigene Sicherheit ein weiterer Faktor, die Menschen von sportlichen Betätigungen im Freien abhalten können. Die Ermordung von Ahmaud Arbery, einem 25-jährigen Schwarzen Jogger, der 2020 einem rassistisch motivierten Hassverbrechen zum Opfer fiel, zeigt dies sehr deutlich. Ahmaud wurde von drei *weißen* Männern (Vater und Sohn namens Gregory und Travis McMichael sowie einem Nachbarn namens William Bryan) verfolgt, in die Enge getrieben und erschossen, als er durch ein vorwiegend *weißes* Viertel im US-Bundesstaat Georgia joggte. Eine US-amerikanische Studie von 2017 ergab, dass Schwarze Männer aus der Mittelschicht, die in mehrheitlich *weißen* Vierteln wohnen, tendenziell weniger Sport treiben als diejenigen aus mehrheitlich Schwarzen oder ethnisch durchmischten Vierteln.[73] Und dies, obwohl mehrheitlich *weiße* Viertel gegenüber Schwarzen Wohngegenden vergleichsweise mehr Einrichtungen für Sport und Freizeit bieten und auch mehr Grünflächen für Aufenthalte im Freien. Ähnliche Bedenken rund um die Sicherheit thematisierte auch Marcos für seine brasilianische Gemeinde São João de Meriti im Laufe unseres Austauschs. Kinder in seinem Viertel, so merkte er an, fühlten sich draußen beim Fußballspielen nicht völlig frei und unbeschwert, aus ständiger Angst vor Gewalt. Brasilianische Studien belegen, dass Schwarze im Vergleich zu Angehörigen anderer ethnischer Gruppen sehr viel häufiger Opfer von Tötungsdelikten werden.[74]

Marcos und seine Ehefrau Élida engagieren sich aktiv und tun alles, um den Mitgliedern ihrer Gemeinde Möglichkeiten zu sportlicher Betätigung und gesunder Ernährung zu eröffnen. 2014 riefen sie das »Projeto Inclusão« (Projekt Inklusion) ins Leben, um Jugendliche mit schulischen Problemen pädagogische Hilfe zu bieten. Während der Pandemie stockten sie die Gelder für das Projekt auf, um beispielsweise notleidende Familien in ihrer Gemeinde mit Lebensmitteln zu versorgen. Seitdem ist das Projekt stetig gewachsen. »Heute bieten wir im Rahmen des Projekts sportliche Aktivitäten, Nachhilfeprogramme, Kunsterziehung oder berufsvorbereitende Kurse an und animieren dazu, durch gesunde Ernährung Krankheiten vorzubeugen, zumal wir die Realitäten hier vor Ort kennen. Denn es ist allemal besser, sich um die eigene Gesundheit zu kümmern als um Krankheiten«, meinte Marcos. So vorbildhaft Unternehmungen wie das »Projeto Inclusão« sind, sie reichen nicht aus, um Jahrhunderte des Systemischen Rassismus ungeschehen zu machen, samt den systemischen Ungleichheiten, die sich in einer allgemein schlechteren gesundheitlichen Verfassung bei BIPoC manifestieren, und zwar in weiten Teilen der Welt. Regierungen weltweit müssen mehr tun, um sicherzustellen, dass jede:r einen gleichberechtigten Zugang zu den Ressourcen hat, die es für ein gesundes Leben braucht. Oberstes Ziel muss sein, den Systemischen Rassismus in all seinen Formen zu bekämpfen.

Doch damit ist die Geschichte noch nicht zu Ende: Neben den

systemischen Formen von Rassismus in der Gesellschaft, die wir bislang erörtert haben, gibt es weitere Formen von Rassismus, die Gesundheit und Wohlbefinden determinieren und zu fortgesetzten Ungleichheiten zwischen den *races* beitragen – von alltäglichen Diskriminierungen bis hin zu schweren rassistisch bedingten Traumata. Dabei stellt sich die Frage, ob und wie sich erworbene Traumata tatsächlich über Generationen hinweg reproduzieren. Um dies zu ergründen, will ich tiefer eintauchen in aktuelle Forschungen über die gesundheitlichen Folgen, die aus den eher psychosozialen Formen von Alltagsrassismus resultieren.

4
Alltagsrassismus

Irgendwann im Jahr 2022 saß Clint Smith in einem Flieger nach Charlotte, North Carolina, als er eine hektische Unruhe unter seinen Mitpassagier:innen bemerkte, kaum dass der Flieger aufgesetzt hatte. Der Flughafen in Charlotte, nahe der US-amerikanischen Ostküste, gehört zu den wichtigsten Drehkreuzen des Landes, so dass viele hier unbedingt ihre Anschlussflüge erwischen mussten. Kaum war das übliche »Fasten Your Seatbelt«-Zeichen erloschen, standen mehrere Leute gleichzeitig auf und wollten alle die Ersten sein, die ihr Gepäck aus den Stauklappen oberhalb der Sitzplätze holten, um sich dann eilig durch den Gang zum Ausgang des Flugzeugs zu zwängen. Inmitten des Gedränges erregte ein Streit Clints Aufmerksamkeit. Zwei Passagierinnen, eine Schwarze Frau und eine *weiße*, beide mittleren Alters, waren in der Hektik aneinandergerempelt und begannen zu streiten. Clint stand direkt daneben. Beim Ausstieg drehte sich die *weiße* Frau noch einmal um, mit zornrotem Kopf, und schleuderte der Schwarzen Frau das N-Wort entgegen. Clint fing den Blick der Schwarzen Frau auf, während die *weiße* Frau im dichten Gewimmel des Terminals verschwand.

Clint, zufällig Lyriker und Autor, und zufällig ebenfalls Schwarz, hatte schon viel über die Geschichte der Schwarzen in den USA, über Rassismus und Versklavung geschrieben. Und so beschloss er, darüber zu schreiben, wie tief auch er selbst sich von diesem Streit am Flughafen getroffen fühlte. Er teilte das Erlebnis in den sozialen Medien und berichtete ein paar Wochen später auch in einem Artikel des US-Magazins *The Atlantic* darüber.[1]

Wie sich die Schwarze Frau in jenem Moment tatsächlich gefühlt hat oder wie getroffen sie davon wirklich war, können wir nur erahnen. Was mir an Clints Artikel aber vor allem auffiel, war, wie tief bewegt *er selbst* von diesem Erlebnis war, sowohl psychisch als auch physisch, obwohl die rassistischen Beleidigungen gar nicht gegen ihn gerichtet waren. »Es war, als hätte jemand ein Streichholz an meiner Haut entzündet und meinen ganzen Körper in Brand gesetzt. Mein Herz geriet aus dem eben noch metronomischen Takt, begann zu galoppieren und pumpte Blut, als wollte es mich zur Flucht treiben«, schrieb er in *The Atlantic*. Stunden später noch, so Clint, habe er die Wirkung der Worte der *weißen* Frau im ganzen Körper spüren können. »Ich wurde sie einfach nicht los«, schrieb er. »Obwohl das Gift ihrer Worte gar nicht mir galt, traf es mich buchstäblich bis tief unter die Haut.«

Alltagsrassismus, der »persönliche, unmittelbare Rassismus in Eins-Eins-Situationen«, wie es Clint formuliert, kann sich auf die körperliche und seelische Verfassung eines Menschen genauso auswirken wie systemische Formen von Rassismus.

Rassismus in all seinen Formen zu erleben ist anstrengend, und wie Clint in seinem Artikel sehr scharfsinnig bemerkt, muss man nicht einmal selbst Zielscheibe einer rassistischen Handlung sein, um die schädliche Wirkung, die aus ihr folgt, am eigenen Leib zu erfahren. Es gibt immer mehr Beweise dafür, dass erlebter Rassismus – oder auch nur antizipierter Rassismus – gesundheitsschädlich ist. Arline Geronimus, heute Forschungsprofessorin im Bereich öffentliche Gesundheit und Gesundheitsverhalten am Population Studies Center der University of Michigan, beschäftigte sich bereits Ende der 1970er Jahre als Studentin an der Princeton University in New Jersey erstmals mit diesem Thema. Neben ihrem Studium jobbte sie an einer Schule für schwangere Teenager in Trenton, der nahegelegenen Hauptstadt des Bundesstaates. Dort fiel ihr auf, dass die dortigen Teenager of Colour unter chronischen Erkrankungen litten, die bei ihren gut betuchten, überwiegend *weißen* Kommilitoninnen in Princeton nur selten auftraten. Sie begann sich zu fragen, ob die chronischen Erkrankungen dieser Teenager möglicherweise in Zusammenhang mit Stressfaktoren in ihrer Umgebung standen. Später, als Doktorandin, ging Geronimus einer Frage nach, die wir in Kapitel Eins dieses Buches gestreift haben: Warum kommt es bei Schwarzen Frauen in den USA im Schnitt zu schlechteren Geburtsergebnissen als bei *weißen* Frauen?

Damals, in den 1980er und frühen 1990er Jahren, herrschte weitgehend Einigkeit darüber, dass die Zeit zwischen 20 und Anfang 30 das optimale Alter zum Kinderkriegen sei, da es mit deutlich weniger Risiken für Komplikationen rund um Schwangerschaft und Geburt verbunden ist als bei Frauen unter 20 oder weit über 30. Das aber, so stellte Geronimus fest, war keine universelle Wahrheit.

»Insbesondere bei Schwarzen US-Amerikanerinnen stieg das Risiko für schlechtere Geburtsergebnisse mit zunehmendem Alter an, und zwar ab einem Alter von etwa 15 Jahren an aufwärts; also die Altersspanne, die wir für die gesundheitlich optimale Zeit zum Kinderkriegen gehalten haben, war für Schwarze werdende Mütter bereits mit einem höheren Risiko verbunden«, erklärte Geronimus im April 2020 in einem Interview für eine landesweit ausgestrahlte Podcast-Folge von *The United States of Anxiety*.[2] »Für mich stellte sich damit die Frage, ob es im Leben Schwarzer Frauen irgendwelche Geschehnisse gibt, die zu einer frühzeitigeren Verschlechterung der Gesundheit führen, als bei *weißen* Frauen.«

Als mögliche Erklärung für diese gesundheitliche Ungleichheit formulierte Arline Geronimus in einer höchst einflussreichen Arbeit die sogenannte »Verwitterungsthese«, die 1992, während sie bereits Assistenzprofessorin an der University of Michigan war, veröffentlicht wurde.[3] Sie enthielt eine für die damalige Zeit radikale These: Geronimus geht davon aus, dass psychische und physische Stressfaktoren infolge rassistischer Alltagserfahrungen die Gesundheit Schwarzer Menschen unmittelbar beeinträchtigen und eine erhöhte Anfälligkeit für Krankheiten oder gar den Tod nach sich ziehen können. »Durch die Vielzahl chronischer und oft toxischer Stressoren im Verlauf des Lebens kommt es zu einem stressinduzierten Verschleiß der Organe, Körpersysteme und Zellen, was in der Tat an der Gesundheit zehrt und eine Art beschleunigte ›biologische Verwitterung‹ in Gang setzt und mithin den vorzeitigen Tod«, sagte sie. »Ich nenne diesen Prozess *Weathering* (Verwitterung) wegen der Doppelbedeutung, die das Wort im Englischen in sich trägt. Man kann es im Sinne von *erodieren* benutzen, wenn man zum Beispiel sagt, ›Das Gestein *verwittert* durch Einwirkung von Wind und Wetter‹, es kann aber auch im Sinne von *einer Witterung standhalten* benutzt werden, wenn man zum Beispiel sagt, ›die Branche hat den Stürmen des Marktes getrotzt‹«, sagte sie.

Mit einem wachsenden wissenschaftlichen Verständnis in den Bereichen der Stressphysiologie und Epigenetik in den darauffolgenden zwei Jahrzehnten gab es dann auch zunehmend mehr stichhaltige Belege für die »Verwitterungshypothese«, die wiederum zu einem immer besseren Verständnis der tiefgreifenden Auswirkungen von Rassismus auf die körperliche und geistige Gesundheit beitrugen. Forschende konnten immer öfter konsistent belegen, dass eine chronisch erlebte Diskriminierung innerhalb einer Gesellschaft negative Auswirkungen auf die Gesundheit der Betroffenen hat und daher auch ethnisch bedingte Ungleichheiten der Gesundheits- und Krankheitsergebnisse erklären könnte, sofern diese nicht durch andere Faktoren begünstigt sind. In einer rassistischen Gesellschaft zu leben, kann laut Delan Devakumar, Forscher für öffentliche Gesundheit am University College London, der Gesundheit aller Schwarzen schaden, auch derjenigen, die Rassismus nicht unmittelbar erleben. »In etwa so, wie das auch bei anderen umweltbedingten Gesundheitsrisiken der Fall ist, zum Beispiel bei einer hohen Luftverschmutzung«, sagte Devakumar in einem Interview mit dem Magazin *The Economist* 2020.[4] Erste Belege für dieses Phänomen begannen sich in den 1990er Jahren herauszubilden, als voneinander unabhängige, parallele Forschungsstränge die Auswirkungen von rassistischen Stresserfahrungen auf den Körper belegten.

Etliche Studien aus den 1990er und frühen 2000er Jahren, durchgeführt unter kontrollierten Laborbedingungen an afroamerikanischen Proband:innen, die rassistischen Provokationen ausgesetzt wurden, zeigten einen Anstieg von Herzfrequenz und Blutdruck.[5,6,7] Doch Rassismus ist kein einmaliges Erlebnis im Labor – genauso wenig wie der damit verbundene Stress. Die physiologischen Folgen einer chronischen Stressbelastung, wie etwa ein dauerhaft erhöhter Adrenalin- und Cortisol-Spiegel und ein erhöhter Blutdruck, waren bereits hinlänglich bekannt.

Der Begriff »allostatische Belastung« bezeichnet kumulative

Verschleißeffekte, sogenannte »wear and tear«-Reaktionen, die sich dann einstellen und mit der Zeit körperlich bemerkbar machen, wenn ein Individuum häufig wiederkehrendem oder chronischem Stress ausgesetzt ist.[8] Das sogenannte *allostatic load-scoring* dient der Ermittlung dieser größeren allostatischen Belastung und bezeichnet eine Methode zur Quantifizierung der körperlichen physiologischen Effekte durch ein Aufsummieren von Blutdruckmesswerten und stressbedingten Biomarker-Werten im Blut. Die Arbeiten von Geronimus und anderen US-Forscher:innen zeigen, dass Schwarze im Vergleich zu *Weißen* im Schnitt höhere allostatische Belastungswerte aufweisen, auch nach Bereinigung um andere soziodemographische Merkmale.[9,10] Im Jahr 2010 ließ eine weitere Studie unter Leitung von Geronimus darauf schließen, dass Schwarze im Vergleich zu *Weißen* eine beschleunigte biologische Alterung duchlaufen könnten, bedingt durch eine höhere allostatische Belastung.[11]

Ein Jahr zuvor ging der Nobelpreis für Physiologie und Medizin 2009 an drei US-amerikanische Forschende für ihre Entdeckung, wie intakte Telomere gegen Schäden schützen: Telomere sind sich wiederholende DNA-Abschnitte an den Enden jedes Chromosoms, die sich mit jeder Zellteilung verkürzen. Irgendwann sind sie dann zu kurz, und die Zelle altert. Die Länge der Telomere kann daher ein Indikator dafür sein, wie jung oder alt ein Mensch auf zellulärer Ebene ist. Im Rahmen ihrer Studie fanden Geronimus und ihr Team heraus, dass die Telomere bei Schwarzen Frauen im Alter zwischen 49 und 55 Jahren kürzer sind als bei *weißen* Frauen desselben Alters, und berechneten diesen geschätzten zellulären oder biologischen Altersunterschied auf nahezu acht Jahre.

Die Arbeiten von Geronimus und anderen erregten die Aufmerksamkeit von David Williams, Soziologe und Gesundheitswissenschaftler an der School of Public Health der Harvard University. Williams war schockiert von den großen Unterschieden bezüglich Gesundheit und Lebenserwartung zwischen Schwarzen und *weißen* US-Bürger:innen. In einer viel zitierten Studie von 2012 stellte er vor allem zwei Tatsachen heraus: Zum einen legte er dar, dass die Gesamtmortalität der Schwarzen Bevölkerung in den USA im Jahr 2007 um 30 Prozent höher als bei *Weißen* lag, zum anderen wiesen Schwarze seiner Studie zufolge bei zehn der damals 15 häufigsten Todesursachen eine höhere Sterblichkeitsrate auf als *Weiße* – so etwa bei Herzerkrankungen, Krebsleiden und Schlaganfällen.[12]

Diese Diskrepanz in der Lebenserwartung zwischen Schwarzen und *Weißen* besteht noch immer. 2017 betrug die durchschnittliche Lebenserwartung für *weiße* Neugeborene in den USA 78,5 Jahre gegenüber nur 74,9 Jahren für nicht-hispanische Schwarze Neugeborene.[13] Dieser Abstand wird sich aufgrund der überproportional starken Auswirkungen von Covid-19 auf die Schwarze Bevölkerung vermutlich noch vergrößern.[14]

Als Gesundheitsforscher war Williams daran interessiert, die Rolle von Rassismus und Diskriminierung im Kontext gesundheitlicher Ungleichheiten weiter zu ergründen. Was ihm aber fehlte, war ein Verfahren zur konkreten Messung von Rassismus. »Wir messen die Selbsteinschätzung der eigenen Gesundheit«, sagte er in seinem berühmt gewordenen TED-Talk von 2016.[15] »Und es gibt keinen Grund, warum Rassismus nicht messbar sein sollte, wenn man es recht bedenkt.« Williams entwickelte die sogenannte Everyday Discrimination Scale (Skala für Diskriminierungserfahrungen im Alltag), um zu erfassen, »wie Würde und Achtung der Menschen, die von der Gesellschaft nicht wertgeschätzt werden, tagtäglich angekratzt werden«, wie er es ausdrückte.[16] Die Skala wird heute in der Gesundheitsforschung häufig herangezogen, um wahrgenommene – subtile und offenkundige – Diskriminierungserfahrungen zu messen.[17] Die Arbeiten von Williams und anderen liefern seither eindeutige Beweise dafür, dass ein hohes Maß an wahrgenommener Diskriminierung sich unmittelbar auf die Gesundheit rassistisch und ethnisch markierter Menschen und Gruppen niederschlägt und mit einem erhöhten Risiko für etwa Herz-Kreislauf-Erkrankungen, Brustkrebs oder auch schwere psychische Störungen einhergeht.[18,19,20,21]

Allein die *Antizipation* von rassistischen Erfahrungen kann der Gesundheit schaden.[22,23] Shawn Utsey, Psychologe an der Virginia Commonwealth University und Experte für rassismusbedingten Stress, erklärte mir dieses Prinzip. Diese Form von Stress wird nicht nur durch offenkundige Diskriminierungserfahrungen verursacht, sagte er, sondern sei oft bedingt durch die sehr viel größeren Herausforderungen, die es in einer rassistischen Gesellschaft zu bewältigen und zu überwinden gelte.

»Schwarze Menschen müssen nicht zwangsläufig Rassismus erfahren, um von Rassismus gestresst zu sein. Allein der antizipierte Rassismus, die Furcht vor möglichen rassistischen Erfahrungen, löst Stress aus«, erklärte Utsey. Er gab mir ein Beispiel aus seiner eigenen Erfahrung als Schwarzer Mann in Virginia: »Wenn ich mit meiner Familie zum Einkaufen in den *weißen* Teil der Stadt fahren will, was wir immer mal wieder tun, weil das Angebot dort besser ist, muss ich mich im Vorfeld schon darauf einstellen, dass wir schlecht behandelt werden könnten, nur weil wir Schwarz sind. Und ich bin unter Stress, noch bevor überhaupt was passiert ist«, fuhr er fort. »Und es muss auch gar nichts passieren. Aber allein die Möglichkeit … oder die Realität der naturgegebenen physiologischen Abläufe in Stresssituationen wird mich trotzdem einholen, weil ein kognitiver Prozess in Gang kommt, der meinem Körper sagt, dass ich jeden Moment im Begriff bin, zu kämpfen oder zu flüchten«, sagte er.

Wie ich Utsey so zuhörte, begann ich über einige meiner eigenen Erfahrungen mit Alltagsrassismus nachzudenken, die ich bis dahin für recht belanglos und banal gehalten hatte – Dinge wie, dass mir in Geschäften öfter mal die Leute vom Sicherheitsdienst auf den Fersen klebten; oder dass mir Leute einfach so in die Haare fassten, ohne mich zu fragen; oder dass ich mich an Flughäfen Racial Profiling ausgesetzt sah. Ich dachte auch an eher seltene, aber wohl noch stressintensivere Erlebnisse zurück, wie zum Beispiel an eine Partynacht in meiner niederländischen Heimatstadt, als ich mit ein paar Freund:innen um die Häuser zog und mir ein paar Typen das N-Wort hinterherschrien; oder dass ich als Jugendliche, die gerade ihren Pass verloren hatte, an einem deutschen Flughafen von der Polizei zu hören bekam, ich sähe ja »gar nicht britisch« aus. Vorfälle wie diese – zuweilen beschönigend als Mikroaggressionen bezeichnet – empfand ich lange Zeit als unangenehm und unschön, doch bis zu meinem Gespräch mit Utsey wäre ich selbst nie darauf gekommen, dass sie in Summe meiner Gesundheit schaden können.

»Rassismus ist mehr als ein *Vorfall*«, erklärte mir Utsey. »Es ist kein *Ereignis*, das dir widerfährt. Es ist ein physiologischer Vorgang, der das vegetative [Nerven-]System strapaziert und körperliche Erkrankungen verursacht. Und genau dies ist die Krux an all den gesundheitlichen Ungleichheiten«, sagte er. »Alle fragen sich, warum Schwarze in vielen Bereichen eine schlechtere Gesundheit haben. Liegt es am Zugang zur Gesundheitsversorgung? Wahrscheinlich. Liegt es an der Armut, die mit Dauerstress, schlechter Ernährung und Nährstoffmangel verbunden ist? Ganz gewiss.

Doch ich halte die Chronifizierung von psychosozialen Stressoren in Zusammenhang mit *race*, die den Körper in eine anhaltende Alarmbereitschaft versetzt, ebenfalls für äußerst problematisch«, sagte er.

Bereits in den 1990er Jahren, als Doktorand in New York, begann Utsey dieses Thema aus akademischer Sicht zu beleuchten. Parallel dazu arbeitete er als psychologischer Berater in Harlem, als ihm beim Blick auf die Life Stress Inventory Scale auffiel, dass die dort aufgeführten Ereignisse die Lebensrealitäten seiner zumeist Schwarzen Klient:innen nicht widerspiegelten.[24,25] Die Life Stress Inventory Scale ist eine von den beiden Psychiatern Thomas Holmes und Richard Rahe entwickelte und damals unter Berater:innen viel genutzte Skala, um das Ausmaß von Stress in bestimmten Lebenssituationen messen zu können. »Ereignisse mit Bezug zu Rassismus oder Polizeibrutalität waren nicht aufgeführt«, sagte er mir. Also entwickelte Utsey eine eigene Skala, den Index of Race-Related Stress, um Rassismuswahrnehmung und rassismusbedingte Stressoren im Alltag Schwarzer Bevölkerungsgruppen zu messen.[26] Zu diesem Zweck listete er Beispielereignisse von Alltagsrassismus auf: »Sie sind beim Einkaufen: Ladendetektiv:innen oder Ladenmitarbeiter:innen kleben Ihnen an den Fersen« oder »Sie benötigen polizeiliche Hilfe und wählen den Notruf: Die Polizei kommt und behandelt *Sie* wie einen Kriminellen.« Seit Veröffentlichung der Skala 1996 zeigen weitere Studien von Utsey und Fachkolleg:innen einen Zusammenhang zwischen chronischer Stressbelastung durch rassistisch motivierte Diskriminierungen und einem verminderten geistigen und körperlichen Wohlbefinden bei BIPoC in den USA und anderswo.[27,28,29,30]

Dauerhaft erfahrener Rassismus, ein Leben lang, nagt an der Gesundheit und kann Körper und Seele stark belasten. Potenzielle

Anzeichen dafür fanden sich in den Gehirnen einer Gruppe älterer afroamerikanischer Proband:innen im Rahmen einer 2019 durchgeführten Studie unter Leitung der Gesundheitsforscherin Michele Evans am US National Institute of Health.[31] Evans und ihr Team untersuchten, warum Alzheimer-Demenz bei Schwarzen US-Bürger:innen im Vergleich zu *weißen* häufiger auftritt und ob möglicherweise ein Zusammenhang mit Rassismus besteht.[32] Sie und ihr Team befragten eine Gruppe von 71 afroamerikanischen Studienteilnehmenden zu ihren Erfahrungen mit Rassismus. Später wurden ihre Gehirne in einem MRT-Bildgebungsverfahren untersucht, sogenannte Läsionen der weißen Substanz erfasst und deren Volumen vermessen – ein Frühindikator für den Abbau kognitiver Fähigkeiten. Bei älteren Afroamerikanern, so fanden sie heraus, war die Zunahme einer lebenslang wahrgenommenen Diskriminierungsbelastung mit einer Zunahme des Volumens von Läsionen der weißen Hirnsubstanz verbunden. Davon unabhängige Forschungen assoziieren häufig wahrgenommene Rassismuserfahrungen bei afroamerikanischen Frauen mit einem selbstbeobachteten kognitiven Verfall.[33]

Kurzum: *Race* mag ein soziales Konstrukt und kein biologisches sein, aber Rassismus hat eindeutige Auswirkungen auf unsere Biologie.

■

Neben den potenziellen Schäden durch die tagtägliche Auseinandersetzung mit Diskriminierungen können auch akute oder traumatische Erfahrungen mit Rassismus das Gehirn nachhaltig schädigen. Neueste Erkenntnisse deuten auf einen Zusammenhang zwischen einst erworbenen Traumata und einem höheren Risiko für Demenzerkrankungen später im Leben.

Wie entsprechende Studien zeigen, erkranken zum Beispiel US-Veteran:innen mit posttraumatischen Belastungsstörungen (PTBS) häufiger an Demenz als Kamerad:innen ohne PTBS.[34,35] Eine Studie über Ersthelfer:innen, die während der Anschläge vom 11. September auf das World Trade Center in New York an Suche, Rettung und Bergung beteiligt waren, ergab außerdem, dass diejenigen mit einer PTBS stärkere kognitive Beeinträchtigungen und mögliche Demenzerkrankungen aufwiesen als diejenigen ohne eine solche Belastungsstörung.[36] Seit 2023 definiert die American Psychiatric Association (die größte Vereinigung von Psychiater:innen in den USA) die PTBS als »eine psychiatrische Störung, die bei Menschen auftreten kann, die ein traumatisches Ereignis, eine Reihe von Ereignissen oder eine Reihe von Umständen selbst erlebt oder miterlebt haben [wie zum Beispiel] Naturkatastrophen, schwere Unfälle, Terroranschläge, Krieg/Kampfhandlungen, Vergewaltigung/sexuelle Nötigung, historische Traumata, Gewalt in der Partnerschaft oder Mobbing«. Und obwohl auf der Website explizit darauf verwiesen wird, dass Angehörige ethnischer Minderheiten – insbesondere »Latinx, Afroamerikaner:innen sowie indigene und alaskisch-indigene Bevölkerungsgruppen« – »in überproportionalem Maße von PTBS betroffen sind und eine deutlich höhere PTBS-Prävalenz aufweisen als *weiße* Nicht-Latinx«, reagierten einige Psychiater:innen und Psycholog:innen mit Kritik auf die ausgegebene Definition sowie die Kriterien, die für eine PTBS-Diagnose erfüllt sein müssen, da stressauslösende belastende Ereignisse im Zusammenhang mit Rassendiskriminierung und Rassismuserfahrungen darin unberücksichtigt blieben.

Erwiesen ist, dass viele Symptome rassistisch bedingter Traumata (*race based traumatic stress* – ein Begriff, den der Psychiater Robert Carter in einer wegweisenden Arbeit aus dem Jahr 2007 prägte und definierte als »emotionale Traumata, hervorgerufen durch rassistische Erfahrungen und Diskriminierungen im Alltag«) denen von PTBS gleichen, während eine rassistisch bedingte Belastung ganz allgemein mit gravierenderen PTBS-Ergebnissen assoziiert wird.[37,38,39,40] Neuere Auswertungen der bereits existierenden Fachliteratur über Rassendiskriminierung und Trauma in den USA belegen einen positiven Zusammenhang zwischen beidem und fordern weitere Forschungen auf diesem Gebiet.[41]

Aber wir müssen gar nicht auf wissenschaftliche Studien zurückgreifen, um die tief verwurzelte und seit Langem bestehende Verquickung zwischen Rassismus und Trauma zu verstehen: Ein Jahr, nachdem sie im Mai 2020 im Alter von gerade mal 17 Jahren Zeugin der Ermordung von George Floyd durch den *weißen* Polizeibeamten Derek Chauvin in Minneapolis wurde und diesen mit der Kamera festhielt, schrieb Darnella Frazier in den sozialen Medien über dieses für sie traumatische Erlebnis:[42] »Inzwischen bin ich 18 und trage noch immer schwer an dem Trauma, das ich vor einem Jahr durch dieses schreckliche Erlebnis erlitten habe«, schrieb sie. »Es ist jetzt nicht mehr ganz so schlimm, aber ich bin nicht mehr die, die ich einmal war. Ein Teil meiner Kindheit wurde mir genommen«, so Darnella. »Und auch meine neunjährige Cousine, die genau wie ich alles mit ansehen musste, hat einen Teil ihrer Kindheit verloren«, fügte sie hinzu.

Was für Darnella, die ihre kleine Cousine zum Laden an der Ecke begleitet hatte, wie ein ganz normaler Tag begann, wurde von jetzt auf gleich zum Albtraum, als die beiden sahen, wie der festgenommene George Floyd unter dem Knie eines *weißen* US-Polizisten namens Derek Chauvin in Minneapolis (Minnesota) nach Luft rang. Und wir alle wissen, wie es ausging. Sie habe ihr Handy genommen und den Vorfall gefilmt, weil sie »einen Mann sah, der in panischer Angst um sein Leben bettelte«, gab sie vor Gericht 2021 zu Protokoll.[43]

Ich weiß noch, wie ich in meinem zum Büro umfunktionierten Wohnzimmer in Berlin saß, mir Darnellas Video auf meinem Smartphone anschaute und mir schlecht wurde. Und noch schlechter wurde mir, als ich erfuhr, dass eine 17-Jährige diese Szene gefilmt hatte. Allein das Anschauen eines so schrecklichen Videos kann extrem traumatisierend sein, ganz zu schweigen davon, das Geschehen hautnah mitzuerleben und filmisch festzuhalten, damit die ganze Welt es sehen kann. Wie eine Umfrage unter 134 überwiegend Schwarzen und Latinx-College-Student:innen in den USA ergab, die keine zwei Monate nach der Ermordung von George Floyd veröffentlicht wurde, berichteten die Student:innen im Alter von 18 bis 24 Jahren, PTBS-typische Symptome zu verspüren, nachdem sie Videos auf Social Media gesehen hatten, in denen Schwarze Männer durch die Hand *weißer* Polizeibeamter getötet wurden.[44]

»Alle reden über dieses Mädchen, das den Tod von George Floyd gefilmt hat, aber selbst dieses Mädchen zu *sein*, ist eine ganz andere Geschichte«, schrieb Darnella in ihrem Post. »Es war zwar nicht das erste Mal, dass ich gesehen habe, wie ein Schwarzer durch Polizeigewalt getötet wurde. Aber es war das erste Mal, dass ich miterlebt habe, wie es direkt vor mir passiert. Direkt vor meinen Augen, ein paar Schritte entfernt«, schrieb sie. »Es hat mich verändert. Es hat meinen Blick auf das Leben verändert. Es hat mir buchstäblich vor Augen geführt, wie gefährlich es ist, Schwarz zu sein in Amerika.«

Ein in der Kindheit erlebtes Trauma geht mit einem höheren Risiko für demenzielle Erkrankungen im späteren Leben einher.[45,46] Dies belegen mehrere Studien. Im Jahr 2017 konstatierte ein Forscherteam unter der Leitung von Kylie Radford an der University of New South Wales, Australien, einen Zusammenhang zwischen Kindheitstraumata und Demenzrisiko später im Leben bei indigenen Aborigines und bei Torres-Strait-Insulaner:innen.[47] Obwohl der Begriff »Rassismus« in ihren Arbeiten nicht vorkommt, erwähnen Radford und Kolleg:innen, dass die ermittelten Scores der Proband:innen aus einem Fragebogen zu Kindheitstraumata auf mehrere Indikatoren gestützt waren. So etwa auf die Trennung von der Familie »durch Inobhutnahme seitens staatlicher Behörden oder der Kinderwohlfahrt«. Jahrzehntelang, von 1910 bis weit in die 1970er Jahre hinein, wurden zahllose Kinder gewaltsam aus ihren Aborigine-Familien entfernt, um sie in die *weiße* australische Gesellschaft zu assimilieren. All dies geschah im Zuge der Umsetzung einer Reihe von staatlich verfügten Assimilierungsmaßnahmen, basierend auf rassistischen und pseudowissenschaftlichen Vorstellungen von einer Unterlegenheit der Schwarzen und der Überlegenheit der *Weißen*. Sie schlugen vor, dass man die Kinder der First Nations entweder »aussterben« lassen oder sie zwingen sollte, sich in die *weiße* Gesellschaft zu assimilieren. Vor allem *Mixed* Kinder aus Verbindungen zwischen Aborigines und *weißen* Australier:innen waren es, die ihren Familien entrissen wurden, weil man glaubte, sie würden sich aufgrund ihrer als heller wahrgenommenen Hautfarbe leichter tun, sich in die *weiße* Gesellschaft einzugliedern. Heute spricht man von der »Stolen Generation«, wenn es um all die Kinder australischer Indigener geht, die im Zuge dieser Politik von ihren Eltern getrennt wurden. Das daraus resultierende Erbe von Trauma und Verlust wirkt bis heute in die Gemeinschaften der Aborigines hinein – und beeinflusst auch die Teilnehmenden an Radfords Studie, deren Ergebnisse zumindest teilweise erklären könnten, warum Aborigines und Torres-Strait-

Insulaner:innen eine drei- bis fünfmal so hohe Demenzrate aufweisen wie die breite australische Bevölkerung.[48]

Schlafstörungen gehören zu den häufigen Folgen von erlebten Traumata.[49] In ihrem Social Media-Post zum einjährigen Todestag von George Floyd beschreibt Darnella, wie sich das Trauma, das sie als Augenzeugin seiner Ermordung erlitten hatte, auf ihren Schlaf auswirkte: »Kaum machte ich abends die Augen zu, sah ich einen Mann, der braun war, so wie ich, wie er leblos am Boden lag.« Und weiter: »Ich konnte wochenlang nicht richtig schlafen, habe mitten in der Nacht so stark gezittert, dass meine Mutter mich in den Schlaf wiegen musste«, erzählt sie.

Schlaf ist eine biologische Notwendigkeit. »Wenn man keine gesunde Portion davon bekommt, läuft alles Mögliche schief«, sagte mir der Schlafforscher Girardin Jean-Louis von der University of Miami in Florida. »Weniger als sieben bis acht Stunden pro Nacht geht mit einem nachweislich erhöhten Risiko für Adipositas, Bluthochdruck, Diabetes, Herz-Kreislauf-Erkrankungen und Krebs einher«, erklärte Jean-Louis. Doch Schlaf ist ein Privileg. Laut Jean-Louis »schlafen Schwarze als Gruppe insgesamt 30 bis 40 Minuten weniger als *Weiße*.« Tatsächlich zeigt eine Studie von 2017 zum Thema Schlafverhalten, durchgeführt an 426 Proband:innen aus dem ganzen Land, dass Schwarze im Schnitt 40 Minuten weniger schlafen als *Weiße*.[50] Die Studie ergab außerdem, dass Schwarze eine schlechtere Schlafqualität aufweisen als *Weiße*, dass sie 10 Prozent weniger Zeit im Bett verbringen, und dass eine geringere Schlafdauer und Schlafqualität bei Schwarzen mit einem erhöhten Risiko für Herz-Kreislauf-Erkrankungen und Diabetes in Verbindung steht. Auch die Forschungen von Jean-Louis und Kolleg:innen, in den USA ebenso wie in den Niederlanden, zeigen ethnische Ungleichheiten in der Schlafgesundheit.[51,52,53,54]

Er verbringe viel Zeit damit, Kirchen, Friseurläden und Schönheitssalons zu besuchen – Mittelpunkte vieler Schwarzer Gemeinden in den USA –, um sein Wissen über die Bedeutung von Schlaf für die Gesundheit weiterzugeben, so Jean-Louis, und viele seiner Gespräche mit den Menschen dort wiesen auf einige der Faktoren hin, die dem ethnisch bedingten Schlafdefizit zugrunde liegen könnten.

»Beim Friseur bekomme ich oft zu hören: ›Also, wissen Sie, jedes Mal, wenn ich am Steuer sitze und eine Sirene hinter mir höre, verkrampfe ich mich und mein Blutdruck schießt in die Höhe‹. Aber auch wenn man nicht im Auto am Steuer sitzt, sondern vielleicht nur daheim auf dem Sofa, verfällt man in konditionierte Muster, sobald man Polizeisirenen hört, oder Blaulichter vorbeiblitzen sieht. Und dann geht das Gedankenkarussell los und treibt den Blutdruck in die Höhe«, sagte er und fügte noch hinzu, dass Schwarze Autofahrer:innen in den USA eher von der Polizei angehalten und kontrolliert würden als *weiße*. Eine solche innere Unruhe ist nicht wirklich hilfreich, wenn man versucht einzuschlafen.

Jean-Louis geht davon aus, dass eine höhere Lärm-, Licht- und Luftschadstoffbelastung in überwiegend von BIPoC bewohnten Gegenden ebenfalls Einflussfaktoren sind, die den Schlaf beeinträchtigen. Und dies könnte auch die für die USA festgestellten Schlafunterschiede erklären.[55,56,57] Zudem sind Schwarze und Latinx unter den Beschäftigten, die Nachtschichten leisten, überproportional vertreten, was ebenfalls mit einer schlechteren Schlafgesundheit verbunden ist, denn die »innere Uhr« des Körpers gerät aus dem Takt und Störungen des sogenannten zirkadianen Schlaf-Wach-Rhythmus sind vorprogrammiert. Auch die Weltgesundheitsorganisation stuft Nachtarbeit als »wahrscheinlich krebserregend« ein.[58,59]

Daneben kam Jean-Louis noch auf etwas anderes zu sprechen, das ich, als Nachfahrin der transatlantischen Versklavung, besonders spannend fand. »Vielleicht gibt es ja auch einen Zusammenhang zwischen dem kollektiven Trauma der Versklavung und schlechter Schlafqualität«, überlegte er. »Wir wissen es nicht. Aber in diese Richtung geht die Fragestellung, die wir in unserem eigenen Labor zu klären versuchen. Wenn Versklavung tatsächlich ein Trauma ist, dann wirkt es wie jedes andere traumatische Ereignis lange nach, auch über Generationen hinweg.« Seine Forschungsarbeiten zu möglichen gesundheitlichen Auswirkungen von Traumata im Zusammenhang mit der transatlantischen Versklavung steckten noch in den Kinderschuhen, als ich mit ihm sprach. Doch die Frage, ob und nach welchen Mechanismen die Auswirkungen einer Traumatisierung von den Eltern an ihre Kinder weitergegeben werden könnten, sogar auf Generationen hinaus, steht seit langem im Fokus des wissenschaftlichen und allgemeinen Interesses – und wurde auch im Kontext einer anderen historischen, von Rassismus angetriebenen Gräueltat wissenschaftlich untersucht.

Mehrere Studien deuten auf eine im Vergleich höhere Prävalenz von PTBS bei erwachsenen Kindern von Holocaust-Überlebenden, insbesondere bei denjenigen, deren Eltern ebenfalls eine Holocaust-bedingte PTBS hatten.[60,61,62,63,64,65] Zunächst führte man dieses Muster hauptsächlich auf eine kulturelle Trauma-Weitergabe zurück, beispielsweise durch die Verhaltensweisen oder Erzählungen der Eltern. Doch um die Jahrhundertwende, als unser Verständnis vom genetischen Erbe immer besser wurde, trat eine weitere mögliche Erklärung hinzu. Diese besagt, dass Traumata tatsächlich Veränderungen unserer DNA erzeugen könnten, die dann auf unsere Nachkommen vererbt werden. »Immer häufiger sehen wir, dass ein erlebtes Trauma tatsächlich den genetischen

Bauplan verändern kann«, erzählte Jean-Louis. »Die Epigenetik spielt für bestimmte Bereiche unserer Gesundheit eine wichtige Rolle, und wir lernen immer weiter dazu.«

In der Epigenetik erforscht man genetische Veränderungen der DNA, die die zugrunde liegende DNA-Sequenz zwar unbeeinflusst lassen, aber die Aktivität unserer Gene beeinflussen können, indem sie zum Beispiel determinieren, ob und in welchem Maße ein bestimmtes Gen an- oder abgeschaltet wird. Bei diesen epigenetischen Veränderungen handelt es sich um biochemische Modifikationen oder Marker, die der DNA in Reaktion auf umweltbedingte Impulse angefügt oder entnommen werden. Die Möglichkeit einer transgenerationalen epigenetischen Vererbung – die Idee also, dass epigenetische Veränderungen tatsächlich an nachfolgende Generationen weitergegeben werden könnten – sorgte in den 2000er und 2010er Jahren für helle wissenschaftliche und allgemeine Begeisterung.[66] In der Zeit wurde eine Vielzahl von Studien vorgelegt, insbesondere mit Versuchen an Nagetieren wie Mäusen, die dieses Phänomen belegen, während andere Indikatoren liefern, die exakt diesen Zusammenhang auch für uns Menschen nahelegen.[67,68,69,70,71,72,73]

Im selben Zeitraum wurde klar, dass bestimmte Muster epigenetischer Veränderungen mit bestimmten Gesundheitszuständen assoziiert sind, auch mit psychiatrischen Erkrankungen wie PTBS.[74,75] Als dieses neue Forschungsfeld in den Fokus der Wissenschaft rückte, begannen sich einige Forschende zu fragen, ob diese epigenetische Vererbung auch dabei helfen könnte, eine Erklärung für die beobachtete intergenerative Vererbung von Traumafolgen zu liefern. Auch Rachel Yehuda, Professorin für Psychiatrie und Neurowissenschaften an der Mount Sinai School of Medicine in New York, nahm sich dieser Frage an. Bereits in den 1990er Jahren hatte sie eine Klinik für Holocaust-Überlebende eröffnet, und gehörte so zu den Ersten, die das Muster für erhöhte PTBS-Raten bei deren Kindern bemerkten und ihre Befunde darüber veröffentlichten.

Ein paar Jahrzehnte später – die Ära der Epigenetik war noch immer im rasanten Aufschwung – machten Yehuda und ihr Team eine weitere spannende Entdeckung: Im Rahmen einer kleinen Studie, unter großem allgemeinem Interesse, gelang es ihnen nachzuweisen, dass Trauma-assoziierte epigenetische Veränderungen sowohl bei Holocaust-Überlebenden als auch ihren Kindern demselben DNA-Abschnitt angelagert sind.[76] Der betreffende DNA-Abschnitt befindet sich in einem Gen namens FKBP5, das für die Stressregulation eine wichtige Rolle spielt. Ihre Ergebnisse, so Yehuda und ihr Team in einem abschließenden Aufsatz, lieferten »einen potenziellen Einblick darüber, wie schwere psychologische Traumata im Körper wirken und generationsübergreifende Folgen haben können«. Und diese Folgen, mutmaßten sie, könnten durch Veränderungen in den elterlichen Ei- oder Spermienzellen auf die daraus hervorgegangenen Nachkommen übertragen worden sein. Allerdings, so wandten sie ein, habe dies auf Grundlage der Ergebnisse nicht eindeutig verifiziert werden können, da eine entsprechende Analyse der Ei- oder Spermienzellen im Rahmen ihrer Studie nicht erfolgt sei. Künftige Studien müssten demnach langfristig angelegt sein, über mehrere Generationen hinweg, um epigenetische von sozial vermittelten Folgen unterscheiden zu können, so Yehudas Fazit.

Doch die Unterscheidung zwischen den Auswirkungen soziokultureller Faktoren und irgendwelchen potenziellen epigenetischen Mechanismen, durch die Traumata über Generationen hinweg weitergegeben werden könnten, erweist sich im besten Falle als wissenschaftlich extrem herausfordernd, im schlechtesten Falle als unmöglich. So sind zum Beispiel die Kinder von Holocaust-Überlebenden nicht nur vom Trauma ihrer Eltern geprägt, das sich durch ein verändertes Erziehungsverhalten oder bestimmte Erzählungen ausdrückt, sondern ganz sicherlich auch einfach davon, dass sie einer marginalisierten Gruppe angehören. Nun haben wir ja schon etliche Beispiele gesehen, wie wiederkehrende Konfrontationen mit Alltagsrassismus – einschließlich Antisemitismus – der körperlichen und psychischen Gesundheit schaden können. Ein noch komplexeres Bild zeigt sich bei nachfolgenden Generationen, also zum Beispiel bei Enkel:innen und Urenkel:innen von Holocaust-Überlebenden ebenso wie bei Nachfahren von Opfern der transatlantischen Sklaverei, von denen Jean-Louis oben bereits sprach.

Die Wissenschaftlerin und Autorin Joy DeGruy gebraucht in ihrem gleichnamigen Buch aus dem Jahr 2005 den Begriff »Post Traumatic Slave Syndrome« (Posttraumatisches Sklaven-Syndrom), um die komplexen und vielfältigen Arten zu umfassen, in denen sich Versklavung und fortgesetzte Diskriminierungen von Schwarzen Menschen als transgenerationale psychologische Traumata unter Schwarzen US-Amerikaner:innen manifestieren.[77] »Vor zehn Jahren sagten die Leute noch, ›Ach du lieber Gott, das ist doch lächerlich‹«, sagte Dr. Alfiee mit Bezug auf De Gruys Theorie. »Erst seit kurzem begreifen immer mehr Menschen, was sie damit meint, nämlich dass Schwarze 400 Jahre lang keinerlei Rechte hatten und als Untermenschen behandelt wurden – nicht wahr? Abgewertet, vergewaltigt, ermordet, Gott weiß, was alles«, fuhr Dr. Alfiee fort. »Doch nie hat uns in dieser ganzen langen Zeit auch nur irgendwer eine wie auch immer geartete Rundumversorgung bei psychischen Erkrankungen und seelischen Belastungen geboten, uns, die wir von Menschen abstammen, die man versklavt hat«, betonte sie. »Klar hat dies einen direkten Einfluss [auf die Gesundheit].«

Dieser Einfluss mag sich vielleicht nicht durch epigenetische Vererbung übertragen, aber ich denke nicht, dass er deshalb weniger real ist. Ich denke, dass Menschen, die ein Trauma in Zusammenhang mit Rassismus erleiden, ob in der Vergangenheit oder in der Gegenwart, es allemal verdienen, sich geschätzt und unterstützt zu fühlen.

Die Auswirkungen von Alltagsrassismus auf die Gesundheit sind vielleicht schwieriger zu erfassen, zu messen und zu quantifizieren als die von Systemischem Rassismus, aber das bedeutet nicht, dass sie es nicht wert sind, untersucht und analysiert zu werden. Diese beiden großen Rassismus-Kategorien sind komplex und überlagern sich teilweise, was genauso für ihre jeweiligen Auswirkungen auf die Gesundheit gilt. Ich würde sogar behaupten, dass es beinahe unmöglich ist, das volle Ausmaß der Auswirkungen von Alltagsrassismus zu verstehen, ohne ihn in einem breiteren Kontext mit Systemischem Rassismus und sozialer Ungleichheit zu betrachten. Genau dies klingt auch bei Clint durch, als er von dem rassistischen Vorfall am Flughafen in Charlotte, North Carolina, erzählte, den er zufällig mitbekommen hatte.

Clint hatte den Blick der Schwarzen Frau aufgefangen, während die *weiße* Frau im Gewusel der Menge im Terminal verschwand und ihre rassistischen Worte noch in der Luft hingen. »Ich glaube, wir waren beide noch dabei zu verarbeiten, was da gerade passiert war. Wie schnell diese Frau dieses eine Wort als die schärfste aller Waffen eingesetzt hatte, seiner Wirkung wohlbewusst, und wie schnell sie daraufhin abgehauen war«, schrieb er 2020 in seinem Artikel im *The Atlantic*. Clint und die Schwarze

Frau, die die Zielscheibe der rassistischen Beleidigungen gewesen war, meldeten den Vorfall anschließend einem Flughafen-Mitarbeiter, doch da war die *weiße* Frau längst verschwunden. Im Nachhinein fragte sich Clint, ob er sich vielleicht anders hätte verhalten sollen. »Hätte ich schneller reagieren müssen? Hätte ich die Frau zur Rede stellen sollen? Hätte ich ihr den Weg versperren sollen, bis der Sicherheitsdienst gekommen wäre? Aber wozu? Damit sie ihren Anschlussflug verpasst? Damit sie auf eine Liste gesetzt wird? Damit sie sich entschuldigt?«, fragte er sich. »Und man stelle sich das nur mal bildlich vor – ein Schwarzer Mann, der versucht, sich mit vollem Körpereinsatz einer kleineren *weißen* Frau in den Weg zu stellen, um sie am Weitergehen zu hindern, das wäre doch ein Spektakel für sich und mit ganz anderen Risiken verbunden«, fügte er hinzu.

An diesem Beispiel zeigt sich sehr schön, dass Clint und die Schwarze Frau, die neben ihm stand, den rassistischen Vorfall am Flughafen nicht isoliert erlebt haben, sondern im breiteren Kontext einer Gesellschaft, in der es erhebliche Machtdynamiken aufgrund von *race* gibt. Diese Machtdynamiken in Kombination mit rassistischen Traumata infolge akuter rassistischer Vorfälle – seien es tägliche rassistische Mikroaggressionen oder abfällige rassistische Beleidigungen, wie wir sie gerade betrachtet haben – ergeben ein perfektes Rezept für die Gesundheitsdefizite bei Menschen, die marginalisierten ethnischen Gruppen angehören.

Natürlich überlagern sich systemische und alltägliche Formen von Rassismus innerhalb der Gesellschaften und zehren gemeinsam an der Gesundheit. Ein gutes Beispiel dafür gibt der sogenannte *Colourism* – eine Form von Rassismus, bei der Menschen aufgrund ihrer Hautfarbe oder anderer rassistisch markierter phänotypischer Merkmale, wie etwa der Haartextur, einer bestimmten ethnischen Gruppe zugeordnet und diskriminiert werden. Und genau dorthin führt uns das nächste Kapitel.

5
Colourism

Einen großen Teil meines Lebens über hatte ich eigentlich nie das Gefühl, meine Haare einfach so tragen zu können, wie sie natürlicherweise aus meiner Kopfhaut sprießen. In der Schule fiel ich wegen meiner braunen Haut sowieso schon auf, aber am meisten schikaniert wurde ich, wie ich mich nur zu gut erinnere, wegen meiner Haare. Meine Mutter versuchte mich zu schützen: Ab etwa meinem fünften Lebensjahr ging sie mit mir regelmäßig zum Friseur, damit er meine Haare bändigte, sprich, chemisch glättete. Später begann sie, die entsprechenden Produkte dafür selbst zu kaufen, um meine Haare und die meiner jüngeren Schwester zu Hause in unserem Badezimmer selbst zu glätten. »Ich wollte, dass meine Kinder akzeptiert werden, dass sie dazugehören«, erklärte sie mir später.

Aufgewachsen in den 1960er und 70er Jahren im Libanon, als das einzige Schwarze Kind in ihrer Familie und als eines von nur zwei weiteren Schwarzen Kindern auf ihrer Schule, war meine Mutter massiven Diskriminierungen ausgesetzt gewesen. Über die väterliche Linie ist sie Libanesin, über die mütterliche

Linie Ghanaerin. Ihre Eltern ließen sich scheiden, als sie ein Baby war, damals noch in Ghana, woraufhin sie in den Libanon kam, zur Familie ihres Vaters. Ihr Vater heiratete kurz darauf erneut, eine Libanesin – meine *teita* (libanesich-arabisch für Großmutter) – und sie bekamen fünf weitere Kinder zusammen. Das einzige Schwarze bzw. *Mixed* Kind in ihrer hellerhäutigen Familie zu sein, war hart für meine Mutter. Auf gemeinsamen Familienausflügen mochten es die Leute kaum glauben, dass sie zur Familie gehörte.[1]

Auch mit ihrem Haar hatten die Leute Probleme. Da man in ihrer Familie nicht wusste, wie man es richtig pflegt oder frisiert, rasierten sie es ihr einfach regelmäßig bis auf ein paar Zentimeter herunter. In der Schule wurde sie wegen ihrer Haare gemobbt, was ihr ohnehin schon geringes Selbstwertgefühl noch weiter in den Keller rutschen ließ. Umso mehr freute sie sich, als sie als Teenager von einem Produkt erfuhr, das ihre Haare dauerhaft zu glätten versprach.

»Ich wollte unbedingt dazugehören«, sagte sie. »Ich hatte keine Ahnung, was das für ein Produkt war oder was die Inhaltsstoffe waren«, sagte sie im Rückblick auf ihren ersten Friseurtermin zur Haarglättung. »Es war eine unschöne Erfahrung.« Die damals erhältlichen Produkte für permanente Haarglättung, sogenannte »Relaxer«, seien schmierig dicke Pasten gewesen, die sich nur schwer im Haar verteilen ließen – und übel rochen. Die ganze Prozedur konnte auch richtig schmerzhaft sein. »Ich spürte ein Kribbeln und Brennen auf der Kopfhaut«, erzählte sie.

Ihr so zuzuhören, weckte Erinnerungen an meine eigenen Haarglättungen. Ich saß geduldig da, während meine Kopfhaut brannte wie Feuer, denn es herrschte die feste Überzeugung, dass die Haare umso glatter werden würden, je länger man das Produkt einwirken ließe. Schließlich erlöste mich ein kühler Wasserstrahl auf Haar und Kopfhaut von meinen Qualen und entfernte das stinkende Zeug, das mir, wie ich hoffte, ein etwas attraktiveres Aussehen beschert hatte. Rückblickend würde ich sagen, dass auch ein Teil von mir zusammen mit diesen stinkenden Chemikalien (und einem Haufen Geld) den Abfluss runtergespült wurde.

»Es macht mich traurig und wütend, dass man uns das Gefühl gegeben hat, minderwertig zu sein – wegen krausem Haar!«, sagte meine Mutter. Auch wenn sie durch die Haarglättungsbehandlungen »ein paar kleinere Verbrennungen auf der Kopfhaut« davongetragen habe, wie sie es formuliert, die emotionalen Narben, die dieses Minderwertigkeitsgefühl auf ihrer Seele hinterlassen haben, gingen sehr viel tiefer.

Als wir so in ihrem Wohnzimmer saßen und Erfahrungen austauschten, trugen wir beide unsere Haare ganz natürlich. In den 2010er Jahren, ich war Anfang zwanzig, hatte ich aufgehört, meine Haare zu glätten; die Natural-Hair-Bewegung war gerade auf dem Vormarsch und bestärkte Menschen wie mich, unser natürliches Afro-Haar anzunehmen, wie es ist. Meine Mutter und meine Schwester taten es mir schon bald nach. Meine Mama war Anfang fünfzig, als sie endlich aufhörte, sich die Haare zu glätten. »Zu erleben, wie du und deine Schwester euer natürliches Haar feiert, hat mich schwer beeindruckt«, sagte sie mit Tränen in den Augen. »Das macht mich sehr stolz.«

Ich verurteile meine Mutter nicht dafür, dass sie mir als Kind die Haare glätten ließ, und ich ärgere mich auch nicht über mich selbst, dass ich es als Teenager und junge Frau weiterhin getan habe. Es gibt vielerlei Gründe, warum Millionen Menschen weltweit mit krausem oder Afro-Haar chemische Produkte zur Haarglättung verwenden. Aber ich denke, dass viele dieser

Gründe mit Rassismus zu tun haben – genauer gesagt, mit Colourism.

Der Begriff Colourism wird gemeinhin der Autorin und Aktivistin Alice Walker zugeschrieben, die ihn 1983 in ihrem Buch *In Search of Our Mothers' Gardens* erstmals verwendete und ihn definierte als »vorurteilsbehaftete oder bevorzugte Behandlung von Menschen gleicher *race* allein aufgrund ihrer Hautfarbe«.[2] Colourism geht in der Regel mit einer Vorliebe für hellere Hauttöne und Vorurteilen gegenüber dunkleren Hauttönen einher.[3] In der Praxis umfasst der Begriff Colourism auch den sogenannten Featurism (abgeleitet vom englischen Wort *feature*, deutsch: Merkmal) – ein weniger häufig verwendeter Begriff, der sich auf ähnliche Vorurteile aufgrund rassifizierter äußerer Merkmale bezieht, wie zum Beispiel die Form von Nase und Augen oder die Haartextur. In seiner Wurzel ist Colourism eine Form von Rassismus – doch während Rassismus die Menschen *in* ethnische Gruppen unterteilt, unterteilt Colourism die Menschen noch ein weiteres Mal *innerhalb* dieser Gruppen. So wie Rassismus manifestiert sich auch Colourism auf einer systemischen und einer alltäglichen Ebene und fügt dem seelischen Wohlbefinden sowie der körperlichen Gesundheit Schaden zu.

Um dies zu veranschaulichen, bleiben wir kurz beim Thema Diskriminierung aufgrund von Haaren. Meine Mutter, die in den 1980er und 90er Jahren als Apothekerin in London arbeitete, erzählte mir, sie hätte damals nicht das Gefühl gehabt, dass natürliches Haar und natürliche Hairstyles an ihrem Arbeitsplatz gern gesehen waren, obwohl sie Teil eines diversen Teams war. »Es gab niemanden, der seine Haare naturbelassen trug«, sagte sie. Ein paar Jahrzehnte später lebte ich selbst in London. Eines Tages, ich machte mich gerade auf, um nach Oxford zu einem Bewerbungsgespräch für ein Doktorandenprogramm zu fahren, riet mir eine Schwarze

Freundin, mir vorher doch lieber noch die Haare zu glätten. »Du kannst dort unmöglich mit einem Afro daherkommen«, sagte sie. »Das ist unprofessionell.« Heute kann ich sagen, dass ich stolz darauf bin, nicht auf sie gehört zu haben. Ich wurde in das Doktorandenprogramm aufgenommen, mit Afro. So ein Glück haben aber leider nicht alle.

2016, etwa ein Jahr nach besagtem Gespräch für das Doktorandenprogramm, geriet die Google-Bildersuchfunktion in die Kritik, nachdem ein Nutzer Screenshots getwittert hatte, die den Suchverlauf für »unprofessionelle Frisuren für die Arbeit« zeigen und hauptsächlich Bilder von Schwarzen Frauen mit naturbelassenen Haaren ergaben.[4] Nach Eingabe von »professionelle Frisuren für die Arbeit« in die Suchmaschine hingegen waren hauptsächlich Fotos von *weißen* Frauen mit glattem Haar zu sehen.

Nach Angaben von Halo Collective, einem Interessenverband, der sich gegen Haardiskriminierung im Vereinigten Königreich einsetzt, fühlt sich eine von fünf Schwarzen Frauen unter sozialem Druck, ihre Haare für die Arbeit zu glätten, und 46 Prozent der Schwarzen Eltern sagen, die Schulpolitik benachteilige Kinder mit Afro-Haaren. Ruby Williams, eine Schülerin im Londoner Stadtbezirk Hackney, wurde wegen ihrer Afro-Haare wiederholt nach Hause geschickt. 2020 erhielt sie in einer außergerichtlichen Einigung 8500 Pfund, nachdem ihre Eltern rechtliche Schritte gegen die Schule eingeleitet hatten, die Schule aber wies jeglichen Schuldvorwurf zurück.[5] Ähnliche Fälle von Haardiskriminierung sind auch aus anderen Ländern bekannt, so zum Beispiel aus den USA und Südafrika.[6,7] In den USA gab es in den letzten Jahrzehnten zahlreiche Klagen, eingereicht von Schwarzen Arbeitnehmer:innen wegen Haardiskriminierung am Arbeitsplatz. Bis 2022 sahen sich daher mindestens 18 US-Bundesstaaten veranlasst, mit dem sogenannten CROWN Act (»Create a Respectful and Open Workspace for Natural Hair«) ein Gesetz zu verabschieden, das Diskriminierungen aufgrund natürlicher Haare oder Frisuren explizit unter Strafe stellt.[8] Sogar an Olympia-Sportler:innen geht diese Form von Rassismus nicht vorbei. Im Juli 2021 lehnte die Fédération Internationale de Natation (damals noch der Name des internationalen Schwimmverbands) einen Antrag auf Zulassung von Badekappen der Firma Soul Cap für die in jenem Jahr in Tokio stattfindenden Olympischen Spiele ab. Das von Schwarzen geführte Unternehmen ist auf die Herstellung von Badekappen speziell für Schwimmer:innen mit Afro-Haar, texturiertem Haar und natürlichen Afro-Frisuren wie Braids, Twists und Dreadlocks spezialisiert, die das Haar zusätzlich vor dem Austrocknen durch die Chemikalien im Schwimmbecken schützen.[9]

Doch damit nicht genug. Neben Diskriminierungen in der Schule oder am Arbeitsplatz, die dazu führen, sich die Haare chemisch glätten zu lassen, spielen auch Sorgen um die eigene Sicherheit mitunter eine Rolle. Ich weiß noch, wie ich zum ersten Mal mit dem N-Wort beschimpft wurde, damals, vor einem Nachtclub in den Niederlanden, als eine Gruppe halbstarker Typen auf ziemlich bedrohliche Weise auf mich einschrie und mit ihren rassistischen Beleidigungen auf meine Haare zielten. Ich hatte meinen Haaransatz schon länger nicht mehr nachbehandelt, und obwohl meine Haare noch immer relativ geglättet waren, sahen sie etwas texturierter aus als sonst. »Du N*****braut mit deinem Afro!«, schrien sie. Ich war noch ein junges Mädchen damals und hatte panische Angst. Meine Freund:innen hatte ich aus den Augen verloren, also war ich auf mich allein gestellt. So schnell ich konnte, rannte ich mit wild klopfendem Herzen nach Hause.

Die Auswirkungen von Rassismus auf die allgemeine und psychische Gesundheit von Menschen aus marginalisierten ethnischen Gruppen haben wir bereits beleuchtet. Aber der (soziale) Druck, der insbesondere Schwarze Frauen dazu drängt, dem Problem der Haardiskriminierung mit chemischen Produkten zur Haarglättung zu Leibe zu rücken, birgt ganz eigene potenzielle Gesundheitsrisiken. Verätzungen oder chemische Verbrennungen sind nur ein Beispiel dafür. »Einige Frauen erleiden tatsächlich Verbrennungen dritten Grades, chemische Verbrennungen«, sagte Kimberly Bertrand, Epidemiologin an der Boston University School of Medicine in Massachusetts, die ich wenige Wochen vor dem Gespräch mit meiner Mutter getroffen hatte.

2021 publizierten Bertrand und Kolleg:innen eine Studie, die anhand personenbezogener Daten aus einer Gruppe von mehr als 50 000 Schwarzen Frauen in den USA einen möglichen Zusammenhang zwischen dem Gebrauch von chemischen Haarglättungsmitteln und Brustkrebsinzidenzen untersuchte.[10] Die wichtigste Erkenntnis aus dieser Studie, so Bertrand, sei die, dass ein moderater Gebrauch von Haarglättungsmitteln nicht mit einem erhöhten Brustkrebsrisiko verbunden ist. »Unsere Ergebnisse waren alles in allem doch recht beruhigend, wie ich finde. Für die meisten der Teilnehmerinnen an unserer Studie gab es keinerlei Evidenzen für einen Zusammenhang zwischen dem Gebrauch dieser Relaxer und einer künftigen Brustkrebserkrankung.« Allerdings, so fuhr sie fort, zeige sich ein leicht besorgniserregendes Muster bei einer Teilgruppe der Probandinnen, die angaben, Haarglättungsmittel zu verwenden, die einen chemischen Inhaltsstoff namens Natriumhydroxid enthalten, auch Ätznatron oder Natronlauge genannt. Frauen, die angaben, diesen laugenbasierten Relaxer als das häufigste Mittel ihrer Wahl zu verwenden (mehr als sieben Mal pro Jahr über einen Zeitraum von mehr als 15 Jahren), hatten ein um

30 Prozent höheres Risiko, an Brustkrebs zu erkranken, als die Frauen, die einen selteneren Einsatz dieser Produkte berichteten. »Und das gibt definitiv Grund zur Sorge«, sagte Bertrand.

Die von Bertrand und ihren Kolleg:innen analysierten Daten stammten aus der Black Women's Health Study, einer 1995 begonnenen Langzeitstudie am Slone Epidemiology Center der Boston University in Massachusetts. Mit einer fortlaufenden und systematischen Beobachtung der Gesundheit von 59 000 sich selbst als Schwarz identifizierenden Frauen erhoffte man sich, Faktoren zu ermitteln, die zu rassistisch bedingten Disparitäten im Bereich der Gesundheit beitragen. »Die meisten Frauen wurden aus Abonnentenlisten des Lifestyle-Magazins Essence rekrutiert«, sagte Bertrand, die als Wissenschaftlerin bereits 1997 erstmals an der Studie beteiligt war. Die teilnehmenden Frauen, die zum Zeitpunkt des Beginns der Studie zwischen 21 und 69 Jahre alt waren, füllten regelmäßig Fragebögen aus, übermittelten Gesundheitsdaten und lieferten dem Forschungsteam so eine wichtige Ressource, um potenzielle Zusammenhänge zwischen verschiedenen Umweltfaktoren und Gesundheitsergebnissen herzustellen. Bertrands Interesse gilt insbesondere dem Brustkrebs. »Schwarze Frauen haben ein um 40 Prozent höheres Risiko, an Brustkrebs zu sterben als *weiße* Frauen«, stellte sie fest und hebt damit einmal mehr die eklatanten Ungleichheiten hervor, die wir in Kapitel 2 betrachtet haben. »Und wie Sie sich vorstellen können, gibt es in den USA vielerlei Faktoren, die zu dieser höheren Sterblichkeit beitragen. Allen voran der Rassismus.« Ein Aspekt dieser Form von Rassismus ist die Haardiskriminierung, die – wie eben gesehen – viele Schwarze Frauen antreibt, sich für eine chemische Haarglättung zu entscheiden.

»Relaxer finden bei Schwarzen Frauen großen Absatz«, sagte Bertrand. Nachdem sie auf frühere Forschungsergebnisse gestoßen sei, die auf einen möglichen Zusammenhang zwischen der Exposition gegenüber einigen dieser chemischen Produkte und einem erhöhten Brustkrebsrisiko aufmerksam machten, habe sie beschlossen, der Sache weiter nachzugehen.[11] »Chemische Haarglättungsmittel oder Relaxer, wie wir sie nennen, enthalten bekanntlich Tausende von Chemikalien. Bekannt ist auch, dass viele dieser Chemikalien hochgiftig sind, insbesondere die sogenannten endokrinen Disruptoren«, sagte sie.

Endokrine Disruptoren sind chemische Stoffe, die Hormone in ihrer natürlichen biochemischen Wirkweise stören können, etwa das Sexualhormon Östrogen, das an der Entstehung vieler Brustkrebsarten beteiligt ist. Diese Stoffe können tiefgreifende Auswirkungen auf unseren Körper haben. Eine Studie aus dem Jahr 2011 unter Leitung von Tamarra James-Todd, Epidemiologin an der Harvard University, ergab, dass afroamerikanische Kinder in den USA häufiger zu Haarpflegeprodukten greifen als Kinder anderer Ethnien und in einem vergleichsweise jüngeren Alter zu menstruieren beginnen.[12] In einer neueren Laborstudie wiesen James-Todd und Kolleg:innen für mehrere dieser Produkte, die hauptsächlich von Schwarzen Frauen verwendet werden, hormonell wirksame Substanzen nach, was vermuten lässt, dass sie potenziell zu den bestehenden ethnischen Unterschieden in der Fortpflanzungs- und Stoffwechselgesundheit beitragen.[13] Auch ein potenziell höheres Brustkrebsrisiko, insbesondere bei starken Nutzer:innen laugenbasierter Haarglätter, müsse in weiteren Studien beobachtet werden, so Bertrand, obgleich sich aus den vorliegenden Studien kein allgemein erhöhtes Brustkrebsrisiko bei moderatem Gebrauch ableiten ließe. »Ob es daran liegt, dass Schwarze Frauen häufiger an Krebs erkranken, weiß ich nicht. Aber ich frage mich schon, was wir als Gesellschaft tun können, um diese Produkte sicherer zu machen oder die Frauen über die Gefahren aufzuklären, denen sie sich damit aussetzen«, sagte sie.

An dieses Gespräch musste ich wenige Wochen später wieder denken, als meine Mutter und ich uns ein paar Geschichten über unsere Erfahrungen mit Haarglättungsmitteln erzählten. In der Zeit, als meine Mutter begann, ihre Haare zu glätten, gab es nur ein beschränktes Angebot an entsprechenden Produkten auf dem Markt. Und alle diese Produkte enthielten Ätznatron, also chemische Natronlauge, erinnerte sie sich. Später dann, als sie meine Schwester und mich zum Friseur begleitete, um uns die Haare glätten zu lassen, hatte sich die Produktpalette erweitert, und es gab auch laugenfreie Relaxer. Diese, so erzählte meine Mutter, gab es speziell für Kinder. »Als ich jung war, gab es keine Produktwerbung speziell für Kinder. Und es gab auch keine Relaxer für Kinder. Man musste erst ein gewisses Alter haben, um so was benutzen zu dürfen. Als ihr Kinder wart, gab es diese Relaxer plötzlich«, erzählte sie mir. Ich fragte sie, ob sie sich jemals Gedanken über mögliche Gesundheitsrisiken der enthaltenen Inhaltsstoffe gemacht habe, insbesondere über laugenhaltige Produkte, die sie selbst viele Jahre lang benutzt hatte. »Nein«, antwortete sie. »Nein, auf die Idee, auf chemische Inhaltsstoffe zu achten, bin ich nie gekommen, ich sorgte mich eher um das sengende Brennen. Dir ständig die Kopfhaut zu verbrennen, kann wohl kaum gesund sein, dachte ich mir.« Ich hingegen machte mir schon Gedanken um mögliche gesundheitliche Schäden, die der jahrelange Gebrauch dieser Mittel nicht nur auf ihrer Kopfhaut bewirkt haben könnte. Ich beschloss, mein Wissen bezüglich Lauge etwas aufzufrischen, um besser verstehen zu können, wie sich dieser Chemiecocktail auf dem Kopf auf Haut und Haar auswirkt.

Lauge ist der umgangssprachliche Begriff für alkalische Lösungen in Wasser, Natronlauge dementsprechend eine alkalische Lösung von Natriumhydroxid in Wasser. Reines Natriumhydroxid kenne ich aus meiner Zeit als Wissenschaftlerin im Labor. Da es stark alkalisch und extrem ätzend ist, gibt es dafür strenge Sicherheitsvorschriften. Das Arbeiten mit Natriumhydroxid war in unserem Labor ausschließlich unter einer chemischen Abzugshaube erlaubt und niemals ohne persönliche Schutzausrüstung, Schutzbrille und Handschuhe. Natriumhydroxid ist auch Hauptbestandteil vieler Rohr- und Abflussreiniger, die im Übrigen einen ähnlichen pH-Wert haben wie viele Haarglättungsmittel. Als Reinigungsmittel hilft Natriumhydroxid zuverlässig, Haare oder Fette aus verstopften Abflüssen zu lösen, indem es Schmutzablagerungen verseift und dadurch auflöst. Bei der Haarglättung geht es hingegen nicht darum, die Haare komplett zu zersetzen und aufzulösen. Ziel ist vielmehr, die sehr festen chemischen Verbindungen zwischen den Keratinmolekülen chemisch aufzubrechen, die in Afro- und texturiertem Haar naturgemäß vorhanden sind. Alle menschlichen Haare, ganz gleich welcher Textur, bestehen aus dem Faserprotein Keratin. Bei Afro-Haaren oder texturierten Haaren halten starke chemische Verbindungen, sogenannte Disulfide, die Keratinmoleküle so zusammen, dass Haarstrukturen von *kinky* bis *curly* entstehen. Haarglättungsmittel brechen diese Verbindungen auf und machen die Haare dadurch dauerhaft glatt. Doch ebenso wenig wie Haarfärbemittel die natürliche Haarfarbe auf Dauer verändern können, sind auch Haarglättungsmittel nicht in der Lage, die Textur nachwachsender Kopfhaare auf Dauer zu verändern. Und genau deshalb ging meine Mutter (und später auch ich und meine Schwester) immer wieder in den Friseursalon, um den Haaransatz nachbehandeln zu lassen.

Bei Haarglättungsmitteln auf Laugenbasis (*Lye Relaxer*) ist Natriumhydroxid der gängige Inhaltsstoff, der die Haare glatt macht. Bei nicht laugenbasierten Haarglättungsmitteln (*No-Lye Relaxer*) hingegen werden andere chemische Verbindungen verwendet – beispielsweise Calciumhydroxid, das geringfügig weniger alkalisch ist als Natriumhydroxid. Diese Chemikalien sind es, die bei jeder Glättungsprozedur jenes schmerzhafte Brennen und Kribbeln auf der Kopfhaut hervorrufen, über das meine Mutter und ich sprachen. Und sie sind auch der Grund dafür, warum Relaxer die Kopfhaut schädigen können, Verätzungen und Brandwunden verursachen, wie meine Mutter schmerzlich erfahren musste. Darüber hinaus enthalten sie viele weitere Chemikalien, darunter oft endokrine Disruptoren – jene hormonaktiven Stoffe, vor denen auch Bertrand warnt –, die aufgrund der häufig patentgeschützten Natur der chemischen Formeln aber nicht immer explizit auf den Inhaltsstofflisten stehen. So etwa kann sich der Begriff »Duftstoff«, der als Inhaltsstoff in einem der Relaxer aufgeführt ist, die ich früher oft verwendet habe, auf viele verschiedene chemische Wirksubstanzen beziehen, auch auf endokrine Disruptoren.[14]

Bertrand vermutet, dass die besonders scharfe Lauge die Kopfhaut so schädigen kann, dass andere im Relaxer enthaltene Chemikalien die Kopfhaut leichter durchdringen und so in den Körper aufgenommen werden, wo sie potenziell weitere Schäden anrichten können. »Unsere Haut ist ein wichtiger Bestandteil unseres Immunsystems. Sie dient als erste Schutzbarriere zwischen dem Körper und der Außenwelt, das ist ihre wichtigste Funktion. Wenn man sich die Kopfhaut verbrennt und dadurch Wunden entstehen, ist das für das Haarglättungsmittel eine offene Eintrittspforte in den Blutkreislauf, und all diese Chemikalien, die besagten endokrinen Disruptoren oder potenziell andere giftige Chemikalien gelangen so in das Körpersystem«, erklärte Bertrand. »Und selbst ohne sichtbare Verbrennungen oder Wunden kann die Lauge feine Mikrorisse auf der Haut verursachen.« Dringen also nach häufigem Gebrauch von laugenbasierten Haarglättungsmitteln vermehrt hormonell wirksame Substanzen durch die Kopfhaut und damit in den Blutkreislauf, so könnte dies eine mögliche Erklärung für das erhöhte Brustkrebsrisiko bei jenen Proband:innen sein, die in Bertrands Studie angaben, Dauernutzer:innen von laugenbasierten Glättungsmitteln zu sein.

Bertrand ist der Meinung, dass die Inhaltsstoffe dieser Mittel strenger reguliert sein sollten, zum Beispiel durch die U.S. Food and Drug Administration. »Für mich ist das eine Frage der Umweltgerechtigkeit«, sagte sie mir. Tatsächlich sind es weltweit fast immer Schwarze Menschen, die Haarglättungsmittel verwenden. Meine Mutter stimmt Bertrand zu. Sie vermutet einen Zusammenhang zwischen Schwarzen Frauen als Hauptnutzerinnen von Haarglättungsmitteln und einem begrenzten Maß an Forschung und Regulierung in diesem Bereich, besonders in der Zeit, als die Produkte erstmals auf den Markt kamen. »Man nahm es gar nicht für wichtig, darüber zu forschen«, erzählte sie mir. In der Europäischen Union, wo meine Mutter und ich derzeit leben, sind Hersteller von Kosmetika gesetzlich verpflichtet, dass ihre Produkte eine wissenschaftliche Sicherheitsbewertung durchlaufen, bevor sie diese in Verkehr bringen dürfen, in den USA hingegen müssen die Inhaltsstoffe von Kosmetika nicht auf Sicherheit und gesundheitliche Unbedenklichkeit geprüft werden.[15,16] Doch auch in der EU stehen die Gesetzgeber unter Druck, mehr zu tun. Im Jahr 2021 zum Beispiel forderte EDC-Free Europe (eine Allianz von über 70 europäischen Organisationen der Zivilgesellschaft) ein vollständiges Verbot von Chemikalien mit endokriner Wirkung in Kosmetikprodukten.[17]

Für meine Mutter ist all dies zu wenig und zu spät. Als wir in ihrem Wohnzimmer beisammensaßen, fragten wir uns beide, was wir vielleicht anders gemacht hätten, hätten wir über die möglichen Gesundheitsrisiken durch Haarglättungsmittel besser Bescheid gewusst. Hätte sich meine Mutter dennoch entschieden, ihre Haare über all die Jahre chemisch glätten zu lassen? Ja, vielleicht schon, da waren wir uns einig, denn der Druck, von der Gesellschaft akzeptiert zu werden, war gewaltig. »Wenn man mich akzeptiert und auch gemocht hätte, so wie ich bin, dann wäre ich wohl nie auf die Idee gekommen, mein Aussehen zu verändern«, sagte sie. »Dass ich mich förmlich genötigt fühlte, derlei Dinge zu tun, lag, wie ich denke, im Wesentlichen darin begründet, dass ich diskriminiert wurde, dass es Rassismus gab, und dass ich nicht so angenommen wurde, wie ich bin«, sagte meine Mutter.

Was die ethnisch bedingten Unterschiede in der Brustkrebsmortalität in den USA anbelangt, so »ist die Gesellschaft nicht aus dem Schneider«, wie Bertrand es formuliert. Sie machte klar: Der Gebrauch von Haarglättungsmitteln könne möglicherweise in geringem Maße zu ebendiesem Gesundheitsgefälle beitragen, seine Wirkung sei jedoch mit Sicherheit sehr klein angesichts anderer Faktoren, die vom Strukturellen Rassismus angetrieben werden, wie etwa von wirtschaftlichen und umweltbedingten Ungleichheiten. Die Lehre, die man aus ihrer Forschung zu Haarglättungsmitteln ziehen könne, so Bertrand, hieße schlicht »alles in Maßen«, und sie hofft, dass intensive Forschungen zu den Wirkstoffen in diesen Produkten helfen werden, besonders schädliche Komponenten auszumachen, die dann herausgenommen werden könnten. »Ich denke, dass Frauen sich stark und selbstbewusst fühlen sollten, ihre Haare so zu tragen, wie sie sie tragen wollen.«

▪

Colourism und Featurism wirken sowohl zwischen als auch innerhalb von ethnischen Gruppen, mit massiven Folgen für die Gesundheit. Zum Beispiel: Selbst innerhalb der Natural-Hair-Bewegung mit ihrem selbstgesteckten Ziel, Schwarze Frauen und Männer zu ermutigen, ihre Haare natürlich zu tragen, werden einige Haartypen mehr gefeiert als andere. Als ich aufhörte, mein Haar chemisch zu glätten, holte ich mir in den sozialen Medien bei Natural-Hair-Beauty-Blogger:innen Pflege- und Stylingtipps für meine Naturhaare. Schnell merkte ich, dass Haartexturen mit eher weichen und definierten Locken – in der Natural-Hair-Community als »Typ 3«-Haar bekannt – als vorteilhafter empfunden werden als mein *kinky* Haar vom »Typ 4«. Dies erinnerte mich an damals, als ich als Kind und Teenager zusammen mit dem Rest meiner Familie losging, um mir die Haare machen zu lassen und nicht selten von den Schwarzen Friseur:innen dann zu hören bekam, dass meine Haare »schlimm« und »problematisch« seien, weil sie stärker *kinky* waren als die Haare meiner Mutter oder meiner Schwester. Und oft verglichen die Leute auch unsere Hautfarben, mit dem Beiklang, dass heller besser sei.

Diese Farbhierarchie wurde ebenfalls von *Weißen* befördert, und nicht immer auf die subtilste Weise. Ein ehemaliger Arbeitgeber von mir in den Niederlanden sprach mich einmal mitten in der Arbeit auf meine Hautfarbe an, er fände sie sehr schön, sagte er, aber alles, was dunkler sei, würde ihm nicht gefallen. Und das war als Kompliment gemeint. Bei diesem Satz musste ich an einen meiner ersten Familienbesuche in Ghana denken, als ich noch ein kleines Mädchen war. Während wir durch Accra fuhren und ich aus dem Autofenster schaute, fiel mir auf, dass die meisten Menschen auf Plakatwänden und anderen Reklametafeln um etliche Nuancen hellere Hauttöne hatten als der große Durchschnitt der Menschen auf der Straße. Später erst, als Erwachsene, fiel mir auf, dass hauptsächlich Produkte zur Hautaufhellung beworben wurden, und dass die Werbung für andere Beauty-Produkte dieses Schönheitsideal ebenfalls bediente.

Im Gegensatz zur Haarglättung war Hautaufhellung in meiner Familie nie ein Thema gewesen. »Ich kam nie in die Verlegenheit, das in Betracht zu ziehen«, sagte meine Mama, als ich sie nach ihren Erfahrungen in jungen Jahren fragte. Als meine Mutter 14 war, zwang der Bürgerkrieg im Libanon sie und ihre Familie zur Flucht nach Ghana, wo sie zum ersten Mal mit Hautaufhellern oder Bleichcremes in Berührung kam. »Klar bekam ich mit, dass viele in Ghana solche Produkte verwendeten, aber ich wusste, dass sie brennen und hautschädlich sind«, sagte sie. Obwohl sie als Kind im Libanon gelernt hatte, dass braune Haut nicht erstrebenswert sei, entschied sie, dass es das Risiko, sich das Gesicht zu verbrennen, nicht wert sei, nur, um dem Ideal einer möglichst hellen Haut nachzustreben. »Wenn mir einer erzählt hätte ›Hier hast du eine *Weiß*macher-Pille, du musst sie nur schlucken‹, wer weiß, was ich dann getan hätte?«, merkte sie an.

Ich konnte das nachvollziehen. Als kleines Mädchen in den Niederlanden habe ich mir immer gewünscht, *weiß* und blond zu sein. Doch ich kam nie auf die Idee, meine Haut aufzuhellen. Wenn ich damals in Ghana gelebt hätte, wo Produkte zur Hautaufhellung intensiv beworben werden, hätte ich vielleicht darüber nachgedacht. Im Endeffekt aber denke ich, dass unser beider Entscheidung gegen eine Hautaufhellung wohl auch Ausdruck dessen ist, dass wir »Glück hatten«, denn wir haben beide von Natur aus einen eher hellbraunen Ton, nicht allzu weit weg von dem, der in der Werbung für Hautaufheller in Ghana als optimales Ergebnis angepriesen wird. Hätten wir eine dunklere braune Haut, hätten wir vielleicht mehr Druck verspürt, zu Hautaufhellern oder Bleichcremes zu greifen. In Ghana wie auch in anderen Ländern der Welt *tun* dies tatsächlich viele Menschen. Dabei geht es nicht um Eitelkeit; in vielen Fällen haben die Menschen das Gefühl, dass sie mit einer helleren Haut mehr wirtschaftliche und soziale Chancen hätten. Und dafür gibt es valide Beweise: Wie US-amerikanische Studien zeigen, werden Schwarze Stellenbewerber:innen mit hellerem Hautton wohlwollender beurteilt und eher eingestellt als gleich gut qualifizierte Bewerber:innen mit einem dunkleren Hautton.[18,19] Und ein Blick nach Indien zeigt, dass man sich in Bollywood nur die Rollenbesetzungen ansehen muss, um eine starke Bevorzugung für Schauspieler:innen mit eher hellerem Teint zu erkennen.[20] Diese Bevorzugung lässt sich auch auf dem Heiratsmarkt beobachten. Eine Studie über arrangierte Ehen in Indien ergab, dass dunkelhäutige Ehekandidat:innen von ihren potenziellen Schwiegereltern als weniger wünschenswert angesehen werden als hellerhäutige.[21] Colourism ist weltweit verbreitet, und angesichts der Folgen, die dieses Phänomen für die Chancen im Leben dieser Menschen hat, ist es alles andere als verwunderlich, dass der Handel mit Hautaufhellern ein globales Milliardengeschäft ist – mit einem geschätzten Volumen von 8 Milliarden US-Dollar im Jahr 2020.[22] Die globalen Folgekosten für die Gesundheit liegen ebenso hoch.

»Der Handel mit Hautaufhellern ist hier auf den Philippinen ein dickes Geschäft«, sagte Thony Dizon, Aktivist für Chemikaliensicherheit in der Umweltschutzorganisation Ecological Waste

Coalition of the Philippines. Dizon setzt sich mit großer Leidenschaft für Umweltaktionen ein, um auf den Philippinen das allgemeine Bewusstsein für die mit Hautaufhellern verbundenen gesundheitlichen Risiken zu schärfen – für das *Whitening*, wie er es nennt. Vor allem die illegalen Produkte, die auf den Märkten im Land und im Internet verkauft werden, bereiten ihm schon länger Sorgen, da sie nicht selten gefährlich hohe Konzentrationen von Quecksilber enthalten. Diese Produkte sind beliebt, weil sie relativ billig zu haben sind und den von so vielen erwünschten Effekt rasch erzielen: Quecksilbersalze hemmen die Produktion von Melanin, körpereigenen Pigmenten, und hellen auf diese Weise die Haut auf.

Dass Quecksilber hochgiftig ist, hat den rasant wachsenden Hunger nach diesen Produkten nicht gebremst. »Der Gifthandel mit illegalen und mit Quecksilber versetzten Hautaufhellern ist eine globale Krise, die sich angesichts der explodierenden Nachfrage, insbesondere in Afrika, Asien und dem Nahen Osten, noch verschärfen dürfte«, heißt es in einem Bericht der WHO von 2019.[23] Es folgt eine Auflistung der vielen gesundheitsschädigenden Auswirkungen von Quecksilber in aufhellenden Hautcremes und Seifen wie zum Beispiel Nierenschäden, Hautausschläge, Hautverfärbungen und Vernarbungen, Schwächung des Hautschutzmantels zur Abwehr von Bakterien- und Pilzinfektionen, Angstzustände, Depressionen, Psychosen und periphere Neuropathien. Doch wie Dizon mir erzählte, werden diese Produkte auch in Ländern wie den Philippinen, wo sie eigentlich verboten sind, nach wie vor beworben und sind leicht erhältlich, ob über das Internet oder auf Straßenmärkten.

»Unsere regelmäßigen Besuche auf dem Markt haben bestätigt, dass der illegale Handel mit quecksilberhaltigen Kosmetika zur Hautaufhellung gang und gäbe ist«, so Dizon. Er und sein Team nehmen regelmäßig Proben von Hautaufhellern, die auf heimischen Märkten oder im Internet verkauft werden, und überprüfen sie in ihrem Labor auf vorhandene Konzentrationen von Schwermetallen wie Quecksilber. Wir gehen überall dorthin, wo normale Menschen ihre Pflege- und Kosmetikprodukte kaufen. Wir kaufen Artikelproben an, die wir dann gleich nach dem Kauf auf gefährliche Substanzen überprüfen«, erklärte er.

Wann immer Dizon und sein Team gesundheitsbedenkliche Kosmetikprodukte identifizieren, deren Quecksilberanteil über dem nach einem globalen UN-Abkommen von 2017 festgelegten Grenzwert von 1ppm (parts per million) liegt, melden sie dies umgehend der philippinischen Überwachungsbehörde für Lebensmittel und Arzneimittel. Mindestens 80 solcher Produkte wurden zwischen 2010 und 2018 von der philippinischen Überwachungsbehörde verboten, als unmittelbare Folge der Bemühungen von Dizon und seinem Team. Dizon und seine Mitarbeiter:innen betreiben auch Öffentlichkeitsarbeit, um über die Gesundheitsrisiken dieser Artikel aufzuklären, da diese normalerweise nicht als quecksilberhaltig gekennzeichnet sind. »Wir erstellen Medienberichte unter Verwendung der von uns generierten Daten, um die Öffentlichkeit zu informieren«, sagte er. Die Daten sind schockierend. Laut einer Analyse der EcoWaste Coalition, überschritt der Quecksilbergehalt bei 40 von 65 beprobten Produkten, die 2020 über verschiedene Online-Plattformen bezogen wurden, den gesetzlich zulässigen Grenzwert von 1ppm, und unterliegen damit auf den Philippinen einem Verkaufsverbot. Das Produkt mit dem höchsten Quecksilbergehalt wies eine Konzentration von 41200ppm auf – und damit mehr als das Vierzigtausendfache des Grenzwertes. »Stell dir das mal vor«, seufzte Dizon, als er mir die alarmierenden Zahlen mitteilte. »Das ist wirklich extrem hoch!«

Durch seine Kampagnenarbeit auf den Philippinen hat Dizon viele Menschen getroffen, die durch hohe Quecksilberkonzentrationen in Hautaufhellern negative Auswirkungen auf ihre Gesundheit erfahren haben. Einige der Betroffenen unterstützen inzwischen seine Kampagne, um ihre Erfahrungen zu teilen und das Bewusstsein für die Gefahren solcher Produkte zu schärfen. Grace Reguyal ist eine von ihnen. Dizon brachte uns beide zusammen, und Grace erklärte sich dankenswerterweise bereit, mit mir über ihre Erfahrungen zu sprechen. Obwohl sie Englisch versteht, fühlte sie sich beim Sprechen etwas unsicher, sodass bei unserem Video-Call auch ihr Ehemann Ben mit dabei war, um beim Dolmetschen zu helfen. Und zwischendurch erschien im Hintergrund auch der kleine Sohn der beiden. »Auch unser Sohn ist von dieser Hautkrankheit betroffen, die das Produkt ausgelöst hat«, erzählte Ben und bezog sich damit auf ein Produkt zur Hautaufhellung, bestehend aus einer Seife und einer Creme, das Grace 2018 mal ausprobieren wollte. Und die »Hautkrankheit« war de facto eine Reaktion auf das Quecksilber, das, wie sich später herausstellte, in dem von Grace verwendeten Hautaufheller über die erlaubte Konzentration hinausging.

Eine Freundin hatte das Produkt verwendet und ihr empfohlen. Dass es die Haut binnen nur sieben Tagen aufhellen könne, wie die Freundin behauptete, fand Grace reizvoll. Sie bestellte das Produkt online, um es selbst auszuprobieren, und freute sich, als sich die versprochene Wirkung bald einstellte – ihre Haut wurde sichtlich heller. Sie hatte die Seife und Creme schon drei Wochen lang verwendet, als sie plötzlich bemerkte, dass sich auf ihrer Haut rote Flecken gebildet hatten. Anfangs machte sie sich gar keine großen Sorgen darum, dachte eher an einen leichten Hitzeausschlag. Doch innerhalb von zwei Tagen war der Ausschlag im Gesicht, am Hals und auf der Brust röter und auffälliger geworden. Zudem begann es überall zu jucken. Und schließlich bemerkten Grace und Ben, dass ihr Sohn, den Grace damals noch stillte, einen ähnlichen Ausschlag entwickelte. Dass der Ausschlag mit dem Hautaufheller zusammenhängen könnte, hatten sie bereits zu ahnen begonnen, doch als sie merkten, dass auch ihr Sohn davon betroffen war, machten sie sich noch mehr Sorgen. Sie gingen mit ihm zum Kinderarzt. Und auch Grace machte einen Termin beim Dermatologen, zu dem sie eine kleine Menge der hautaufhellenden Seife und Creme mitnahm.

Der Dermatologe brauchte nicht lange, um den Verdacht von ihr und ihrem Mann zu bestätigen. Er habe in letzter Zeit öfter Patient:innen mit ähnlichen Symptomen behandelt, die alle eben dieses Produkt verwendet hätten. Grace sei jetzt die fünfte. Bei dem Produkt, so fuhr er fort, habe man Quecksilber nachgewiesen, und zwar in Konzentrationen über dem erlaubten Grenzwert, weshalb es gar nicht erst hätte verkauft werden dürfen, da es illegal war. Grace und auch ihr Sohn erholten sich glücklicherweise, obwohl Grace hin und wieder immer noch Hautausschläge bekommt, vor allem, wenn es draußen sehr heiß oder sie gestresst ist. Die Erfahrung hat auch ihre Psyche enorm belastet. Ob sie dieses Gefühl näher beschreiben könne, fragte ich sie. »Deprimiert«, kam die prompte Antwort auf Englisch.

Grace beschloss, ihre Erfahrungen über Social Media zu teilen in der Hoffnung, andere davor zu bewahren, das Gleiche erleben zu müssen. Das philippinische Fernsehen wurde auf sie aufmerksam und lud sie zusammen mit anderen Betroffenen in etliche Sendungen ein. Ein Foto, das sie auf Facebook gepostet hatte, auf dem der Ausschlag in ihrem Gesicht, am Hals und auf ihrer Brust gut zu sehen ist, erschien auch in einem Bericht der EcoWaste Coalition, jener Organisation, für die sich Dizon engagiert.[24] Dizon hofft, dass die öffentliche Aufmerksamkeit für die Erfahrungen von Grace und anderen Betroffenen dazu beiträgt, ein stärkeres Bewusstsein für die Gesundheitsrisiken im Zusammenhang mit quecksilberhaltigen Kosmetika zu schaffen. Der Bericht enthält gleich mehrere Empfehlungen, darunter die folgenden: gesetzliche Regelungen zum Verkauf von Hautaufhellungsprodukten sollen verschärft werden; die Kosmetikindustrie soll sich von *weißen* Schönheitsidealen verabschieden und stattdessen die Schönheit der Vielfalt bewerben und fördern; Shopping- und Social Media-Seiten sollen den Verkauf illegaler Produkte über ihre Plattformen unterbinden. Darüber hinaus bestärkt der Bericht alle Verbraucher:innen, ihre natürliche Hautfarbe mit Stolz anzunehmen und Vorurteilen und Diskriminierungen aufgrund ihrer Hautfarbe entschlossen entgegenzutreten.

Ein entscheidender Grund für die weite Verbreitung von Hautaufhellern auf den Philippinen – mitsamt den damit verbundenen Gesundheitsrisiken – sieht Dizon im Colourism. Bei einer internen landesweiten Umfrage unter Mitgliedern der EcoWaste Coalition nach möglichen Gründen für die große Beliebtheit von Hautaufhellern lauteten die häufigsten Aussagen: »*Weiße* Haut ist wunderschön«, »*Weiße* Haut ist attraktiv«, »*Weiße* Haut dominiert in Fernsehen, Film und Werbung«, »Eine Folge kolonialer Mentalität«, »*Weiße* Haut wirkt edel und rein« und »*Weiße* Haut symbolisiert einen besseren sozialen Stand«. Dizon kämpft leidenschaftlich gegen Colourism auf den Philippinen, um den Druck auf die lokale Bevölkerung zu verringern, sich potenziell gefährlichen Chemikalien in Hautaufhellern auszusetzen. »Mir gefällt deine Haut, Layal«, sagte er einmal mitten in unserem Gespräch und lächelte. »Dankeschön. Kann ich nur zurückgeben«, erwiderte ich, und wir lachten beide.

»Wir wollen, dass die Philippiner:innen ihre natürliche Hautfarbe annehmen und aufhören, ihren Körper zu vergiften«, fuhr Dizon mit Nachdruck fort. »Und diese ganze Chemie, Layal, vergiftet ja nicht nur unseren Körper, sie vergiftet auch die Umwelt«, betonte er. Quecksilber in Hautaufhellern, in Seifen oder Cremes, wird schließlich ins Abwasser eingeleitet. In der Natur wandelt sich Quecksilber durch Biomethylierung in hochgiftiges Methylquecksilber, das dann in die Nahrungskette gelangen kann, weil es sich beispielsweise in Fischen anreichert. Eine Methylquecksilber-Exposition während der Schwangerschaft kann sich schädlich auf die Entwicklung der Embryos und Föten auswirken und zu neuronalen Schäden führen.

■

Zurück zu meinem Telefonat mit Grace. Als ich mit ihr sprach, fragte ich mich, ob ihre Einstellung zu Hautaufhellern sich durch ihre Erfahrungen verändert hatte. Grace verwendet diese Art von Produkten nämlich nach wie vor, wenngleich sie heute sehr viel vorsichtiger ist und genau darauf achtet, welche Produkte sie verwendet und wo sie diese kauft. Ihr innerer Beweggrund dafür sei, dass es ihr Selbstbewusstsein stärke, weil eine hellere Haut auf den Philippinen als schöner angesehen werde, erklärte sie. Auch viele Arbeitgeber im Land, so Ben, erachteten hellhäutigere Menschen in ihrer Firma als vorzeigbarer. Ob er ebenfalls einen gewissen Druck verspüre, zu Hautaufhellern zu greifen, wollte ich wissen. »Meine Hautfarbe stört mich überhaupt nicht. Wenn ich braun werde, ist das okay, ich bin schließlich ein Mann«, antwortete er.

Es scheint durchaus, als gäbe es rund um die Themen Colourism und Hautaufheller einen Gender-Aspekt, so wie es auch mit Haarglättungsmitteln und vielen anderen Schönheitsidealen der

Fall ist. Doch diese Praxis sei keineswegs reine Frauensache, sagte Dizon. »Männer wie Frauen verwenden Hautaufheller.« Allerdings zeigen Statistiken einen tendenziell häufigeren Gebrauch dieser Produkte bei Frauen. Im Rahmen einer 2013 durchgeführten Umfrage unter Universitätsstudent:innen in 26 Ländern in Asien, Afrika und Nord- und Südamerika berichteten 30 Prozent der weiblichen und rund 17 Prozent der männlichen Student:innen, in den vergangenen zwölf Monaten Hautaufheller verwendet zu haben.[25]

Für Grace waren es Online-Werbungen sowie die Präsenz überwiegend hellerhäutiger Menschen im Fernsehen und auf Social Media, die ihren Wunsch nach hellerer Haut beförderten. Für junge Frauen in einer ähnlichen Situation hat sie einen wichtigen Rat: »An alle, die unbedingt schöner, sprich *weißer*, sein wollen: Bitte achtet darauf, dass die Produkte, die ihr kauft, zugelassen, gesundheitlich unbedenklich und wirksam sind.« Sie selbst kauft heute nur noch Produkte aus der Apotheke und nur von renommierten Marken. Die sind zwar deutlich teurer, haben aber den Vorteil, dass sie als gesundheitlich unbedenklicher gelten als viele der billigeren und potenziell quecksilberhaltigen Produkte auf Straßenmärkten oder im Internet. »Diese Produkte sind wirklich deutlich teurer«, bemerkte Ben. Sosehr auch Dizon das gestiegene Bewusstsein der Verbraucher:innen für Produktsicherheit begrüßt, so sehr sorgt er sich um die vielen Philippiner:innen, die sich diese teureren Produkte einfach nicht leisten können. Unter einem nach wie vor enormen Druck, *weißer* zu werden, bleibt vielen möglicherweise nichts weiter übrig, als auf billigere und gefährlichere Alternativen zur Hautaufhellung auszuweichen.

Mir wurde klar, dass die gesundheitlichen und ökologischen Ungerechtigkeiten, die mit der Hautaufhellung einhergehen, direkte Folgen von Rassismus und insbesondere Colourism sind.

Doch mit dieser Ansicht fand ich bei Grace und Ben keine Zustimmung. »Bei uns hier auf den Philippinen ist Colourism … naja, nicht wirklich ein Thema«, sagte Ben. Doch wenn Colourism nicht der Auslöser ist, warum dann die Wahrnehmung von hellerer Haut als besser oder schöner, fragte ich mich. Laut Grace und Ben ist das »nur so ein Gefühl«. Klar, ich kenne und verstehe dieses »Gefühl«. Es ist das gleiche Gefühl, das auch ich als Mädchen und Jugendliche hatte, als ich mit brennender Kopfhaut beim Friseur saß und inniglich hoffte, weich fließendes, glattes Haar zu bekommen. Hätte mich damals einer gefragt, warum ich glattes Haar für schöner halte als meine natürlichen Afro-Haare, hätte ich mich mit einer Antwort schwergetan. Tatsächlich habe ich erst beim Schreiben an diesem Buch das Vokabular gefunden, um meine Erfahrungen klar formulieren zu können. Es war der Einfluss von Rassismus, insbesondere von Colourism, den ich in Form von eurozentrischen Schönheitsnormen verinnerlicht hatte. Ob wir uns dessen bewusst sind oder nicht, diese Form von internalisiertem Rassismus – und das Ausmaß, in dem er uns dazu bringen kann, zu versuchen unsere Haartextur, Hautfarbe und andere rassifizierende Merkmale zu verändern – kann Schaden anrichten, der nicht bloß »unter die Haut« geht, sondern weit darüber hinaus.

»Ich denke, es ist ganz normal geworden, dieses quasi fehlende Bewusstsein für das Thema Colourism, und wenn man es mal anspricht, sind die Leute fast schon beleidigt«, sagt Joanne Rondilla, Soziologin an der San Jose State University in Kalifornien. Rondillas Forschung konzentriert sich auf die komplexen Ausprägungen der kolonialen Hinterlassenschaften, die bis heute in unserem Alltag existieren, auch im Kontext von Machtdynamiken in Zusammenhang mit dem Hautton. Im Rahmen ihrer Forschungen hat sie ausführliche Gespräche mit vielen Menschen geführt, sowohl in den USA, wo sie selbst lebt, als auch auf den Philippinen, um Wechselbeziehungen zwischen historischer Kolonisierung, Colourism und Hautaufhellung zu untersuchen. Ihr Forschungsinteresse ist stark geprägt von ihren eigenen Erfahrungen mit Colourism als Filipina, die auf der US-Pazifikinsel Guam geboren und aufgewachsen ist und später zwölf Jahre lang in der Kosmetikindustrie gearbeitet hat – einem Umfeld, das seit langem in der Kritik steht, eurozentrische Schönheitsideale zu befördern.

»Dieses Ideal von Schönheit hat mir definitiv geschadet«, erzählte Rondilla. »So sehr, dass ich irgendwann dazu recherchiert habe«, sagte sie mit einem leisen Lachen. Als sie klein war, verglichen die Leute in ihrem Umfeld sie oft mit ihrer Mutter, die einen helleren Hautton hatte. Und so lernte sie schnell, dass hellere Haut höher geschätzt wurde als dunklere – ein Eindruck, der sich während ihrer Zeit in der Kosmetikbranche weiter verstärkte. »Ich habe mal mit jemandem gesprochen, und ich werde nie vergessen, was sie sagte. Sie sagte nämlich, ›auf den Philippinen ist man erst eine Kosmetikfirma, wenn man Hautaufheller im Sortiment hat‹.« Rondilla findet, dass Firmen, die vom Colourism profitieren, indem sie Produkte zur Hautaufhellung bewerben und vermarkten, diese Dynamiken aufrechterhalten. Auch wenn diese Produkte, die von großen Firmen vertrieben werden, generell vielleicht nicht immer gesundheitsschädlich sind, so tut die Werbung für Hautaufheller zweifelsohne ein Übriges, um das Narrativ von heller Haut als schöner und begehrenswerter weiter zu bedienen und die Nachfrage nach gefährlichen und illegalen Produkten weiter hochzuhalten. Und *weiße* Haut als Schönheitsideal zu verkaufen, so Rondilla, schade nicht nur der körperlichen, sondern auch der seelischen Gesundheit.

»Hier ein Beispiel: Eine meiner Interviewpartnerinnen erzählte mir, wie ihre Mutter sie des Öfteren schikanierte, weil sie ihre ›dunkelste‹ Tochter war … und auch die ›dunkelste‹ im Reigen ihrer Cousinen.«[26] Ihre Mutter habe sie nicht nur ermutigt, hautaufhellende Seifen zu benutzen, als sie gerade mal acht Jahre alt war, sondern einmal auch ihren ganzen Körper mit Zitronensaft eingerieben in der Hoffnung, dass die Haut dadurch heller würde. »Meine Mutter hat nicht gewusst, wie höllisch weh das tun würde. Zitronensaft ist ja stark säurehaltig«, erzählte die Interviewte. Wie sie Rondilla sagte, fühlte es sich an, als würde sie für ihre Haut bestraft. Für sie war es nicht nur ein körperlicher Schmerz, sondern auch ein emotionaler. »Es ist traumatisierend, ständig eingeredet zu bekommen, so und so sein zu müssen. Auch wenn man ja überhaupt nicht kontrollieren kann, wer man ist und wie man aussieht.«

Eine allgemeine Sensibilisierung für die Geschichte hinter Colourism – und die damit verbundenen negativen Auswirkungen auf die Gesundheit – kann zur Lösung des Problems beitragen. Bis zu meinem Gespräch mit Rondilla wusste ich über Colourism innerhalb Schwarzer Communitys in aller Welt nicht viel mehr, als dass er auf Farbhierarchien zurückzuführen war, die europäische Kolonisator:innen und Versklaver:innen in Afrika und Amerika etabliert hatten.[27] Versklavte Menschen wurden je nach Ton ihrer Haut unterschiedlich behandelt: Auf dem amerikanischen Doppelkontinent wurden versklavte BIPoC meist zu harter Feldarbeit gezwungen, hellhäutigere wurden dagegen für häusliche Arbeiten eingesetzt. Diese unterschiedlichen Behandlungen sind der Tatsache zuzuschreiben, dass hellhäutigere Versklavte oft mit ihren Sklavenhaltern verwandt waren; Vergewaltigungen von versklavten Frauen waren weit verbreitet. Die europäische Kolonialisierung Afrikas und Asiens trug ebenfalls zum Colourism in den betroffenen Ländern bei. In Indien beispielsweise, so die vorherrschende

Ansicht, hat die britische Kolonialherrschaft den Colourism noch verschärft, der sich dort ideal verband mit dem uralten hinduistischen Kastensystem, wo die gesellschaftliche Stellung von Menschen mit dunklerer Haut in ihrer Zugehörigkeit zu niedrigeren Kasten fest verankert ist.[28] Insgesamt unterteilt das Kastenwesen die Gesellschaft in verschiedene Gruppen, in die man hineingeboren wird und die unter anderem mögliche Berufswege und die gesellschaftliche Stellung bestimmen. Die Menschen, die der marginalisierten Kaste der Dalit angehören, gelten aufgrund ihrer als dunkler wahrgenommenen Hautfarbe und ihrer als minderwertig angesehenen Arbeit (die sich wiederum aus ihrer gesellschaftlichen Stellung zwangsweise ergibt) bis heute als »unberührbar« und »unrein«.[29] Sie stehen auf der alleruntersten Stufe außerhalb der traditionellen hinduistischen Kastenhierarchie und werden daher häufig auch als »Kastenlose« bezeichnet.

Trotz moderner Gesetze, wonach Diskriminierungen aufgrund der Kastenzugehörigkeit heute verboten sind, sieht die Realität anders aus. Noch immer tragen strukturelle Ungleichheiten und Vorurteile zu schlechteren Gesundheitsergebnissen in marginalisierten Kasten bei, so Suresh Jungari, der am International Institute for Population Sciences in Mumbai zu sozialen Determinanten der Gesundheit forscht. Jungari, geboren und aufgewachsen in der Stadt Gadchiroli im indischen Bundesstaat Maharashtra rund 1000 Kilometer östlich von Mumbai, kennt diese Ungleichheiten aus eigenem Erleben. »Ich komme selbst aus so einer Scheduled Caste* Community«, sagte er. »Ich kenne diese Kämpfe.«

---

* Scheduled Caste ist eine Bezeichnung für die am stärksten benachteiligten sozioökonomischen Gruppen in Indien (Anm. d. Ü.).

Jahrhundertelange Diskriminierung in Indien hat dazu geführt, dass Menschen, die marginalisierten Kastengruppen angehören, heute überproportional von Armut betroffen sind. Und wie aus Studien von Jungari und anderen hervorgeht, ist diese soziale Ungleichheit auch ein signifikanter Treiber für kastenbasierte Ungleichheiten in der Gesundheit.[30] Es ist auch durchaus möglich, so Jungari weiter, dass Menschen, die unmittelbare Diskriminierungen erfahren, einmal mehr abgeschreckt werden, Gesundheitsdienste in Anspruch zu nehmen. Nehmen wir als Beispiel ein Thema, das im Mittelpunkt seiner Forschungen steht: Die Gesundheit von Müttern vor und nach der Entbindung und von Babys. In einer Studie aus dem Jahr 2021 fanden er und seine Kolleg:innen heraus, dass Frauen aus »niederen Kasten« häufiger von negativen Behandlungserfahrungen mit Gesundheitsversorgern berichten als Frauen, die anderen Kasten angehören.[31] Zusammen mit sonstigen Hindernissen, die den Zugang zu Gesundheitsdiensten erschweren, könnte dies erklären, warum Schwangere aus marginalisierten Kasten so gut wie keine routinemäßige Vor- und Nachsorge erhalten haben, und auch, warum ihre Neugeborenen die routinemäßigen Schutzimpfungen vergleichsweise weniger häufig bekommen haben als gleichaltrige Säuglinge von Müttern aus anderen Kasten. »Diskriminierung mündet in einer unzureichenden Inanspruchnahme der Gesundheitsversorgung«, so Jungari.

Ich war auch neugierig darauf, mehr darüber zu erfahren, wo die Wurzeln des Colourism auf den Philippinen liegen, einem Land, das im Laufe seiner Geschichte von vielen Ländern kolonisiert und besetzt wurde, darunter Spanien, Großbritannien, die USA und Japan. Außerdem waren die Philippinen auf kultureller Ebene durch Migration und Handel auch eng mit China verbunden, schon lange vor der Kolonisierung. Laut Rondilla haben all diese Faktoren dazu beigetragen, dass wir heute hellere Haut mit einem höheren sozialen Status verknüpfen. »Wenn wir uns Colourism auf den Philippinen anschauen, dann zeigt sich, dass Schönheitsideale hier durch die sich überlagernden Schichten des Kolonialismus entstanden sind«, erklärte sie mir. »Colourism in der philippinischen Gesellschaft wurzelt sowohl im Rassismus gegen Schwarze als auch gegen Indigene.« »Jedoch«, so fügte sie hinzu, »geht es in unserer Vorstellung von *Weiß*-Sein nicht bloß um Europäisch-Sein, sondern auch darum, dass wir chinesische, gemischt-chinesische oder ostasiatische Wurzeln haben, und das wiederum hat mit der historischen Rolle der Chinesen auf den Philippinen zu tun, damit, wer sie waren, welche Privilegien und Macht sie hatten, ja, auch all dies durchdringt den Colourism der philippinischen Community.«

Im Jahr 2020 warfen weltweite Anti-Rassismus-Proteste ein Schlaglicht auf das Thema Colourism beim Vermarkten von Kosmetika, insbesondere von Hautaufhellern und Bleichmitteln, die vornehmlich nach Afrika und Asien gingen.[32] Inmitten dieser erhöhten Aufmerksamkeit kündigten die Big Player der Kosmetikindustrie, darunter Unilever, L'Oréal, Procter&Gamble und Johnson&Johnson, Änderungen an einigen ihrer Produkte an. Unilever etwa wollte eine seiner Hautcremes umbenennen (von Fair&Lovely auf Glow&Lovely) und verpflichtete sich, Verweise auf »fair/fairness«, »white/whitening« und »light/lightening« auf allen Verpackungen und in der Werbung zu entfernen, da derlei Begriffe »ein alleiniges Schönheitsideal suggerieren«.[33] Auch L'Oréal und Procter&Gamble zogen nach und verfuhren in ähnlicher Weise.[34,35] Johnson&Johnson schien noch einen Schritt weiter zu gehen, stellte seine Produktlinien »Clean&Clear Fairness« sowie »Neutrogena Fine Fairness« ganz ein und ersetzte Letztere durch eine neue Linie namens »Neutrogena Bright Boost«.[36,37]

Für Rondilla kommt dieser Rebranding-Aktionismus der Kosmetikfirmen einer Neuverpackung des alten Problems gleich. »Für mich sind diese Aktionen nichts anderes, als würde man ein Pflaster auf Krebs kleben«, kommentierte sie. »Alles bloß ein Marketing-Trick, so was wie politische Trickserei«, sagte Rondilla. »So klopfen sich diese Unternehmen selbst auf die Schulter und bilden sich ein, etwas Gutes für die Allgemeinheit getan zu haben. Doch hätten sie dies wirklich gewollt, der Allgemeinheit etwas Gutes tun, hätten sie all diese Produkte ganz einfach abgeschafft.«

In der Presseerklärung vom Juni 2020 zur Neuausrichtung seiner Produkte bekundete Unilever, dass »Fair&Lovely nie ein Hautbleichprodukt war und auch nicht ist«, und dass sämtliche Produkte für eine »dringend notwendige Abkehr von schädlichen Chemikalien wie Quecksilber und Bleichmittel in Verbraucherhänden« stünden. Mir persönlich ist allerdings nicht klar, ob Mainstream-Produkte wie die von Unilever die Verbraucher:innen *tatsächlich* auch von gefährlicheren, illegalen Produkten abbringen werden. Grace' Erfahrungen auf den Philippinen jedenfalls lassen auf das genaue Gegenteil schließen: Sie hatte ja erwähnt, dass Werbung für Mainstream-Hautaufheller sie letztlich dazu bewogen hatte, den gefährlichen Versuch zu wagen und ihre Haut aufzuhellen, wofür sie dann ein Produkt verwendet hatte, das sich später als schädliche, illegale Billigfälschung herausstellte. Natürlich ist Colourism keine Erfindung der Kosmetikhersteller – schließlich liegt es an uns allen gemeinsam, diese und andere Formen von Rassismus in unserer Gesellschaft zu bekämpfen. Dennoch wage ich zu bezweifeln, dass es der Sache dienlich ist, wenn sie daraus Profit schlagen. Neben einem Verzicht der Unternehmen auf aggressive Werbung und den Verkauf von Produkten zur Hautaufhellung ist Rondilla auch sehr dafür, über Colourism aufzuklären und Menschen mit dunkler

Hautfarbe in den Medien stärker zu repräsentieren. Sie ist zuversichtlich, dass Colourism und seine gesundheitlichen Auswirkungen auf gesellschaftlicher Ebene adressiert werden können, auch durch eine andere Art von Gesprächen innerhalb der Familien. »Ich bin optimistisch, was die Zukunft anbelangt, einfach weil wir heute viel mehr über Colourism sprechen als noch vor fünf oder zehn Jahren«, sagte sie.

▪

Ein Stück weit inspirierte mich Rondilla dazu, das Gespräch mit meiner Mutter zu suchen, um mit ihr über Colourism und unsere Haare zu sprechen. Ich empfand das als sehr heilsam. Meine Mama verglich ihre eigenen Erfahrungen mit Colourism oder Featurism mit denen von meiner Schwester und mir (und sogar mit denen ihrer Mutter) und hob hervor, wie sehr sich die Dinge in ihrem Leben verbessert hatten. Als meine Mutter sich zum ersten Mal in der Lage fühlte, ihr natürliches Afro-Haar anzunehmen, war sie ein gutes Stück älter als später meine Schwester und ich. Verglichen mit ihrer eigenen Mutter aber, meiner biologischen Großmutter aus Ghana, die naturbelassene Haare zeit ihres Lebens als nicht akzeptabel ansah, war das immer noch ein gewaltiger Sprung für sie. »Jedes Mal, wenn ich mich zum Ausgehen in Schale warf, fragte meine Mutter mit schiefem Blick auf meine Haare, ob ich sie denn nicht noch herrichten wolle«, lachte sie, in Erinnerung an damals, als sie das erste Mal aufhörte, sich die Haare chemisch zu glätten.

Meine Oma zog zu uns in die Niederlande, als ich ein Teenager war, nachdem bei ihr Knochenmarkkrebs diagnostiziert worden war. 2017 verstarb sie daran. Ich lebte zu diesem Zeitpunkt bereits in Großbritannien. Kurz vor ihrem Tod, so erzählte meine Mutter, habe sie bei meiner Oma eine Veränderung in der Beziehung zu ihren Haaren bemerkt. »Nachdem sie nach der Chemotherapie ihre Haare verloren hatte und sie wieder zu wachsen begannen, erlebte ich zum ersten Mal, dass meine Mutter glücklich mit ihren Haaren war und ihr natürliches Aussehen akzeptieren konnte. Sie sah wunderschön aus, und dass sie wunderschön ist … das habe ich ihr immer gesagt, sogar als sie eine Glatze hatte.«

Rondillas Forschungen legen nahe, dass Gespräche innerhalb der Familie unglaublich wichtig sind, um die eigene Selbstwahrnehmung und Selbstwertgefühl zu prägen, die beide großen Einfluss auf die psychische Gesundheit und das allgemeine Wohlbefinden haben. »Wenn wir uns mit Colourism und psychischer Gesundheit befassen, geht es auch um generationenübergreifende Traumata, ein Aspekt, der allzu oft vergessen wird. In meiner Forschung ging es mir wirklich auch darum, ein Gefühl der Heilung zu erfahren und zu versuchen, ein über Generationen hinweg verankertes Narrativ zu ändern«, erklärte sie.

Es ist erfreulich zu sehen, wie sich die Situation über Generationen hinweg verbessert hat. Doch die nach wie vor bestehenden gesundheitlichen Unterschiede zwischen *races*, Ethnien und Kasten sagen uns, dass noch mehr getan werden muss, um Rassismus in allen Gesellschaften weltweit zu bekämpfen – mitsamt seinen negativen Folgen für die Gesundheit. Wie wir gesehen haben, ist Rassismus, ob in systemischer oder sozialer Form, ein Haupttreiber für diese gesellschaftlichen Ungleichheiten. Jedoch sind die Institutionen der Medizin und der Wissenschaft weder abgekoppelt von diesen Gesellschaften noch immun gegen deren rassistische Übel. Auch der Rassismus innerhalb dieser Institutionen, vor allem in der westlichen Welt, ist Mitverursacher der ethnisch bedingten gesundheitlichen Gefälle überall auf der Welt. Und damit sind wir beim nächsten Thema.

TEIL III

Rassismus in der Medizin

6

Racial Bias im Gesundheitswesen

Die Weisheitszähne gezogen zu bekommen ist für viele Menschen ein Routineeingriff. Für Kanayo Dike-Oduah, eine in London ansässige britisch-nigerianische Psychologiedozentin, wurde es zu einer Nahtod-Erfahrung.

Es ist nicht ungewöhnlich, nach der Entfernung der Weisheitszähne noch ein paar Wochen lang Schmerzen zu haben. Doch im August 2019 quälte sich Kanayo immer noch mit Schmerzen – drei Monate nach dem Eingriff. Sie ging noch einmal zu ihrem Zahnarzt, der ihr sagte, er könne keine Anzeichen einer Infektion erkennen, eventuell seien es Nervenschmerzen. Sie solle sich am besten bei ihrem Hausarzt vorstellen und sich Carbamazepin verschreiben lassen – ein Medikament zur Behandlung der vermuteten Nervenschmerzen.

Nachdem sie das Medikament zwei Wochen lang vorschriftsmäßig eingenommen hatte, aber keine Besserung eintrat, suchte Kanayo erneut ihren Hausarzt auf. »›Es hilft nicht gegen die Schmerzen‹, sagte ich ihm. Ich hatte auch bemerkt, dass die Haut an meinen Schienbeinen ganz schuppig geworden war, ganz trocken, was ungewöhnlich für mich ist, und dass sich auf meiner Zunge blasige Hubbel gebildet hatten. Ich hatte keine Ahnung, dass meine Symptome zu den aufgeführten Nebenwirkungen des Medikaments gehörten«, erzählte mir Kanayo.

Ihr Hausarzt empfahl, die Dosis zu verdoppeln, auf zwei Tabletten zweimal täglich. Doch binnen einer Woche nach Einnahme der doppelten Carbamazepin-Dosis ging es mit Kanayos Gesundheitszustand rasant bergab. »Urplötzlich ging es mir immer schlechter«, sagte sie. »Zuerst sah es so aus, als hätte ich geschwollene Augen, vor allem unter den Augen war alles dick. Ich begab mich in die Notaufnahme, da ich das Gefühl hatte, dass ich nur noch schwer Luft bekomme«, erzählte sie.

In der Notaufnahme sagte man ihr, sie habe offenbar eine allergische Reaktion, wahrscheinlich auf irgendein Lebensmittel. »Ich gab an, seit Kurzem dieses neue Medikament einzunehmen«, sagte Kanayo, die sehr auf ihre Gesundheit achtet und sich immer alles aufschreibt. Und so hatte sie auch ihre Notizen zu Carbamazepin schnell zur Hand. »Hier, sagte ich, das ist die verordnete Dosis, das ist die Uhrzeit, zu der ich es einnehme, das ist das Datum, an dem ich mit Carbamazepin begonnen habe.« Doch ein Zusammenhang zwischen dem Medikament und ihren Symptomen wurde nicht hergestellt. Man gab ihr ein Antihistaminikum, ein Medikament, das häufig zur Linderung von Allergiesymptomen eingesetzt wird – und schickte sie wieder nach Hause.

Am folgenden Tag war Kanayo wieder in der Notaufnahme. Ihre Symptome hatten sich weiter verschlimmert. »Mein Gesundheitszustand verschlechterte sich rapide«, erzählte sie. Ihr Gesicht war noch stärker angeschwollen, und Eiter trat aus ihren Augen. Auch ihre Lippen waren rissig und aufgesprungen, und ihr ganzer Körper war von Ausschlag übersät. »Ich ging also wieder in die

Notaufnahme, wo ich diesmal zu hören bekam, ›Oh, sieht ganz danach aus, als hätten Sie eine Mandel- und eine Bindehautentzündung‹, und tatsächlich waren meine Mandeln dick und entzündet«, sagte Kanayo. »Aber es gab keine Erklärung für meine aufgesprungenen Lippen, auch nicht für die Schwellungen unter meinen Augen und auch nicht für die Ausschläge auf meiner Haut, nichts«, bemerkte sie. »Wieder bekam ich nur ein Medikament und wurde weggeschickt.«

Tags darauf fühlte sich Kanayo so elend, dass sie es nicht schaffte, sich selbst in die Notaufnahme zu schleppen. »Mein ganzer Körper bestand nur noch aus Schmerzen«, sagte sie. »Die Blutkapillaren an meinen Handflächen waren geplatzt, und es zeigte sich ein Ausschlag im wahrsten Sinne«, fügte sie hinzu. »Wir mussten die Rettungssanitäter rufen«, sagte Kanayo. »Als sie eintrafen, sah ich bereits völlig entstellt aus. Ich musste meine Extensions rausnehmen, denn meine Kopfhaut brannte wie Feuer.« Die Sanitäter:innen aber schienen dies gar nicht mitzubekommen. »Anstatt mich ins Krankenhaus zu bringen, gaben sie mir Paracetamol, das ich nicht mal schlucken konnte, weil mein Mund so vereitert war … und dann gingen sie wieder«, meinte sie frustriert.

Dies war der Punkt, an dem Kanayo beschloss, fortan alles zu dokumentieren, was mit ihr passierte. »Ich liebe es, Fotos zu machen. Lustige Selfies vor allem«, erzählte sie und lachte kurz auf. Die Fotos von ihrem Gesicht allerdings sind ganz und gar nicht lustig. Alles, was ich darauf sehen konnte, war eine Frau, ungefähr in meinem Alter, der es sichtlich schlecht ging und die offenbar an starken Schmerzen litt. »Obwohl ich furchtbar aussah, dachte ich nur, ich muss weiter Fotos machen, falls ich sterbe«, sagte sie voller Ernst. »Denn wenn ich sterbe, dann braucht es diese Fotos, damit alle sehen können, was mit mir passiert ist.«

Und die Fotos retteten Kanayo das Leben. Nachdem die Sanitäter:innen gegangen waren, ging es ihr so elend, dass sie nicht schlafen konnte. Sie konnte spüren, wie schwer ihr Atem ging, und bange wie ihr war, beschloss sie, die Fotos, die sie von sich gemacht hatte, ihrer Schwester zu mailen. »Ich mailte die Selfies meiner jüngeren Schwester: ›Kannst du bitte für mich in irgendeine Apotheke gehen, die Fotos dort vorzeigen, damit die wissen, wie ich aussehe‹, und ich hängte noch ein weiteres Foto an: ›Hier, das sind alle Medikamente, die ich verordnet bekommen habe‹«, erzählte sie. Und das war ein ganz schöner Cocktail, darunter immer noch Carbamazepin sowie Steroide, Antihistaminika und Paracetamol, das sie kaum runterbekam. Ihre Schwester erklärte einem Apotheker die Situation, der nach dem ersten Blick auf Kanayos Gesicht riet, dringend einen Arzt aufzusuchen.

»Sieht aus, als hätte ihre Schwester eine Reaktion auf ein Arzneimittel. Sie muss sofort ins Krankenhaus«, meinte der Apotheker. Und ihre Familie brachte sie sofort dorthin. Kaum dass sie die Notaufnahme betreten hatte, kollabierte Kanayo. »Mein Körper hat einfach aufgegeben, und sie mussten mich wiederbeleben.« Sie wurde stationär aufgenommen. Die Diagnose lautete Stevens-Johnson-Syndrom, eine seltene, lebensbedrohliche Hauterkrankung, die durch eine akute Überempfindlichkeitsreaktion auf ein Medikament verursacht werden kann. Carbamazepin, das Medikament, das Kanayo einige Wochen zuvor verordnet bekommen hatte, steht auf der Liste der Webseite des National Health Service (NHS) als einer der häufigsten Auslöser für dieses Syndrom. »Äußerlich siechte ich dahin, während sich die Schleimhäute meiner inneren Organe langsam auflösten«, erklärte Kanayo. »Und das hat dazu geführt, dass ich einen Herzstillstand erlitt«, sagte sie.

Nachdem Kanayo im Krankenhausbett wieder zu Bewusstsein gekommen war, wurde sie ärztlich untersucht. »Es war eine Schwarze Ärztin«, erzählte sie. »Und ihre erste Reaktion, als sie mich erblickte, war, ›Oje, so sehen Sie bestimmt nicht immer aus, Sie müssen große Schmerzen haben‹. Daraufhin ich, ›Sie sind die Erste, die das tatsächlich sieht und ernst nimmt‹. Bei allen anderen, bei denen ich bis jetzt war – leider waren sie allesamt *weiß* –, hieß es immer nur, ›Hier, nehmen Sie Paracetamol‹ oder ›Manchmal wird es schlimmer, bevor es besser wird‹. Dass ich höllische Schmerzen litt und völlig entstellt aussah, darauf war noch keiner eingegangen«, betonte sie. Es dauerte über eine Woche, bis Kanayo aus dem Krankenhaus entlassen werden konnte. »Was wäre denn gewesen, fragte ich mich im Stillen, wenn ich in genau diesem Zustand angekommen wäre, nur mit einer etwas helleren Haut – wenn ich *weiß* wäre –, wie hätte man dann reagiert?«

Genau wie ich damals bei meinem Ekzem vermutet auch Kanayo, dass ihre Krankheit vielleicht schneller diagnostiziert worden wäre, wenn sie *weiß* gewesen wäre. In meinem Fall war die verzögerte Diagnose nicht so schlimm, in Kanayos Fall aber ging es um Leben und Tod. Zwar ist es unmöglich, definitiv zu ermitteln, inwieweit ihre Hautfarbe die medizinische Behandlung beeinflusst hat, doch es gibt zahllose Beweise dafür, dass Systemischer Rassismus und Alltagsrassismus, die in allen Gesellschaften auf der Welt existieren, auch medizinische Einrichtungen durchdringen. Inwiefern Vorurteile und Stereotypen auch im Gesundheitsbereich wirken, Handlungen von Ärzt:innen und Pflegepersonal beeinflussen und gesundheitliche Ungleichbehandlungen aufgrund von Hautfarbe und Ethnie noch verschärfen können, genau das will ich im Weiteren erkunden.

▪

Nach ihrem entsetzlichen Martyrium begann sich Kanayo für alles rund um das Thema rassistische Vorurteile in der Medizin zu interessieren. Sie wollte mehr erfahren über die seltene Erkrankung, die sie durchlitten hatte, ging auf die Webseite des NHS und gab den Begriff »Stevens-Johnson-Syndrom« ins Suchfeld ein. »Und siehe da, nur Bilder von dem Syndrom auf *weißer* Haut«, erzählte sie mir. Ein paar Monate nach meinem Gespräch mit Kanayo startete ich den gleichen Suchlauf noch einmal, und tatsächlich: Auf der Seite war ein einziges Foto, das rötliche Wunden auf einem hellhäutigen Arm zeigte*. Aus purer Neugierde gab ich den Begriff »Stevens-Johnson-Syndrom« auch noch in die Google-Bildersuche ein. Ich musste etwas nach unten scrollen, bevor ich überhaupt irgendwelche Fotos fand, die die Ausprägungen der Erkrankung auf dunklerer Haut zeigten. Und eines dieser Fotos war von Kanayo. Ich klickte es an und wurde zu einem wissenschaftlichen Artikel mit dem Titel »Stevens-Johnson-Syndrom bei Patientin of Colour: Fallbericht und Beurteilung der Diversität in der Medizinischen Ausbildung« weitergeleitet.[1] Es war ein medizinischer Bericht zum Fall Kanayo, verfasst von einer hauptsächlich aus angehenden Mediziner:innen bestehenden Gruppe, darunter Darlene Diep, Hauptautorin und Medizinstudentin am Burrell College of Osteopathic Medicine an der New Mexico State University.

Einzelfallberichte bieten Student:innen und Ärzt:innen eine gute Möglichkeit, aus individuellen Patientenerfahrungen zu ler-

---

* Der NHS hat seine Webseite zum Stevens-Johnson-Syndrom inzwischen aktualisiert und zeigt nun auch ein Foto eines Patienten mit dunklerer Haut mit diesem Krankheitsbild. Seit 2023 erscheint dieses Foto unter dem Stichwort »Stevens-Johnson-Syndrom« in der Google-Bildersuche relativ weit oben. Kleine Veränderung, große Wirkung. Ein tolles Beispiel, wie ich finde.

nen. Ich fand es sehr berührend zu sehen, dass Kanayo ihre Fotos geteilt hat, um ihre schreckliche Erfahrung in eine Bildungsressource für die internationale medizinische Gemeinschaft zu verwandeln. »Gott sei Dank können die Bilder nun zur medizinischen Ausbildung beitragen«, sagte sie zu mir. Der Fallbericht beschreibt Kanayo als eine »25-jährige Schwarze Frau mit Fitzpatrick-Hauttyp V* (braune Haut, die kaum jemals einen Sonnenbrand bekommt und schnell dunkel wird)«. Es folgt eine Beschreibung ihrer anfänglichen Symptome, um dann zu konstatieren, dass »mehrere Fehldiagnosen und die letztendliche Verschlimmerung des Zustands der Patientin zur Einlieferung ins Krankenhaus führten, wo sie kollabierte und wiederbelebt werden musste«. Weiter heißt es: »Der weitere Krankheitsverlauf in diesem Falle lenkte unsere Untersuchungen auf fehlende Abbildungen von Symptomen auf dunkler Haut bei SJS [Stevens-Johnson-Syndrom] in aktuell gängigen medizinischen Lehrbüchern«. Und abschließend heißt es: »Unsere Analyse zur Bewertung des Falls zeigt auf, dass Darstellungen von SJS auf Haut of Colour in medizinischen Fach- und Lehrbüchern deutlich unterrepräsentiert sind [...] und dass eine verstärkte

---

* Die Fitzpatrick-Skala wurde 1975 vom Dermatologen Thomas Fitzpatrick entwickelt, um die Auswirkungen von Sonneneinstrahlung auf menschliche Haut besser abschätzen und vorsorglich behandeln zu können. Auch heute noch ist sie eine medizinische Grundlage. Dazu muss man allerdings sagen, dass die Skala auch sehr in der Kritik steht: Fitzpatricks Skala bestand zunächst nur aus vier Hauttypen, die alle hell waren, erst später wurden »braun« und »schwarz« mehr oder weniger als Anhängsel hinzugefügt. Dabei unbeachtet bleiben die verschiedensten Ausprägungen des Hauttons in diesen »Kategorien«, die natürlich genauso divers sind wie in den »weißen« Kategorien. All das zeigt den eurozentristischen Blick dieses Arztes und der Medizin, der sich durch die fortwährende Verwendung dieser Skala weiter reproduziert (Anm. d. Red.).

Einbindung von krankhaften Hautveränderungen bei dunkelhäutigen Patient:innen für die Ausbildung von medizinischem Fachpersonal unabdingbar ist, um lebensbedrohliche Hauterkrankungen bei People of Colour rasch und präzise erkennen zu können.« Sie stellten fest, dass das Stevens-Johnson-Syndrom in fünf der gängigsten medizinischen und dermatologischen Lehrbücher überwiegend anhand von hellhäutigen Menschen dargestellt wird: Ganz konkret zeigen die Abbildungen zu 80 Prozent *weiße* Menschen mit Fitzpatrick-Hauttyp I–III (hellere Hauttöne) und nur zu 20 Prozent Menschen mit Fitzpatrick-Hauttyp IV–VI (dunklere Hauttöne).

Diese Ergebnisse stimmen überein mit jenen, die die Soziologin Patricia Louie in einer früheren Studie bereits vorgelegt hat, und die wir eingangs kurz gestreift haben. Louie verglich die Repräsentanz verschiedener Hauttöne in der gängigen medizinisch-dermatologischen Fachliteratur mit ihrer jeweils prozentualen Verteilung in der US-amerikanischen Gesamtbevölkerung.[2] Sie greift auf eine Umfrage aus dem Jahr 2012 zurück, in der die Teilnehmenden aufgefordert waren, ihren individuellen Hautton anhand der Massey-Martin-Hautfarbenskala zu bestimmen. Auf Grundlage dieser Erhebung ergab sich folgende Hochrechnung: 63 Prozent der US-Bevölkerung haben einen »hellen« Hautton, 26 Prozent einen »mittleren« und 11 Prozent einen »dunklen«. Doch Louies Analyse der Farbfotos in medizinischen Fachliteraturen unter Verwendung derselben Klassifizierungsskala ergibt ein komplett anderes Bild: 75 Prozent der Beispielfotos zeigen »helle« Hauttypen, 21 Prozent »mittlere« und nur 5 Prozent »dunkle«. Diese erkennbare Dominanz der westlichen Medizin in weiten Teilen der Welt führt bereits in der medizinischen Ausbildung zu Verzerrungen, mit schädlichen Folgen für BIPoC, und zwar überall auf der Welt, auch und gerade in Afrika, wo die Bevölkerung mehrheitlich Schwarz ist.[3]

Der Fallbericht von Diep und Kolleg:innen bezieht sich auf einen anderen Fall, der dem von Kanayo erschreckend ähnlich ist und zwei Jahre zuvor in einem separaten Bericht veröffentlicht wurde. Er handelt von einer »46-jährigen afroamerikanischen Patientin«, die ganze dreimal in der Notaufnahme vorstellig wurde, ehe sie schließlich in ein Krankenhaus eingeliefert und mit dem Stevens-Johnson-Syndrom diagnostiziert wurde.[4] »Die Ähnlichkeiten zum Fall unserer Patientin unterstreichen einen erkennbaren Trend, wonach entsprechende Kenntnisse zur Früherkennung dieser lebensbedrohlichen Erkrankung bei Patient:innen mit dunkler Hautfarbe kaum vorhanden sind«, schreiben Diep und Kolleg:innen in ihrem Bericht. Nun sind Einzelfallberichte natürlich nur anekdotische Evidenzen, doch auch systematischere Untersuchungen spielen darauf an, dass Ärzt:innen und andere medizinische Fachkräfte ein Problem damit haben, Symptome auf dunklerer Haut richtig zu erkennen. Aus einer Umfrage unter 600 Nutzer:innen einer internationalen medizinischen Online-Lehrplattform ging hervor, dass nur 5 Prozent der Befragten von sich sagten, in der Diagnosestellung von Hauterkrankungen bei verschiedenen Hauttönen sicher zu sein.[5] Die Umfrage zeigte auch, dass Angehörige von Gesundheitsberufen, die berichteten, in ihrer Ausbildung auch integrative Lehrmittel kennengelernt zu haben, tendenziell mehr Vertrauen in die eigenen Diagnose- und Behandlungsfähigkeiten für verschiedene Hauttypen hatten. Dieses selbstsichere Vertrauen war auch mit der geographischen Lage verbunden: In Afrika und Lateinamerika fiel es vergleichsweise höher aus, obgleich dennoch nur 29 Prozent respektive 11 Prozent der Ärzt:innen in diesen Regionen von einer diesbezüglichen Selbstsicherheit berichteten. Und es variierte je nach Fachgebiet: Den prozentual höchsten Wert erzielten Dermatolog:innen (wenig überraschend, schließlich sind sie auf die Diagnose und Behandlung von Hautkrankheiten spezialisiert), den niedrigsten Kinderärzt:innen, sowie pädiatrische und nicht-pädiatrische Intensiv- und Notfallmediziner:innen.

Ich habe es immer als großes Glück empfunden, in einem Teil der Welt zu leben, wo ich weiß, dass jederzeit ein Rettungswagen kommen und mich in ein hoffentlich gut ausgestattetes Krankenhaus bringen kann, sollte es mal wirklich ernst um mich stehen. Doch nachdem mir Kanayo so viel über Verzerrungen in der medizinischen Diagnose erzählt hatte, war ich mir da nicht mehr ganz so sicher. Ich suchte das Gespräch mit einem Arzt in der Hoffnung, dass er mir und anderen BIPoC, speziell all jenen, die in überwiegend *weißen* Ländern leben, diese Besorgnis nehmen könnte. Carlos Charles war dafür genau der Richtige. Er ist praktizierender Dermatologe in New York, wo er sich 2012 mit einer eigenen Praxis namens Derma Di Colore niedergelassen und auf BIPoC-Patient:innen spezialisiert hat. »Ich habe damals einen Bedarf gesehen«, erzählte er mir. »Und dieser Bedarf besteht weiterhin.« Charles war voller Eifer, freute sich über das persönliche Gespräch und das Thema meines Buches. »Ja, es besteht ein enormer Bedarf«, betonte er noch einmal. »Wenn man sich die wichtigsten Lehrbücher der Dermatologie mal ansieht, so stellt man fest, dass sie sich fast immer nur auf *weiße* Haut beziehen, die meisten Fotos und die meisten Abbildungen zeigen hellere Hauttypen. Aber das spiegelt nicht ansatzweise die Realität«, sagte er. »Ich denke, das ist ein riesiges Problem.«

Charles war motiviert, mehr zu tun, um jenen Communitys zu helfen, die, wie er es formulierte, so aussehen wie er. In seinem medizinischen Fachgebiet der Dermatologie ist es besonders wichtig, Anzeichen und Symptome bei verschiedenen Hauttönen präzise erkennen zu können. »Wir stellen zwar Hautdiagnosen, aber das Schöne an unserem Fachgebiet ist, dass viele unserer Diagnosen auf innere Erkrankungen hinweisen – und das hat mich an der Dermatologie immer gereizt«, erklärt mir Charles. »Es ist also praktisch unsere Pflicht, eine Art Torwächter zu sein, um Dinge, die möglicherweise im Inneren vor sich gehen, nicht zu übersehen«, sagte er und hob hervor, dass Dermatolog:innen oft auch Krankheitsbilder im Blick haben müssen, deren Symptome sich zwar auf der Haut zeigen, aber von anderen Spezialist:innen, etwa aus den Bereichen der Rheumatologie oder Inneren Medizin, behandelt gehören. »Wenn wir entsprechende Symptome von Anfang an übersehen, führt dies zu einem schlechten Gesundheitsergebnis, da die potenzielle Erkrankung, welche auch immer es ist, fortschreiten und sich verschlimmern kann«, sagte er.

Charles legt überdies eine enorme Leidenschaft an den Tag, wenn es darum geht, seine Patient:innen aufzuklären und Informationen zu vermitteln und mit gefährlichen medizinischen Ammenmärchen aufzuräumen, wie beispielsweise mit der irrigen Vorstellung, dass Menschen mit dunkler Hautfarbe keinen Hautkrebs bekommen können. »Zwar kommt Hautkrebs bei dunkleren Hauttypen insgesamt seltener vor, sowohl schwarzer Hautkrebs als auch weißer Hautkrebs, aber er kommt vor«, sagte er. »Nur wird er bei dunklerer Haut tendenziell erst in einem fortgeschritteneren Stadium diagnostiziert«, fügte er hinzu, was die Behandlung dann umso schwieriger mache. Wie eine US-Studie aus dem Jahr 2016 ergab, hatten von knapp 96 000 Patient:innen mit melanotischem Hautkrebs, der tödlichsten Form dieser Krebsart, *weiße* Patient:innen die längste durchschnittliche Überlebenszeit, Schwarze hingegen die kürzeste.[6] Im Vergleich mit den teilnehmenden *weißen* Patient:innen war die Erkrankung bei den teilnehmenden Schwarzen Patient:innen im Schnitt auch deutlich weiter fortgeschritten, was mit Diagnosestellungen in einem späteren Stadium zusammenpasst. Dass sich Diagnosen verzögern und Erkrankungen nicht früh genug erkannt werden, so glaubt Charles, liege teils an einem nicht ausreichend geschulten ärztlichen Auge für Beschwerdebilder auf dunklerer Haut. Gleichwohl, so glaubt er, tragen auch weit verbreitete Mythen über dunklere Haut dazu bei, die angeblich keinen Sonnenschutz brauche.

Klar, auch ich kenne diese Mythen. Als ich Charles so zuhörte, musste ich daran denken, wie einer meiner Lehrer meine Mitschüler:innen anhielt, für den anstehenden Schulausflug doch bitte auch Sonnencreme einzupacken, seinen Blick dann auf mich lenkte, lachte und meinte, dass *ich* so was ja wohl nicht bräuchte, da ich mit meiner braunen Haut ja einen natürlichen Schutz vor UV-Strahlung hätte. Ironischerweise bekam ich auf besagtem Ausflug meinen allerersten Sonnenbrand.

Mythen wie diese können sich auch dadurch verstetigen, dass die Vielfalt menschlicher Hauttöne in Werbeanzeigen für Sonnenschutz oder in gesundheitsbezogenen Messenger-Diensten nicht berücksichtigt wird, und somit das Gesundheitsverhalten von klein auf beeinflussen.

Eine in den USA durchgeführte Umfrage unter mehr als 5000 Fünftklässler:innen (im Alter zwischen 10 und 11 Jahren) und ihren hauptsächlichen Aufsichtspersonen ergab, dass Schwarze und hispanische Kinder weniger konsequent und damit weniger häufig zu Sonnenschutzmitteln greifen als *weiße* Kinder.[7] Dieses Muster setzt sich bis ins Erwachsenenalter hinein fort; und aus einer anderen Umfrage unter mehr als 2000 erwachsenen US-Bürger:innen ging hervor, dass lediglich 39 Prozent der afroamerikanischen Befragten angaben, überhaupt jemals ein Sonnenschutzmittel verwendet zu haben.[8]

Die Tatsache, dass viele Sonnenschutzrezepturen vor allem für hellere Hauttypen gemacht sind, macht die Sache wohl nicht einfacher. In einem Blogpost, veröffentlicht von 4.5.6 Skin, einem von Charles mitbegründeten Unternehmen für Haut- und Schönheitspflege, das eigens auf die Herstellung von Produkten für dunklere Hauttypen ausgerichtet ist, weist Charles darauf hin, dass viele Sonnencremes beim Auftragen auf dunkler Haut sichtbare weiße Rückstände hinterlassen, einen »weißen Film«, wodurch die Leute wohl erst recht abgeschreckt sind, sie zu benutzen.[9] Doch der Blogpost ermutigt Menschen aller Hautfarben dazu, Sonnenschutzmittel zu verwenden, und führt einige Beispielprodukte an, die für dunklere Hauttypen besser geeignet sind.

Auch wenn vorbeugende Maßnahmen wie die regelmäßige Verwendung von Sonnenschutzmitteln der Hautgesundheit zugutekommen und daher unterstützt werden sollten, entbindet dies Ärzt:innen und Gesundheitsfachkräfte nicht von einer fachkundigen Behandlung aller Patient:innen, egal welche Haut sie haben – insbesondere im Bereich der Dermatologie. Charles ist der festen Überzeugung, dass alle Dermatolog:innen ganz gleich welcher Hautfarbe sich im fachkundigen Umgang mit BIPoC-Patient:innen schulen können. »Viele Symptome manifestieren sich auf dunkler Haut ganz anders als auf heller«, meinte er, als ich ihm von meiner Odyssee erzählte, bis ich endlich die Diagnose einer atopischen Dermatitis bekommen hatte. »Atopische Dermatitis stellt sich auf dunkler Haut ganz anders dar als auf heller«, erklärte er. »Man muss wissen, worauf man achten muss.« Doch laut Charles ist es damit nicht getan: Es kommt auch darauf an, dass Ärzt:innen lernen, wie sie ihren Patient:innen wichtige Informationen unter Einbezug ihrer jeweiligen Hautfarbe vermitteln können.

Während ich an diesem Kapitel schrieb, telefonierte ich einmal mit meiner jüngeren Schwester, die in Großbritannien lebt und ebenfalls unter atopischer Dermatitis leidet. Sie erzählte mir von einem ziemlich frustrierenden Telefongespräch mit einem Arzt, der ihr geraten hatte, auf »Hautrötungen« zu achten, da dies ein Alarmzeichen sei und sie dann eine Überweisung zu einem Facharzt bräuchte. »Aber ich habe keine Rötungen«, entgegnete sie dem Arzt, der ihr ansonsten keine weiteren Symptome nennen konnte, auf die sie achten solle. Es sei nicht das erste Mal gewesen, dass sie in der Kommunikation mit Mediziner:innen so etwas erlebte, erzählte sie mir. Wie Charles bereits sagte –: »Vertrauen ist das A und O in dieser Dynamik«.

Für Kanayo ist dieses Vertrauen erschüttert. Nachdem sie mir erzählt hatte, was sie alles durchmachen musste, fragte ich sie, ob und inwiefern sich diese Erfahrungen auf ihr Vertrauen in das Gesundheitssystem in ihrer jetzigen Heimat England ausgewirkt hätte. »Ich weiß, dass ich meine Stimme öfter erheben muss, als dies eigentlich notwendig sein sollte«, begann sie. »Ich meine, wenn man Schmerzen hat, dann kommt manchmal der Punkt, wo man denkt, die Leute werden schon von allein merken, dass ich Schmerzen habe. Aber als Schwarze Frau … ja, wir müssen unserem Schmerz buchstäblich eine Stimme geben. Und wenn wir unseren Schmerz nicht selbst verbalisieren können, dann brauchen wir Menschen an unserer Seite, die dies für uns tun«, sagte sie. Kanayo war schon immer sehr bedacht auf ihre Gesundheit gewesen, vor ihrem Leidensweg, und danach umso mehr. Und das geht inzwischen so weit, dass sie alles infrage stellt, was sie in den Sprechstunden zu hören bekommt. »Wenn irgendein Arzt mir dies oder das sagt, dann mache ich mir Notizen, recherchiere selbst, nutze dafür Google Scholar – ich lese sämtliche medizinische Studien zu diesem oder jenem Medikament, das man mir verordnen will, nur damit ich beruhigt bin«, erzählte sie mir.

Ich wollte von Charles wissen, was er von Kanayos Ansatz hielt und welchen Rat er Patient:innen wie ihr geben würde, die ein ebenso ausgeprägtes Bedürfnis verspüren, die Dinge in die eigenen Hände zu nehmen und alles, was man ihnen anträgt, noch einmal doppelt und dreifach gegenzuchecken. »Ich denke, dass es nicht den Patient:innen obliegt, das Internet zu durchforsten, um in Eigenregie über sich und ihren Zustand zu befinden«, entgegnete Charles. Tatsächlich weiß ich aus eigener Erfahrung, dass Recherchen im Internet, um eine Selbstdiagnose zu stellen, im besten Fall ziemlich stressig sein können, im schlimmsten Fall aber auch sehr gefährlich; vom zusätzlichen Arbeitsaufwand, der für People of Colour damit verbunden ist, mal ganz zu schweigen. Zugleich kann ich Kanayos inneren Drang, sich vor *racial bias* in *weißen* Arztpraxen schützen zu wollen, sehr gut nachvollziehen. Und abgesehen davon, dass Charles den Rassismus am liebsten aus der Welt zaubern würde, hat er noch einen kleinen Rat parat: »Es kann nicht schaden, ein wenig nachzuforschen, mit wem man es zu tun hat.«

Leider haben die Patient:innen nicht immer die freie Wahl, zu welchen Ärzt:innen sie gehen können. »Zu mir kommen hauptsächlich Patient:innen, die krankenversichert sind«, sagte Charles und fügte hinzu, dass dies sowohl für nicht-versicherte als auch für versicherte Patient:innen ein Hemmnis darstellen könne. »Ich könnte noch endlos weiterreden über die Schwierigkeiten mit diesen Versicherungen«, sagte er. Selbst in Großbritannien, wo jeder freien Zugang zur Gesundheitsversorgung hat, entscheidet mitunter der Geldbeutel darüber, welche Art von Behandlung man sich leisten kann oder eben nicht. Ich selbst habe schon zweimal tief in die Tasche gegriffen, um mich wegen meiner Hautprobleme in privatärztliche Hände zu begeben, in der Hoffnung endlich eine Diagnose zu bekommen (was nicht geschah). »Tatsächlich aber hegt jeder Mensch unbewusste Vorurteile. Und die sollten wir auf den Prüfstand stellen«, sagte Kanayo.

Das sehe ich genauso – Ärzt:innen sollten das Überprüfen ihrer bewussten und unbewussten Vorurteile als einen zentralen Bestandteil ihres Hippokratischen Eids erachten. Denn Alltagsrassismus, der sich in Beziehungen zwischen Arzt:Ärztin und Patient:in manifestiert, hat Auswirkungen auf die Gesundheit.

▪

Ich kann mich noch gut an ein recht verunsicherndes Gespräch mit meiner behandelnden Ärztin erinnern, damals in Oxford, wo ich Doktorandin war. Ich weiß nicht mehr genau, wann das war oder warum genau ich den Termin gemacht hatte, vermutlich wollte ich mir nur ein Folgerezept für die Antibabypille abholen. Sie begann mir eine ganze Reihe von Fragen zu meinem Sexualleben zu stellen, schien meinen Antworten gegenüber aber recht argwöhnisch. Nach einer Weile empfahl sie mir, mich auf HIV testen zu lassen, und drückte mir Informationen über eine entsprechende Klinik in die Hand. Ich dachte mir nicht viel dabei, bis ich aufstand und gehen wollte.

Ich war direkt nach meiner Arbeit im Uni-Labor in ihre Sprechstunde gekommen, und als ich mich beim Aufstehen leicht vorbeugte, um meine Jacke zu nehmen, schwang das Schlüsselband, das ich um den Hals trug, mit nach vorne. An diesem Band hingen zwei Karten – die eine zeigte das NHS-Logo, denn das Forschungslabor, in dem ich für meine Doktorarbeit arbeitete, befand sich in einem akademischen Institut, das der Uni-Klinik angegliedert war, und auf der anderen stand in Großbuchstaben »University of Oxford«. Ich sah, wie ihr Blick darauf fiel, und merkte, wie sich plötzlich ihre ganze Haltung mir gegenüber änderte.

»Oh, Sie arbeiten im Krankenhaus?«, fragte sie.

»Im Forschungsinstitut daneben, ja. Als Doktorandin«, antwortete ich.

»Wow, wirklich? An der Uni?«, antwortete sie und meinte die University of Oxford.

»Ja, genau.« Sie schien schwer beeindruckt.

Sie zeigte sich ganz interessiert, fragte nach und wir fachsimpelten ein wenig über meine Forschung an verschiedenen Viren, während ich in meine Jacke schlüpfte und Richtung Tür ging. Doch bevor ich die Klinke drückte, sagte sie so etwas wie: »Ach übrigens, machen Sie sich wegen des HIV-Tests keine Sorgen. Ich halte es für sehr unwahrscheinlich, dass Sie HIV-positiv sind.« Sie sagte das so beiläufig, dass ich schon aus der Tür war, bevor ich begriff, was sie da eigentlich gesagt hatte.

Wie immer in solchen Gesprächssituationen habe ich keinerlei Beweise dafür, dass die Ärztin irgendetwas falsch gemacht hat, und ich unterstelle ihr auch keine böse Absicht. Außerdem trug ich ja auch nicht wirklich Schaden davon; also tat ich den Vorfall schnell ab, wertete ihn allenfalls als rassistische Mikroaggression.* Ich weiß noch, dass ich mich bei meiner Mutter und meiner Schwester sowie einigen meiner Freund:innen darüber ausgelassen habe, die

---

* Rassistische Mikroaggressionen sind ständig vorkommende Sticheleien, alltägliche verbale oder verhaltensbedingte Äußerungen, feindselige oder abfällige rassistische Beleidigungen und Kränkungen gegenüber People of Colour, ob absichtlich oder unabsichtlich (Anm. d. Red.).

das alles sehr gut nachempfinden konnten, aber damit hatte sich die Geschichte. Und ich hatte auch gar nicht vor, in diesem Buch darüber zu schreiben. Doch irgendwann, im Gespräch mit den vielen anderen Menschen, die mir von ihren Erfahrungen mit der medizinischen Versorgung erzählten, wurde mir langsam klar, dass das, was mir passiert war, Teil eines viel größeren Problems ist, das sich auch in der Medizin in Form von Klischees, Vorurteilen oder rassistischen Äußerungen zeigt.

Wenn ich heute über das Erlebnis mit meiner Ärztin damals nachdenke, kann ich gut erkennen, dass ihr Verhalten und ihre Worte vermutlich von einer ganzen Reihe unbewusster Vorurteile geleitet waren. Von dem Moment an, da ich das Sprechzimmer betreten und Platz genommen hatte, kamen in ihr wohl unbewusste Vorurteile in Gang, über mich und mein Leben, die ausschließlich auf meinem äußeren Erscheinungsbild basierten. So wird sie mich als Schwarze wahrgenommen und als solche rassifiziert haben, und als sie dann begann, mich zu meinem Sexualleben zu befragen, war sie möglicherweise beeinflusst von dem Klischee, wonach Schwarze Frauen sexuell hyperaktiv seien und häufig wechselnde Sexualpartner hätten. Gleichzeitig, und ohne sich dessen bewusst zu sein, war sie wohl auch beeinflusst von einem gefährlichen Schubladendenken über HIV-positive Menschen und all die negativen Klischees, die mit Vorstellungen von Promiskuität und sexueller Unmoral verbunden sind.

Als sie dann zufällig mitbekam, dass ich Doktorandin an einer Eliteuniversität war, widersprach dies möglicherweise unbewusst ihrer vorgefassten Meinung sowohl über mich als eine Schwarze Britin als auch über die vermeintliche soziale Schicht, in die sie mich eingeordnet hatte – neben Rassismus ist in Großbritannien auch Klassismus überaus lebendig. Urplötzlich entsprach ich also nicht mehr so ganz ihren unbewussten Vorstellungen darüber, wie eine HIV-positive Person sein sollte, und entsprechend änderte sich ihre Bewertung über mein HIV-Risiko.

Dies ist äußerst problematisch. Rassistische und klassistische Klischees zu bedienen, heißt auch, Stigmatisierungen lebendig zu halten, die sich gegen Menschen richten, die mit HIV leben oder sich darauf testen lassen wollen (was wir eigentlich unbedingt fördern sollten). Als ich Saidy Brown – wir haben die südafrikanische HIV-Aktivistin bereits weiter oben kennengelernt – von meinem Erlebnis erzählte, pflichtete sie mir bei: »Die Menschen urteilen schnell über HIV-Infizierte, nur weil sie HIV-infiziert sind«, sagte Saidy. »Es gibt viel Rassismus, viel Stigmatisierung.«

Ich habe auch mit Jay Kaufman, dem Epidemiologen an der McGill-University in Kanada, den wir ebenfalls bereits kennen, über diese Erfahrung gesprochen. Er betonte die Tatsache, dass Ärzt:innen und andere Angestellte im Gesundheitswesen genau den gleichen Vorurteilen und gefährlichen rassistischen Klischees unterliegen wie der Rest von uns. »Auch Ärzt:innen sitzen nach Feierabend daheim und sehen die gleichen Fernsehsendungen wie alle anderen, sind alldem genauso ausgesetzt wie alle anderen auch«, sagte Kaufman. »Rassismus auch in der Medizin als Problem zu erkennen und anzuerkennen, ist beiden Seiten dienlich, Ärzt:innen *und* Patient:innen.«

Ich habe enormen Respekt vor Menschen, die in medizinischen Berufen arbeiten – und zu diesem Respekt gehört die Einsicht, dass auch sie nur Menschen sind, und Menschen sind nun mal fehlbar. Dies gilt auch für die Ärztin, bei der ich damals in Oxford Patientin war. Und ich habe bestimmt nicht die Absicht, sie als Person zu diskreditieren, wenn ich diese Geschichte hier erzähle. Es geht mir vielmehr darum herauszufinden, welche Faktoren zu derlei Verhaltens- und Vorgehensweisen in der Medizin beitragen, um daraus zu lernen und die Institution Medizin fairer zu machen. Keine neue Idee: Viele Menschen innerhalb und außerhalb der Medizin, darunter viele Medizinstudent:innen und Ärzt:innen überall auf der Welt, arbeiten längst schon daran, die Medizin gerechter zu machen.

Malone Mukwende, der Londoner Medizinstudent und Co-Autor von *Mind the Gap: A Handbook of Clinical Signs in Black and Brown Skin* kennen wir ebenfalls bereits. Er hat über sein Buch hinaus zwei Webseiten ins Leben gerufen: *Black and Brown Skin*, eine Online-Datenbank mit Fotos, die verschiedene Hauterkrankungen auf dunkleren Hauttypen zeigen, und *Hutano*, eine frei zugängliche Gesundheitsplattform für BIPoC. In einem Vortrag 2021 auf »Talks at Google« (einer internationalen, von Google betriebenen Gesprächsreihe; Anm. d. Ü.) präsentierte Mukwende seine Vision für die Zukunft der Medizin. Er verwies auf die medizinische Ausbildung als einen Schlüsselbereich für Verbesserungen. »Ich denke, der nächste Schritt an britischen [Universitäten], insbesondere im Gesundheitsbereich, besteht darin, zu gewährleisten, dass die Studierenden – egal, in welchem Semester sie sich gerade befinden – weiterhin eindringlich darauf hinweisen, wann immer ihnen auffällt, dass man in Lehrbüchern zwar alles zu Meningitis findet, aber nichts zu Krankheitssymptomen auf dunklerer Haut«, sagte er. »Ich denke, irgendwann werden wir eine Erneuerung dieser Strukturen erleben, einen großen Wandel«, fuhr Mukwende fort. Doch so ein Wandel erfordert Engagement und Einsatz, nicht nur von Medizinstudent:innen, sondern von der gesamten Ärzt:innenschaft. »Als Berufsstand insgesamt, habe ich das Gefühl, dass wir bislang noch nicht genug getan haben«, schloss er.

Glücklicherweise ist Mukwende nicht allein mit seinem

Wunsch, die Dinge zum Besseren zu wenden. Neben Ressourcen wie *Mind the Gap* und *Black and Brown Skin* gibt es auch andere Tools und Programme, die dazu beitragen sollen, die Menschheit in der medizinischen Ausbildung repräsentativer abzubilden. »Es gibt eine wunderbare Ärztin namens Dr. Sharon Belmo, und sie hat tatsächlich damit begonnen, das Curriculum für Student:innen der Dermatologie neu zu schreiben«, erzählte mir Kanayo. Belmo, selbst Dermatologin, schrieb 2021 das erste Unterrichtsprogramm »Dermatology for skin of colour« für die Facharztausbildung Dermatologie an britischen Universitäten.[10] Sie ist außerdem Mitbegründerin und Leiterin für klinische Studien am 2016 ins Leben gerufenen Centre of Evidence Based Dermatology Skin of Colour Resource. Auch in den USA gibt es Bemühungen, die Vielfalt menschlicher Hauttöne im Medizinstudium stärker zu berücksichtigen. An der Medizinischen Fakultät der University of New Mexico etwa sind Medizinstudent:innen und Lehrkräfte gemeinsam dabei, Materialien zu sammeln, um einen Dermatologischen Atlas mit Bildbeispielen von Symptomen auf verschiedenen Hauttypen zu erstellen.

Auch Unternehmen erkennen zunehmend die Notwendigkeit besserer Bildungsressourcen. Das US-Unternehmen VisualDx, das ein gleichnamiges klinisches Decision Support System entwickelt, rühmt sich auf seiner Webseite damit, dass fast 29 Prozent der Bildmaterialien in der firmeneigenen Datenbank dunklere Hauttypen zeigen (Typ IV–VI nach der Fitzpatrick-Skala). Doch um Vorurteile in der medizinischen Ausbildung abzubauen, reicht es nicht aus, einfach immer mehr Bilder von Hauterkrankungen auf dunklerer Haut hinzuzufügen. Fakt ist: In US-amerikanischen Lehrbüchern werden Hauterkrankungen auf überwiegend hellerer Haut dargestellt – mit einer bemerkenswerten Ausnahme: Sexuell übertragbare Krankheiten werden vergleichsweise häufiger auf dunkleren Hauttypen demonstriert, wodurch Stigmatisierung oder Stereotypisierung aufgrund von *race* buchstäblich fortgeschrieben und einmal mehr lebendig gehalten werden. Möglicherweise hat diese Art von Verzerrung auch die Wahrnehmung meiner Ärztin aus Oxford unbewusst geprägt.

Eine US-amerikanische Studie von 2019, die Abbildungen aus zwei gängigen medizinischen Lehrbüchern und einem häufig eingesetzten Unterrichts-Set untersuchte, ergab, dass Darstellungen von sexuell übertragbaren Krankheiten häufiger auf dunklen Hauttypen gezeigt waren als andere Krankheiten – bei Abbildungen von sexuell übertragbaren Krankheiten lag der Anteil geschätzt zwischen 47 und 58 Prozent, bei Abbildungen anderer Krankheiten bei geschätzten 28 Prozent.[11] Was die medizinische Ausbildung anbelangt, helfen Vorurteile bezüglich des Hauttons niemandem weiter, nicht den angehenden Ärzt:innen, die lernen, Krankheiten zu erkennen und zu diagnostizieren, und schon gar nicht ihren künftigen Patient:innen. Umso wichtiger also, angehende Mediziner:innen im Erkennen von Hauterkrankungen auf dunklerer Haut gut zu schulen, damit am Ende alle Beteiligten profitieren.

▪

Der Mangel an Vielfalt in medizinischen Lehrbüchern ist leider nur ein Beispiel dafür, wie sich Rassismus in der Medizin manifestiert. Bewusste und unbewusste Vorurteile und stereotype Annahmen zeigen sich auch darin, inwieweit Patient:innen zugehört und geglaubt wird, wenn sie ärztliche Hilfe in Anspruch nehmen wollen. Neben *race* oder Ethnie beziehen sich diese Vorurteile natürlich auch auf verschiedene Gender. Während ich die Geschichten zu diesem Buch sammelte, fiel mir irgendwann auf, dass es eine

Sache gibt, die sich wie ein roter Faden durch alle durchzuziehen scheint: Viele Patientinnen, und insbesondere Frauen of Colour, fühlen sich in Krankenhäusern und Praxen ungesehen und ungehört, wie wir anhand der angeführten Beispiele in diesem Buch bereits zur Genüge gesehen haben.

Man glaubte Serena Williams nicht: »Die Ärzte hören uns einfach nicht zu«, hatte sie in einem Interview mit der BBC gesagt, als sie davon erzählte, wie sie nach der Entbindung immer wieder darauf drängen musste, wegen vermuteter Blutgerinnsel in ihrer Lunge doch endlich untersucht zu werden.

Man glaubte D'lissa Parkes nicht: Statt ihr zuzuhören, hatte man sie nach Hause geschickt, einen Tag, bevor sie starb. Noch dazu wurde sie laut ihrer Mutter Sylvia vom behandelnden Arzt mit dem unangebrachten Kommentar abgespeist, die Becken von Schwarzen Frauen seien eben anders geformt als die von *weißen* Frauen.

Man glaubte Naomi Williams nicht: 18-mal besuchte sie das Krankenhaus in den Monaten vor ihrem Tod, beschwerte sich schriftlich bei der Klinikleitung. »Das Krankenhaus behandelte Naomi weiterhin wie Luft, egal, was wir sagten oder taten«, erzählte ihre Mutter Sharon.

Man glaubte Carol Ighofose nicht: Als sie dem Notfallsanitäter wiederholt sagte, »Ich bin Ärztin, und ich glaube, ich habe einen Herzinfarkt«, bekam sie nur die lapidare Antwort: »Ach, ihr Ärzte geht immer vom Schlimmsten aus«.

Und man glaubte Kanayo Dike-Oduah nicht: Dreimal suchte sie Hilfe in der Notaufnahme, und dreimal wurde ihr nicht zugehört, bis sie schließlich vor Ort kollabierte, wiederbelebt und stationär aufgenommen werden musste.

Diese Beispiele sind nur einige der uns bekannten Fälle, Fälle, bei denen Betroffene oder ihre Familien sich mutig dazu entschlossen haben, ihre Erfahrungen öffentlich zu machen. Es gibt wahrscheinlich zahllose weitere Geschichten wie diese, viele weitere Fälle, in denen das Leben der Menschen in ähnlicher Weise am seidenen Faden hing oder auch verlorenging. Aktives, empathisches Zuhören ist ein wesentliches Element in der Interaktion mit jedem:r einzelnen Patient:in im Gesundheitswesen, nicht nur in medizinischen Notfällen. Eine gute, patient:innenzentrierte Kommunikation geht einher mit insgesamt besseren Gesundheitsergebnissen.[12] Rassismen jedoch, bewusste und unbewusste Vorurteile eingeschlossen, stehen dem leider viel zu oft im Wege.

Doch Rassismus, und das ist mit das Schlimmste daran, ist nicht nur häufig schwer zu beweisen, sondern die Beweislast obliegt fast immer den Betroffenen – auch in der Medizin. Und dies führt uns zu Susan Moore, die genau deshalb beschloss, ihre Behandlung im Krankenhaus zu dokumentieren. Aber von vorne: Susan, eine Schwarze Hausärztin in Indiana, war 52, als sie 2020 an Covid erkrankte und ins Krankenhaus kam, wo sie im Dezember des gleichen Jahres verstarb. Susan teilte ihre Erfahrungen in einem herzzerreißenden Video, das sie etwa zwei Wochen vor ihrem Tod in den sozialen Medien veröffentlichte. In dem Video, aufgenommen mit ihrem Smartphone im Selfie-Modus, liegt Susan in einem Krankenhausbett mit Sauerstoffschläuchen in der Nase. Ihre Stimme klingt heiser, ihr Atem hörbar angestrengt. Sie beschreibt, dass sie unerträgliche Schmerzen hatte, dass ihr Schmerzstiller aber verweigert wurden, bis eine Computertomographie offenbarte, wie schlimm es wirklich um sie steht. »Mir ist nicht wohl dabei, Ihnen noch mehr Schmerzmittel zu geben«, hatte ihr ein Arzt gesagt. »Ich hatte so starke Schmerzen, ausgehend von meinem Hals, mein Hals tat so höllisch weh. Ich war völlig fertig. Er gab mir das Gefühl, als sei ich tablettensüchtig, er wusste, dass ich Ärztin bin«, erzählte

Susan in ihrem Video. »Aber ich bin nicht medikamentenabhängig. Ich verging einfach nur vor Schmerzen«, fügte sie hinzu.

Anstatt ihre Schmerzen zu behandeln, wollte der Arzt sie nach Hause schicken. Er hatte vor, sie am Samstag um zehn Uhr abends zu entlassen, mitten in der Nacht, was Susan wie eine Drohung empfand. »So bringt man Schwarze um«, sagte sie. »Ich musste mit jemandem darüber reden, mit den Medien vielleicht, mit irgendwem, damit alle wissen, wie ich hier an diesem Ort behandelt werde.«

Völlig verzweifelt, so Susan, habe sie sachte nachgefragt, ob es denn möglich wäre, sie in ein anderes Krankenhaus zu verlegen. »Ich weiß noch, dass ich als Nächstes ein CT im Halsbereich bekommen habe, mit Kontrastmittel und ohne. Das CT reichte ein Stück in meine Lunge hinein, und man konnte neue Lungeninfiltrate und neue Lymphknotenschwellungen im gesamten Halsbereich erkennen. »Und plötzlich hieß es: ›Ja, wir kümmern uns um Ihre Schmerzen‹. Du musst erst den Beweis erbringen, dass etwas mit dir nicht in Ordnung ist, damit du die notwendige Medizin bekommst«, fuhr sie fort. »Und ich will behaupten, und bleibe dabei, dass ich, wäre ich *weiß* gewesen, all dies nicht hätte durchmachen müssen«, schloss sie.

Susan wurde schließlich aus dem Krankenhaus entlassen, nur um binnen zwölf Stunden erneut eingeliefert zu werden. Am 20. Dezember 2020 verstarb sie dort. Sie hinterließ ihren 19-jährigen Sohn Henry Muhammad. Laut Henry hatte sich seine Mutter daran gewöhnt, immer kämpfen zu müssen, um eine anständige medizinische Versorgung zu bekommen. »So war das fast jedes Mal, wenn sie im Krankenhaus lag, immer musste sie für sich selbst einstehen, in irgendeiner Form für etwas kämpfen, nur um das zu bekommen, was eigentlich selbstverständlich sein sollte: eine ordentliche Versorgung«, sagte er gegenüber der *New York Times* nach ihrem Tod.[13] Henry hatte keine Gelegenheit mehr, sich von seiner Mutter zu verabschieden. Gegenüber ABC News sagte er: »Ich bin so dermaßen schockiert und empört, dass ich keine Worte habe … denn wenn *das* wahr ist, was meine Mutter immer dachte, dass es blanker Rassismus ist und sie deshalb vernachlässigt wurde … nein, das wünsche ich niemandem.«[14]

Henrys Empörung fand weltweit großes Echo. Susans Fall erhielt breite mediale Aufmerksamkeit und löste Diskussionen über Rassismus aus, auch innerhalb medizinischer Kreise. »Wenn eine Ärztin bei ihren eigenen Kolleg:innen kein Gehör findet, damit ihr Leben gerettet wird, wer bitteschön soll ihr dann zuhören?«, fragten vier Gesundheitsexpert:innen in einem Meinungskommentar in der *Washington Post* nach Susans Tod.[15] Die Autorinnen Aletha Maybank, Camara Phyllis Jones, Uché Blackstock und Joia Crear Perry, alle aus den USA, schrieben: »Durch den Tod von Mr. George Floyd und so vielen anderen, die durch brutale Polizeigewalt misshandelt, verletzt oder getötet wurden, haben wir uns an den Anblick solcher Bilder gewöhnt. Aber Ungerechtigkeit im Gesundheitswesen wird selten per Handyvideo um die Welt geschickt oder tausendfach geteilt. Für die Öffentlichkeit bleibt diese Form von Ungerechtigkeit meist unsichtbar – es sei denn natürlich, man ist selbst Teil der Community, der diese Ungerechtigkeit widerfährt.«

Nicht verborgen allerdings bleibt diese Ungerechtigkeit, wenn man auf Statistiken blickt, in denen die Zahlen für die USA und andere Teile der Welt eine deutliche Sprache sprechen. Bereits 2020, Susans Todesjahr, war es belegt, dass es eindeutige rassistische Ungleichheiten dahingehend gab, wer an Covid 19 erkrankte und starb. Im Zuge meiner Arbeit als Journalistin berichtete auch ich damals über all diese Themen und stellte fest, dass es in der breiten Öffentlichkeit ein wachsendes Bewusstsein darüber gab, dass diese Ungleichheiten und Ungerechtigkeiten rassistisch motiviert sein könnten. Susans Tod jedoch löste eine tiefgreifendere Debatte aus, nicht nur über die Rolle von Systemischem Rassismus in der Gesellschaft, sondern auch über die Rolle von Alltagsrassismus innerhalb der medizinischen Berufe, wo er großen Einfluss auf die Gesundheitsergebnisse der Patient:innen nimmt.

Susan hatte Schmerzen, und trotz der Tatsache, dass sie selbst Ärztin war, nahm der behandelnde Arzt ihre Worte nicht ernst. Und das ist kein Einzelfall: Eine Auswertung der Daten zum Schmerzmanagement bei Akutschmerzen in US-amerikanischen Notaufnahmen von 1990 bis 2018 ergab, dass Schwarze und hispanische Patient:innen mit einer um 40 Prozent respektive 25 Prozent geringeren Wahrscheinlichkeit Schmerzstiller verabreicht bekamen als *weiße* Patient:innen.[16] Diese Ungleichheiten existieren auch außerhalb der USA und erstrecken sich sowohl auf chronische als auch auf akute Schmerzen. Eine kleinere retrospektive Studie mit Parkinson-Patient:innen in Großbritannien ergab, dass Proband:innen Schwarzer oder asiatischer Herkunft zu einem deutlich geringeren Anteil eine Schmerzmittelgabe berichteten als *weiße*, obwohl die im Fragebogen berichtete Schmerzbelastung bei allen ähnlich hoch lag.[17] Falsche rassistische Klischees sowie falsche Vorstellungen über biologische Unterschiede zwischen Schwarzen und *weißen* Menschen, wonach etwa Schwarze Haut dicker und schmerzresistenter sei als *weiße* Haut, sind in der Medizin weit verbreitet und tragen insofern nach wie vor zu Ungleichbehandlungen aufgrund der Ethnie in der Schmerztherapie bei.

Wie so oft, wenn es um Klischees über biologische Unterschiede zwischen ethnischen Gruppen geht, lassen sich auch Vorstellungen über ethnische Unterschiede im Schmerzempfinden und der Schmerztoleranz auf Pseudowissenschaften zurückführen, die darauf abzielen, Versklavung und rassistische Unterjochung der Schwarzen Weltbevölkerung zu legitimieren. Die feste Überzeugung, Schwarze Versklavte verfügten über irgendeine einzigartige Fähigkeit, Schmerzen aushalten und ertragen zu können, mag dazu beigetragen haben, das Gewissen ihrer Versklaver:innen zu beruhigen.

In den ersten Jahren des 19. Jahrhunderts führte der Arzt und Plantagenbesitzer Thomas Hamilton im Süden der USA eine Reihe grausamer Experimente durch, um den Beweis anzutreten, dass Schwarze eine dickere Haut hätten als *Weiße*.[18] Zu diesem Zweck wurde John Brown, ein versklavter Schwarzer Mann, auf einer Plantage im Bundesstaat Georgia, zu Versuchszwecken an Hamilton »verliehen«. Brown floh später nach England, wo er seine Autobiografie veröffentlichte, in der er die Leiden beschrieb, die Hamilton ihm angetan hatte. Hamilton hatte ihm am ganzen Körper Wunden zugefügt. »[Er] verpasste mir Brandblasen an Händen, Beinen und Füßen, deren Narben ich bis heute trage«, schrieb Brown. »Das machte er in regelmäßigen Abständen, ungefähr alle zwei Wochen. [Das ging neun Monate lang so, bis] die Experimente des Doktors mich derart geschwächt hatten, dass ich für Arbeiten auf dem Feld unnütz war«, berichtete er.

Während ich stark bezweifle, dass Ärzt:innen von heute dieses leidvolle Erbe in bewusster Absicht weiterführen, wurde mir beim Schreiben dieses Buches eine Sache klar: Ein Großteil dieses historischen, rassistischen Gedankenguts hat sich verstetigt, wurde von einer Mediziner:innen-Generation an die nächste weitergegeben, ohne eine ausreichend kritische Reflexion seiner Ursprünge oder wissenschaftlichen Gültigkeit. Und das ist ein riesiges Problem. Ob sie Schmerzmittel verabreichen (oder eben nicht), ist nur eine von vielen Entscheidungen, die Ärzt:innen und anderes medizinisches Fachpersonal tagtäglich treffen müssen, oft unter enormem Druck. Es ist daher nicht zu weit hergeholt, anzunehmen, dass *racial bias* nicht nur schmerzbezogene, sondern auch andere medizinische Entscheidungen beeinflussen könnte, einschließlich auch potenziell lebensverändernder Entscheidungen.

Nehmen wir als Beispiel die Entscheidung darüber, ob es in diesem oder jenem Fall tatsächlich unumgänglich ist, ein Körperteil zu amputieren. In den USA liegt die Rate der diabetesbedingten Amputationen bei Schwarzen Personen fast dreimal so hoch wie bei nicht-Schwarzen, und eine Reihe von Studien lässt darauf schließen, dass diese ethnische Diskrepanz auch nach Bereinigung um andere Faktoren (sozioökonomischer Status, Krankenversicherung, Vorerkrankungen etc.) bestehen bleibt.[19,20,21,22,23,24] Wenn auch nur der geringste Verdacht besteht, dass rassistisch motivierte Vorurteile und stereotype Annahmen, seien sie bewusst oder unbewusst, für einen winzigen Bruchteil dieser Unterschiede verantwortlich sein könnten (sowie für die zahllosen anderen Gesundheitsunterschiede aufgrund von *race* und Ethnie, denen wir in diesem Buch bis hierher begegnet sind), dann braucht es meiner Meinung nach zumindest eine offene Diskussion darüber.

Olamide Dada, Assistenzärztin aus Großbritannien, hat sich nicht gescheut, genau diese Debatte anzustoßen. Sie ist Gründerin und Geschäftsführerin von Melanin Medics, einer gemeinnützigen Organisation, die angehende und praktizierende Ärzt:innen afrikanischer und karibischer Herkunft in Großbritannien unterstützt. Ich traf sie Ende 2021. Als junge Ärztin, sie hatte im Sommer erst ihr Studium abgeschlossen, verkörpert sie eine engagierte neue Medizinergeneration. Sie legte mir ihre Sicht zum Thema Rassismus in der Medizin dar, und das Gespräch mit ihr stimmte mich recht zuversichtlich; sie setzt sich leidenschaftlich für Gleichbehandlung und Gerechtigkeit im Gesundheitswesen ein und möchte Krankenhäuser zu einladenderen Orten für alle Patient:innen und Beschäftigte machen, unabhängig von ihrer Herkunft. Um dies zu erreichen, so Dada, sei es notwendig, auch unangenehme Gespräche über Rassismus zu führen, auch darüber, welche Rolle Rassismus in der Interaktion mit den Patient:innen spielt, ebenso wie unter Ärzt:innen und anderen Angehörigen medizinischer Fachkreise.

»Die Ungleichheiten, die wir in der Gesundheitsversorgung sehen, sollten uns also nicht weiter überraschen, wenn wir uns die Ungleichheiten innerhalb des medizinischen Fachpersonals anschauen«, sagte mir Dada. »Wenn wir sehen, wie Kolleg:innen behandelt werden, zumal von anderen Kolleg:innen – ja, wie erst werden dann wohl Patient:innen behandelt, wenn es sich um eine noch viel vertikalere Beziehung zwischen Patient:in und Arzt:Ärztin handelt? Wie, ja wie, werden Patient:innen wohl behandelt, die selbstverständlich davon ausgehen, dass Mediziner:innen es besser wissen, dass *sie* die Expert:innen sind, dass *sie* diejenigen sind, die für ihre Versorgung verantwortlich sind? Oftmals haben diese Menschen dann das Gefühl, die Entscheidungen der Mediziner:innen unmöglich infrage stellen zu können«, erklärte sie. »Ich denke, es muss viel getan werden, nicht nur, um Krankenhäuser zu einem gerechteren und freundlicheren Ort für alle Bevölkerungsgruppen zu machen, sondern auch, um einen respektvollen und korrekten Umgang mit allen Angestellten zu finden, ihnen zu selbstbewusster Stärke zu verhelfen, die sodann bis hinein in die Communitys wirken kann.«

Dada startete Melanin Medics im Jahr 2017. Sie war damals

noch Medizinstudentin. Alles begann als Blog mit dem Ziel, Menschen im Bereich Medizin, die afrikanischer oder karibischer Herkunft sind, zu einer größeren Repräsentanz zu verhelfen. Das Ganze entwickelte sich aber schnell zu einer Organisation, die diese angehenden und bereits praktizierenden Ärzt:innen in jeglicher Hinsicht unterstützte, von Networking-Veranstaltungen bis zu Mentoring-Programmen. Dadas Motivation, den Blog zu starten, hing mit ihrem eigenen Weg in die Medizin zusammen: Sie wünschte, sie selbst hätte damals mehr Unterstützung gehabt, als sie sich für ein Medizinstudium bewarb.

»Es gab viele Herausforderungen, mit denen ich mich konfrontiert sah. Eine davon war, dass ich in einer Gegend aufgewachsen bin, die nicht unbedingt Studenten ins Medizinstudium schickte – oder überhaupt an eine Universität«, erzählte mir Dada. »Doch davon mal abgesehen – auch nachdem ich wusste, dass Medizin genau das ist, was ich machen will, und weiterhin sehr gute Noten bekommen hatte, weigerte sich meine Chemielehrerin, mir die nötigen vorläufigen Noten zu geben, die ich brauchte, um mich überhaupt auf einen Studienplatz für Medizin bewerben zu können«, fuhr sie fort. »Das Ironische daran war, dass ich am Ende genau die Note erreichte, die sie mir verweigert hatte«, fügte sie triumphierend hinzu.

Auf halber Strecke durch ihren Bewerbungsprozess fand Dada auf eigenes Betreiben eine Mentorin. »Sie war so einflussreich. So inspirierend. Und sie war in derselben Gegend aufgewachsen wie ich, war auf dieselbe Schule gegangen wie ich«, sagte Dada. Nachdem sie einen Studienplatz an der Medizinischen Fakultät bekommen hatte, stellte sie schnell fest, dass einige ihrer Kommiliton:innen im Bewerbungsprozess mit den gleichen Herausforderungen zu kämpfen gehabt hatten wie sie selbst. »Mir wurde klar, dass es so vielen anderen Schwarzen Student:innen ähnlich ergangen war wie mir. Ihre Lehrer:innen gaben ihnen nicht die Vornoten, die sie für die Bewerbung auf einen Studienplatz gebraucht hätten, speisten sie vielmehr mit einer schlechteren Note ab, und Mentor:innen, an die man sich hätte wenden können, gab es damals ja nicht«, erklärte sie. »Ich wollte unbedingt Teil der Lösung sein. Ich wollte anderen einfach zeigen, dass man es auch mit so einem sozialen Hintergrund in die Medizin schaffen und Erfolg haben kann.«

Dada glaubt, dass eine größere Diversität innerhalb der medizinischen Berufe dazu beitragen werde, *racial bias* abzubauen und entsprechende Ungleichheiten im Gesundheitswesen zu verringern. Und derzeit deuten die für Großbritannien erhobenen Daten darauf hin, dass diese Vielfalt tatsächlich immer größer wird. Schwarze und Menschen asiatischer Herkunft sind im Personalbestand des National Health Service überproportional vertreten im Verhältnis zu ihrem Anteil an der erwerbsfähigen Bevölkerung. Und von 2017 bis 2020 stieg die Zahl der Ärzt:innen aus Schwarzen Bevölkerungsgruppen oder anderen marginalisierten Ethnien um 21 Prozent. Doch diese Statistiken verschleiern die fortdauernden Ungleichheiten. So etwa sind unter den leitenden Fachärzt:innen vor allem Schwarze nach wie vor unterrepräsentiert. Und auch in klinischen und akademischen Führungspositionen sind Schwarze sowie Angehörige anderer ethnischer Minderheiten unterrepräsentiert. Sie sind es auch, die den Statistiken zufolge prozentual häufiger von Diskriminierungen und Schikanen am Arbeitsplatz berichten als ihre *weißen* Kolleg:innen.[25]

»Ich habe das große Glück, nicht so oft mit offenem Rassismus konfrontiert zu sein wie einige meiner Kolleg:innen. Aber das bedeutet nicht, dass es diesen Rassismus nicht gibt, nur weil du ihn nicht immer unmittelbar mitbekommst, nur weil du das Glück hast, mit Menschen zusammenzuarbeiten, die dich wertschätzen, die deinen medizinischen Beitrag wertschätzen. All das heißt nicht, dass andere Kolleg:innen nicht viel schlimmer dran sind«, erzählte Dada und fügte hinzu: »Ich denke, wir haben noch einen weiten Weg vor uns, bis wir es geschafft haben und medizinische Räume einladende Orte für alle Menschen sind, egal welcher Herkunft.« Um dies zu erreichen, muss ihre Repräsentanz auf allen Ebenen erhöht werden – und das kommt sowohl Patient:innen als auch Bediensteten zugute. Aktuelle Studien aus den USA, wo Schwarze knapp 13 Prozent an der US-Gesamtbevölkerung ausmachen, aber nur 5 Prozent der aktiv praktizierenden Ärzt:innen, legen nahe, dass eine stärkere Repräsentanz dieser Gruppe messbar positive Auswirkungen auf die Gesundheit der Patient:innen hat. Wie wir gesehen haben, liegt die Mortalitätsrate bei Schwarzen Neugeborenen im Schnitt mehr als doppelt so hoch wie bei *weißen* Neugeborenen. Doch sie halbierte sich, wenn die betreuenden Ärzt:innen selbst Schwarz waren, wie eine Studie aus dem Jahr 2020 belegen konnte.[26] Diese Ergebnisse entsprechen einer früheren Studie, die im kalifornischen Oakland durchgeführt wurde. Sie ergab, dass Schwarze Männer, die per Zufallsprinzip einem Schwarzen Ärzteteam zugeteilt wurden, bessere Gesundheitsergebnisse erzielten als diejenigen, die einem nicht-Schwarzen Ärzteteam zugeteilt wurden.[27] Nach Schätzungen der Forscher:innen hinter dieser Studie könnten Schwarze Ärzt:innen das Schwarz-*weiße* Gefälle in der kardiovaskulären Mortalität bei Männern um 19 Prozent senken.

»Es ist so wichtig, Menschen um sich zu haben, die aussehen wie man selbst, egal in welchem Umfeld man sich gerade befindet. Insbesondere für Patient:innen kann dies sehr gesundheitsfördernd sein. Ich erlebe immer wieder, wie meine eigenen Schwarzen Patient:innen förmlich aufblühen, wenn sie mich sehen. Ein Unterschied wie Tag und Nacht, und dieser Unterschied liegt darin begründet, dass sie sich wohler fühlen«, erklärte sie mir. Wenn ich von meinen eigenen Erfahrungen als Patientin ausgehe, so bin ich der Ansicht, dass es nicht darauf ankommt, von einem Arzt oder einer Ärztin behandelt zu werden, die der gleichen *race* oder Ethnie angehört wie man selbst, sondern vielmehr darauf, einen Arzt oder eine Ärztin zu haben, dem oder der man wirklich vertrauen kann. Schließlich kann medizinisches Personal aller Ethnien tradierte Rassismen aufrechterhalten und weitertragen, insbesondere, wenn die medizinische Ausbildung auf einseitigen Sichtweisen bezüglich *race* basiert. Vertrauen spielt hier eine Schlüsselrolle, ebenso wie mangelndes Vertrauen – etwa aufgrund früherer Rassismuserfahrungen – Menschen ganz davon abhalten kann, sich medizinische Hilfe zu suchen, auch wenn sie diese besonders dringend bräuchten. Dada hofft, dass eine stärkere Repräsentanz marginalisierter Bevölkerungsgruppen in allen medizinischen Bereichen ein gutes Stück dazu beitragen wird, das Vertrauen in marginalisierten Gruppen wiederaufzubauen.

Doch um es aufrechtzuerhalten und den Patient:innen das Gefühl zu geben, in guten und sicheren Händen zu sein, müssen auch die Vorurteile adressiert werden, die tief im Kern der westlichen Medizin verankert sind; es bedarf einer systematischen Abrechnung mit dem rassistischen Erbe, das rund um die Welt noch immer besteht – in Arztpraxen, Leitlinien und in den Köpfen der Menschen.

7
Race-basierte Medizin

Kevin Henry ist in der mehrheitlich von Afroamerikaner:innen bewohnten Kleinstadt Mound Bayou im US-Bundesstaat Mississippi geboren und aufgewachsen. In den 1980er Jahren besuchte er die John F. Kennedy Memorial High School, bevor er seine Heimatstadt verließ, um an der Mississippi State University zu studieren, wo er sich im American Football hervortat. Sein Talent blieb nicht verborgen, so dass die Pittsburgh Steelers ihn 1993 in die National Football League (NFL) holten, die amerikanische Profiliga, wo er acht Saisons lang als Defensive Lineman spielte. 1995 gewannen die Steelers das AFC Championship Game und schafften damit den Einzug in den Super Bowl, wo sie den Dallas Cowboys unterlagen. Doch 2001 endete Kevins sportliche Karriere, im Alter von nur 33 Jahren.

Wie viele andere American-Football-Spieler hatte auch Kevin mit den Langzeitfolgen der zahllosen Gehirnerschütterungen zu kämpfen, die er sich im Laufe der Jahre beim Spielen zugezogen hatte. »Beim Football gibt es kein Verfallsdatum – du verfällst ganz von alleine«, sagte Kevin in einem Interview in *Nightline*, einer

Spätnachrichtensendung auf *ABC* im Februar 2021.[1] Er leide unter chronischen Kopfschmerzen, Depressionen und Gedächtnisverlust, sagte er, all das mache ihn unterm Strich arbeitsunfähig. Seit Kevin in der Profiliga begonnen hat, sind etliche Studien erschienen, die fortschreitende degenerative Erkrankungen des Gehirns, darunter Chronisch Traumatische Enzephalopathie und Alzheimer-Demenz, mit wiederholten Kopfverletzungen beim Sport in Zusammenhang bringen.[2,3]

2013 gelangte die NFL zu einer finanziellen Einigung mit ehemaligen Football-Profispielern, die wegen erlittener Kopfverletzungen in ihrer aktiven Zeit als NFL-Spieler gegen die NFL geklagt und dabei auch die Anerkennung von degenerativen Erkrankungen des Gehirns wie zum Beispiel Demenz gefordert hatten. 2017 beantragte auch Kevin finanzielle Entschädigung durch die NFL, da er Angst vor einer dauerhaften Arbeitsunfähigkeit und Sorge um die finanzielle Zukunft seiner Familie hatte. Im Zuge seines Antrags suchte er einen Arzt auf und unterzog sich einer Reihe von neurologischen Tests zur speziellen Bewertung seiner kognitiven Funktionen, darunter Sprach-, Lern- und Erinnerungsvermögen. Der Arzt stellte einen kognitiven Abbau fest, einhergehend mit einer leichten Demenz. Doch die NFL lehnte Kevins Entschädigungsantrag mit dem Argument ab, dass sein Arzt seine kognitiven Funktionstests nicht an seine *race* angepasst habe – eine Praxis, die als *race norming* bekannt ist.

Beim *race norming* werden die Ergebnisse kognitiver Tests von Schwarzen in Relation zu denen von *Weißen* gesetzt und angepasst, basierend auf der Annahme, dass Schwarze Menschen grundlegend über geringere kognitive Fähigkeiten verfügten und sozusagen auf einem niedrigeren Niveau »starten«. Nach diesem Konzept muss eine Schwarze Person auf ein niedrigeres Niveau der kognitiven Funktion im Vergleich zu einer *weißen* Person fallen, um das gleiche Ausmaß an kognitivem Abbau zugesprochen zu bekommen. Nachdem man Henrys neurologische Testergebnisse der *race norming*-Skala unterworfen hatte, hatte er keine Chance mehr auf finanzielle Entschädigung aus dem NFL-Programm.

»Ich fühlte mich so dermaßen betrogen, und so fühle ich mich immer noch. Zwei verschiedene Bewertungssysteme? Wie kann das sein? Auch *Weiße* sollte das empören. Nicht nur mich, nicht nur Schwarze. Denn wäre es andersherum, würde euch das auch nicht gefallen«, sagte Kevin gegenüber ABC News.

Im August 2020 reichte Kevin Henry zusammen mit Najeh Davenport, einem anderen Ex-Profispieler, Klage gegen die NFL ein. Die NFL, so der Vorwurf, habe das Testverfahren für ehemalige Spieler vorsätzlich so manipuliert, dass Schwarze Spieler von vornherein geringere Chancen auf finanzielle Entschädigung aus dem Kompensationsfonds hätten.[4] Im März 2021 wurde die Klage allerdings abgewiesen. Die Bundesrichterin forderte die NFL und die Anwält:innen auf Klägerseite stattdessen auf, die Sache im Rahmen eines Vergleichs beizulegen.[5] Drei Monate später, am 2. Juni 2021, verpflichtete sich die NFL, Klagen auf Entschädigung für Langzeitfolgen durch Kopfverletzungen fortan nicht mehr auf Grundlage des *race norming* zu befinden und bereits erfolgte Testergebnisse auf mögliche *racial bias* nachzuprüfen.[6]

Doch damit ist die Geschichte nicht zu Ende. An ebenjenem Tag, an dem die NFL ihre Lösung verkündete, erzählte mir Katherine Possin, Neuropsychologin an der University of California, San Francisco, dass *race norming* für die Auswertung neuro-kognitiver Tests noch immer eine gängige Praxis unter Ärzt:innen in den USA sei. »Ich würde sogar behaupten, dass [*race norming*] ziemlich häufig zur Anwendung kommt«, sagte Possin. »Mir ist zwar keine

Studie bekannt, die *race norming*-Praktiken bei Neuropsycholog:innen untersucht hätte, aber es ist allgemein anerkannter Standard«, sagte sie.

Ich war damals gerade dabei, einen Artikel zum Thema Rassismus in der Medizin für die Fachzeitschrift *New Scientist* zu recherchieren.[7] Während meiner Recherchen und in den Monaten nach Erscheinen des Artikels erfuhr ich einige schockierende Dinge, die ich an dieser Stelle teilen möchte. Wir haben bereits gesehen, wie rassistisches Verhalten, das einzelne Ärzt:innen oder anderes medizinisches Personal an den Tag legen (Stichwort Alltagsrassismus in der Medizin), die Patientenerfahrungen und Gesundheitsergebnisse beeinflussen kann. Doch wie ich im Zuge meiner Recherchen erkannt habe, ist dies nur ein kleiner Teil eines viel größeren Problems. Rassismus in der westlichen Medizin ist *systemisch*. Ob ein einzelner Arzt rassistisches Verhalten zeigt, ist fast schon egal, wenn man bedenkt, dass alle im Gesundheitswesen tätigen Menschen innerhalb eines sehr viel größeren Systems operieren, in dem Rassismus tief verwurzelt ist – in der medizinischen Ausbildung, den medizinischen Leitlinien, den medizinischen Praktiken. Das von der NFL praktizierte *race norming* ist ein Paradebeispiel, auf das Kevin mit seiner Geschichte große öffentliche Aufmerksamkeit lenkte. Aber es ist nicht so, dass die NFL das *race norming* neuropsychologischer Tests plötzlich aus dem Hut gezaubert hätte: die Praktik existierte bereits in der Medizin.

Eingeführt wurde sie 1991 von Robert Heaton, Wissenschaftler mit Schwerpunkt Klinische Psychologie an der University of California in San Diego, und 2004 noch einmal aktualisiert. Der Hintergrund war, dass Afroamerikaner:innen bei kognitiven Tests tendenziell schlechter abschnitten als *Weiße*.[8,9] Spätere Forschungen zeigen, dass die Varianz nach *race* deutlich verringert wird, wenn zur Anpassung der Testresultate soziale Faktoren wie die Qualität der Bildung berücksichtigt werden.[10] Diese Tatsache wird auch von Heaton und Kolleg:innen in einem ihrer Forschungsartikel anerkannt, in dem sie anmerken, dass »auf *race* und Ethnie bezogene Unterschiede bei neuropsychologischen Tests sich sehr wohl durch Bildungsqualität [...], Lese- und Schreibfähigkeit, Akkulturation und andere soziodemographische Unterschiede erklären lassen und nicht durch *race*/Ethnie *per se* begründet sind.«[11] Genau aus diesen Gründen hält Possin, besagte Neuropsychologin, *race norming* für hochproblematisch.

»In Amerika Schwarz zu sein wird im Schnitt mit weniger privilegierten Sozialerfahrungen assoziiert«, erzählte mir Possin. Schwarze in den USA, so hob sie hervor, seien von frühester Kindheit und Jugend an häufiger von Armut und Diskriminierung betroffen als *Weiße* und fühlten sich in einem kognitiven Testumfeld auch weniger sicher, was »historisch gesehen stets benutzt wurde, um Schwarze zu diskriminieren«. Possin ist überzeugt, dass es genau diese Faktoren seien, die *race*-basierte Unterschiede bei kognitiven Testergebnissen erklären und nichts, was tatsächlich in der ethnischen Herkunft begründet läge. Und so ist Possin eine von mehreren Neuropsycholog:innen in den USA, die eine Konzeption neuer, nicht auf *race* basierter Ansätze für medizinische Diagnosen fordern.[12] In Anbetracht dieser Forderungen nach einer Neuausrichtung in der Neuropsychologie und der Einlassung der NFL, *race norming* nicht mehr zur Anwendung zu bringen, war ich neugierig zu erfahren, welche Haltung Heaton heute zu diesem ganzen Thema einnimmt – etliche Jahrzehnte, nachdem er die nach ihm benannten »Heaton-Normen« erstmals aufgestellt hatte.

Ich nahm also Kontakt zu ihm auf, doch bedauerlicherweise war er nicht zu einem Interview bereit. Immerhin sandte er mir per

E-Mail ein paar Kommentare, die er, wie er mich wissen ließ, auch »anderen Medienvertretern« übermittelt hatte, und bot an, weiterführende Fragen per E-Mail zu beantworten. »Ich habe wirklich keine Zeit, mich mit dieser Debatte aufzuhalten, die inzwischen eher politischer denn wissenschaftlicher Natur ist, will aber gerne versuchen, Ihre weiteren Fragen zu beantworten«, schrieb er in seiner Antwort. Während unserer Korrespondenz räumte Heaton ein, dass beobachtete Unterschiede in den Testergebnissen zwischen verschiedenen Subgruppen der US-Bevölkerung durchaus mit rassistischer Diskriminierung, belastenden Lebenserfahrungen, mangelndem Zugang zu gesunder Ernährung und Gesundheitsversorgung sowie begrenzten Bildungschancen erklärt werden könnten, eine direkte Messung dieser Faktoren aber sei schwierig. »Diese Faktoren zu messen, zu quantifizieren und sie für eine Interpretation der Testergebnisse zu ›korrigieren‹, ist äußerst schwierig«, schrieb er. »Tatsache ist, dass die Varianzen in den Testergebnissen [ganz] normaler Erwachsener zu einem erheblichen Teil durch demographische Variablen wie Alter, Bildung, Geschlecht und Rasse/Ethnie (zusammen) ›erklärt‹ werden können und sodann auf Grundlage der besten, uns verfügbaren wissenschaftlichen Normen ›korrigiert‹ werden.«

Das sieht Possin anders. »*Race* ist ein grober Indikator für lebenslange soziale Erfahrungen«, sagte sie. »Genetisch bedingte Differenzen in kognitiven Funktionen bewegen sich nicht entlang dieser ethnischen Linien. Lebenslange soziale Erfahrungen mit so groben Faktoren wie *race* ›korrigieren‹ zu wollen, hat mit wissenschaftlich fundierter Medizin also nichts zu tun«, sagte sie. Zudem, so Possin weiter, schreibe es die falsche Vorstellung fort, wonach Schwarze von Natur aus weniger intelligent seien als *Weiße*. »Ein großes Problem.« Und nicht nur das, sondern *race norming* kann gesundheitliche Ungleichheiten zusätzlich befördern, da es für Schwarze Personen umso schwieriger wird, Diagnosen zu erhalten, die mit dem Abbau kognitiver Funktionen verbunden sind, bei Demenz zum Beispiel, wie in Kevins Fall.

Um *race norming* aus kognitiven Tests endgültig zu verbannen, so sagte mir Possin, wäre es ihrer Meinung nach hilfreich, wenn namhafte Organisationen wie die International Neuropsychological Society (INS) und die American Psychological Association (APA) dazu Stellung bezögen. Doch als ich dort 2021 um eine Stellungnahme bat, nachdem die NFL verlautbart hatte, *race norming* fortan einzustellen, winkten beide Organisationen ab. »Die INS hat zum Thema *race norming* weder Rahmenrichtlinien, noch nimmt sie Stellung dazu«, hieß es damals vonseiten der INS. »Wir sind eine internationale Organisation und konzentrieren uns auf Themen, die global von Belang sind.« Ähnlich äußerte sich die APA: »Die APA vertritt keinen offiziellen Standpunkt (oder bezieht keine ›Stellung‹, wenn Sie so wollen) zu *race norming* und kognitiven Tests.«

Dass solcherlei Rückmeldungen nicht unüblich waren, wenn ich medizinische und wissenschaftliche Organisationen um Stellungnahmen zur Praxis rassenbezogener Anpassungen von Testergebnissen bat, wie sie in der westlichen Medizin gang und gäbe ist, sollte ich noch öfter erfahren.

▪

Meine jüngere Schwester ist Spitzensportlerin im 400-Meter Sprint, die international für Großbritannien läuft. Sie und ich stehen uns sehr nahe, und obwohl wir heute in verschiedenen Ländern leben, sprechen wir nach wie vor fast täglich miteinander. Als ich selbst noch in Großbritannien lebte, trennte uns nur eine kurze Zugfahrt, und so haben wir einander oft besucht. Ich meine, es war bei einem dieser Besuche Anfang 2020, als sie mir von den Ergebnissen eines Bluttests erzählte, den sie gerade gemacht hatte. Ihre Hausärztin hatte ihr mitgeteilt, dass ihre Kreatinin-Konzentration leicht über dem Normalwert läge – was auf eine Nierenschwäche deuten könne. Das war weder für mich noch für sie besonders überraschend; Kreatinin ist ein Abfallprodukt, das im Muskelstoffwechsel entsteht, und da Sportler:innen generell muskulöser gebaut sind, weisen sie oft überdurchschnittlich hohe Kreatinin-Konzentrationen in ihrem Blut auf, was nicht zwingend ein Hinweis auf eine Nierenerkrankung ist. Meine Schwester erzählte mir, sie habe ihre Blutergebnisse auch mit einem Sportarzt besprochen, um sich die Meinung von einem Facharzt einzuholen. Er bestätigte, dass Kreatinin im Muskelstoffwechsel gebildet wird, und dass die Kreatinin-Konzentration proportional zur Muskelmasse ist. Er klärte sie auch darüber auf, dass eine Reihe anderer Faktoren ebenfalls Ursache für erhöhte Kreatininwerte sein könnten, wie zum Beispiel die Ernährung oder bestimmte andere Störungsbilder. Er nannte des Weiteren den Faktor »Afro-karibische *race*«, erklärte meine Schwester. »Kann es wirklich sein, dass meine Ethnie meinen Kreatininwert beeinflusst?«, fragte sie mich.

Ich stand gerade am Anfang meiner Recherchen zum Thema »*race*-basierte Medizin«, wie ich die Praxis, medizinische Tests auf Grundlage der *race* oder Ethnie einer Person zu interpretieren, heute bezeichne. Zum ersten Mal hatte ich davon 2015 in einem TED-Talk der US-amerikanischen Wissenschaftlerin und Autorin Dorothy Roberts gehört, war aber davon ausgegangen, dass es sich um eine antiquierte Praxis handelte; in ihrem Talk wies Roberts zu Recht darauf hin, dass *race* ein soziales Konstrukt und eben kein biologisches ist, und daher in medizinischen Tests des 21. Jahrhunderts nichts zu suchen hat.[13] Allerdings wurde ich bald eines Besseren belehrt, als ich entdeckte, dass *race*-basierte Medizin noch immer quicklebendig war – und weiterhin ist.

Eine erste Ahnung kam mir im Sommer 2021, noch bevor ich das Konzept des *race norming* oder Kevin Henrys Erfahrungen mit der NFL recherchierte. Stattdessen stieß ich auf eine US-amerikanische Studie, die Probleme im Zusammenhang mit einer gängigen Praxis aufzeigte, wonach die Ergebnisse von routinemäßigen Nierenfunktionstests auf Grundlage der Ethnie einer Person bewertet wurden.[14] Kurz gesagt: Zur Beurteilung der Nierenfunktion eines:r Patient:in macht der:die Arzt:Ärztin zunächst einen Test, der die Konzentration des Abfallprodukts Kreatinin im Blutserum misst.* Die erhaltenen Werte werden in eine mathematische Formel eingesetzt, um die »estimated glomerular filtration rate« (eGFR) – die geschätzte Glomeruläre Filtrationsrate (GFR) – des:der Patient:in zu berechnen – ein wichtiger Parameter zur groben Abschätzung der Klärwertleistung der Nieren und ein wichtiger Indikator für ihre Funktionsleistung insgesamt. Vereinfacht gesagt, aber für unsere Zwecke ausreichend: Umso höher der Kreatininwert im Blut, umso geringer die Filtrationsrate der Nieren. Ist die Glomeruläre Filtrationsrate (GFR) zu niedrig, könnte dies auf eine Nierenschwäche hindeuten. Im schlimmsten Fall reichern sich dann im gesamten Körper Giftstoffe an, und es kommt zu einer sogenannten terminalen Niereninsuffizienz – einem Stadium, das ohne regelmäßige Blutwäsche (Dialyse) oder eine Nierentransplantation tödlich ist.

---

* Funktionierende Nieren entziehen dem Blut das Abfallprodukt Kreatinin. Geschwächte Nieren schaffen das nicht mehr, und der Kreatininwert im Blut steigt an.

Was ich der Studie entnahm, war, dass die meistverwendeten Algorithmen zur Bestimmung der GFR weltweit, auch in den USA, einen speziellen numerischen Faktor enthalten, einen Multiplikator, der bei Schwarzen Patient:innen zur Anwendung kommt und so automatisch höhere Testwerte generiert. Die so angepassten Scores ergeben demnach für Schwarze Patient:innen höhere GF-Raten als für nicht-Schwarze Patient:innen bei exakt gleichen Resultaten der Blutuntersuchungen. Und nicht nur das: Wie die Studie außerdem zeigte, könnte die Entfernung der Variablen »*race*« aus der für Schwarze Menschen angepassten GFR-Schätzformel zu einer verbesserten Risikoprognose für akutes Nierenversagen bei kritisch erkrankten Schwarzen Erwachsenen führen. Oder andersherum formuliert: Das Heranziehen der Variablen »*race*« in der für Schwarze Menschen angepassten GFR-Schätzformel könnte zu einer verringerten Genauigkeit der Nierenfunktionstests bei Schwarzen Erwachsenen führen, indem ihre Nierengesundheit überschätzt wird.

Während ich die Einzelheiten der Studie durchging, kam mir immer wieder die Unterhaltung mit meiner Schwester in den Sinn. Ich erinnerte mich, dass sie im Jahr zuvor einen ähnlichen Test in Großbritannien gemacht hatte. Ich rief sie an und fragte danach. Sie mailte mir ein paar Fotos ihrer Testergebnisse, und ich konnte sehen, dass es sich tatsächlich um einen GFR-Test handelte. In Klammern über ihren Testergebnissen stand der Satz »Bei Patient:innen mit Schwarzer Hautfarbe ist das Ergebnis mit 1,21 zu multiplizieren.«

Beim Blick auf die Testergebnisse meiner Schwester hatte ich plötzlich so viele Fragen: Woher kommt diese Anpassung der GF-Rate für Schwarze eigentlich? Wie viele andere Länder haben ähnliche Leitlinien auf dieser Basis? Wenn *race* doch ein soziales

Konstrukt ist, warum wird es dann wie eine biologische Tatsache behandelt? Werden auch in anderen Bereichen der Medizin ähnliche Anpassungen aufgrund von *race* vorgenommen? Entstehen Schwarzen Patient:innen daraus Schäden oder Nachteile? Gibt es überhaupt eine medizinische Definition von »Schwarz«, und wenn ja, wie lautet sie? Worauf basiert diese Anpassung, auf einer von der Patientin selbst-identifizierten *race*, oder auf den Annahmen des Arztes über die *race* der Patient:in? Und was, wenn sich die Patientin als *Mixed* identifiziert?

Die Liste der Fragen wurde immer länger. Glücklicherweise war ich bei weitem nicht die erste und einzige Person, die diese Fragen aufwarf. Neben Dorothy Roberts fordern Nierenärzt:innen wie Vanessa Grubbs und Nwamaka Eneanya in den USA schon seit langem die vollständige Abschaffung der *race*-basierten Schätzformeln (und *race*-basierter medizinischer Praktiken überhaupt), da sie durch keinerlei wissenschaftlich fundierte Beweise gestützt seien.[15,16] Ihre Forderungen erhielten im Sommer 2020 erneute Aufmerksamkeit, als medizinische Institutionen nach dem Mord an George Floyd und den anschließenden weltweiten Antirassismus-Protesten laut danach riefen, »Black Lives Matter«-Statements zu veröffentlichen. Student:innen, denen heute noch *race*-basierte Praktiken beigebracht werden, begannen zunehmend, ihre Dozent:innen ins Verhör zu nehmen. Unter denen, die kritische Fragen stellten, war auch Naomi Nkinsi, Medizinstudentin an der University of Washington.

Als ich sie im Sommer 2021 interviewte, führte mich Nkinsi geduldig durch die Geschichte verschiedener *race*-basierter Anpassungen, die in der Medizin Anwendung finden, und gab mir einen Einblick in ihre Anstrengungen der letzten Jahre, um einen Wandel zu bewirken. Sie erklärte mir, dass es zwei mathematische Algorithmen gebe, die üblicherweise zur Abschätzung der GFR herangezogen würden, und beide basierten sie auf Anpassungen für Schwarze Menschen. Die erste dieser Schätzformeln, die sogenannte MDRD-Formel (Modification-of-Diet-in-Renal-Disease, Änderung der Ernährung bei Nierenerkrankungen), wurde in den 1990er Jahren entwickelt. »Diese Formel berücksichtigt eine Reihe von Parametern, die Einfluss auf die Nierenfunktion einer Person nehmen können. Und einer dieser Korrektur-Parameter, der in den Algorithmus eingebaut wurde, ist ›Black race‹«, erzählte mir Nkinsi. »Wird also jemand als Schwarz identifiziert (und es gibt keine konkreten Angaben darüber, ob eine Person sich selbst als Schwarz identifiziert oder die Ärzt:innen diese Person nach eigener Wahrnehmung und eigenem Befinden als Schwarz kategorisieren), so wird die gesamte Formel mit dem Faktor 1,21 multipliziert«, erklärte sie mir. Und sofort hatte ich den Ergebnisbogen meiner Schwester mit genau diesen drei Ziffern vor Augen.

Die drei Ziffern, die in der MDRD-Formel die *race*-basierte Anpassung für Schwarze festlegen, gehen zurück auf eine kleine gleichnamige US-Studie aus dem Jahr 1999. Daraus geht hervor, dass Studienteilnehmer:innen, die sich selbst als Afroamerikaner:innen identifizierten, im Schnitt höhere Kreatininwerte im Blut aufwiesen als diejenigen, die sich als *weiß* identifizierten.[17] »Klar, sagte man sich, wenn Schwarze höhere Kreatininwerte haben, müssen sie mehr Muskelmasse haben«, meinte Nkinsi. Die MDRD-Studie wurde jedoch nur an 1628 Proband:innen durchgeführt, von denen sich lediglich 197 als Afroamerikaner:innen identifizierten. »Alles basiert also nur auf dieser einen Beobachtungsstudie anhand einer sehr, sehr kleinen Gruppe«, sagte Nkinsi. Darüber hinaus gibt es so gut wie keine stützenden Beweise für die sekundäre Annahme, wonach Schwarze im Vergleich zu *Weißen* oder Menschen anderer

Ethnien mehr Muskelmasse hätten, zumal diese Annahme auch in völligem Widerspruch zum wissenschaftlichen Verständnis von *race* als sozialem Konstrukt stünde. »Ich glaube nicht, dass es Beweise für einen Zusammenhang von *race* und Muskelmasse gibt. Allenfalls klägliche Versuche, einen solchen Zusammenhang nachzuweisen«, hob Nkinsi hervor.

Vor diesem Hintergrund wurde 2009 eine neue Näherungsformel namens CKD-EPI (Chronic-Kidney-Disease-Epidemiology-Collaboration) entwickelt – die zweite der am weitesten verbreiteten Schätzformeln.[18] Die Annahme an sich aber, dass es notwendig sei, die Vergleichswerte für die als »Schwarz« kategorisierten Menschen anzupassen, wurde, wie Nkinsi erklärt, von jener ersten Studie unverändert übernommen. Tatsächlich enthalten sowohl die MDRD- als auch die CKD-EPI-Formel zur Abschätzung der glomerulären Filtrationsrate einen Multiplikator für die Schwarze Ethnie (die MDRD-Formel den Faktor 1,212, die CKD-EPI-Formel den Faktor 1,159). »Nun haben wir also all diese Variablen, die in diese Algorithmen einfließen, die aber, wie man inzwischen weiß, auf fehlerhafter Wissenschaft basieren«, sagte Nkinsi. Und nicht nur das, denn ist die wissenschaftliche Grundlage fehlerhaft, sind auch die Formeln unbrauchbar und potenziell gefährlich für Schwarze Menschen.

Etwa zur selben Zeit, als ich Nkinsi traf, stieß ich auf frühere Studien der beiden britischen Nephrolog:innen Rouvick Gama und Kate Bramham, die am King's College in London forschen. Die Studien zeigen, dass die Algorithmen *mit* einem inkludierten Faktor zur *race*-basierten Anpassung die *tatsächliche* GFR bei Schwarzen Patient:innen erheblich überschätzen, verglichen mit Ergebnissen aus einem eher invasiven, aber präziseren Referenzmessverfahren.

Ich nahm Kontakt zu Gama und Bramham auf und bat um ein

Treffen per Videocall, um Tragweite und Bedeutung ihrer Ergebnisse zu diskutieren. Eine Überschätzung der Nierengesundheit aufgrund *race*-basierter Anpassungen könne für Schwarze Menschen schwerwiegende Folgen haben, erklärte Gama. »Das könnte zu einer verzögerten Diagnose bei Patient:innen mit chronischen Nierenerkrankungen führen«, sagte er, und damit auch zu einer verzögerten Behandlung. Genau das spiegelt sich auch in britischen Gesundheitsstatistiken wider. Schwarze Personen haben ein drei- bis fünffach höheres Risiko, an einer terminalen Niereninsuffizienz, also einer Nierenschwäche im Endstadium zu erkranken«, sagte Bramham. »Und es deutet alles darauf hin, dass wir dies nicht in ausreichendem Maße anerkennen und berücksichtigen.«

Ein ähnliches Bild zeigt sich in den USA, wo nach Angaben der National Kidney Foundation Schwarze oder afroamerikanische Menschen mit einer dreimal höheren Wahrscheinlichkeit ein Nierenversagen entwickeln als *weiße*. Ihrer Meinung nach, so Nkinsi, trügen auf Ethnie basierende Anpassungen zu dieser Ungleichheit bei. »Das heißt nämlich, dass wir Nierenerkrankungen bei Schwarzen Menschen übersehen«, sagte sie. »Damit eine Schwarze Person überhaupt als nierenkrank erkannt wird, muss sie also tatsächlich kränker sein als eine nicht-Schwarze Person. Das bedeutet einen späteren Beginn spezialisierter Behandlungen, einen späteren Zugang zu beispielsweise einer Transplantation oder zu Dingen wie einer Medicaid-Berechtigung zur finanziellen Abdeckung der Nierenbehandlungen. Und all dies führt zu schlechteren Gesundheitsergebnissen für Schwarze«, sagte sie.

In den USA sterben schätzungsweise 13 Menschen pro Tag, während sie auf eine lebensrettende Nierentransplantation warten. Schwarze oder Afroamerikaner:innen warten im Schnitt länger auf ein Spenderorgan als *Weiße* – und die Anwendung von auf Ethnie basierenden Anpassungen in den GFR-Berechnungen hat zur Folge, dass ihre Chancen, überhaupt auf die Transplantationsliste zu kommen, von vornherein begrenzt sind, wie der Fall Jordan Crowley zeigt. Jordan Crowley, von dem ich zum Zeitpunkt meines Gesprächs mit Nkinsi noch nichts wusste, ist ein College-Student aus New York, der mit einer einzigen nur teilweise funktionierenden Niere auf die Welt kam. Während ich mit Nkinsi sprach, wartete er gerade darauf, auf die Liste für eine Spenderniere aufgenommen zu werden. Jordan identifiziert sich als *Mixed*; von seinen Großeltern auf beiden Seiten ist jeweils eine:r von beiden Schwarz und der:die andere *weiß*. Bei der Bewertung seiner Nierengesundheit rassifizierten seine behandelnden Ärzt:innen ihn als »Schwarz« und wandten zur Ermittlung seiner Werte die übliche GFR-Schätzformel an. Die Folge: Die daraus ermittelten Werte qualifizierten ihn nicht für die Transplantationsliste. Hätten seine Ärzt:innen ihn jedoch als *weiß* kategorisiert, wäre ihm ein Platz auf der Liste sicher gewesen.

Jennifer Tsai, eine in den USA lebende Ärztin und Autorin, machte in einem Artikel, der wenige Wochen nach meinem ersten Gespräch mit Nkinsi im Magazin *Slate* erschien, auf Jordans Fall aufmerksam.[19] Jay Kaufman, Epidemiologe an der McGill University und Jordans Onkel, stellte seinen Neffen schließlich seiner Kollegin Tsai vor. Tsai und Kaufman hatten gemeinsam an einer Studie gearbeitet, die inzwischen von einer Fachzeitschrift publiziert wurde. Laut dieser Studie wären im Zeitraum 2015 bis 2018 um die 31 000 zusätzliche Schwarze Patient:innen zur Aufnahme auf die Warteliste für eine Transplantation berechtigt gewesen, hätte man die auf Ethnie basierenden Anpassungen aus den Algorithmen zur Berechnung der Nierenfunktionswerte entfernt.[20]

Am 1. Oktober 2021 reichte Jordan Klage gegen seine behandelnden Ärzt:innen wegen rassistischer Diskriminierung ein.[21] Sein Leidensweg verdeutlicht die Absurdität der Anwendung von *race* als Faktor, um eine biologische Kategorie zu determinieren. Und es zeigt, wie verheerend die Folgen für das Leben eines Menschen sein können. In der Anklageschrift heißt es: »In der wissenschaftlichen und medizinischen Gemeinschaft ist seit Jahrzehnten bekannt, dass die Anwendung dieses medizinischen Algorithmus' nicht ausreichend wissenschaftlich fundiert ist, und dass *race* ein willkürlicher und unpassender Indikator für die Nierengesundheit einer Person ist.« *Warum um alles in der Welt kam dieser Algorithmus dann noch immer zur Anwendung?* Das war die Frage, der ich auf den Grund gehen wollte. Die Antwort darauf schien in der Welt der medizinischen Leitlinien zu liegen.

Während ich mehr über die Anwendung *race*-basierter Anpassungen in den GFR-Formeln und den sich daraus ergebenden potenziellen Nachteilen für Schwarze erfuhr, kontaktierte ich einige der Gesundheitsbehörden, von denen ich annahm, dass sie für die Festschreibung dieser Art von medizinischen Leitlinien verantwortlich sein könnten. Und langsam begann ich das ganze Ausmaß des Problems zu begreifen, als ich erkannte, warum in diesem Bereich scheinbar kaum Fortschritte erzielt worden waren, obwohl so viele Medizinstudent:innen, Ärzt:innen und Akademiker:innen einen Wandel forderten.

Ende Mai 2021 schickte ich eine Anfrage an die Centers for Disease Control and Prevention (Zentren für Krankheitskontrolle und -prävention, CDC), eine Behörde des US-amerikanischen Gesundheitsministeriums. Es ging mir hauptsächlich darum zu klären, wie die aktuellen Leitlinien zur GFR-Ermittlung genau lauteten, und herauszufinden, ob die CDC die Anwendung auf *race* basierender Anpassungen in den Formeln empfehlen würden.

Daraufhin erhielt ich eine freundliche Antwort, in der es hieß, dass die CDC selbst keine Leitlinien zur Berechnung der GFR ausfertigten, sondern diese regelmäßig von der KDIGO (Kidney Disease Improving Global Outcomes) aktualisiert und herausgegeben würden – »einer unabhängigen globalen Organisation, die evidenzbasierte klinische Leitlinien auf dem Gebiet der Nierenerkrankungen entwickelt«, so mein Kontakt im CDC, der freundlicherweise auch gleich einen Link zur Website der KDIGO mitschickte. Ich klickte auf den Link und lud die aktuellste Version der KDIGO-Leitlinie zur Bewertung und Behandlung chronischer Nierenerkrankungen herunter.[22] Der Text wimmelte nur so von medizinischen Fachbegriffen und war nicht gerade die allerspannendste Abendlektüre, aber es dauerte nicht lange, da hatte ich den Abschnitt gefunden, den ich gesucht hatte. Und was mir sofort ins Auge sprang, war eine Zeile, die ich schon einmal gesehen hatte, und zwar auf dem Testergebnisbogen meiner Schwester: »Bei Patient:innen mit Schwarzer Hautfarbe ist das Ergebnis mit 1,21 zu multiplizieren.«

Mir wurde das Herz schwer. Ich wusste, dass KDIGO eine global operierende Organisation war und man sich daher auch international an ihren Leitlinien orientierte. Per E-Mail fragte ich im Kommunikationsteam von KDIGO an, ob die Leitlinien, die ich abgerufen hatte, der aktuellsten Version entsprächen, und ob sie mir die wissenschaftliche Begründung hinter ihrer Empfehlung, GFR-Berechnungen mit *race*-basierten Anpassungen vorzunehmen, kurz erläutern könnten. Die Antwort kam prompt. Ja, die Leitlinien seien auf dem aktuellsten Stand, hieß es schlicht, und weiter: »Der KDIGO ist nicht zuständig, die Gründe zu erläutern, die zur Ermittlung der GFR-Werte herangezogen werden.« Es klang ernüchternd, aber ich gab nicht auf.

Als ich mit Nkinsi gesprochen hatte, erzählte sie mir, wie sie ihre Dozent:innen an der Medizinischen Fakultät regelrecht ins Verhör genommen hatte, als die Glomeruläre Filtrationsrate erstmals Thema in einem Seminar war. »Wir bekamen gesagt: ›Okay, wir verwenden hier die MDRD-Formel, denn *race* ist zu berücksichtigen‹. Daraufhin ich: ›Moment mal, das ergibt doch überhaupt keinen Sinn, im Physiologie-Seminar hat uns niemand erzählt, dass ›Schwarze‹ Nieren anders arbeiten würden‹«, erklärte sie. Eine klare Antwort darauf bekam sie nicht, von niemandem. »Die sagten nur immer, ›naja, so machen wir das halt‹«. Doch Nkinsi gab sich damit nicht zufrieden, begann tiefer zu graben und stieß schließlich auf die zweifelhaften Ursprünge der *race*-basierten Anpassung in der MDRD-Studie, die wir bereits kennen. »*Eine einzige* Studie kann unser Denken und Handeln bis heute in so vielen Dingen beeinflussen, einfach nur, weil sie fortwährend unverändert und unhinterfragt übernommen wird«, seufzte sie.

»Es sollte uns Mediziner:innen und Wissenschaftler:innen eigentlich mit Stolz erfüllen, Dinge zu hinterfragen, immer weiter dazulernen, zu beobachten, wie die Welt sich ändert, während wir immer neue Daten gewinnen und weiterfragen, ›Okay, was tun wir jetzt?‹ Nichts ist endgültig und absolut, nicht wahr? Alles kann hinterfragt werden, nicht wahr? Doch leider Gottes ist die Medizin auch sehr hierarchisch strukturiert. Sie basiert sehr stark auf einer bestimmten Form von falscher Meritokratie, in der für eine sehr lange Zeit *weiße* Männer das Zepter in der Hand hielten, dazu mit einer enormen Legitimität versehen waren, die von nichts und niemandem in Frage gestellt werden durfte, schon gar nicht von Medizinstudent:innen und angehenden Ärzt:innen, die die Dinge so hinzunehmen hatten, wie man sie ihnen beibrachte. Du lernst diese

Formeln, du lernst diese Fakten und trägst sie so einfach immer weiter«, sagt Nkinsi. »Du lernst nicht wirklich, Dinge kritisch zu hinterfragen oder abzuklopfen, woher diese oder jene Erkenntnisse stammen.«

Zum Glück tat Nkinsi aber genau das, sie *hinterfragte* die Dinge, und wenn sie ihr suspekt erschienen, forderte sie die Medizinische Fakultät der University of Washington, wo sie eingeschrieben war, zum Handeln auf. Als Reaktion auf Nkinsis Forderungen kündigte die Fakultät im Jahr 2020 an, *race*-basierte Anpassungen zur GFR-Berechnung künftig nicht mehr zu nutzen.[23] Die Fakultät war weder die erste noch die letzte medizinische Einrichtung in den USA, die sich zu diesem Schritt entschloss. Andere Einrichtungen wie das Beth Israel Deaconess Medical Center in Massachusetts, das Massachusetts General Brigham, das Mount Sinai Health System in New York, das Zuckerberg San Francisco General Hospital in Kalifornien und das Vanderbilt University Medical Center in Tennessee schafften die *race*-basierte Anpassung ebenfalls ab. Und 2020 richteten die National Kidney Foundation und die American Society of Nephrology einen gemeinsamen Arbeitsstab ein, um »die Einbeziehung der Variable ›*race*‹ in die GFR-Formel auf den Prüfstand zu stellen«.[24]

Beflügelt von Nkinsis Erfolg kontaktierte ich weitere Gesundheitsbehörden in anderen Ländern, um deren Haltung zu *race*-basierten Anpassungen zu erfahren. Im Juni 2021 erhielt ich eine Antwort vom britischen National Institute for Health and Care Excellence (NICE) zu deren Leitlinie, die zum damaligen Zeitpunkt empfahl, »[...] bei Menschen afrikanisch-karibischer oder afrikanischer familiärer Herkunft einen Korrekturfaktor auf die GFR-Formeln anzuwenden«.[25] NICE teilte mir mit, diese Leitlinie gerade zu aktualisieren und beteuerte, dass es »im Zuge dieser Aktualisierung auch Überlegungen zu einer Korrektur basierend auf den von Ihnen herausgestellten Kategorien« gegeben habe. Mit anderen Worten: NICE erwog, seine Empfehlung betreffs *race*-basierter Anpassung der GFR-Formel zu aktualisieren. Mein Kontakt in der Pressestelle bei NICE mailte mir einen Link zum einstweiligen Entwurf der aktualisierten Leitlinie, die zwei Monate später, im August 2021, veröffentlicht werden sollte.[26] Beim Durchlesen allerdings machte sich Enttäuschung in mir breit, denn die Empfehlung, wonach die Glomeruläre Filtrationsrate bei Menschen afrikanisch-karibischer oder afrikanischer Abstammung zu »korrigieren« sei, war immer noch enthalten. Beigefügt war ein Vermerk, dass künftige Forschungen »neben der ethnischen Zugehörigkeit« auch den Einbezug »weiterer Faktoren« als biologische Variablen prüfen sollten. An diesem Punkt beschloss ich, mich hinzusetzen und meinen Artikel für das Fachblatt *New Scientist* zu schreiben.

Wenige Wochen nach Erscheinen meines Artikels meldeten sich die britischen Nephrolog:innen Gama und Bramham bei mir. Ihre Vorstudie über potenzielle Benachteiligungen von Schwarzen Menschen aufgrund *race*-basierter Anpassungen in GFR-Formeln sei in einem wissenschaftlichen Fachblatt erschienen.[27] Das war im August 2021, und ich wusste, dass die Veröffentlichung der aktualisierten Leitlinie des NICE kurz bevorstand. So leitete ich Gamas und Bramhams Artikel an meinen Kontakt in der NICE-Pressestelle weiter mit der Frage, ob ihnen die Ergebnisse aus der Studie bereits bekannt seien und sie vorhätten, ihre Leitlinien entsprechend abzuändern. Die Antwort ließ ein paar Tage auf sich warten, doch dann kam die Nachricht: Das NICE hatte tatsächlich beschlossen, seine Empfehlungen zur *race*-basierten Anpassung der GFR-Formeln aus den Leitlinien zu streichen. Die aktualisierte Fassung würde bereits am morgigen Tag erscheinen, hieß es.[28] Ich war begeistert, ebenso wie Gama und Bramham. »Dies ist eine wirklich große Chance, *race*-basierte Medizin zu unterbinden«, sagte mir Bramham damals.

In der Tat fühlte es sich an, als entwickelten sich die Dinge in die richtige Richtung. Sofort informierte ich die *New Scientist*-Redaktion über die Änderung der Leitlinie und kontaktierte dann die UK Kidney Association (Britische Nephrologie-Gesellschaft), um zu erfahren, wie die Neuigkeit dort aufgenommen wurde.[29] »Wir begrüßen und unterstützen diese Änderung sehr«, sagte Paul Cockwell, Präsident der Gesellschaft. »Ethnie und *race* sind soziale Konstrukte und fallen nicht in genetische Kategorien«, sagte er. »Eine Anpassung der Nierenfunktionswerte auf Grundlage der ethnischen Zugehörigkeit könnte zu einer Höhereinstufung der Nierenfunktionswerte führen und damit potenzielle Benachteiligungen und Ungleichheiten in der Behandlung zur Folge haben«, schloss Cockwell.

Auch auf der anderen Seite des Atlantiks kam Bewegung in die Sache. Wenige Wochen nach Veröffentlichung der aktualisierten NICE-Leitlinie sprachen sich die National Kidney Foundation und die American Society for Nephrology offiziell gegen die weitere Anwendung *race*-basierter Algorithmen zur Bestimmung der Nierenfunktionswerte in den USA aus.[30] Ich sprach noch einmal mit Nkinsi darüber. »Es ist spannend zu sehen, dass so eine große Änderung vorgenommen wird«, sagte sie mir. »Nur bleibt die Sorge, dass die Institutionen es dabei bewenden lassen, nach dem Motto, ›Jetzt kann uns jedenfalls niemand mehr vorwerfen, rassistisch zu sein‹«, fügte sie hinzu. »Und sollten die medizinischen Einrichtungen im Land die vorgegebene Änderung in der Leitlinie erst einmal umsetzen, so steht zu befürchten, dass sie gar nicht mehr tiefer dringen, um zu schauen, ob und wo es möglicherweise weitere diskriminierende Benachteiligungen für nierenkranke Schwarze Patient:innen gibt«, erklärte sie.

Und es ist wohl auch kaum damit zu rechnen, dass die Änderung sofort umgesetzt wird, wie Kaufman, der Epidemiologe an der McGill University, mir erklärte. Die National Kidney Foundation und die American Society for Nephrology in den USA seien zwar einflussreiche Organisationen, sagte er, hätten aber nicht die Macht, den Ärzt:innen vorzuschreiben, was sie zu tun hätten. »Es ist kein Gesetz«, sagte er. »Es ist lediglich eine fachliche Empfehlung.« Das heißt, es bleibt am Ende jeder Einrichtung selbst überlassen, die Änderung umzusetzen. »Und ich gehe davon aus, dass sich das noch eine Weile ziehen wird«, schloss er.

Auch in Großbritannien wird es wohl noch einige Zeit dauern, bis die aktualisierte NICE-Leitlinie in der medizinischen Praxis adaptiert ist. Im Januar 2023, über ein Jahr nach Streichung der *race*-basierten Anpassung aus den Algorithmen der Leitlinie, übermittelte mir meine Schwester die Ergebnisse ihrer aktuellsten Kontrolluntersuchung. Und darunter stand wieder der mir nun nur allzu bekannte Satz: »Bei Patient:innen mit Schwarzer Hautfarbe ist das Ergebnis mit 1,21 zu multiplizieren«.

Zur selben Zeit hatte mir Kate Bramham erzählt, dass Ärzt:innen, zumindest in England, ihre gewohnte Praktik oft deshalb nicht ändern würden, »da sie dafür erst ihre Software entsprechend upgraden müssten«. Doch bis Februar 2023 sei dies in den meisten Praxen in England noch nicht erfolgt, so Bramham, und meine Schwester hätte vielleicht einfach nur Pech gehabt. Umso erfreulicher aber war es, dass Kreatininwert und GFR bei meiner Schwester nun im Normalbereich lagen, zumal als muskulöse Sportlerin, die sie ungeachtet der *race* ist. Für andere jedoch – für Jordan Crowley in den USA beispielsweise – ist der *race*-basierte Wert aus der GFR-Formel von entscheidender Bedeutung, denn er bestimmt, wer eine Nierentransplantation bekommt und wer nicht.

Auch wenn es nur langsam vorangeht, die Änderungen in den Leitlinien sowohl in Großbritannien als auch in den USA sind wichtig und vielversprechend. Und es gab weitere positive Entwicklungen. Ein Beispiel: Im Juni 2022 hat das Organ Procurement and Transplantation Network, das das Organspende- und Transplantationssystem in den USA verwaltet, eine für alle Transplantationszentren verbindliche Maßgabe zum Verzicht auf die *race*-basierte GFR-Formel zugunsten eines neutralen Algorithmus' zur Schätzung der Nierenfunktion bei Patient:innen erteilt.[31] Diese Maßgabe wird wohl auch Jordan im Rechtsstreit gegen seine Ärzt:innen von Vorteil sein, der zum Zeitpunkt des Schreibens an diesem Buch noch läuft.

»Das ist nur der Anfang«, sagte mir Nkinsi und verwies darauf, dass *race*-basierte Anpassungen in GFR-Formeln nur eine von vielen hartnäckigen *race*-basierten Praktiken seien – von denen in den letzten Jahren eine wachsende Zahl in die Kritik geriet, sowohl innerhalb als auch außerhalb der medizinischen Fachwelt.

▪

Glücklicherweise schließen sich nach und nach verschiedene Bereiche der Medizin den Forderungen an, *race*-basierte medizinische Praktiken komplett abzuschaffen oder zumindest zu überdenken – von denen einige zweifelsfrei rassistische Ursprünge haben. So etwa gehen *race*-basierte Anpassungen in der Spirometrie, einem weit verbreiteten diagnostischen Verfahren zur Messung der Lungenfunktion, auf Samuel Cartwright zurück, einen Arzt und Sklavenhalter in den Südstaaten der USA während der

1850er Jahre.[32] Da Schwarze Menschen, so seine Behauptung, eine geringere Lungenkapazität hätten als *weiße*, könnten sie nur versklavt gesund sein. (Zur Erinnerung: Wir haben Cartwright zu Beginn des Buches bereits kennengelernt, als Arzt, der die »Drapetomanie« erfand, um versklavte Schwarze, die zu fliehen versuchten, zu pathologisieren.) Um es zu wiederholen: Eine rassistische Vorstellung, in die Welt gesetzt von einem Apologeten der Versklavung im 19. Jahrhundert, beeinflusst und beeinträchtigt die Gesundheitsversorgung der Menschen bis heute. Doch Lungenärzte wie Alexander Moffett von der University of Pennsylvania arbeiten nun daran, das zu ändern.

Als ich Moffett 2021 interviewte, hatte er auf der American Thoracic Society International Conference gerade die Ergebnisse einer Vorstudie vorgestellt, die er zusammen mit Kolleg:innen, darunter die Nephrologin Nwamaka Eneanya, erstellt hatte.[33] Die Studie analysierte Daten aus mehr als 14 000 Lungenfunktionstests in den USA. Es zeigte sich, dass die Anzahl der Personen, bei denen eine Einschränkung der Lungenfunktion korrekt diagnostiziert wurde, von etwa 60 auf 82 Prozent anstieg, wenn die Verwendung von »*race*« als Parameter in medizinischen Scores herausgerechnet wurde. Aus diesen Ergebnissen, so Moffett, lasse sich schließen, dass der Einbezug von »*race*« als relevante Größe bei Lungenfunktionstests den Schweregrad einer Lungenerkrankung bei Schwarzen Patient:innen unterschätzen könnte. »Wir setzen voraus, dass ihre Lungenfunktion schlechter sein müsse, und nutzen diese Vorannahme als eine Methode, uns der Diagnose zu nähern«, sagte er. Diese Vorannahme aber ist fehlerhaft. »Sie ist widerlegt durch alles, was wir in den letzten fünfzig Jahren über ›*race*‹ gelernt haben«, so Moffett. Zusammen mit Kolleg:innen arbeitet er an der Entwicklung einer Methode zur Lungenfunktionstest-Auswertung, die nicht auf unbegründeten Vorannahmen über ethnische Unterschiede beruht.

Die European Respiratory Society (ERS, eine führende medizinische Organisation im Bereich der Atemwegs- und Lungenkrankheiten mit Sitz in Lausanne) und die American Thoracic Society (ATS, eine international ausgerichtete medizinische Gesellschaft mit Sitz in New York) empfahlen zu diesem Zeitpunkt in ihren gemeinsamen technischen Standards weiterhin die Anwendung unterschiedlicher Gleichungen zur Bestimmung der Lungenfunktion, abhängig von der ethnischen Zugehörigkeit einer Person.[34] Während ich an meinem Artikel über Moffett und seine Studie schrieb, erkundigte ich mich bei der ERS nach der wissenschaftlichen Grundlage für diese Empfehlung. Hier ein Auszug aus der langen Antwort, die ich erhielt, und die das ERS den »Autoren des Leitlinienpapiers« zuschrieb: »Traditionsgemäß wurden populationsspezifische Referenzgleichungen entwickelt, um beobachtete Unterschiede zwischen Menschen aus verschiedenen geographischen Regionen zu berücksichtigen. Allerdings sind die Gründe für die beobachteten Unterschiede in der Lungenfunktion zwischen Menschen auf der ganzen Welt jedoch multifaktoriell und nicht vollständig geklärt.«

Zeitgleich wandte ich mich auch an die ATS, die, anders als die ERS, die Probleme im Zusammenhang mit der Empfehlung frei heraus einräumte. »In der Auswertung der Lungenfunktionstests ist die lange Jahre bestehende Annahme verwurzelt, dass die beobachteten Unterschiede zwischen Bevölkerungsgruppen biologisch bedingt sind«, hieß es in der Stellungnahme der ATS. »Es wird zunehmend anerkannt, dass *race* und Ethnizität soziopolitische Konstrukte sind, die stärker die unterschiedlichen sozialen und ökologischen Bedingungen zwischen Bevölkerungsgruppen widerspiegeln als repräsentative oder echte biologische Unterschiede.« Die ATS, so heißt es weiter, habe sich »verpflichtet, Leitmaßnahmen zur Bekämpfung von Rassismus in der Medizin zu ergreifen sowie den falschen Gebrauch von *race* und Ethnizität als relevante Faktoren in der klinischen Entscheidungspraxis abzustellen«. Zudem habe man »eine Arbeitstagung einberufen, um die aktuellen Richtlinien kritisch zu bewerten«. 2023 gab die ATS eine offizielle Erklärung für Kliniker:innen heraus, in der ausführlich erläutert wird, warum *race* und ethnische Zugehörigkeit als relevante Faktoren bei der Interpretation von Spirometrie-Ergebnissen nicht länger herangezogen werden sollten. Die Erklärung wurde von der ERS befürwortet.[35]

Einige medizinische Bereiche nahmen die Überprüfung und Aktualisierung ihrer *race*-basierten Praktiken schneller in Angriff als andere. Wie wir weiter oben bereits gehört haben, nutzten Gynäkolog:innen in den USA häufig einen Algorithmus namens Vaginal Birth After Caesarean (VBAC) zur Anwendung – ein Verfahren zur Bewertung der Sicherheit einer Vaginalgeburt nach einem Kaiserschnitt. Dieses Verfahren enthielt spezifische Anpassungen nach *race* und ethnischer Zugehörigkeit mit der Folge, dass für Schwarze und hispanische Frauen eine geringere Aussicht auf eine sichere vaginale Geburt nach einem Kaiserschnitt faktorisiert wurde als für *weiße* Frauen. Doch das änderte sich im Mai 2021, nachdem William Grobman von der Northwestern University in Illinois zusammen mit Kolleg:innen – die den Algorithmus ursprünglich entwickelt hatten – eine aktualisierte Version herausgab, aus der die *race*-basierten Anpassungen entfernt worden waren. Als Grund für die vorgenommene Änderung führten sie Bedenken bezüglich Gleichheit und Gerechtigkeit an, die sie bereits 2019 in einem früheren Fachaufsatz thematisiert hatten. Hauptautorin dieses Aufsatzes von 2019 war Darshali Vyas, damals noch Medizinstudentin und heute Assistenzärztin am Massachusetts General Hospital. Beim Lesen dieses Aufsatzes erfuhr ich erstmals von den beunruhigenden Ursprüngen der wissenschaftlich unbewiesenen Behauptung des Arztes von D'lissa Parkes in Großbritannien, dass die Becken Schwarzer Frauen anders geformt seien als die von *weißen* Frauen.

Ich traf mich mit Vyas Ende 2021. Wir sprachen über die vielen Veränderungen in den verschiedenen Fachbereichen der Medizin, die sich mal schnell, meist aber schmerzhaft langsam vollziehen – ob in der Geburtshilfe, in der Gynäkologie oder der jüngst vorgenommenen VBAC-Aktualisierung. »Ich habe mit Dr. Grobman und seinem Team gesprochen und bin sehr optimistisch, was diese aktualisierte Version anbelangt«, sagte mir Vyas. »Dass es dasselbe Team war, das schon den ersten Algorithmus entwickelt hatte, um ihn nun noch einmal kritisch unter die Lupe zu nehmen, ihn zu überarbeiten, ihn dann ohne Einbezug von *race* und Ethnizität zu revalidieren und zu zeigen, dass er dann immer noch genauso wissenschaftlich fundiert und praxistauglich ist, finde ich außerordentlich stark«, fügte sie hinzu. »Das hat schon große Bedeutung. Und genau so sollte meiner Meinung nach gute Arbeit in Sachen Gleichbehandlung und Gerechtigkeit auch aussehen.« Im Gegensatz zur neuen GFR-Formel, die medizinische Einrichtungen eigeninitiativ umsetzen müssen, erklärte Vyas, kann der neue VBAC-Kalkulator über eine Online-Quelle abgerufen werden und ist daher viel einfacher und schneller zu ändern. »Der offizielle Online-Kalkulator ist in der aktualisierten Version abrufbar, und somit ist alles auf dem neuesten Stand«, sagte sie.

Wie Nkinsi war auch Vyas noch Medizinstudentin, als sie sich zum ersten Mal mit der Anwendung *race*-basierter Algorithmen in der klinischen Praxis auseinandersetzte. Auch sie hatte einen Widerspruch zwischen der akademischen Lehre zu *race* – als soziales Konstrukt, das jedweder biologischen Grundlage entbehrt – und dem bemerkt, was ihr die Ärzt:innen während ihrer praktischen Ausbildung im Klinikalltag vermittelten. Sie schloss sich einer Gruppe von Medizinstudent:innen an ihrer Universität an, die sich Harvard Medical School Racial Justice Coalition nannte, und erkannte, dass viele ihrer Kommiliton:innen ihre diesbezügliche Besorgnis teilten. »Ich glaube, viele meiner Kommiliton:innen empfanden eine ähnliche Anspannung«, sagte sie mir. Im Jahr darauf begann Vyas eine klinische Grundausbildung in Geburtshilfe und Gynäkologie, wo sie zum ersten Mal mit dem VBAC-Kalkulator in Berührung kam. »Da ich mich bereits vor meiner praktischen Ausbildung auf den Krankenhausstationen im studentischen Rahmen und im Austausch mit meinen Kommiliton:innen mit dem Thema soziale Gerechtigkeit auseinandergesetzt habe, war ich, denke ich mal, schon vorgeprägt und habe dieses Beispiel ›*race*-basierter Korrekturen‹ schnell aufgegriffen«, reflektierte sie.

Aus der Medizinstudentin Vyas wurde schließlich eine promovierte Ärztin, die auf immer mehr Beispiele *race*-basierter Korrekturen oder Anpassungen stieß, die in den verschiedenen medizinischen Bereichen gang und gäbe sind. Neben einzelnen Auseinandersetzungen über spezifische *race*-bezogene Praktiken unterschiedlicher Fachbereiche lag ihr vor allem daran, eine sehr viel breitere Debatte über das Problem der Anwendung *race*-basierter Standardparameter in der Medizin insgesamt anzuregen. »Ich denke, wir brauchen so etwas wie Leitprinzipien in der Medizin ganz allgemein, die uns vorgeben, wie wir *race* als Kategorie zu denken haben und wie nicht«, sagte Vyas.

Dass falsche Vorstellungen von *race* großen Schaden anrichten können, auch ohne dass sie in Algorithmen eingebettet sind, macht der Fall D'lissa Parkes mehr als deutlich. Genau darauf spielte der US-amerikanische Arzt Richard Garcia in einem 2004 im medizinischen Fachblatt *Pediatrics* veröffentlichten Artikel an. Er schreibt darin über seine Jugendfreundin Lela, die erst im Alter von acht Jahren die Diagnose Mukoviszidose erhielt[36]: »Wäre sie *weiß* gewesen oder hätte sie überhaupt keine ›sichtbare *race*‹ gehabt, hätte sie die richtige Diagnose und Behandlung wahrscheinlich sehr viel früher erhalten. Erst als sie acht Jahre alt war, fiel einem Radiologen, der sie noch nie zuvor gesehen hatte, ihr Thorax-Röntgenbild auf, und er fragte: ›Wer ist dieses Kind mit Mukoviszidose?‹«

Laut der Cystic Fibrosis Foundation, der führenden US-amerikanischen Mukoviszidose-Stiftung, identifizieren sich etwa 5 Prozent der Menschen mit Mukoviszidose in den USA als Schwarz.[37] Dennoch wird die Krankheit häufig fälschlicherweise als ausschließlich »*weiße* Krankheit« wahrgenommen, was zu einer Unterdiagnostizierung und schlechteren Gesundheitsergebnissen bei People of Colour beitragen kann.[38] Die Sichelzellenanämie (die zur Gruppe der Hämoglobinopathien und anderen verwandten Krankheitsbildern gehört) wurde in ähnlicher Weise als »Schwarze Krankheit« rassifiziert, was nicht nur falsch ist, sondern auch zu rassistisch motivierten Ausgrenzungen und Ablehnungen von Sichelzellen-Patient:innen beiträgt.[39] Bei der Sichelzellenanämie kommt es typischerweise zu akut schmerzhaften Phasen, auch Schmerzkrisen genannt. Doch sowohl in den USA als auch in Großbritannien gibt es Belege dafür, dass Schwarze Patient:innen, die Schmerzmittel erbitten, von den behandelnden Ärzt:innen oft nicht ernst genommen oder gar als medikamentenabhängig abgestempelt werden. »Ich habe definitiv das Gefühl, dass *race* eine wesentliche Rolle dabei spielt, wie Patient:innen behandelt werden, insbesondere in der Notaufnahme. Ich glaube, es herrscht dort die klischeehafte Denkweise vor, dass es hier wieder einmal jemandem nur um seine Droge geht«, erzählte June Okochi, Interessenvertreterin der Sichelzellpatient:innen in Großbritannien, im Rahmen einer Studie über vermeidbare Todesfälle und Behandlungsfehler bei Sichelzellpatient:innen im Jahr 2021.[40] Neben gesundheitlichen Schäden infolge unzureichender Versorgung trägt der damit verbundene rassismusbedingte Stress zusätzlich dazu bei, dass viele Patient:innen sich gar nicht erst in Behandlung begeben, was die gesundheitlichen Ungleichheiten weiterhin befördert.

Das Sichelzell-Gen (beta-Hämoglobin-Gen), das die Sichelzellanämie auslöst, war historisch betrachtet vor allem im Malaria-Gürtel verbreitet – von Äquatorial-Afrika, über den Nahen und Mittleren Osten bis nach Indien –, was daran liegt, dass die Gen-Mutation einen Schutz vor Malaria bietet.[41,42] Dies ist zwar hilfreich für das Verständnis der Populationsgenetik, hilft aber für die Diagnosestellung eines Erkrankten nicht weiter. Wie die Sichelzellenanämie ist auch die Mukoviszidose eine genetische Erkrankung. Und die präziseste Methode, diese erblichen Erkrankungen zu erkennen, besteht heutzutage darin, rassistische Voraannahmen zu überwinden und die relevanten Gene auf genetische Veränderungen (Mutationen) zu testen.

Vage Vorstellungen von *race* verunmöglichen eine präzise Diagnose geradezu, selbst dort, wo sie durch ihre Eingliederung in medizinische Algorithmen legitimiert sein mögen. In diesen Fällen wird *race* oft als Hilfsparameter für etwas anderes verwendet, für »Muskelmasse« in der GFR-Formel beispielsweise. Nkinsi brachte das Problem auf den Punkt: »Wir verwenden *race* stellvertretend für andere Dinge, anstatt diese Dinge direkt zu messen.«

▪

Nachdem mein Artikel über die Probleme *race*-basierter Medizin im *New Scientist* erschienen war, gab es in den Leserforen einige kritische Kommentare und Fragen dazu. Die häufigste Frage war: Welchen Begriff von *race* sollten Ärzte haben? Man kann sicherlich nicht von ihnen erwarten, *race* völlig zu ignorieren, da sie unzweifelhaft in Zusammenhang mit Gesundheitsergebnissen der einzelnen Patient:innen steht. Ich bin definitiv nicht der Meinung, dass die Abkehr von *race*-basierter Medizin hin zu einer »farbenblinden« Medizin gehen sollte. Doch ich denke, es besteht ein großer Unterschied zwischen der Anwendung von *race* als Parameter für gesundheitliche Risiko-Scores und der Anerkennung von Rassismus als ein tieferliegender Prozess, der gesundheitliche Ungleichheiten aufrechterhält oder gar weiter verstärkt.

Als ich Vyas auf diese Punkte ansprach, meinte sie: »Ich würde sogar behaupten, dass der Einbezug von *race* in diagnostische Algorithmen eine Form von *race*-blinder Medizin darstellt, da man Ungleichheiten dadurch verbirgt. Man modelliert seine Tools quasi um bestehende Ungleichheiten herum, anstatt diese an der Wurzel zu packen. Ich bin der Auffassung, dass wir *race* und die damit verbundenen Auswirkungen auf Gesundheitsergebnisse immer weiter erforschen sollten. Wir sollten untersuchen und verstehen, welche Auswirkungen Rassismus auf Gesundheitsergebnisse hat. Und wir sollten ein klares Verständnis für die Auswirkungen von Rassismus auf die körperliche und psychische Gesundheit unserer Patient:innen entwickeln.« Letztendlich, so schloss sie, »müssen wir unterscheiden zwischen der Untersuchung rassistischer Ungleichheiten einerseits und der Entwicklung unserer Tools in einer Art und Weise, die diese Ungleichheiten noch verschärfen oder sie sogar komplett verbergen könnte.«

Nkinsi schloss sich diesen Kommentaren an. »Wir wollen, dass eine antirassistische Medizin praktiziert wird, keine farbenblinde«, sagte sie. »Das aber setzt das unbedingte Anerkennen voraus, dass *race* keine biologische Tatsache, sondern ein soziales Konstrukt ist, und dass es sich dabei um sehr reale soziale Dynamiken handelt, die sich darin zeigen, wie Patient:innen behandelt werden und wie sie ihren Alltag erleben«, sagte sie. »Für Ärzt:innen bedeutet dies, sich mit *Rassismus* auseinanderzusetzen und zu reflektieren, welche Folgen er für Patient:innen hat, anstatt sie auf Grundlage pseudowissenschaftlicher Vorstellungen von *race* zu kategorisieren.«

Rassismus hat tiefgreifende Auswirkungen auf die Gesundheit der Menschen, aber auch auf die Art ihrer Behandlung im Krankheitsfall. Das Fortbestehen *race*-basierter Medizin in Form von diagnostischen Algorithmen zeigt, wie tief Rassismus in der westlichen medizinischen Praxis verwurzelt ist. Im August 2020, etwas mehr als ein Jahr nach Veröffentlichung ihres Artikels über den VBAC-Kalkulator, erschien ein weiterer Artikel im *New England Journal of Medicine*, an dem Vyas als Co-Autorin beteiligt war. Der Artikel beleuchtet sehr detailliert einige Beispiele *race*-basierter Algorithmen aus verschiedenen medizinischen Bereichen und zeigt auf, welche gesundheitsschädlichen Folgen sie haben.[43] »Indem sie den Faktor *race* in Grunddaten und Entscheidungen der Gesundheitsversorgung einbeziehen, schreiben die Algorithmen eine *race*-basierte Medizin fort«, argumentierten Vyas und Kolleg:innen. Ihr Artikel mit der Überschrift »Hidden in Plain Sight – Reconsidering the Use of Race Correction in Clinical Algorithms« trug entscheidend dazu bei, das Thema *race*-basierter Medizin in die offizielle medizinische und wissenschaftliche Debatte zu katapultieren. Der Artikel wurde seither mehr als 600 Mal zitiert, unter anderem von den US-Senator:innen Elizabeth Warren, Ron Wyden und Cory Booker und der Kongressabgeordneten Barbara Lee, die einen Monat nach Veröffentlichung eine landesweite Überprüfung der Anwendung *race*-basierter medizinischer Algorithmen forderten. »Um die gesundheitlichen Ungleichheiten unter People of Colour-Communitys zu verringern, müssen wir dafür sorgen und sicherstellen, dass Ärzt:innen und öffentliche Gesundheitseinrichtungen einen streng antirassistischen Ansatz verfolgen und neu bewerten, inwiefern aktuelle Praktiken, einschließlich der Anwendung *race*-basierter Algorithmen, mit potenziell schlechteren Ergebnissen für People of Colour verbunden sind«, schrieben die vier Politiker:innen im September 2020 an die Agency for Healthcare Research and Quality (US-amerikanische Behörde für Gesundheitspflege und Soziale Dienste).

»Ich denke, viele Leute würden zu Recht sagen, dass dies überfällig ist, und es ist sicherlich wichtig zu betonen, dass es immer schon Wissenschaftler:innen gab, Schwarze Wissenschaftler:innen, Schwarze Ärzt:innen und Schwarze Aktivist:innen, die unüberhörbar nach einer Neufassung der Leitlinien rund um das Thema *race*-basierter Medizin riefen«, erzählte mir Vyas. »Vielleicht lag es auch an den Ereignissen der letzten Jahre – an der globalen Pandemie, die diese Ungleichheiten umso sichtbarer gemacht hat, oder auch an der zunehmenden Polizeigewalt gegen Schwarze mit bisweilen tödlichen Folgen –, die das Thema in ein neues Licht gerückt und ihm mehr Schubkraft verliehen haben. Doch ganz bestimmt gab es diese Debatten schon vor meiner Zeit als Ärztin«, räumte sie ein.

In ihrem Aufsatz von 2020 führt Vyas deutlich mehr Beispiele für *race*-basierte Algorithmen auf, als ich hier nennen kann – und während meiner Recherchen zu diesem Buch habe ich noch viele weitere entdeckt. Nach Veröffentlichung meiner Studie im *New Scientist* erhielt ich über die sozialen Medien eine Nachricht von Dipesh Gopal, einem Allgemeinmediziner an der Queen Mary University of London. Er freue sich über meinen Artikel über die *race*-neutrale Neufassung der Nierenfunktionsbestimmungen in den Leitlinien des NICE und erwähnte, dass er versucht habe, das NICE zur Überarbeitung einer weiteren seiner Leitlinien zu bewegen, aber vergebens. Wir verabredeten einen Telefontermin, um noch einmal ausführlicher darüber zu sprechen.

Er erklärte, dass die NICE-Leitlinie zur Behandlung von Hypertonie, also Bluthochdruck, unterschiedliche Empfehlungen je nach ethnischer Zugehörigkeit der Patient:innen empfiehlt: Bis zu diesem Zeitpunkt, 2022, gilt die Empfehlung, allen Patient:innen mit Bluthochdruck unter 55 Jahren sogenannte ACE-Hemmer zu verordnen – es sei denn, es handelt sich um Patient:innen »Schwarzafrikanischer oder Afrikanisch-karibischer Herkunft«, in welchem Falle die Verordnung anderer Medikamente empfohlen wird.[44] Zweimal bereits, so Gopal weiter, hätten er und Kolleg:innen an das NICE geschrieben und um dringende Überarbeitung der Leitlinie gebeten. Und beide Male wies das NICE die Aufforderung zurück mit der Begründung, es gebe valide Beweise für »klinisch bedeutsame Unterschiede in der Wirksamkeit der Behandlungsformen für Personen in den jeweiligen Subgruppen der familiären Herkunft«. Diesen Beweisen jedoch widersprechen Gopal und andere Ärzt:innen, darunter der Epidemiologe Jay Kaufman sowie die Ärztin und Autorin Jennifer Tsai.[45,46]

Nach der Entscheidung des NICE, die Studie nicht weiter prüfen zu wollen, wies Kaufman in einer E-Mail an Gopal und andere auf mehrere Mängel in der Leitlinie hin. Es gebe sehr wohl etliche Studien, so Kaufman, die für Schwarze Menschen eine im Schnitt geringere Aktivität des Enzyms Renin im Blutplasma belegen – ein Indikator dafür, dass sie möglicherweise weniger gut auf ACE-Hemmer ansprechen –, gleichwohl belegen diese Studien aber auch große Überschneidungen der Plasma-Renin-Aktivität, die den

Reninspiegel im Blutplasma bestimmt, zwischen Menschen verschiedener ethnischer Gruppen. Basierend auf der Datenlage einer solchen Studie bestehe bei einem:r zufällig ausgewählten Schwarzen und einem:r *weißen* Patient:in eine Wahrscheinlichkeit von eins zu drei, dass der:die Schwarze Patient:in eine höhere Plasma-Renin-Aktivität aufweist als der:die *weiße* Patient:in, so Kaufman. Dies allerdings schien einem anderen Argument zuwiderzulaufen, welches das NICE in seiner Antwort an Gopal vorgebracht hatte, wonach die ethnische Herkunft »ein pragmatisches Referenzmittel zur Beurteilung des Renin-Status eines:r Patient:in« sei.[47]

In unserem Telefongespräch hob Gopal zudem hervor, dass aus der Leitlinie nicht klar hervorgehe, wie Ärzt:innen in der Praxis überhaupt die ethnische Zugehörigkeit der Patient:innen bestimmen sollen oder was in Fällen zu tun ist, in denen Menschen eine multiethnische Identität haben. Tsai und ich entschieden, einen Artikel zu schreiben, um genau diese Fragen näher zu beleuchten – und wir beschlossen, das NICE sowie weitere medizinische Einrichtungen weltweit aufzufordern, die *race*-basierten Empfehlungen in ihren Leitlinien systematisch zu überarbeiten, ein für alle Mal. In Erwiderung auf Gopal und Kolleg:innen sowie auf die Inhalte unseres Artikels räumte das NICE ein, dass es »keine scharf konturierte biologische und genetische Homogenität unter allen Schwarzen und allen *Weißen* gibt«, und dass »die Leitlinie Menschen multiethnischer Herkunft nicht berücksichtigt«. Und weiter hieß es, dass die Durchführung entsprechender Tests bei allen aufgrund der »Kosten und des zusätzlichen Zeitaufwands« nicht möglich sei. Unser Artikel wurde im November 2021 im *New Scientist* veröffentlicht und ist leider immer noch aktuell.[48]

Im Oktober 2021, wenige Wochen vor der Veröffentlichung unseres Artikels, gab das United States House Ways and Means

Committee (Ausschuss für Mittel und Wege, ein Ausschuss des US-Repräsentantenhauses) einen Bericht heraus, der die »Fehlanwendung von *race* in klinischen Algorithmen« erörterte und unter anderem auch Vyas' Aufsatz von 2020 zitierte.[49] Obwohl es, so hieß es darin, in der medizinischen Community den Wunsch gebe, die derzeitigen Praktiken zu verbessern, »machen es unterschiedliche Meinungen über eine angemessene Anwendung von *race* und ethnischer Herkunft in Clinical Decision Support Systems (computergestützte klinische Entscheidungssysteme) schwierig, einen breiten Konsens zu entwickeln, der das Verhalten in der gesamten medizinischen Gemeinschaft einheitlich transformieren würde«.

Ich bin da etwas optimistischer. Während ich an diesem Buch schrieb, habe ich so viele inspirierende Patientenvertreter:innen, Medizinstudent:innen, Ärzt:innen, Wissenschaftler:innen und Aktivist:innen kennengelernt, die sich der Förderung von Gesundheit und medizinischer Gerechtigkeit verschrieben haben. Und ich bin mehr als begeistert von der Vision einer anti-rassistischen Medizin, auf die all diese Menschen und wohl noch so viele mehr hinarbeiten. Ich weiß, dass Rassismus sich sehr hartnäckig hält und daher nur sehr langsam, sehr schmerzvoll und sehr mühsam überwunden werden kann, auch in den Institutionen westlicher Medizin. Doch es ist möglich, daran glaube ich ganz fest. Und irgendwo müssen wir ja anfangen. Das ist erst der Anfang, wie Nkinsi sagte.

Aber nicht nur in der Medizin, sondern auch in der Wissenschaft trägt Rassismus zu gesundheitlichen Ungleichheiten bei. Insbesondere rassistisch verzerrte Algorithmen sowie Datenlücken in der medizinischen Forschung können bestehende rassistische Gesundheitsungleichheiten tief verankern. Und das beginnt damit, *was* – oder vielmehr *wer* – in Gesundheitsdaten und medizinischen Studien fehlt.

TEIL IV
Data Gaps

8
Die fehlenden Daten

Nachdem ich fast acht Jahre in Großbritannien gelebt hatte, zog ich 2020 mit meinem Partner nach Berlin. Wir denken darüber nach, Kinder zu bekommen, und natürlich habe ich zu diesem Thema einige Recherchen angestellt. Nachdem ich von den enormen ethnischen Unterschieden bei Schwangerschaftsergebnissen erfahren hatte, die in Großbritannien und anderswo bestehen, war ich neugierig zu erfahren, wie es sich in Deutschland damit verhält. Leider ist die entsprechende Datengrundlage dazu sehr begrenzt und *race* als Parameter kaum erfasst – was mir keine sonderlich große Beruhigung ist. Ganz im Gegenteil: Man kann ein Problem nicht lösen, von dessen Existenz man nicht weiß.

Deutschland bildet in dieser Hinsicht beileibe keine Ausnahme. Die Ausreißer sind hier vielmehr Großbritannien, USA und Kanada, denn dort sind Datenerhebungen zu *race* und ethnischer Zugehörigkeit fast schon alltäglich. Mehr als die Hälfte der Länder in der OECD, einer internationalen Organisation, zu deren Mitgliedsstaaten hauptsächlich reiche Länder zählen, erheben für ihre Bevölkerung gar keine Daten zu *race* oder Ethnie im gesundheitsrelevanten Kontext – und auch sonst in keinem anderen Kontext, muss man sagen.[1,2] Unter den OECD-Ländern, die der Europäischen Union (EU) angehören, liegt diese Zahl bei über 60 Prozent. Deutschland ist die Zahl der im Land lebenden Schwarzen Menschen nicht einmal bekannt, geschweige denn irgendwelche Zahlen zu Schwangerschaftsergebnissen Schwarzer Frauen. Ein ähnliches Bild zeigt sich in anderen EU-Staaten, wie beispielsweise in Frankreich, wo die Erhebung von Daten zu *race* oder ethnischer Herkunft seit 1978 gesetzlich stark eingeschränkt ist. Wenn man in Berlin lebt, ist es unschwer zu erkennen, dass Europas jüngste Geschichte reichlich mahnenden Grund zu Vorsicht bietet, wenn es um das Sammeln sensibler Daten dieser Art geht (mehr dazu später). Doch sie deshalb erst gar nicht zu sammeln, kann auch mehr Schaden als Nutzen anrichten.[3]

Obwohl die Datengrundlage in den EU-Ländern sehr begrenzt ist, gibt es dennoch Anzeichen dafür, dass es auf *race* und Ethnie bezogene gesundheitliche Ungleichheiten rund um Schwangerschaft und Geburt gibt. In den Niederlanden, wo ich geboren wurde, ergab eine von 2004 bis 2006 durchgeführte Studie, dass »nicht-westliche Migrant:innen« im Vergleich zu »westlichen Frauen« ein um 30 Prozent höheres Risiko hatten, eine sogenannte Schwere mütterliche Morbidität zu erleiden.[4] Begrenzte Daten aus Frankreich, erhoben zwischen 2001 bis 2006, weisen auf eine höhere Müttersterblichkeit bei Nicht-EU-Bürgerinnen hin, wobei separate Daten aus den fünf Jahren vor 2001 darauf schließen lassen, dass das Sterberisiko bei Frauen aus Subsahara-Afrika am höchsten war.[5,6] Für Deutschland zeigen die zwischen 2011 und 2012 an drei Berliner Geburtskliniken erhobenen Daten, dass die Ergebnisse für die meisten perinatalen Parameter für »türkische Migrantinnen« und »Nicht-Migrantinnen« weitgehend ähnlich waren, jedoch wurden die Daten nicht weiter aufgeschlüsselt.[7] Und sowieso ist die Unterteilung von Menschen in Migrant:innen und Nicht-Migrant:innen nach Geburts- oder Herkunftsland in der heutigen Welt kein verlässlicher Indikator für *race* oder Ethnizität – viele Menschen, die wir zu ethnisch minorisierten Personengruppen zählen, sind keine Immigrant:innen der ersten Generation (oder auch der zweiten, wo wir schon dabei sind). Ich zum Beispiel identifiziere mich als Schwarz und als *Mixed*, bin aber in den Niederlanden geboren und aufgewachsen. Die Nationalität ist also auch kein verlässlicher Indikator für *race* oder Ethnizität – ich, zum Beispiel, bin beides, Schwarz und Britin, nur dass mein Britisch-Sein mein Schwarz-Sein nicht einfach irgendwie ausradiert.

Meine Recherchen zu gesundheitlichen Ungleichheiten bezüglich *race* und Ethnie für dieses Buch gestalteten sich frustrierend, auch weil relevante Daten oft unvollständig vorhanden waren oder ganz fehlten. Doch das hat mich erst recht motiviert, tiefer zu schürfen. Ich bin überaus dankbar für die Informationen, auf die ich zugreifen konnte, denn ohne sie würde es dieses Buch nicht geben. Doch die fehlenden Daten einfach auszuklammern, wäre schlicht unwissenschaftlich. Rassismus ist ein globales Gesundheitsrisiko, aber die englischsprachige akademische Literatur zu diesem Thema hält hauptsächlich Forschungsergebnisse aus einem einzigen Land bereit, und das sind die USA. Eine systematische Übersichtsarbeit unter Leitung von Yin Paradies von der Deakin University in Melbourne, Australien, mit einer Analyse Hunderter von Studien über Rassismus und Gesundheit aus den Jahren 1983 bis 2013, ergab, dass die überwiegende Mehrheit dieser Studien (rund 81 Prozent) in den USA durchgeführt worden war.[8] Knapp dahinter lagen Großbritannien und Australien, auf die jeweils rund 3 Prozent der analysierten Studien entfielen, gefolgt von Kanada mit 2 Prozent. Und wahrscheinlich haben auch Sie bei der Lektüre dieses Buches bemerkt, dass viele der von mir angeführten Beispiele und Studien ebenfalls aus den USA oder Großbritannien kommen. Das liegt zum Teil an mir als englischsprachiger Autorin, die ich mit Verlagen aus diesen beiden Ländern zusammenarbeite. Aber es hat genauso mit der relativen Fülle von Daten zu tun, die beide Länder bereitstellen – was sicherlich auch an ihrer jeweiligen Rassismus-Historie und der heute relativ vielfältigen Bevölkerung liegt –, sowie mit dem relativen Mangel an Daten in anderen Regionen.

Sowohl in der EU als auch weltweit wächst das Bewusstsein darüber, dass ausbleibende Datenerhebungen nach *race* und Ethnizität negative Auswirkungen haben. Erfahrungen von Menschen werden ausgelöscht, und Möglichkeiten, Ungerechtigkeiten auszumachen und zu adressieren, werden beschränkt. Im September 2020, im Nachgang der weltweiten Anti-Rassismus-Proteste, gab die Europäische Kommission den »Fünf-Jahres-Aktionsplan gegen Rassismus« heraus, der unter anderem Maßnahmen für eine »verbesserte Erhebung von nach *race* oder ethnischer Herkunft aufgeschlüsselten Daten« durch die Mitgliedstaaten vorsieht.[9] Im darauffolgenden Jahr, im Juni 2021, forderte das Hochkommissariat des UNHCR in einem Bericht die Länder weltweit auf, mit der Erhebung und Veröffentlichung »umfassender, nach *race* oder ethnischer Herkunft aufgeschlüsselter Daten« zu beginnen, sofern noch nicht erfolgt.[10]

Ojeaku Nwabuzo, eine leitende Forschungsbeauftragte des Europäischen Netzwerks gegen Rassismus (European Network against Racism, ENAR), einer nichtstaatlichen Organisation mit Sitz in Brüssel, gehörte zu den Verfasser:innen des UN-Berichts. So wie ich ist auch Nwabuzo Schwarz und Britin. Bevor sie für ihren Job bei der ENAR nach Belgien zog, lebte sie in Großbritannien und arbeitete als Politik- und Forschungsanalystin beim Runnymede Trust, einer Denkfabrik für Bürgerrechte und Gleichheit der *races*. In Belgien angekommen, war sie erstaunt über die spärliche »Sammlung von Gleichstellungsdaten«, wie sie und Kolleg:innen es bezeichnen. Es ging ihr wie mir, als ich damals nach Deutschland kam. Die kaum vorhandene Datengrundlage zu *race* und ethnischen Herkünften in Belgien vermittelte ihr das Gefühl, unsichtbar zu sein, als würden ihre Existenz und ihre Erfahrungen in diesem Land nicht vollständig anerkannt. »Wir beide sind uns sehr ähnlich«, sagte Nwabuzo zu mir. »Man verliert seine Identität, sobald man die Grenze überschreitet, und das ist absurd. Meine Schwarze britische Identität ist völlig weg«, fuhr sie fort, und ich konnte sofort nachvollziehen, was sie meinte. Es geht aber nicht nur um Identität. Nwabuzo und andere Expert:innen für Gleichstellungsdaten*, mit denen ich gesprochen habe, erklärten mir, dass die Aufschlüsselung von Daten zur Aufdeckung von Mustern, die in bestimmten Subgruppen einer Bevölkerung auftreten können, durchaus ein sehr effizientes Tool zur Ermittlung und Bekämpfung gesundheitlicher und anderer Ungleichheiten sein könne. Caroline Criado-Perez, die Autorin von *Unsichtbare Frauen*, brachte es in einem Interview mit dem Wirtschaftsmagazin *Forbes* auf den Punkt: »Solange man die Daten nicht hat, kann man die Diskriminierung nicht bekämpfen.«[11]

Ein Beispiel: Als die Corona-Pandemie über die ganze Welt hereinbrach, war eine Aufgliederung der Falldaten anhand all-

* Die Antidiskriminierungsstelle des Bundes definiert Gleichstellungsdaten als Daten, die mit dem Ziel erhoben werden, systematische Benachteiligungen sichtbar zu machen und Maßnahmen zur Gleichstellung ergreifen zu können (Anm. d. Ü.).

gemein erfasster demographischer Variablen wie Alter, Geschlecht und Beruf für das Verständnis der Epidemiologie der COVID-19-Erkrankung enorm aufschlussreich. So etwa bot die Erkenntnis, dass das Risiko für schwere Krankheitsverläufe mit zunehmendem Alter ansteigt, eine wichtige Entscheidungshilfe, um entsprechende Präventiv- oder Kontrollmaßnahmen umzusetzen, wie etwa ältere Menschen für Impfungen zu priorisieren, sowohl auf einzelstaatlicher als auch auf internationaler Ebene. In ähnlicher Weise waren Länder, in denen Daten über *race* und Ethnizität von COVID-19-Fällen in der Frühphase der Pandemie veröffentlicht wurden, darunter die USA und Großbritannien, unter den ersten, die auf besorgniserregende Entwicklungen aufmerksam machten, wonach Menschen aus rassifizierten und ethnisierten Minderheitengruppen ein überdurchschnittlich hohes Erkrankungs- und Krankheitsrisiko aufwiesen. Die Veröffentlichung von Daten dieser Art kann zudem dazu beitragen, staatliche Regierungen zum Handeln zu bewegen; die britische Regierung hat hierzu erste statistische Erhebungen angestellt. Im weiteren Verlauf der Pandemie, als Großbritannien seine landesweite Impfkampagne startete, habe ich hautnah miterlebt, wie nützlich eine nach Ethnie aufgeschlüsselte Erfassung statistischer Daten sein kann.

Etwa zur gleichen Zeit, Ende 2020 bis Anfang 2021, als in Großbritannien die ersten COVID-19-Impfungen verabreicht wurden, deuteten mehrere Erhebungen darauf hin, dass die Impfskepsis unter ethnischen Minderheitengruppen vergleichsweise größer war.[12,13] Als dann die Einführung des Impfstoffs im Vereinigten Königreich an Fahrt aufnahm, fragte ich mich, ob die anfänglichen Berichte über eine erhöhte Zögerlichkeit sich auch in Form von ethnischen Unterschieden bei den Impfraten niederschlagen würden. Doch Daten über die ethnische Zugehörigkeit bislang geimpfter

Personen waren nirgendwo zu finden. Ich forschte weiter, bis mich der leise Verdacht beschlich, dass die britische Regierung hierzu gar keine Daten sammelte. Ich sprach mit mehreren Leitern im öffentlichen Gesundheitswesen. Die mangelnde Datenlage sei durchaus kritisch zu sehen, sagten sie mir, da entsprechende Daten für das Gesundheitsmonitoring und zur Bekämpfung ethnisch basierter Ungleichheiten bei COVID-19-Impfungen unerlässlich seien. Gleichzeitig belegte Ende Januar 2021 eine Vorstudie unter Leitung des britischen Mediziners und Journalisten Ben Goldacre an der University of Oxford, dass es in England tatsächlich ethnisch basierte Disparitäten bei Impfungen gab. Mehrere Journalist:innen – mich eingeschlossen – hatten über fehlende offizielle und nach ethnischer Zugehörigkeit aggregierte Daten im Zusammenhang mit den Corona-Impfungen berichtet.[14,15,16,17,18,19,20]

Wenig später begann der National Health Service in Großbritannien mit der wöchentlichen Veröffentlichung von Daten zur Corona-Impfsituation, sortiert nach ethnischen Gruppen. Als aus verschiedenen offiziellen Quellen immer mehr Daten zusammenkamen, begann sich langsam ein Muster ethnischer Ungleichheit in den Impfraten abzuzeichnen.

Am 29. März 2021 gab das britische Office for National Statistics eine Analyse heraus, die unterdurchschnittliche Impfraten für Menschen verschiedener ethnischer Gruppen belegte, darunter Schwarz-Afrikaner, Afrokariben sowie Bangladeshi und Pakistani, wobei die niedrigsten Raten für Angehörige aus Schwarzen ethnischen Gruppen festgestellt wurden.* Diese und andere Daten waren

---

* Diese Statistiken beziehen sich auf Personen im Alter von 70 Jahren und darüber. Als diese Daten erhoben wurden, gehörten die meisten Personen, denen

ausschlaggebend für gezielte Versuche, mehr Menschen aus diesen Gruppen zur Corona-Impfung zu bewegen. So etwa forderte der britische Schauspieler und Komiker Lenny Henry am Tag nach Bekanntgabe der Analyse seine Schwarzen Landsleute dazu auf, sich den »Pieks abzuholen«, veröffentlichte dazu einen offenen Brief und trat zusammen mit anderen Schwarzen Prominenten in einem Impfkampagnen-Video auf.[21] Brief und Video waren Teil einer breiter angelegten staatlich unterstützten Offensive, um Vertrauen in die Impfstoffe und die Behörden zu stärken, das in der Schwarzen Bevölkerung weniger vorhanden war. Im Anschluss an diese und andere gezielte Kampagnen stieg das Vertrauen in die Impfung in allen ethnischen Gruppen.[22] Auch wenn noch viel mehr getan werden muss, um die ethnischen Ungleichheiten im Gesundheitsbereich in Großbritannien vollständig zu beseitigen (zum Zeitpunkt der Erstellung dieses Buches gibt es nach wie vor ethnische Ungleichheiten bei den Covid-19-Impfraten), haben die zur Verfügung gestellten und nach ethnischer Herkunft aufgeschlüsselten Daten zweifelsohne dazu beigetragen, dieses Problem in Angriff zu nehmen. »Wenn man die Daten hat, sind sie nicht so einfach zu ignorieren«, sagte Nwabuzo. »Dann müssen die politischen Entscheidungsträger:innen etwas tun, was weiterhilft und nach außen hin sichtbar ist.«

Trotz der potenziellen Vorteile ist und bleibt die Erhebung von Daten über *race* und ethnische Herkunft in vielen Regionen, insbesondere in der EU, ein hochsensibles Thema.

In Deutschland zum Beispiel hat die systematische Erfassung

---

in England eine Covid-19-Impfung angeboten wurde, zu dieser Altersgruppe (es gab für die Covid-19-Impfung eine Priorisierung nach Alter).

der Bevölkerung durch die Nationalsozialisten bei der Organisation des Holocaust die Menschen heute verständlicherweise besonders sensibilisiert für die potenziellen Gefahren, die entstehen können, wenn personenbezogene Daten in die falschen Hände geraten, vor allem in medizinischen Kontexten. »Deutschland mit seiner Geschichte ist ein klarer Fall«, sagte Nwabuzo. »In Frankreich hingegen liegt es eher an der speziellen Ideologie von Einheit und einer gemeinsamen Identität, die das Land daran hindert, Daten zu ethnischen Herkünften zu erheben. Frankreich will die französische Bevölkerung einheitlich als Französ:innen sehen, nicht als verschiedene, uneinheitliche ethnische Gruppen. Hier haben wir also eine Kombination aus europäischer Geschichte und politischer Ideologie«, erklärte Nwabuzo.

»Bedenken in Bezug auf Datenschutz und Datenerfassung sind durchaus berechtigt. Es gibt Beispiele für laufenden und zurückliegenden Missbrauch gesammelter Informationen und Daten«, räumte Nwabuzo ein und fügte hinzu, dass sie verstehen könne, warum einige Angehörige rassifizierter Gruppen besonders zögerlich seien, persönliche Daten offiziell preiszugeben. Und abgesehen davon, fuhr sie fort, existiere Rassismus natürlich auch in Europa – fast 60 Prozent der Europäer:innen sagen, dass Rassismus in ihrem Land weit verbreitet sei. Und das Thema weiterhin totzuschweigen, trage sicherlich nicht zur Lösung des Problems bei, so Nwabuzo. Stattdessen, so ihr Vorschlag, sollten sich die Länder darauf konzentrieren zu gewährleisten, dass entsprechende Datenerhebungen auf ethisch verantwortungsvolle Weise erfolgten und Maßnahmen zum Schutz der Privatsphäre der Menschen getroffen würden. Dies könne dazu beitragen, das öffentliche Vertrauen wiederherzustellen und ethnisch bedingte Gesundheitsdisparitäten zu ermitteln und anzugehen. Und mit dieser Position liegt sie auf einer Linie mit der EU.

»Die EU als eine regionale, politische Institution hat sehr deutlich klargestellt, dass die Mitgliedsstaaten die Erhebung von Daten in dieser Weise vornehmen sollen. Und die Europäische Kommission hat hierzu mehrere Leitlinien herausgegeben, in denen genau beschrieben ist, wie dies genau erfolgen soll«, erklärte mir Nwabuzo.[23,24] Antirassismus-Organisationen, darunter die ENAR, wo Nwabuzo arbeitet, haben ebenfalls Leitlinien zur Erhebung von Gleichstellungsdaten gemäß geltender Datenschutzgesetze veröffentlicht.[25] »Vor Jahren schon haben wir Leitlinien erstellt, aus denen hervorgeht, wie sich diese Erhebungen kinderleicht durchführen lassen. Und trotzdem passiert das in den Mitgliedsstaaten nicht«, seufzte sie. »Es gibt einen politischen Unwillen, weil es sehr einfach ist zu sagen, ›Ach was, das brauchen wir nicht, bei uns läuft alles prima‹«. Nwabuzo ist der Meinung, dass die EU mehr tun müsse, als nur Leitlinien vorzulegen und Förderungen zu bieten. »Ich denke, es wird der Punkt kommen, an dem die EU ihre Mitgliedstaaten in die Pflicht nehmen muss«, schloss sie.

Daris José Lewis Recio, Referent für Recht und Politik beim Europäischen Netzwerk der Gleichbehandlungsstellen (Equinet), ebenfalls ansässig in Brüssel, stimmt dem zu. Er und etliche seiner Kolleg:innen bei Equinet arbeiten an einer Verbesserung zur Erhebung von Gleichstellungsdaten in der EU. Recio erklärte sich bereit, mit mir persönlich über dieses Thema zu sprechen, wobei seine Ansichten nicht unbedingt die von Equinet widerspiegeln. »Ich denke, es wird Zeit, etwas strenger zu sein«, sagte er. Die EU, so schlug er vor, könnte ein Vertragsverletzungsverfahren einführen für Mitgliedstaaten, die keine Daten erheben, auch wenn das nicht so einfach umsetzbar wäre: Die Erhebung von Gleichstellungsdaten werde durch EU-Recht gefördert, nicht aber eingefordert. »Ich glaube nicht, dass es so weit kommen wird und die EU ihre Mitgliedstaaten beispielsweise verpflichtet, Daten zu ethnischer Herkunft zu erheben. Zumindest nicht auf kurze Sicht«, sagte Recio.

In einigen Ländern gibt es jedoch Anzeichen für Fortschritte. Im November 2021 wurden die Ergebnisse aus einer ersten großen Online-Befragung veröffentlicht. Die staatlich finanzierte Umfrage wurde geleitet von Each One Teach One und Citizens for Europe, zwei zivilgesellschaftlichen Organisationen. In diesem sogenannten Afrozensus wurden die Lebensrealitäten, Diskriminierungserfahrungen und Perspektiven Schwarzer, afrikanischer und afrodiasporischer Menschen in Deutschland erstmals erfasst. Daniel Gyamerah, Rassismusforscher bei Each One Teach One in Berlin und Mitbegründer des Projekts Afrozensus, sprach in einem YouTube-Video, das kurz vor Veröffentlichung der Ergebnisse erschien, über die Motivation hinter der Befragung.[26] »Warum machen wir das Ganze?«, fragte Gyamerah. »In allererster Linie für unsere Communitys, für uns selbst.«

Die Tatsache, dass der Afrozensus unter Leitung der Community stand, sei eine wesentliche Stärke der Umfrage gewesen, sagte mir Recio. »Die Community und die (sogenannten) Datensubjekte, du weißt schon, die betroffenen Gruppen, müssen in den Prozess einbezogen werden. Das ist superwichtig. Sie sollten nicht nur Forschungsziel sein, sondern auch die leitenden Expert:innen«, betonte er. Fast 6000 der schätzungsweise mehr als eine Million in Deutschland lebenden Schwarzen, afrikanischen und afrodiasporischen Menschen nahmen an der Umfrage teil. Die Ergebnisse zeigten weit verbreitete Rassismuserfahrungen auf, auch in der Gesundheitsversorgung. Auch Nwabuzo lobte die Forschungsanstrengungen. Sie hoffe, sagte sie, dass durch die Ergebnisse aus der Afrozensus-Befragung weitere offizielle Stellen motiviert würden, mehr Daten systematisch zu sammeln und aufzuschlüsseln, in Deutschland und auch in anderen EU-Ländern.

Selbst in Ländern wie den USA und Großbritannien, wo die offizielle Erhebung von Gleichstellungsdaten sehr viel üblicher ist, gibt es Beschränkungen in der Art und Weise der Durchführung der Erhebungen. In beiden Ländern bieten die Formulare, die nach *race* und/oder ethnischer Herkunft fragen, in der Regel eine standardisierte Liste mit Optionen an, aus denen der:die Befragte diejenige auswählen soll, die ihn:sie am besten beschreibt. Als ich selbst noch in Großbritannien lebte, fiel es mir immer schwer, mich für nur eine Option zu entscheiden, die meine persönliche Identität voll und ganz repräsentierte. Wie ich schon erwähnt habe, identifiziere ich mich als Schwarz und als *Mixed* – zwei meiner vier Großeltern kamen aus Ghana, die anderen beiden jeweils aus Dominica und aus dem Libanon. War ich also »Black African«? »Black Caribbean«? »Arab«? Am Ende kreuzte ich dann jedes Mal »*Mixed*« an, genauer gesagt »andere *Mixed* oder multiethnische Herkunft«. Doch das fühlte sich immer unbefriedigend an, da es nicht die Tatsache erfasste, dass ich als Schwarze rassifiziert werde, was, wie ich denke, einen maßgeblichen Einfluss darauf hat, wie ich die Welt erlebe.

Recio, der Brüsseler Rechts- und Politikbeauftragte, erzählte mir, er habe ebenfalls mal eine Zeitlang in Großbritannien gelebt und erinnere sich, jedes Mal in ein ähnliches Dilemma geraten zu sein, wenn er Formulare mit Fragen zu seiner ethnischen Herkunft auszufüllen hatte. Seiner Meinung nach könnte die Erfassung von Daten zu *race* und ethnischer Herkunft in Großbritannien und anderswo verbessert werden, wenn man zuließe, dass die Leute so viele Optionen ankreuzen können, wie sie für zutreffend halten, oder auch, dass sie ihre Selbstidentität mit eigenen Worten beschreiben. Das würde eine Analyse der Daten zwar aufwändiger machen, doch mit einer detaillierteren Datengrundlage ergäbe sich ein sehr viel klareres Bild darüber, wie einzigartige Identitäten die Lebenserfahrungen der Menschen prägen – einschließlich ihrer Gesundheit. Da auf *race* und Ethnie bezogene Kategorien ebenfalls sozial konstruiert sind, können auch sie sich verändern – mit einer bestimmten Zeit, mit einem bestimmten Ort oder mit den Menschen, die ihre Identität entwickeln und verändern, oder mit der Sprache, mit der sie sich selbst beschreiben.[27] Auch Demographien ändern sich mit der Zeit. Sowohl in Großbritannien als auch in den USA gehören Menschen mit *Mixed* oder multiethnischer Herkunft zu den am schnellsten wachsenden ethnischen Demographien.[28,29] »Ich halte es für das Beste, wirklich flexible Optionen zu bieten und die Kategorisierungen regelmäßig zu überarbeiten und anzupassen«, sagte Recio.

Eine weitere Beschränkung bei den nach Ethnie aufgeschlüsselten Daten besteht darin, dass sie oft nicht ausreichend aufgeschlüsselt sind, also nicht ausreichend heruntergebrochen. Ist dies der Fall, werden Ungleichheiten, die zwischen kleineren Subgruppen innerhalb einzelner Populationen bestehen, möglicherweise verschleiert. Tina J. Kauh, leitende Programmbeauftragte der Robert Wood Johnson Foundation, der größten Stiftung in den USA, die sich ausschließlich auf das Thema Gesundheit konzentriert, hat dieses Problem 2021 in einem wissenschaftlichen Aufsatz adressiert. Zusammen mit Kolleg:innen fordert sie darin eine weitere Aufschlüsselung der Gesundheitsdaten in den USA, und zwar über die allgemein gebräuchlichen Kategorisierungen nach *race* und Ethnie hinausgehend – wie »White or Caucasian; Black or African

American; Latino or Hispanic; Asian American; Native Hawaiian and Pacific Islander; or American Indian and Alaska Native«.[30] Jede dieser Kategorien umfasst eine enorme Vielfalt in Bezug auf die Erfahrungen der einzelnen Menschen – was Kauh als Kind koreanischer Einwanderer sehr früh bewusst wurde. »Es gibt das Klischee von asiatischen Amerikaner:innen als Vorzeige-Minderheit, denn sie gelten als strebsam und fleißig, als gut angepasst und integriert«, erzählte mir Kauh. »Doch asiatisch-stämmige Amerikaner:innen sind natürlich absolut verschieden. Ich selbst habe die Nöte und Schwierigkeiten, die meine Eltern durchmachen mussten, oder auch andere in ihrem sozialen Umfeld, aus erster Hand miterlebt«, sagte sie.

In Bezug auf die Gesundheit, so Kauh, habe die Aufschlüsselung der Daten den Forscher:innen geholfen, über rassistische Stereotype hinauszublicken und Disparitäten zwischen Subgruppen asiatisch-stämmiger Amerikaner:innen auszumachen, wie zum Beispiel beim Krankenversicherungsschutz, erklärte Kauh. Laut einer Analyse der American Community Survey Microdata aus dem Jahr 2015, durchgeführt von AAPI Data – einem Herausgeber demographischer Daten und politischer Forschungen spezifisch zu asiatischen Amerikaner:innen, Indigenen Hawaiianer:innen und Pazifikinsulaner:innen –, haben 22 Prozent der Nepalesischen Amerikaner:innen und 20 Prozent der Koreanischen Amerikaner:innen keine Krankenversicherung, gegenüber 6 Prozent der japanisch-stämmigen Amerikaner:innen.[31] Diese und andere Ungleichheiten bleiben verborgen, wenn Daten nicht detaillierter und über allgemeine Kategorisierungen (wie zum Beispiel »asiatische Amerikaner:innen«) hinaus aufgeschlüsselt werden; die weitere Analyse derselben Daten ergab, dass der prozentuale Anteil der nicht-versicherten Personen bei asiatischen Amerikaner:innen insgesamt 13 Prozent beträgt, gegenüber 9 Prozent bei *weißen* Ethnien, 15 Prozent bei Indigenen Hawaiianer:innen und Pazifikinsulaner:innen, 16 Prozent bei Schwarzen und 26 Prozent bei Latinx-Personen.

Das Fehlen einer feineren Aufschlüsselung verschleiert überproportional stark die Erfahrungen kleinerer Populationen, wie etwa die der indigenen Völker. Dort, wo Populationen besonders klein sind, erzählte mir Kauh, würden aufgeschlüsselte Daten oft aus Datenschutzgründen zurückgehalten oder gar nicht erst erhoben, was ein Hindernis für die Beseitigung gesundheitsbezogener Ungleichheiten darstellen könne. »So werden praktisch ganze Stammesnationen [aus den Datensätzen] eliminiert«, sagte sie. Wie eine Analyse des *Guardian* während der ersten COVID-19-Welle in den USA ergab, hat knapp die Hälfte der staatlichen Gesundheitsbehörden, die demographische Daten und Zahlen über Todesopfer veröffentlichen, versäumt, Indigene Amerikaner:innen explizit in ihre Aufschlüsselungen einzubeziehen, von Stammeszugehörigkeiten ganz zu schweigen.[32] »So wie es derzeit aussieht, werden die Auswirkungen der COVID-19-Pandemie auf Indigene Amerikaner:innen und Alaska-Indigene immens unterschätzt, definitiv«, sagte Abigail Echo-Hawk, Direktorin des Urban Indian Health Board in Seattle, Washington, und Forschungsleiterin am Seattle Indian Health Board, gegenüber dem *Guardian* damals.

»Entscheidungen, über wen wir Daten sammeln, sind oft in einem System verwurzelt, das bereits rassistisch strukturiert ist«, sagte Kauh. »Wirklich wichtig ist, dass wir die Balance finden, die es braucht, um Datenschutz und Vertraulichkeit zuzusichern, ohne bestimmte Populationen weiterhin unsichtbar zu machen«, sagte sie mir.

Das Sammeln von aufgeschlüsselten Daten über die Gesundheit von Populationen auf ethisch verantwortliche und gerechte Art und Weise ist eine Herausforderung, aber nicht unmöglich. Es erfordert Investitionen in die Datenerhebung und -analyse ebenso wie eine Zusammenarbeit mit allen Communitys, um die richtige Balance zu finden zwischen der Repräsentation der verschiedenen Populationen, dem Schutz der Privatsphäre der Menschen sowie der Durchführbarkeit der Datenauswertung. Diese Balance wird sich verlagern, je nach spezifischen Bedürfnissen und äußeren Umständen der Bevölkerungsgruppen. Die Ziele solcher Datenerhebungen sollten immer transparent gemacht werden, um eine aufgeklärte Zustimmung sicherzustellen. Zudem sollte der wichtige Unterschied zwischen dem Sammeln von Daten über *race* und/oder ethnische Herkunft, um die gesundheitlichen Auswirkungen von Rassismus zu messen, und der falschen Verwendung von *race* als einer biologischen Kategorie, auf deren Grundlage medizinische Untersuchungen oder Behandlungsentscheidungen erfolgen, stets deutlich herausgestellt werden. Entscheidend ist, dass Daten zu gesundheitlichen Ungleichheiten dann genutzt werden, um politische Maßnahmen zur Beseitigung ebendieser Ungleichheiten zu entwickeln.

Es ist aber auch wichtig einzugestehen, dass Anstrengungen zur Verbesserung der Aufschlüsselung von Gesundheitsdaten der Mühe sicherlich wert sind, dies allein aber nicht ausreichen wird, um die hier betrachteten auf *race* beruhenden und ethnisch bedingten Gesundheitsungleichheiten zu beheben. Denn zusätzlich zu diesen enormen *health gaps* innerhalb von Gesellschaften, bedingt durch *race*, Ethnie oder Kaste, gibt es auch eklatante *data gaps* in der medizinischen Forschung. Und diese Lücken reichen über die eben betrachteten Gesundheitsdaten hinaus, bis hinein in medizinische Studien – von wissenschaftlichen Grundlagenstudien über Mechanismen, die Krankheiten zugrunde liegen, bis hin zu großen Studien, im Rahmen derer Medikamente oder andere Maßnahmen getestet werden, um sie eines Tages zur Behandlung oder Vorbeugung von Krankheiten einsetzen zu können. Obwohl People of Colour im Vergleich zu *weißen* Menschen im Schnitt oftmals schlechtere Gesundheitsergebnisse erzielen, fehlen Datenpunkte von nicht-*weißen* Menschen in medizinischen Studien weitestgehend. Im Jahr 2018 waren 78 Prozent der Teilnehmenden an genomweiten Assoziationsstudien, die das Ziel haben, entscheidende Zusammenhänge zwischen Genen und Krankheiten zu identifizieren, jüngerer europäischer Herkunft. Auch die Teilnehmer:innen an klinischen Studien sind überwiegend *weiß*. Der Mangel an diversifizierten medizinischen Studien bedeutet, dass People of Colour in daraus abgeleiteten Erkenntnissen möglicherweise überproportional unbeachtet bleiben, was bestehende gesundheitliche Ungleichheiten potenziell verschärft. Das Versäumnis, die große Breite der Menschheit in medizinischen Studien abzubilden, hemmt auch die wissenschaftliche Forschung – und das sind schlechte Nachrichten für alle, unabhängig von *race* oder ethnischer Herkunft.

▪

Am 15. Februar 2021 verurteilte ein Richter auf Hawaii die Pharmaunternehmen Bristol Myers Squibb und Sanofi zur Zahlung von mehr als 916 Millionen Dollar an den Bundesstaat Hawaii, weil sie den Blutverdünner Clopidogrel unter dem Handelsnamen Plavix vertrieben hatten, ohne Ärzt:innen und Patient:innen offenzulegen, dass das Medikament insbesondere bei Menschen ostasiatischer und pazifischer Abstammung eine verminderte oder gar keine Wirkung haben könnte.[33] In seinem Urteil kam Richter Dean Ochiai am Obersten Gerichtshof in Honolulu zu dem Schluss, dass die Unternehmen von 1998 bis 2010 unlautere und irreführende Geschäftspraktiken betrieben haben, indem sie es unterließen, das Medikament mit einem entsprechenden Warnhinweis zu etikettieren, obwohl ihnen einige der Risiken bekannt waren. Eine Reihe von Studien habe gezeigt, so führte er aus, dass speziell diese Patientengruppen aufgrund einer genetischen Veranlagung das Medikament nicht richtig verstoffwechseln können, was zu potenziellen Nebenwirkungen führen könne.

Aber Moment mal. Wenn *race* und Ethnie soziale Konstrukte sind, wie kann ein Medikament dann rassistisch sein? Die knappe Antwort darauf lautet: Medikamente können nicht rassistisch sein, Menschen und Gesellschaften aber sehr wohl. Für eine längere Antwort müssen wir weiter ausholen und uns die genetischen Zusammenhänge ansehen.

Bei Clopidogrel geht es im Wesentlichen um ein Gen namens CYP2C19, das ein Enzym kodiert, welches am oxidativen Metabolismus von Clopidogrel beteiligt ist. CYP ist die Abkürzung für Cytochrom P-450, und solche CYP-Enzyme sind an der Verstoffwechselung vieler verschiedener Medikamente im Körper beteiligt. Dass sich das Erbgut von Mensch zu Mensch unterscheidet, ist nichts Neues, und dazu gehören natürlich auch die Gene, die CYP-Enzyme kodieren. Die natürliche genetische Variation in den Genen von Menschen bedeutet, dass manche eine Variante von Gen X in sich tragen, die das Medikament Y besonders gut verstoffwechselt. Andere wiederum haben eine andere Variante von X und können das Medikament Y deutlich weniger gut verstoffwechseln, und wieder andere liegen wohl irgendwo in der Mitte. Wenn wir also sichergehen wollen, dass diese Abweichungen nicht so groß sind, dass unser imaginäres Medikament für einen wesentlichen Teil der Bevölkerung wirkungslos wäre, sollte man es am besten an genetisch vielfältigen Populationen testen. Würden wir unser Medikament stattdessen nur an einer einzigen Population aus einer willkürlich ausgewählten Teilmenge der Bevölkerung testen – beispielsweise an Menschen mit blauen Augen, oder an Menschen in einem bestimmten Dorf –, käme es möglicherweise unbeabsichtigt zu einer Verzerrung, die impliziert, dass wir die ganze Breite der Reaktionen auf das Medikament, die es in einem größeren Spektrum der Bevölkerung hervorruft, nicht vollständig erfassen. Doch *genau das* tun wir in klinischen Studien, wieder und wieder.

Eine Analyse klinischer Krebsstudien, durchgeführt zwischen 2001 und 2010 in den USA, stellte fest, dass rund 83 Prozent der Teilnehmenden *weiß* waren, und beziffert diesen Anteil für die Jahre 1990 bis 2000 sogar auf 89 Prozent.[34]

Auch wenn die Einteilung von Menschen nach *race* oder Ethnie biologisch und genetisch nicht haltbar ist, reduziert eine willkürliche Teilmenge einer Population (zum Beispiel *weiße* Menschen) die allgemeine Diversität der in die medizinischen Studien einbezogenen Menschen, und – weit wichtiger noch – es reduziert auch die Wahrscheinlichkeit, dass daraus abgeleitete Erkenntnisse für die gesamte Zielpopulation relevant sind.

Wie sich herausstellt, tragen manche Menschen eine Variante von CYP2C19 in sich, die verhindert, dass der Blutverdünner Clopidogrel aktiv verstoffwechselt wird. Und dies wiederum verringert die Wirksamkeit des Medikaments, das verordnet wird, um Blutgerinnsel zu verhindern, die zu Schlaganfällen und Herzinfarkten führen können. Wenn wir nun erneut willkürliche Subgruppen bilden und sie zum Beispiel nach *race* oder Ethnie kategorisieren, so steht zu erwarten, dass wir Abweichungen am oxidativen Metabolismus des Arzneistoffes zwischen den einzelnen Gruppen beobachten werden. Und genau das ist in der Praxis auch belegt. So etwa berichtet eine Studie, dass die Stoffwechselleistung der häufigsten Genvarianten (Mutationen) in CYP2C19, wie sie bei rund 30 Prozent der als *weiß* identifizierten Personen, bei rund 40 Prozent der als Schwarz identifizierten Personen und bei mehr als 55 Prozent der als ostasiatisch identifizierten Personen vorkommen, stark vermindert ist und Clopidogrel bei Trägern dieser Mutationen daher nicht gut verstoffwechselt werden kann.[35] Eine andere Studie ergab, dass 57 Prozent der Māori und Pazifikinsulaner:innen weniger gut bis gar nicht auf das Medikament ansprechen.[36]

Umso stärker die Diversifizierung von Medikamentenstudien, umso größer die Wahrscheinlichkeit, die Bandbreite der Wirkungen eines Medikaments festzustellen, die sich auf verschiedenen Ebenen innerhalb verschiedener Subgruppen rein zufällig ergeben könnten oder auch auf Rassismus in der Gesellschaft zurückzuführen sind. Diese Tatsache blieb auch Warren Whyte nicht verborgen, der auf dem Gebiet der Biomedizin forscht. Whyte ist Vizepräsident wissenschaftlicher Partnerschaften bei ConcertAI, einem US-amerikanischen Unternehmen für Biotechnologie und Arzneimittel mit Hauptsitz in Cambridge, Massachusetts. Er engagiert sich leidenschaftlich für die Bekämpfung rassistischer und ethnischer Gesundheitsungleichheiten, insbesondere bei Krebserkrankungen, und ist überzeugt, dass eine verbesserte Repräsentanz minorisierter ethnischer Gruppen in klinischen Studien wesentlich dazu beitragen kann. Warum, das erklärte er mir in unserem Gespräch Anfang Dezember 2021.

»Unsere Bevölkerung ist sehr vielfältig«, sagte Whyte einleitend. »Die Lebensqualität eines Afroamerikaners ist halt nicht die gleiche wie die seiner *weißen* Landsleute, und er ist auch nicht den gleichen Umwelteinflüssen ausgesetzt wie sie«, sagte er. Auch bewusste und unbewusste Vorurteile in der Medizin, fügte er hinzu, könnten bestehende ethnische und *race*-bezogene Disparitäten in der Gesundheit noch verstärken. »Davon auszugehen, dass eine klinische Studie sich nur auf eine *weiße* Population oder auf eine einzelne ethnische Population bezieht, und dass dies irgendwie ein Abbild der Gesamtbevölkerung sein soll, ist nicht gerechtfertigt«, so Whyte. »Unsere DNA mag zwar in allen Gruppierungen zu 99,9 Prozent identisch sein, unsere Lebensgewohnheiten aber sind es leider nicht«, stellte er klar. »Und das muss definitiv Berücksichtigung finden. Wenn Medikamentenstudien kein repräsentatives Abbild der Gesamtbevölkerung sind, besteht die Gefahr, dass Therapien entwickelt werden, die nicht allen gleichermaßen zugutekommen.« Im Anschluss an unser Gespräch war ich gedanklich wieder bei Clopidogrel. Ich habe die leise Ahnung, dass Bristol Myers Squibb und Sanofi wohl besser daran getan hätten, ihr Medikament an einer vielfältigeren Gruppe von Menschen zu testen. Nach der Urteilsverkündung am Obersten Gerichtshof von Hawaii kündigten die beiden Unternehmen an, Berufung einlegen zu wollen. Das Urteil sei »nicht durch das Gesetz gestützt und im Widerspruch mit der wissenschaftlichen Beweisvorlage im Prozess«.

Das Clopidogrel-Debakel ist nur ein Beispiel dafür, dass Therapien, Diagnosetests und medizinische Geräte bei großen Teilen der Bevölkerung – meist bei People of Colour – weniger gut wirken. Bei Verdacht auf Typ-2-Diabetes beispielsweise wird der Arzt zunächst den mittleren Blutzuckerspiegel überprüfen und dafür üblicherweise testen, wie hoch der Anteil von glykiertem Hämoglobin ist. Dieses Diagnoseverfahren wird von der WHO empfohlen und weltweit eingesetzt. Es gibt jedoch Hinweise darauf, dass eine Genvariante, die bei fast einem Viertel der Menschen jüngerer afrikanischer Abstammung vorkommt, die Konzentration von glykiertem Hämoglobin im Blut verändert, unabhängig vom Blutzucker – was bedeutet, dass die betroffenen Menschen ein höheres Risiko haben, mit Typ-2-Diabetes fehldiagnostiziert zu werden.[37] Ein ähnliches Problem besteht bei Mukoviszidose, einer Krankheit, die bei Menschen afrikanischer Abstammung unterdiagnostiziert ist. Bei Tests wird häufig nach bekannten Mutationen im CFTR-Gen gesucht, etwa nach einer Mutation namens deltaF508, die bei 70 Prozent der Menschen europäischer Abstammung vorliegt.[38,39] Bei Menschen afrikanischer Abstammung ist diese spezifische Mutation jedoch nur für 29 Prozent der Mukoviszidose-Fälle verantwortlich[40,41], denn darüber hinaus kann die Ursache für die Krankheit bei Menschen afrikanischer Abstammung häufig auch in einer von vielen anderen möglichen Mutationen im selben Gen liegen – nämlich solchen Markern, die weniger wahrscheinlich entdeckt werden, da die meisten Untersuchungen zur Identifizierung von CFTR-Genmutationen an europäisch-stämmigen Populationen vorgenommen wurden.

Das Problem erstreckt sich auch auf medizintechnische Geräte. Es gibt Hinweise darauf, dass Pulsoximeter – Geräte zur (nicht-invasiven) Messung der Sauerstoffsättigung im Blut – bei BIPoC weniger gut funktionieren. Das kleine Gerät in Form eines Clips wird an einem Körperteil mit relativ dünnem Gewebe angebracht, beispielsweise an Finger, Zeh oder Ohrläppchen. Die Technik funktioniert, indem Licht unterschiedlicher Wellenlänge die Haut durchdringt und sich die unterschiedliche Lichtabsorption zwischen sauerstoffreichem und sauerstoffarmem Blut zunutze macht. Die Geräte sind klein und einfach zu bedienen, so dass sich immer mehr Patient:innen einen eigenen Pulsoximeter zulegen, um ihre Sauerstoffwerte zu Hause selbst zu überwachen, was viele insbesondere während der COVID-19-Pandemie auch getan haben. Doch wie eine bereits 1990 durchgeführte Studie belegt, zeigen sich ungenaue Pulsoximetrie-Messwerte bei Schwarzen Patient:innen mindestens doppelt so häufig wie bei *weißen*.[42] Nachfolgende Studien ergaben, dass die Hautpigmentierung die Messgenauigkeit des Geräts erheblich beeinträchtigen kann mit der Folge, dass das Pulsoximeter die tatsächlichen Werte der Sauerstoffsättigung bei Patient:innen mit dunklerer Hautfarbe tendenziell überschätzt.[43,44,45] Laut einem Bericht des Race and Health Observatory (einem unabhängigen Expertengremium, finanziert vom NHS) aus dem Jahr 2021 könnte dies schwerwiegende Folgen für die betroffenen Patient:innen haben. Federführend an diesem Bericht beteiligt war Olamide Dada, die in Großbritannien ansässige Ärztin und Gründerin von Melanin Medics.[46] Sie fordert eine umgehende Überarbeitung der in Großbritannien landesweit eingesetzten Pulsoximeter.

»Die forschungsrelevanten Arbeiten, die wir für diesen Bericht identifiziert haben, waren für uns nicht neu«, sagte Dada. »Wir gingen zurück bis in die 1990er Jahre und legten dar, was einige der Forschungsergebnisse bereits damals nahelegten. Jetzt aber hat die [Corona-]Pandemie eine besondere Relevanz.« Da die Pulsoximetrie häufig zur Steuerung der klinischen Behandlung von COVID-19 und anderen Erkrankungen eingesetzt wird, so ihre Vermutung, wäre durchaus denkbar, dass die Ungenauigkeiten der Messwerte bei Menschen mit dunklerer Hautfarbe mitverantwortlich sind für die beobachteten Disparitäten in den COVID-19-Ergebnissen ethnischer Gruppen, in Großbritannien und anderswo. Nach Veröffentlichung des Berichts im März 2021 aktualisierte die MHRA (die medizinische Aufsichtsbehörde für Arzneimittel in Großbritannien) ihre Leitlinien über die richtige Anwendung der Pulsoximetrie und verwies explizit darauf, dass Pulsoximeter den Sauerstoffgehalt im

Blut bei Menschen mit dunklerer Hautfarbe überschätzen können.[47] Im Juni 2022 veröffentlichte die britische Regierung Pläne zur Stärkung einer besseren Regulierung von medizintechnischen Produkten und gab mithin bekannt, dass die MHRA weitere umfassende Leitlinien festlegen werde, damit Hersteller »die Sicherheit und Wirksamkeit ihrer Produkte für alle ethnischen Bevölkerungsgruppen belegen und gewährleisten können«[48]. Für Dada ist dies ein kleiner, längst überfälliger Schritt in die richtige Richtung. »Das ist so, so wichtig, nicht nur in der Pandemie, auch für die Zukunft, für jedes Medizinprodukt – warum lassen wir denn überhaupt Produkte zu, die nicht für alle Gruppen geeignet sind?«, fragte sie.

Insbesondere bei genetischen Studien droht einmal mehr eine tendenziell einseitige Ausrichtung auf Menschen europäischer Abstammung, unterrepräsentierte Bevölkerungsgruppen von den viel gepriesenen Verheißungen der personalisierten Medizin auszuschließen. Aussagen zu treffen über das individuelle Risiko einer Person für bestimmte Erkrankungen, basierend auf den individuellen Genomdaten, ist wissenschaftlich beileibe nicht ausgereift. Allerdings gibt es bereits heute Anhaltspunkte dafür, dass DNA-Sequenzierungen bei Bevölkerungsgruppen, die in entsprechenden Studien traditionell unterrepräsentiert sind, weit weniger gut funktionieren. So ergab eine Studie aus dem Jahr 2019, dass die Genauigkeit von Vorhersagen auf Basis individueller DNA-Sequenzen bei asiatisch-stämmigen Populationen ungefähr um das Zweifache niedriger liegt als bei europäisch-stämmigen Populationen, und bei afrikanisch-stämmigen Populationen sogar um rund das Fünffache.[49] Die Autor:innen der Studie warnten in ihrem Artikel davor, dass die klinische Anwendung dieser sogenannten polygenen Risiko-Scores bestehende Gesundheitsunterschiede weiter verschärfen könnte.

Ebenfalls einseitig verzerrt ist die Art und Weise, wie Genetiker:innen die menschlichen Populationen definieren, die sie untersuchen. Auch ich bekenne mich hier schuldig. Auch ich habe mich in den letzten Absätzen der Sprache der Genetiker:innen bedient und Begriffe wie »europäisch«-, »asiatisch«- und »afrikanischstämmige Populationen« ziemlich unspezifiziert verwendet. Diese Begriffe nämlich sind unklar definiert, überschneiden sich inhaltlich und sind tendenziös, wenn es darum geht, tatsächliche genetische Variationen zwischen Menschen zu beschreiben. Denn wenn man, sagen wir mal, europäisch- und afrikanisch-stämmige Populationen in einem Atemzug nennt, könnte man damit den Eindruck erwecken, dass diese beiden Populationen in Bezug auf die genetische Vielfalt irgendwie äquivalent sind, obwohl dies überhaupt nicht der Fall ist.

Aufgrund des gemeinsamen Ursprungs der Menschheit in Afrika, wo der größte Teil der menschlichen genetischen Entwicklung stattfand, weisen Populationen mit afrikanischen Vorfahren in jüngerer Zeit weitaus mehr genetische Variationen auf als Populationen europäischer Abstammung. Das bedeutet nicht, dass sich jede einzelne afrikanische Person biologisch stark von jeder einzelnen europäischen Person unterscheidet. Es bedeutet vielmehr, dass man innerhalb einer afrikanischen Population statistisch gesehen eine größere Vielfalt an genetischen Varianten erwarten würde als innerhalb einer europäischen Population. Anders formuliert: Es ist nicht so, dass jedes einzelne europäische Individuum ein Gen in der Variante A und jedes einzelne afrikanische Individuum dieses Gen in der Variante B in sich trägt.

Eine bessere (wenngleich immer noch unvollkommene) Analogie wäre etwa diese: Wenn es in einer europäischen Population zwei häufig beobachtete Versionen eines Gens gibt, A und B, so könnte man erwarten, dass in einer entsprechenden afrikanischen Population mehr Versionen desselben Gens auftreten, darunter die Versionen A und B, aber auch die Versionen C, D, E, F und G. Wenn wir zwei zufällige Personen aus der europäischen Population auswählen, so ist die Wahrscheinlichkeit größer, dass beide die identische Version des Gens in sich tragen, weil es nur zwei Möglichkeiten gibt. Wählen wir dagegen zwei zufällige Personen aus der afrikanischen Population aus, ist die Wahrscheinlichkeit größer, dass wir zwei Personen mit unterschiedlichen Versionen des Gens haben, da es eine ganze Reihe von Möglichkeiten gibt. Nun ist es aber nicht so, als seien afrikanische und europäische Populationen zwei völlig unverwandte oder isolierte Gruppen.

Historisch betrachtet, sind Menschen schon immer gewandert und hatten viel Sex. Dies spiegelt sich in der menschlichen Populationsgenetik wider, die sehr viel eher ein Kontinuum genetischer Varianten darstellt, als etwas, das sich in geographisch abgegrenzte Gruppen zerlegen ließe. Diese Tatsache wird deutlich, wenn wir Regionen der Welt betrachten, wo es historisch starke Durchmischungen zwischen Menschen von verschiedenen Kontinenten gegeben hat, wie etwa im Nahen und Mittleren Osten. Wie Dorothy Roberts in ihrem Buch *Fatal Invention* schreibt: »Wenn Forscher:innen kontinuierlich DNA-Proben sammeln würden, rund um die Welt, von Region zu Region, wäre es ihnen unmöglich, große geographische Gruppen klar und eindeutig voneinander abzugrenzen.« Demzufolge sind die von mir verwendeten Einteilungen in Gruppen – wie sie auch von Populationsgenetiker:innen häufig gebraucht werden – im biologischen Sinne willkürlich; Grenzen zwischen Bevölkerungsgruppen könnte man irgendwo und überall ziehen. Willkürlich im sozialen Sinne jedoch sind sie bestimmt nicht, wenn man bedenkt, wie stark diese vorgenommenen Einteilungen sowohl in der Gesellschaft als auch innerhalb der medizinischen Forschung rassifiziert werden. Das heißt, wir können sie nicht ignorieren. Und ganz gleich, ob oder wo wir Grenzen zwischen den Menschen festlegen, bleibt ein Faktum bestehen: Wenn wir in die medizinische Forschung mehr Individuen aus unterschiedlichen Weltgegenden einbeziehen, wird dies unser Verständnis dieses kontinuierlichen Spektrums von Varianten erweitern, das die Menschheit ausmacht – und davon können wir alle profitieren.

In den letzten Jahren habe ich eine wachsende Zahl von Forscher:innen und Unternehmer:innen aus aller Welt kennengelernt, die ihre beruflichen Karrieren genau dieser Thematik verschrieben haben. Bevor wir uns nun mit den enormen wissenschaftlichen Vorteilen befassen, die eine größere Diversität in der medizinischen Forschung bieten könnte, möchte ich auf ein weiteres und wohl noch wichtigeres Kriterium eingehen, das zeigt, wie eine größere Diversität unter Proband:innen in der medizinischen Forschung von essenzieller Bedeutung sein kann.

Die Unterrepräsentanz großer Teile der Menschheit in medizinischen Studien führt nicht nur zu Selektionsverzerrungen und verstellt den Weg zu potenziellen wissenschaftlichen Erkenntnissen: Sie schließt auch viele Individuen davon aus, von Vorteilen zu profitieren, die sich ergeben können, wenn unterschiedliche Proband:innen mit ihrer jeweiligen genetischen Ausstattung in Forschungsstudien hinreichend abgebildet wären. Für unheilbar Kranke kann der Zugang zu neu aufkommenden Therapieformen durch die Teilnahme an einer klinischen Studie die einzige Hoffnung auf Überleben sein; all jenen Gruppen jedoch, die in klinischen Studien vielfach unterrepräsentiert sind, bleiben solche Chancen wohl eher verwehrt. Sich auch nur örtlich in einem unmittelbaren Umfeld zu klinischen Forschungsstudien zu befinden, ohne dass eine direkte Beteiligung vonnöten wäre, scheint bereits mit Vorteilen verbunden. So etwa belegen Daten aus Großbritannien, dass Menschen, die in forschungsaktiven Einrichtungen behandelt werden, tendenziell bessere Behandlungsergebnisse und Versorgungserfahrungen haben als Menschen, die in nicht-forschungsaktiven Einrichtungen behandelt werden.[50] Gleichermaßen lassen Studien aus den USA darauf schließen, dass Krankenhäuser, die an klinischen Studien teilnehmen, niedrigere Mortalitätsraten aufweisen als Krankenhäuser, die dies nicht tun.[51] Diese Krankenhäuser allerdings, so erklärte mir Warren Whyte in unserem Gespräch, lägen großenteils in *weißen* wohlhabenderen Vierteln, was die potenziellen Vorteile der klinischen Forschung für entfernter liegende Schwarze Viertel von vornherein weniger zugänglich mache. »Die Entfernung, die diese Menschen dafür zurücklegen müssten, ist für viele wohl zu groß, noch dazu, sich zur Behandlung an einen Ort begeben zu müssen, den sie nicht kennen, an dem sie noch nie waren. Für viele dieser Menschen stellt das bestimmt eine große Herausforderung dar«, so Whyte.

Ein weiteres Hindernis für die Teilnahme an Forschungsstudien sind vorbestehende Gesundheitsprobleme: People of Colour und Angehörige marginalisierter Gruppen sind tendenziell in einem vergleichsweise schlechteren Gesundheitszustand – aus all den Gründen, die wir in diesem Buch bisher beleuchtet haben –, was sie von der Teilnahme an diesen Studien disqualifizieren kann. Das Misstrauen marginalisierter Gruppen in das medizinische Establishment, entstanden durch persönliche Diskriminierungserfahrungen im Gesundheitswesen oder durch die lange Geschichte von Rassismus und Ausbeutung in der medizinischen Forschung (mehr dazu später), stellt ebenfalls ein Hindernis für die Rekrutierung diverser Proband:innen für klinische Studien dar. Und auch die mangelnde Diversität unter den Leitenden der klinischen Studien ist der ganzen Sache nicht gerade förderlich. In den USA und in Großbritannien, wo ich selbst mehrere Jahre an akademischen Forschungsinstituten tätig war, waren und sind Schwarze Wissenschaftler:innen wie ich eklatant unterrepräsentiert, insbesondere in leitenden Positionen.[52,53,54] Um gegen Stereotype und Verzerrungen in der medizinischen Forschung anzugehen, müssen wir auch die einseitig stereotype Repräsentanz derer adressieren, die besagte Forschungen durchführen.

■

Machen wir einen Sprung in die Zukunft des Gesundheitswesens: Künstliche Intelligenz unterstützt Gesundheitsdienstleister bei komplexen Behandlungsentscheidungen und ermöglicht es Patient:innen – in Kombination mit anderen Technologien wie etwa portablen medizinischen Geräten –, die eigene Gesundheit selbst zu überwachen und zu verbessern, um das individuelle Erkrankungsrisiko zu verringern. Diese Zukunft ist tatsächlich schon da, aber sie ist nicht so rosig, wie sie scheinen mag. Algorithmen werden von Menschen entwickelt, sind also weit davon entfernt, neutrale Tools zu sein, die Diagnosen und Entscheidungsprozesse objektiv leiten können. Und Systeme der Künstlichen Intelligenz werden häufig mit Daten aus der sehr chaotischen, sehr menschlichen und sehr rassistischen realen Welt trainiert. Bestehende rassistische Ungleichheiten und Verzerrungseffekte werden durch diese Technologien jetzt schon automatisiert und damit in der aktuellen und zukünftigen Gesundheitsversorgung verankert.

Doch es kann auch anders gehen. Ziad Obermeyer von der University of California in Berkeley ist einer von zahlreichen Forschenden, die daran arbeiten, KI-generierte Verzerrungen aufzudecken und anzugehen. Obermeyer, der außerdem studierter Arzt ist, konzentriert seine Forschung auf die Schnittstelle zwischen maschinellen Lernverfahren und Gesundheit. Eine von ihm geleitete Studie aus dem Jahr 2019 ergab, dass Millionen Schwarzer US-Bürger:innen aufgrund von *racial bias* in einem weithin verwendeten Algorithmus keine Gesundheitsversorgung erhielten.[55] Der infrage stehende Algorithmus nutzte die Daten aus den alten Krankenakten der Einzelnen, um die Kosten für ihre jeweilige künftige Gesundheitsversorgung zu berechnen. Basierend auf den geschätzten Kosten wurde jeder Person ein Risiko-Score zugewiesen, den Krankenhäuser und einige Krankenversicherer dann einsetzen konnten, um Risikopatient:innen zu ermitteln, die in Zukunft mit größerer Wahrscheinlichkeit mehr Pflege benötigen würden und sie dann entsprechend unterzubringen. Die Idee war, diejenigen Patient:innen mit höheren Risiko-Scores einer priorisierten Behandlung zuzuführen, um einer Verschlechterung des Gesundheitszustandes vorzubeugen. Die Studie von Obermeyer und Kolleg:innen ergab jedoch, dass Schwarze Menschen bei gleich hohen Risiko-Scores schlechtere Gesundheitsergebnisse erzielten als *weiße*. Das hat seinen Grund darin, dass Schwarze Patient:innen aus verschiedenen Gründen (also Rassismus und seine negativen Folgen für die Gesundheit, von denen wir bereits eine Vielzahl betrachtet haben) tendenziell weniger kostenintensiv behandelt werden als *weiße* Patient:innen. Aber das bedeutet *nicht*, dass sie tatsächlich weniger krank sind als *weiße* Patient:innen mit gleichem Risiko-Score. Es ist nur leider so, dass der Algorithmus nicht unter Berücksichtigung dieser Tatsachen konfiguriert wurde, was dazu führt, dass *weiße* Patient:innen höher priorisiert werden als kränkere Schwarze Patient:innen.

Seitdem sie diese Ungleichbehandlung aufgedeckt haben, arbeiten Obermeyer und sein Team mit dem Unternehmen zusammen, das den Algorithmus entwickelt hat – sowie mit anderen Unternehmen und Institutionen, die ähnliche Algorithmen erstellen und nutzen –, um den beobachteten *racial bias* zu eliminieren. »Bevor wir unsere Arbeit veröffentlichten, haben wir das Unternehmen kontaktiert, das den von uns analysierten Algorithmus entwickelt hat, und es auf unsere Ergebnisse aufmerksam gemacht«, erzählte mir Obermeyer. »Wir haben mit den technischen Teams dort zusammengearbeitet und im Prinzip eine Lösung gefunden, indem wir den Algorithmus mit deren eigenen Datensätzen neu trainiert und so dem *racial bias* durch technische Anpassungen entgegengewirkt haben«, sagte er. Um dies zu erreichen, erklärte er weiter, hätten sie zudem den Fokus des Algorithmus weg von den Kosten und hin auf die tatsächlichen Gesundheitsergebnisse verschoben.

Mit Obermeyer sprach ich drei Jahre nach Erscheinen der von ihm geleiteten Studie, und es war klar, dass die Arbeit damit nicht beendet war. »Mit unserer ersten Studie haben wir viel Aufmerksamkeit erregt und viele Anfragen von Versicherungsträgern und Krankenhäusern erhalten, die diese und eine Reihe anderer Algorithmen einsetzen. Sie alle wollten ihre Algorithmen überprüfen, Probleme eruieren und beheben«, sagte Obermeyer. Der Algorithmus, fuhr er fort, den er und seine Kolleg:innen im Rahmen ihrer Studie analysiert hätten, sei dabei nur einer von vielen ähnlichen Algorithmen zur Priorisierung von Gesundheitsleistungen, wie sie von vielen verschiedenen Unternehmen und Institutionen entwickelt und verwendet werden, auch von der US-Regierung.[56] »Sie versuchen tatsächlich das zu nutzen, worin, wie ich finde, ein überaus vielversprechendes Potenzial KI-basierter Algorithmen liegt, nämlich das Risiko für eine Erkrankung eines Patienten zu ermitteln, um ihn heute schon präventiv mit individuell auf ihn zugeschnittenen Therapien zu behandeln. Aber wir müssen dabei sehr bedacht vorgehen«, warnte Obermeyer. Er und sein Team haben mit einigen der Entwickler:innen solcher Algorithmen zusammengearbeitet, um datenbasierte Verzerrungen auszumerzen. Und obwohl er wohlwollend anerkennt, dass viele Algorithmen-Entwickler:innen die Initiative ergreifen, um diese Probleme anzupacken, plädiert er dafür, den Einsatz von KI-Technologie formal stärker zu regulieren. »Ich habe in den USA mit verschiedenen Regulierungsbehörden auf nationaler Ebene, aber auch mit Gesetzeshütern auf bundesstaatlicher Ebene zusammengearbeitet, um herauszufinden, wie ein Rechtsrahmen für KI-Algorithmen aussehen kann, wie sich KI-Algorithmen überprüfen lassen und die Datenverantwortlichkeit sichergestellt werden kann«, sagte er.

Künftige Auditoren werden es schwer haben, denn KI-basierte Algorithmen sind in der Gesundheitstechnologie bereits weit verbreitet und ihre Bedeutung nimmt weiter zu.[57] Der Marktwert für Künstliche Intelligenz im Gesundheitswesen wird bis 2027 allein in den USA bei voraussichtlich über 34,5 Milliarden US-Dollar liegen. Und große Technologieunternehmen trachten danach, sich ein ordentliches Stück vom Kuchen zu sichern. Ganz vorne mit dabei ist die Google-Mutter Alphabet, die bis Jahresmitte 2022 bereits 1,7 Milliarden US-Dollar in zukunftsweisende Gesundheitsprojekte investiert hatte.[58] Doch einige der Gesundheitstechnologien des Tech-Konzerns haben aus nicht nur positiven Gründen Aufmerksamkeit erregt:

Im Jahr 2019 berichtete die *STAT NEWS*, eine gesundheitsorientierte US-amerikanische Nachrichtenplattform, dass die Technologie der portablen Fitness-Tracker von Fitbit (die Firma wurde inzwischen von Alphabet übernommen) zur Überwachung der

Herzfrequenz für Menschen mit dunklerer Hautfarbe möglicherweise weniger präzise sei.[59] Zwei Jahre später geriet eine neue KI-gestützte Dermatologie-App aus dem Hause Google zur Erkennung von Hautkrankheiten anhand von Fotos aus einem ähnlichen Grund in die Kritik. Die App »DermAssist« könne insgesamt 288 Hautkrankheiten anhand von Fotos automatisch erkennen, rühmte sich der Konzern in einem Online-Statement zur Markteinführung der App im Mai 2021.[60] »Um sicherzustellen, dass unsere App für alle gleich gut funktioniert, erfasst sie relevante Faktoren wie Alter, Geschlecht, *race* und Hauttyp – von *weißer* Haut, die nicht braun wird, bis hin zu brauner Haut, die selten bis nie einen Sonnenbrand erleidet«, hieß es in dem Statement. Doch wie aus einem Aufsatz des Forschungsteams hervorgeht, der im Jahr zuvor veröffentlicht wurde, und der die Effizienz der App-Modellierung aufzeigt, wurde die zugrunde liegende KI fast ausschließlich mit Daten von Menschen mit hellerer Haut trainiert.[61]

Carlos Charles, der in New York ansässige Dermatologe, den wir bereits kennengelernt haben, erzählte mir im Januar 2022, er befürchte, dass *racial biases* aufgrund der Hautfarbe ohne Umweg von den Abbildungen in medizinischen Lehrbüchern direkt in KI-Algorithmen übertragen würden, ohne weiter darüber nachzudenken. »Das macht mich nervös«, sagte Charles. »Lehrbücher sind einseitig verzerrt. Und wenn wir dann auch noch die Technologie einseitig verzerren, wird es hochproblematisch.« Aus Gesprächen mit Google wisse er, dass man dort bemüht sei, dunklere Hautfarben stärker in Algorithmen einzubeziehen. »Aber ich weiß nicht, inwieweit genau«, sagte er. Im Mai 2021, nachdem Google die Einführung seiner »DermAssist«-App angekündigt hatte, erklärte ein Sprecher des Unternehmens gegenüber *Motherboard*, dem Tech-Magazin von VICE Media, dass das gesamte Feld der Dermatologie unter dem Mangel an Daten und Bildern nicht-*weißer* Patient:innen leide, weshalb es den Entwickler:innen ein zentrales Anliegen gewesen sei, dieser Problematik beim Entwickeln der App Rechnung zu tragen, die im Vorfeld ihrer Markteinführung noch weiterentwickelt würde.[62]

Nachdem ich mich nun jahrelang damit befasst hatte, auf welch vielfältige Weise Rassismus der Gesundheit der Menschen schadet, darunter zahllose Beispiele von *racial bias* innerhalb des Gesundheitswesens selbst, lief mir beim Gedanken, dass all die menschlichen Vorurteile durch Künstliche Intelligenz übernommen und automatisiert werden, ein kalter Schauer über den Rücken. Obermeyers Optimismus zu diesem Thema überraschte mich, stimmte mich aber auch zuversichtlich. Er glaubt fest daran, dass KI eine positive Kraft für die Welt sein kann. Er ist sogar der Meinung, dass KI der Schlüssel zur Erkennung und Bekämpfung menschlicher Vorurteile im Gesundheitswesen sein könnte. In gewissem Sinne ist es genau das, was der Algorithmus zur Priorisierung im Gesundheitswesen leistete, den Obermeyer und sein Team analysiert hatten. Er deckte auf, dass Schwarze Patient:innen in den USA tendenziell weniger kostenintensiv behandelt werden als *weiße* Patient:innen – ein Produkt von Rassismus. Und genau das ist der rote Faden. Eine andere Studie von Obermeyer und seinem Team deckte *racial bias* in einem Algorithmus auf, der von der US-Regierung verwendet wurde, um Corona-Nothilfen auf Krankenhäuser umzulegen.[63] Demnach verteilte diese Berechnungsformel die Mittel aus einem 175 Milliarden US-Dollar schweren Hilfspaket für jedes Krankenhaus individuell, basierend auf seinen Umsätzen, so dass den ohnehin unterfinanzierten Krankenhäusern mit überproportional vielen Schwarzen Patient:innen vergleichsweise weniger Geld zufloss, um die steigenden Corona-Fallzahlen zu bewältigen. Obermeyer und sein Team wollen nun die große Kraft von Künstlicher Intelligenz nutzen, um Verzerrungen dieser Art zu entlarven, noch *bevor* sie in vielgenutzte Algorithmen einfließen. In einer 2021 durchgeführten Studie haben sie diese Idee auf die Probe gestellt.[64]

Sie verwendeten Machine Learning, um einen Algorithmus zur Erkennung von Knieschmerzen zu trainieren. Dafür nutzten sie eine Datensammlung von mehr als 4000 Osteoarthritis-Patient:innen in den USA. Ihr Ansatz war jedoch etwas ungewöhnlich. »In aller Regel funktioniert das Machine Learning hier so, dass man eine Reihe von Röntgenbildern eingibt und den Algorithmus dann darauf trainiert, aus (vordefinierten) ärztlichen Befunden zu lernen«, erklärte mir Obermeyer. »Ist ein Knie stark von Arthritis betroffen oder nicht?« Doch Obermeyer und sein Team fütterten den Algorithmus nicht nur mit Informationen aus Knie-Röntgenbildern und den ärztlichen Befunden dazu, sondern sie speisten zudem auch Informationen ein, die direkt von Patient:innen stammten und sich auf individuelle Schmerzwahrnehmungen bezogen. »Wir haben den Algorithmus also nicht nur darauf trainiert, von Ärzt:innen zu lernen, sondern auch darauf, den einzelnen Patient:innen zuzuhören und anhand patientenbezogener Daten zu identifizieren, in welchen Knien sich akute Schmerzen entwickeln werden«, erklärte er.

Die Ergebnisse waren bemerkenswert. »Der Algorithmus war sehr viel besser darin zu erkennen, welche Knie schmerzen würden, als die Radiolog:innen«, sagte Obermeyer. »Er identifizierte eine ganze Menge mehr Signale, die den Radiolog:innen entgingen, die aber die von den Patient:innen berichteten Schmerzen erklärten.« Und davon profitierten insbesondere Schwarze Patient:innen, die auf einer Bewertungsskala für Knieschmerzen üblicherweise höhere Scoring-Werte erzielten als *weiße* Patient:innen. »Es gibt einen riesengroßen Unterschied im Schmerzerleben von Schwarzen Patient:innen und *weißen* Patient:innen, deren Knie für Radiolog:innen alle gleich aussehen, wobei Schwarze Patient:innen stärkere Schmerzen berichten«, sagte Obermeyer. Er denkt, hierin spiegelten sich verzerrende Vorurteile, aufgrund derer medizinisches Personal Knieschmerzen für gewöhnlich beurteilt. »Das Bewertungssystem, das wir heute verwenden, um den Schweregrad einer Knie-Arthrose zu beurteilen, wurde anhand von Studien mit Bergarbeitern im Lancashire [Großbritannien] der 1940er und 1950er Jahre erstellt«, erklärte mir Obermeyer. »Und natürlich unterscheiden sich heutige Populationen stark von der damals beurteilten. Aber der Wissensstand wurde nicht aktualisiert. Ich denke, dass Algorithmen eine sehr attraktive Möglichkeit bieten, dieses medizinische Wissen objektiv zu aktualisieren und tatsächlich neue Dinge zu entdecken, über die wir noch nichts wissen«, fügte er hinzu. Verglichen mit dem Status quo, so Obermeyer, würde sich durch die Anwendung des von ihm und seinem Team entwickelten Algorithmus der Anteil Schwarzer Patient:innen, die für eine Kniegelenksoperation in Betracht kommen, von 11 auf 22 Prozent verdoppeln – wie er in einer Studie belegen konnte.

»Algorithmen und Daten im Allgemeinen spiegeln die Welt wider, wie sie ist, und nicht, wie sie sein sollte«, sagte Obermeyer. Es liegt an uns allen, die Welt, in der wir leben, gerechter zu gestalten, auch im Rahmen der Gesundheit. Daten und Algorithmen können mächtige Werkzeuge sein – was die Welt der medizinischen Forschung zunehmend wertschätzt, wie wir im nächsten Kapitel erfahren werden. Doch sollten wir diese Werkzeuge mit Bedacht nutzen, mit Verantwortlichkeit und dem nötigen Überblick, um bereits bestehende Voreingenommenheiten und Benachteiligungen nicht bis in alle Ewigkeit zu zementieren.

9
Die Schließung der Datenlücken

Im Jahr 2016 wurde Frank Brown Teil einer medizinischen Erfolgsgeschichte. Der Unternehmer und Großvater von sechs Enkelkindern aus Dallas, Texas, litt unter gefährlich hohen Cholesterinwerten, die auf herkömmliche Behandlungen nicht ansprachen. Es handelte sich dabei um eine familiär bedingte Hypercholesterinämie, eine Erbkrankheit, die sich durch erhöhte Blutfettwerte äußert, vor allem durch zu viel LDL-Cholesterin im Blut, bisweilen auch als »schlechtes Cholesterin« bezeichnet, da es mit Herz-Kreislauf-Erkrankungen in Verbindung gebracht wird. Frank hatte bereits zwei Herzinfarkte erlitten, und obwohl er verschiedene cholesterinsenkende Medikamente ausprobiert hatte, blieben seine Cholesterinwerte dauerhaft hoch. Zu seinem Glück hatte eine Studie unter Leitung der Genetiker:innen Jonathan Cohen und Helen Hobbs am University of Texas Southwestern Medical Center, ebenfalls in Dallas, bereits Jahre zuvor eine spannende Entdeckung gemacht, die nun die Grundlage für die Entwicklung einer neuen Behandlungsmethode bilden würde, die ihm sowie anderen Erkrankten helfen sollte.[1]

In ihrer Studie analysierten Cohen und Hobbs DNA-Sequenzen von 128 Menschen mit von Natur aus niedrigen LDL-Cholesterinwerten – was im Grunde genommen dem Gegenteil von Franks Situation entsprach. Sie entdeckten zwei bisher unbekannte Varianten eines Gens namens PCSK9, die mit besonders niedrigen LDL-Cholesterinwerten in Verbindung gebracht wurden. Die Identifizierung dieser beiden Genvarianten ebnete den Weg für die Entwicklung zweier Medikamente, die PCSK9 (das durch das PCSK9-Gen kodierte Protein) blockieren und so die Biologie derjenigen Menschen nachahmen, die Varianten des Gens besitzen, die den LDL-Cholesterinspiegel auf natürliche Weise senken. Diese PCSK9-Hemmer, wie der Oberbegriff dieser Arzneimittel lautet, konnten Patient:innen wie Frank helfen, ihren Cholesterinspiegel besser zu kontrollieren. Im Rahmen einer klinischen Studie bekam Frank zunächst eines der beiden Arzneimittel verabreicht, die mittlerweile von der FDA zugelassen sind.

»Es gibt noch viel mehr Frank Browns da draußen – Patient:innen, die ihren Cholesterinspiegel mit den Standardmedikamenten nicht in den Griff bekommen«, sagte Amit Khera, Franks Kardiologe, in einem 2016 vom UT Southwestern Medical Center veröffentlichten Statement.[2] »Es ist wunderbar, dieser speziellen Patientengruppe diese Möglichkeit bieten zu können.«

Die Studie von Cohen und Hobbs zeigte noch etwas anderes: die Macht der Vielfalt für genetische Erkenntnisse. Die Population für ihre Studie rekrutierten sie aus der multiethnischen Dallas Heart Study, rund die Hälfte davon waren Menschen jüngerer afrikanischer Herkunft. Dieser vielfältigen Studienpopulation ist es zu verdanken, dass die Forscher:innen diese bislang unentdeckten Varianten des PCSK9-Gens überhaupt identifizieren konnten. Ihrer Analyse zufolge traten diese Gen-Varianten bei Proband:innen europäischer

Abstammung eher selten auf, mit einer Gesamthäufigkeit von weniger als 0,1 Prozent. Bei Menschen jüngerer afrikanischer Herkunft hingegen kamen sie mit rund 2 Prozent vergleichsweise häufiger vor und lieferten den Forscher:innen so genügend Datenpunkte, um den Zusammenhang mit einem niedrigen LDL-Cholesterinspiegel zu bestätigen. Hätten Cohen und Hobbs sich in ihrer Studie in erster Linie auf Menschen mit hauptsächlich europäischer Abstammung konzentriert, so wie die meisten humangenetischen Studien es tun, hätten sie diese wichtige Entdeckung wohl nie gemacht.

Die Entdeckung von PCKS9 ist nur ein Beispiel für die Vorteile, die eine größere Diversität unter Teilnehmenden an medizinischen Studien mit sich bringen kann. Datenlücken, das wissen wir, können gesundheitliche Ungleichheiten befördern. Die gute Nachricht: Wissenschaftler:innen sind seit ein paar Jahren zunehmend bemüht, dies zu ändern. Dazu zählt auch Deepti Gurdasani, eine Klinische Epidemiologin und Statistische Genetikerin an der Queen Mary University of London.

Mein erstes Interview mit Gurdasani fand im Oktober 2019 statt, wenige Tage bevor eine Studie, die sie als Ko-Leiterin in Uganda durchgeführt hatte, im Wissenschaftsmagazin *Cell* publiziert werden sollte. Ich hatte gerade meine Promotion abgeschlossen und ein Praktikum in der Redaktion des *New Scientist* in London begonnen. Bis dahin hatte ich nur eine Handvoll Artikel für diese Zeitschrift verfasst und freute mich daher sehr, als ich die Gelegenheit bekam, mit Gurdasani zu sprechen und über ihre Forschungsarbeit zu berichten.[3] Zusammen mit einem großen internationalen Team von Wissenschaftler:innen aus Afrika, Europa und Nordamerika hatte sie DNA-Sequenzen von mehr als 6000 Menschen aus 25 Dörfern im südwestlichen Uganda gesammelt und analysiert, darunter fast 2000 vollständige Genome, und damit einen der größten DNA-Datensätze aus einer afrikanischen Population erstellt.[4] Gurdasani und Kolleg:innen sammelten auch Informationen über den Gesundheitszustand ihrer Proband:innen und bezogen zusätzliche Daten von 14 000 Menschen aus anderen Ländern wie Ghana, Kenia, Nigeria, Südafrika und natürlich auch Uganda in ihre Analyse ein. Sie förderten eine riesige genetische Vielfalt zutage, die zu rund einem Viertel noch nie zuvor erfasst worden war. Von besonderem Interesse für die medizinische Forschung waren 41 Genvarianten, die mit der kardiovaskulären und metabolischen Gesundheit assoziiert werden, wovon man 23 erst jetzt entdeckt hatte.

Dass ein so großer Teil dieser genetischen Variation der Wissenschaft bisher verborgen geblieben war, so erklärte sie mir, habe seinen Grund darin, dass die meisten Studien über Humangenetik vornehmlich auf Populationen europäischer Abstammung fokussierten und andere Populationen außen vor blieben. Tatsächlich werden Teilnehmende für Humangenetik-Studien überproportional häufig aus einer winzigen Subgruppe von Ländern weltweit rekrutiert. Wie eine Analyse ergab, stammen 72 Prozent der genetischen Entdeckungen im Zeitraum zwischen 2005 und 2018 von Studienteilnehmenden aus lediglich drei Ländern: den USA, Großbritannien und Island.[5] * Eine andere Analyse ergab, dass 78 Prozent der Teilnehmenden an genomweiten Assoziationsstudien, in denen nach Zusammenhängen zwischen Genen und Krankheiten gesucht

---

* Für Humangenetiker:innen ist Island aufgrund der wahrgenommenen relativen genetischen Homogenität seiner Population ein beliebtes Ziel (wenngleich einige Genetiker:innen diese Grundvorstellung von Homogenität infrage stellen).

wird, europäischer Abstammung sind.[6] »Wenn wir weiterhin nur Europäer:innen beproben und unsere Ergebnisse auf andere Populationen übertragen, wird das sicherlich nicht für alle funktionieren«, sagte Gurdasani, als wir uns ein paar Monate später noch einmal trafen. Tatsächlich geht aus dem Bericht zu der von ihr und Kolleg:innen durchgeführten Studie hervor, dass eine Genvariante, die bei 22 Prozent der Menschen mit jüngerer afrikanischer Herkunft gefunden wurde, die Konzentrationen von glykiertem Hämoglobin unabhängig vom Blutzucker verändert, was die Wirksamkeit eines häufig eingesetzten Diabetestests bei diesem Personenkreis möglicherweise beeinträchtigt.

Die Einbeziehung eines größeren Personenkreises in Studien der Genomik ist nicht nur eine Frage der Vielfalt und Gerechtigkeit – es ist aus wissenschaftlicher Sicht auch sinnvoll. Gurdasani ist fest davon überzeugt, dass die zunehmende Vielfalt in der Genomforschung der Schlüssel zu neuen Therapien für alle möglichen Erkrankungen ist – Therapien, von denen wir alle profitieren könnten.

Dass es Forscher:innen gelungen ist, vollständige menschliche Genome zu sequenzieren, hat die Medizin revolutioniert. Diese Veränderung begann mit dem Humangenomprojekt, einem Großforschungsprojekt, das 2003 abgeschlossen wurde und erstmals eine (fast komplette) Kartierung der gesamten genetischen Information des Menschen lieferte.* Dies veranlasste den ehemaligen

---

* Das Humangenomprojekt galt im April 2003 als offiziell beendet, wobei das Humangenom bis dahin nur zu 92 Prozent sequenziert war. Die erste vollständige, lückenlose Sequenz eines menschlichen Genoms wurde erst 2022 veröffentlicht.

US-Präsidenten Bill Clinton im Juni 2000 anlässlich der feierlichen Enthüllung dieser Karte im Weißen Haus zu der berühmten, und durchaus berechtigten Bemerkung: »Alle Menschen, egal welcher *race*, sind zu mehr als 99,9 Prozent gleich«. Die Genetik aber betrachtet die *kleinen Unterschiede.* Also widmen sich seither viele Forschungsprojekte im Bereich der Humangenetik dieser winzigen Differenz von 0,1 Prozent, diesem winzigen Anteil der DNA, der sich von Mensch zu Mensch *unterscheidet* oder variiert, um Antworten auf medizinisch nützliche Fragen zu finden, wie zum Beispiel *Warum bekommen manche Menschen eine bestimmte Krankheit und andere nicht*?

Seit der ersten Sequenzierung des menschlichen Genoms ging die vollständige Genom-Sequenzierung sehr viel schneller und weniger kostspielig vonstatten, wodurch der Weg für sogenannte genomweite Assoziationsstudien (GWAS) geebnet wurde. Diese Studien entstanden aus der zunehmenden Erkenntnis, dass die meisten der menschlichen Erkrankungen polygen sind, das heißt, sie werden durch jeweils viele verschiedene Gene und oft auch zusätzlich durch Umweltbedingungen multifaktoriell beeinflusst. Das Ziel von genomweiten Assoziationsstudien ist es also letztlich, diese verschiedenen Gene zu identifizieren. Dazu wird eine Gruppe von Personen mit einer Krankheit (Fallgruppe) mit einer Gruppe von Personen ohne diese Krankheit (Kontrollgruppe) verglichen.

Die Logik dahinter: Bestimmte Genvarianten kommen in der Gruppe der Erkrankten häufiger vor als in der Gruppe der Nicht-Erkrankten und können daher mit größerer Wahrscheinlichkeit mit der Krankheit assoziiert werden. Dieser Ansatz hat unsere Einblicke in die Genetik zahlloser Erkrankungen enorm erweitert und zur Entwicklung neuer Strategien zur Behandlung komplexer

Krankheiten wie Arthritis oder entzündlicher Darmerkrankungen beigetragen.[7] Und der Ansatz profitiert von der menschlichen Vielfalt: Je größer die genetische Variation innerhalb der menschlichen Population, deren DNA analysiert wird, desto größer ist die Wahrscheinlichkeit, die wesentlichen genetischen Unterschiede zwischen der »Gruppe der Erkrankten« und der »Gruppe der Nicht-Erkrankten« zu identifizieren. Die menschliche Vielfalt in genomischen Studien außer Acht zu lassen und nicht umfassend abzubilden, behindert folglich gerade diese Art von wissenschaftlicher Erkenntnis ganz erheblich. Aus Sicht von Genetiker:innen wie Gurdasani bedeutet dies, dass wir es dadurch verpassen, dieses riesige unerschlossene Potenzial auszuschöpfen, das eine größere Einbeziehung der menschlichen Vielfalt für mögliche neue Erkenntnisse in der Genetik böte.

Dass weite Bevölkerungskreise, insbesondere afrikanischer Abstammung, völlig unterrepräsentiert sind, stellte bislang eine besondere Einschränkung möglicher genomischer Erkenntnisse dar. Wie eine 2018 durchgeführte Analyse genomweiter Assoziationsstudien ergab, waren nur etwa 2 Prozent der Studienteilnehmenden jüngerer afrikanischer Herkunft, ihre genetischen Informationen aber steuerten einen Anteil von 7 Prozent zu den Assoziationen bei – jene entscheidenden Verbindungen zwischen Genvarianten und Erkrankungen, die bei der Entwicklung von Therapien helfen können.[8] Dieselbe Studie ergab, dass Menschen, die als Lateinamerikaner:innen identifiziert wurden – eine breitgefächerte Bezeichnung für viele Menschen unterschiedlicher Abstammungen, darunter afrikanischer, indigener, europäischer oder irgendwie gemischter – nur etwa 1 Prozent der untersuchten Proben ausmachten, aber knapp 4 Prozent der Assoziationen beisteuerten. Der gegenteilige Trend zeigte sich bei Populationen mit überwiegend europäischer Abstammung, die 78 Prozent der untersuchten Proben ausmachten, aber nur 54 Prozent der Assoziationen.

Diese Ergebnisse sind nicht überraschend. »Die europäischen Populationen sind sicherlich nicht die vielfältigsten Populationen der Welt. Der Mensch hat seinen Ursprung in Afrika, von wo aus sich eine kleine Subgruppe von Individuen auf den Weg machte und sich dann über den Rest der Welt verteilte«, so Gurdasani. Demzufolge – ich habe es bereits erwähnt – ist die genetische Vielfalt innerhalb Afrikas weitaus größer als im Rest der Welt. »Und umso vielfältiger die Populationen, die man analysiert, umso mehr Möglichkeiten hat man, genetische Assoziationen zwischen bestimmten Genvarianten und Krankheiten zu identifizieren, was uns wiederum neue Ansätze für die Entwicklung von Medikamenten und individuellen Therapien ermöglicht, die dann sehr viel wahrscheinlicher bei allen wirken«, erklärte Gurdasani.

Glücklicherweise wird sich die medizinische Forschungswelt der eklatanten Datenlücken nach und nach bewusst und erkennt zunehmend den Wert, den ein stärkerer Einbezug genetischer Vielfalt bietet. Forscher:innen bemühen sich aktiv darum, mehr Teilnehmende aus traditionell unterrepräsentierten Gruppen in Genomstudien einzubeziehen – ein Ziel, das von Initiativen wie Human Heredity and Health in Africa (H3Africa-Konsortium), GenomeAsia 100K und dem »All of Us«-Forschungsprogramm des US-amerikanischen National Institute of Health unterstützt wird –, und viele profitieren bereits von den Vorteilen in Form neuer genetischer Erkenntnisse. Die Ergebnisse, die Gurdasani und ihre Kolleg:innen in ihrer in Uganda durchgeführten Studie erzielten – teilweise unterstützt von der Initiative H3Africa, die die Genomforschung auf dem afrikanischen Kontinent vorantreiben will –, sind hierfür ein aktuelles Beispiel.

Das H3Africa-Konsortium wird finanziert von den US-National Institutes of Health, dem Wellcome Trust und der African Academy of Sciences und umfasst 48 Forschungsprojekte in 34 Ländern Afrikas.[9] Im Oktober 2020 berichtete eine Genomstudie unter der Leitung von Forscher:innen des Konsortiums, darunter Zané Lombard von der University of the Witwatersrand in Südafrika, von der Identifizierung von Millionen nie zuvor entdeckter Genvarianten.[10] Lombard und Kolleg:innen sequenzierten die vollständigen Genome von 426 Menschen aus 13 afrikanischen Ländern: Benin, Botswana, Burkina Faso, Kamerun, Demokratische Republik Kongo, Elfenbeinküste, Ghana, Guinea, Mali, Nigeria, Südafrika, Uganda und Sambia. Insgesamt vertraten die Studienteilnehmenden 50 verschiedene ethno-linguistische Gruppen, was diese Studie zu einer der vielfältigsten überhaupt macht. Und auch die Ergebnisse enttäuschten nicht: »Wir haben drei Millionen neue Varianten entdeckt, die zuvor noch niemand beschrieben hatte«, erzählte mir Lombard. Ich traf sie knapp ein Jahr, nachdem die Ergebnisse ihrer Studie im Fachmagazin *Nature* erschienen waren. Für ihre Forschungen, die auf seltene Krankheiten fokussierten, so erzählte sie mir, sei die Fülle neuer genetischer Informationen, die sie zutage gefördert hatten, ein großer Segen gewesen.

Wenn ein Kind mit einer seltenen Krankheit geboren wird, für die die zugrunde liegende genetische Ursache nicht bekannt ist, so erklärte sie mir, könnten Genetiker:innen wie sie mit Hilfe von Genomsequenzierungen versuchen, die spezifische Genvariante, die für die Krankheit verantwortlich ist, zu identifizieren. Sie könne zum Beispiel die DNA des erkrankten Kindes mit der DNA seiner nicht-erkrankten Eltern vergleichen und so die Liste der möglichen ursächlichen Genvarianten nach und nach eingrenzen, sagte sie. Diese reduzierte Liste vergleicht sie dann mit einer Datenbank von DNA-Sequenzen aus einer größeren Population gesunder Erwachsener, um Genvarianten zu identifizieren, die bei besagtem Kind vorhanden sind, in der breiteren Bevölkerung jedoch nur selten vorkommen. Der grundlegende Gedanke dieser Logik ist, dass ein Gen, das in der breiteren Bevölkerung häufig vorkommt, sehr wahrscheinlich nicht krankheitsverursachend ist. »Wie wir aber sehen, werden einige dieser Varianten nur aufgrund ihrer Häufigkeit als krankheitsverursachend klassifiziert«, sagte Lombard.

Aber auch hier stellt der Mangel an Vielfalt in DNA-Datenbanken ein Problem dar: Die Überrepräsentanz von Proben aus Populationen europäischer Abstammung bedeutet, dass Varianten, die bei Europäer:innen nicht häufig vorkommen, als eher selten und damit als krankheitsverursachend klassifiziert werden. Die Studie von Lombard und ihrem Team ergab, dass diese Klassifizierungen nicht immer korrekt sind. Sie fanden heraus, dass mehrere Varianten, die zuvor als selten und wahrscheinlich krankheitsverursachend identifiziert worden waren, unter den diverseren Teilnehmenden der Studie tatsächlich häufig vorkamen. Diese Information ist äußerst wertvoll für die Entschlüsselung von Krankheitsmechanismen sowie für unser Verständnis darüber, welche Rolle die verschiedenen Gene in der menschlichen Biologie spielen.

»Wir können diese Varianten neu klassifizieren und sagen, ja, mag sein, dass diese oder jene Variante in europäischen Populationen nur selten vorhanden ist, in dieser einen afrikanischen Population aber ist sie häufiger anzutreffen, und deshalb müssen wir unsere Meinung über diese Variante korrigieren und sagen, dass sie wahrscheinlich nicht krankheitsverursachend ist«, sagte Lombard. Mit anderen Worten: Die Fähigkeit, Genvarianten neu zu klassifizieren, die zuvor fälschlicherweise als krankheitsverursachend identifiziert worden waren, hilft Genetiker:innen, das Signal besser vom Rauschen zu unterscheiden, wenn es darum geht, den wahren Ursachen seltener Erkrankungen auf die Spur zu kommen. So können sie einige Varianten von ihrer Liste streichen, was sie der Entdeckung des eigentlichen Gens (oder auch mehrerer Gene) näherbringt, das oder die an einer bestimmten Krankheit beteiligt sind, erklärte Lombard.

Die personalisierte, genombasierte Methode zur medizinischen Diagnose, wie sie Lombard beschrieben hat, ist noch nicht allen Patient:innen rund um die Welt gleichermaßen zugänglich. Doch Lombard und Kolleg:innen sind hochambitioniert, dafür zu sorgen, dass sie irgendwann für alle gleichermaßen gut funktioniert.[11] »Wenn wir darüber nachdenken, wie genomische Daten in Zukunft für Dinge wie Präzisionsmedizin genutzt werden, dann ist es enorm wichtig, dass es eine globale Repräsentanz gibt«, betonte Lombard. »Schon heute sehen wir das Auseinanderklaffen in der Anwendbarkeit der Tools, die aus Sicht der Genomik entwickelt werden und für bestimmte Gruppen möglicherweise nicht ganz so nützlich oder anwendbar sind, weil die genetische Vielfalt nicht so repräsentiert ist, wie das konzipiert und beabsichtigt war«, hob sie hervor. Genau das wollen sie und ihre Kolleg:innen ändern. »Wir wollen zeigen, dass Präzisionsmedizin auf alle Populationen weltweit angewendet werden kann.«

Ein paar Wochen nach meinem Gespräch mit Lombard lernte ich Maria Chahrour kennen, ebenfalls Genetikerin, die am University of Texas Southwestern Medical Center tätig ist (zufälligerweise die gleiche Forschungseinrichtung, an der Cohen und Hobbs ihre Studie über Genetik und Cholesterin durchgeführt haben). Sie erklärte mir, inwiefern die zunehmenden Anstrengungen von Forscher:innen wie Lombard und Gurdasani, die DNA-Datenbanken zu diversifizieren, ihrer eigenen Forschung am anderen Ende der Welt direkt zugutekommen. Chahrours Forschung konzentriert sich auf die Untersuchung der komplexen Beteiligung genetischer Faktoren an der Autismus-Spektrum-Störung, unter anderem durch Genom-Sequenzierungsstudien. 2016 plante sie dafür eine laufende Studie, für die sie lokale Familien rekrutierte. »Ich wollte mich speziell auf die vielfältige Population in Dallas konzentrieren«, sagte sie mir.

Etwa um diese Zeit lernte Chahrour ihre zukünftige Mitarbeiterin Leah Seyoum-Tesfa kennen, Präsidentin der Reaching Families Advocacy and Support Group (REACH) – einer gemeinnützigen Organisation, die ostafrikanische Einwandererfamilien mit behinderten Kindern unterstützt. Seyoum-Tesfa ist gebürtig aus Äthiopien, und zwei ihrer vier Kinder sind auf dem autistischen Spektrum. Bevor sie 2011 die Organisation gründete, arbeitete sie als Krankenschwester. In ihrer Masterarbeit untersuchte sie die Prävalenz von Autismus unter ostafrikanischen Kindern in Texas. Als sie von Chahrours Studie erfuhr, wollte sie sich mit ihrer Community unbedingt daran beteiligen.

»Ich war total gespannt auf das Treffen mit Leah«, erzählte mir Chahrour. »Wir haben uns auf Anhieb gut verstanden.« Chahrour besuchte das REACH-Community Centre mehrere Male. Sie sprach dort mit Mitarbeiter:innen über ihre Forschungen zu Autismus und Genetik, ehe sie von ihrer Studie erzählte, für die sie noch Teilnehmende rekrutierte. Damit stieß sie auf großes Interesse, doch viele hatten weitere Fragen dazu und äußerten Bedenken, vor allem in Bezug auf die Verwendung ihrer Daten und das Stigma, das mit Autismus verbunden ist. Chahrour und Seyoum-Tesfa arbeiteten eng zusammen, um Änderungen am Studiendesign abzustimmen, woraus sich letztlich ein separates Forschungsprojekt entwickelte. »Wir starteten im Prinzip eine separate Studie, speziell für die ostafrikanische Community«, erklärte Chahrour. Als ich damals mit ihr sprach, waren sie und ihre Kolleg:innen gerade mittendrin, die ersten Ergebnisse aus dieser Studie auszuwerten.

Es dürfte an diesem Punkt wohl kaum überraschen zu erfahren, dass sich das Forschungsinteresse zur Genetik von Autismus, ebenso wie auch die Genetik- und Genomikforschung im Allgemeinen, hauptsächlich auf Populationen europäischer Abstammung konzentriert. Laut Chahrour deuten die dazu bislang durchgeführten Studien darauf hin, dass Autismus in vielfältigen, individuellen Ausprägungen auftritt und viele Genmutationen daran beteiligt sind. Autismus, auch als Autismus-Spektrum-Störung bezeichnet, zeigt sich typischerweise in einer großen Bandbreite verschiedener Symptome, die von einer komplexen Konstellation genetischer Faktoren sowie Umweltfaktoren beeinflusst werden. Als Genetikerin jedoch ist Chahrour vor allem daran interessiert, mehr über die genetischen Faktoren zu erfahren, die als primäre Ursachen für Autismus-Spektrum-Störungen gelten. Sie hofft, dadurch die Diagnostik nachhaltig verbessern zu können. Von der Genetik her betrachtet »kann man sich Autismus als eine große Ansammlung einzelner seltener Krankheiten vorstellen«, sagte sie. »Daher spielt jedes einzelne dieser Gene, die wir finden, bei weniger als einem Prozent der Betroffenen eine Rolle. Und für insgesamt nur 35 Prozent aller Fälle haben wir genetische Faktoren als Ursache identifiziert«, sagte sie. Chahrour geht davon aus, dass die Einbeziehung einer größeren Vielfalt an Populationen in die Studien helfen könnte, bislang noch unbekannte Genvarianten ausfindig zu machen, die zu Autismus beitragen können. Erste Ergebnisse der Studie ihres Teams stützen diese Ansicht.

Chahrour und ihr Team analysierten die DNA-Sequenzen von

129 Personen, darunter 36 Kinder mit Autismus-Spektrum-Störung und deren Familien. Sie identifizierten mehr als zwei Millionen bislang unentdeckte Genvarianten, die sie dann genauestens studierten, um Varianten aufzufinden, die mit der Erkrankung in Verbindung stehen könnten. Ihr Ansatz ähnelte dabei dem, den Lombard zur Ermittlung von genetischen Ursachen seltener Krankheiten beschrieben hatte: Man verglich die DNA-Sequenzen der betroffenen Kinder mit denen ihrer Eltern, um sie dann mit denen aus einer Referenzpopulation ohne Autismus abzugleichen. Dabei suchten sie nach seltenen Varianten, die ausschließlich in ihrer Untersuchungsgruppe der von Autismus betroffenen Kinder vorkamen. Doch die mangelnde Vielfalt in den meisten DNA-Datenbanken erschwerte es einmal mehr, die wirklich seltenen Varianten herauszulesen.

Durch eine glückliche Fügung gelang es Chahrour, Zugang zu einer Datenbank mit einer größeren Datenvielfalt zu bekommen. »Zum Glück konnte ich über meine Beziehungen zum H3Africa-Konsortium den Zugang beantragen«, sagte sie. Durch den Vergleich der DNA-Sequenzen aus ihrer Studie mit etwa 400 Sequenzen aus der vielfältigen Referenzdatenbank konnten sie und ihre Kolleg:innen mehr als 40 Genvarianten identifizieren, die möglicherweise mit Autismus in Verbindung stehen, bislang aber noch nicht mit der Krankheit in Verbindung gebracht wurden. Ihre Ergebnisse wurden 2023 in einer wissenschaftlichen Fachzeitschrift veröffentlicht.[12] Chahrour ist davon überzeugt, dass diese Ergebnisse zeigen, wie immens wertvoll es ist, möglichst viele verschiedene Populationen in die Forschung miteinzubeziehen und so die Datenvielfalt in den DNA-Datenbanken zu erhöhen. »Ich denke, dass die Gemeinschaft der Genetiker:innen in ihrer Gesamtheit die Notwendigkeit für eine größere Vielfalt sowie für mehr Sequenzierungen auf dem afrikanischen Kontinent erkannt hat. Und ich denke, dass sich in dieser Richtung auch schon einiges tut, langsam zwar, aber immerhin.« Chahrour und Seyoum-Tesfa arbeiten inzwischen auch mit Forscher:innen in Äthiopien zusammen, woher viele der Teilnehmenden ihrer Studie ursprünglich kommen. »Wir sind zuversichtlich, dass wir durch unsere weitere Zusammenarbeit mit der Gemeinschaft, den Familien und anderen Forscher:innen und Stiftungen das kollektive Wissen erweitern können«, sagte Chahrour.

Neben der verstärkten Fokussierung auf afrikanische Populationen richten Genetiker:innen ihre Aufmerksamkeit auch zunehmend auf kleinere, isoliertere Bevölkerungsgruppen – darunter indigene Völker innerhalb und außerhalb Afrikas – in der Hoffnung, dass eine Analyse ihrer DNA wichtige Erkenntnisse über einzigartige umweltbedingte Anpassungen liefern könnte, die in Beziehung zur Gesundheit stehen. So hat die Analyse von DNA-Sequenzen grönländischer Inuit-Populationen, die trotz ihrer fettreichen Ernährung relativ selten an Herzkrankheiten leiden, zu neuen Erkenntnissen über die Beziehung zwischen Genen, Ernährung und Herzgesundheit beigetragen.[13] Und in jüngerer Zeit ergab eine Analyse von Genomdaten melanesischer Populationen völlig neue Varianten in mehreren Genen, die mit dem Stoffwechsel in Verbindung stehen.[14]

Nicht nur akademische Wissenschaftler:innen haben erkannt, dass Vielfalt die medizinische Forschung verbessern kann. Kommerzielle Gentest-Unternehmen wie 23andMe versuchen ebenfalls, ihre DNA-Datenbanken zu diversifizieren, und auch die Pharmaindustrie wird aufmerksam. 2021 gaben beispielsweise Novartis und GSK ihre Zusammenarbeit bekannt, um die Erforschung von Zusammenhängen zwischen der genetischen Vielfalt in verschiedenen Regionen Afrikas und deren potenziellen Auswirkungen auf das Ansprechen auf Therapeutika voranzutreiben.[15,16] Aber es war ein biotechnologisches Startup, das 2019 in Nigeria gegründet wurde, das meine Aufmerksamkeit besonders erregte, als ich mich mit dieser aufstrebenden Branche zu beschäftigen begann. Erklärtes Ziel von »54gene« (der Name bezieht sich auf die 54 Länder Afrikas) war es zu der Zeit, die Schieflage in der Präzisionsmedizin auszugleichen, indem es »Pionierarbeit bei der Einbeziehung des afrikanischen Genoms in die Forschung leistet«. Der Mitbegründer und ehemalige CEO des Unternehmens, Abasi Ene-Obong, stand für dieses Ziel wie kein anderer. Ungefähr um die Zeit des dreijährigen Bestehens seiner Firma hatte ich die Gelegenheit, mit ihm zu sprechen.

Wie Gurdasani, Lombard, Chahrour und andere Genetiker:innen, mit denen ich in den vergangenen Jahren über diese Thematik gesprochen habe, ist auch Ene-Obong überzeugt, dass die Diversifizierung der weltweiten DNA-Datenbanken der Schlüssel dafür ist, die medizinische Forschung gerechter zu machen und vor allem sicherzustellen, dass die Präzisionsmedizin der Zukunft für alle Populationen weltweit gleich gut funktioniert. Und als Nigerianer ist ihm besonders daran gelegen, dafür zu sorgen, dass auch die Menschen in Afrika vom Ansturm der Wissenschaftler:innen auf ihre genomischen Daten profitieren. »Wir glauben nicht an Helikopter-Wissenschaft«, sagte er mir bei unserem Gespräch. »Da kommen Leute daher, nehmen Daten und Proben und machen damit alles Mögliche außerhalb Afrikas. Wir als Unternehmen haben unsere Werte, und dazu gehört, die Wissenschaft in Afrika voranzubringen. Genau deshalb haben wir unser Labor – oder unsere Labore – in Afrika aufgebaut«, erklärte er.

Ene-Obong ist nicht nur sehr stolz auf die afrikanischen Wurzeln des Unternehmens, sondern auch auf seine frühen wissenschaftlichen Errungenschaften. »Vor 54gene hat kein Unternehmen in Afrika menschliche Genomsequenzierungen durchgeführt«, erzählte er mir. Das Unternehmen war auch deshalb außergewöhnlich, weil es sein Geschäft mit dem Verkauf von Abstammungstests zur Gewinnung von DNA-Proben eingestellt und stattdessen den medizinischen Fortschritt in den Vordergrund gerückt hatte. 54gene startete zunächst als Gentestanbieter mit dem Verkauf von Speichelproben-Kits und dem Versprechen, den Kund:innen Erkenntnisse über ihre Herkunft und Gesundheit zu liefern, gab dieses Geschäft aber recht schnell wieder auf. Ein 2019 erschienener Artikel über das junge Unternehmen im Magazin *Wired* deutete an, dass dies teilweise zumindest mit Vertriebsschwierigkeiten in Afrika zu tun gehabt haben könnte. Doch wie Ene-Obong dem Magazin sagte, sei dies auch vom Wunsch nach mehr Transparenz motiviert gewesen.[17] »Wir haben unsere Strategie geändert«, sagte er, als ich ihn auf diese Entscheidung ansprach. »Wir haben beschlossen, dass keine Notwendigkeit bestand, ein trojanisches Pferd zu reiten.« 54gene bezog seine DNA-Proben über Partnerschaften mit Krankenhäusern und Forscher:innen, zuallererst in Nigeria, und konnte nach informiertem Einverständnis der Patient:innen darauf zugreifen. »Wir wollen, dass die Menschen, die uns ihre Daten geben, auch wissen, *wofür* sie uns ihre Daten geben«, sagte er.

Ene-Obong schließt jedoch nicht aus, dass das Unternehmen in Zukunft wieder DNA-Tests an Privatpersonen verkaufen könnte. »Nicht, weil wir damit Daten sammeln wollen, sondern weil wir unserer Community etwas zurückgeben wollen«, beteuerte er. »Es gibt viele Menschen, die in gewisser Weise entrechtet sind, infolge von Versklavung und Kolonialismus«, sagte er und fügte hinzu, dass viele Menschen afrikanischer Abstammung aufgrund dieser Geschichte das Verlangen hätten, mehr über ihre Herkunft zu erfahren. Es ist ein Drang, den ich selbst gut nachvollziehen kann, obwohl ich persönlich nicht davon überzeugt bin, dass die Antworten auf meine Identitätskrise in DNA-Abstammungstests liegen (diese Tests sagen nichts darüber aus, wo auf der Welt unsere Vorfahren gelebt haben, sie können uns lediglich sagen, wo auf der Welt wir wahrscheinlich heute lebende Verwandte haben).[18,19] Das Hauptaugenmerk von 54gene liegt jedoch auf der Gesundheit: Als ich damals mit Ene-Obong sprach, war das Unternehmen gerade dabei, Genome von 100 000 Menschen in Nigeria zu sequenzieren und ihre Gesundheitsdaten zu analysieren. 54gene wollte diese Daten sowie weitere, die es von Menschen aus ganz Afrika sammelte, nutzen, um die Entwicklung neuer Medikamente voranzutreiben.

»Ich beschloss, dass wir kein Unternehmen sein wollen, das genetische Daten verkauft, sondern eins, das Medikamente entwickelt«, erklärte mir Ene-Obong. Der Verkauf genetischer Daten oder der Verkauf von Medikamenten, die auf der Grundlage solcher Daten entwickelt wurden, birgt ein gigantisches Potenzial, viel Geld zu verdienen. 2019 zum Beispiel verkaufte die UK Biobank – ein von der britischen Regierung unterstütztes, groß angelegtes Langzeit-Projekt, das genetische Daten Hunderttausender Brit:innen sammelt und analysiert – den exklusiven Zugang zu den genetischen Daten von ihren Studienteilnehmenden an vier der weltweit größten Pharmaunternehmen für rund 123 Millionen US-Dollar.[20] Währenddessen profitiert 23andMe, einer der bekanntesten Anbieter kommerzieller DNA-Tests, in ähnlicher Weise von den genetischen Daten seiner Kund:innen. 2018 investierte das britische Biopharma-Unternehmen GSK 300 Millionen US-Dollar in diesen Anbieter und zahlte noch einmal eine Extrasumme für eine vierjährige Partnerschaft, um sich die exklusiven Rechte zur Nutzung der Daten von 23andMe zur Entwicklung von Medikamenten zu sichern (während meiner Recherchen zu diesem Buch war diese Partnerschaft gerade um ein weiteres Jahr verlängert worden).[21,22] Im Jahr 2020 verkaufte 23andMe außerdem die Rechte an einem Medikament, das es auf Basis der DNA-Profile seiner Kund:innen entwickelt hatte, an das spanische Pharmaunternehmen Almirall.[23]

Ene-Obong war fest davon überzeugt, dass die diverse Genom-Datenbank von 54gene seinem Unternehmen einen riesengroßen Vorteil für die Entwicklung neuer Medikamente verschaffen würde. Und er wolle, so sagte er mir, dass alle auf diese Weise entwickelten Medikamente in Afrika sofort verfügbar sind. Normalerweise, so erklärte er mir, »kommen Medikamente nur dann auf den afrikanischen Kontinent, wenn sie generisch sind – sprich, wenn ihr Patent abgelaufen ist –, also bis zu zwanzig Jahre, nachdem diese Medikamente in den USA erstmals verkauft wurden«. Er hoffte, dies mit seinem Unternehmen ändern zu können. »Ich möchte etwas bewirken in meinem Heimatland«, sagte er. »Ich möchte etwas in der Welt bewirken, aber ich möchte auch, dass dieser Unterschied auf dem [afrikanischen] Kontinent spürbar ist. Darum mache ich das. Ich weiß noch, als ich damit anfing und alle sagten: ›Du weißt schon, dass du das alles auch einfach umdrehen und binnen einem Jahr für eine halbe Milliarde oder eine Milliarde wieder verkaufen kannst‹. Aber darum geht es uns nicht. Wir machen das, weil wir hoffen, dass wir hier vor Ort mit dem, was wir tun, für eine ganze Menge Menschen etwas verändern können«, sagte Ene-Obong.

Als ich Ene-Obong damals interviewte, war 54gene nur eines von vielen Unternehmen, das gut aufgestellt schien, um von der wachsenden Wertschätzung der Vielfalt im Gesundheitswesen und der medizinischen Forschung zu profitieren. Ich stieß damals auch auf eine 2020 gestartete Initiative mit Namen Engaging Research to Achieve Cancer Care Equity (ERACE*), geleitet von Warren Whyte, Vizepräsident für Wissenschaftspartnerschaften beim US-Biotech-Unternehmen ConcertAI. Die Initiative konzentriert sich darauf, *race*-bezogene und ethnische Ungleichheiten bei Krebserkrankungen in den USA zu beseitigen, indem sie die Repräsentanz von ethnischen Minderheiten in klinischen Krebs-Studien verbessert. Ein von ConcertAI entwickeltes Tool, das anonymisierte Daten von fast 5 Millionen Krebspatient:innen aus dem ganzen Land verwendet, kann helfen, diejenigen Krankenhäuser und Gesundheitsdienstleister ausfindig zu machen, die einen großen Patientenstamm traditionell unterrepräsentierter ethnischer Gruppen haben, um gezielt Patient:innen für klinische Studien rekrutieren zu können. Das Tool empfiehlt zudem, die Rekrutierungskriterien zu modifizieren und zeigt Möglichkeiten auf, wie die Rekrutierung von Patient:innen unterrepräsentierter Gruppen verbessert werden kann, ohne das Studiendesign grundlegend zu ändern. Die ERACE-Initiative, so Whyte, konzentriere sich derzeit auf die USA, aber ConcertAI verfolge bereits ähnliche Konzepte weltweit, denn ethnisch bedingte Ungleichheiten im Bereich der Gesundheit bestünden bekanntlich auch in anderen Ländern. »Dies ist nicht nur ein US-amerikanisches Problem, sondern auch ein internationales«, sagte Whyte.

Im Juli 2022 erfuhr ich auf der Health, Race and Racism International Conference von einem weiteren Unternehmen, das sich für eine stärkere Einbeziehung unterrepräsentierter Gruppen in klinische Studien engagiert – diesmal in Großbritannien. In einem

* Der Name ERACE kommt nicht von ungefähr, denn Ziel der Initiative ist es, Ungleichheiten in der Krebsversorgung »auszuradieren« (*erase*).

vorab aufgezeichneten Video, das den Teilnehmenden der vom NHS Race and Health Observatory organisierten Konferenz vorgespielt wurde, sprach Ash Rishi, Gründer und Direktor von COUCH Health, über seine persönliche Motivation und Vision für das Unternehmen.

Rishis Eltern immigrierten in den 1960er und 1970er Jahren aus Indien nach Großbritannien, bevor sie über eine arrangierte Ehe verheiratet wurden. Rishi war ihr einziges Kind. Er war ein Teenager, als sein Vater plötzlich eine Reihe unerklärlicher Symptome zeigte, die erst drei Jahre später als Anzeichen von Prostatakrebs erkannt wurden. »Damals, in den 90er Jahren, lebten wir in Surrey, einer sehr *weißen* Gegend, einer sehr wohlhabenden Gegend, und das spiegelte sich auch im Gesundheitspersonal der Gegend wider«, so Rishi in seinem Vortrag auf der Konferenz. »Die Diagnose meines Vaters war ihnen aufgrund von Vorurteilen entgangen.« In den drei Jahren vor der Diagnose hatte sich der Gesundheitszustand seines Vaters erheblich verschlechtert. »Die Symptome verschlimmerten sich – Rückenprobleme, Magenbrennen, Gewichtsverlust, Haarausfall, alles wurde schlimmer«, erzählte Rishi. »Wir probierten alles, versuchten es mit unseren traditionellen asiatischen Heilmitteln, mit homöopathischen Medikamenten, mit Ernährungsumstellung – aber es wurde einfach immer schlimmer«, sagte er. Bis es nicht mehr ging, und sein Vater auf eine Überweisung ins Krankenhaus drängte, wo er schließlich die Diagnose Prostatakrebs bekam – in einem fortgeschrittenen unheilbaren Stadium. Doch damit hörten die Vorurteile nicht auf, wie Rishi erzählte. »Eines dieser Vorurteile, das mich bis heute durch meine gesamte Laufbahn hindurch beschäftigt, ist, dass der Onkologe meines Vaters als Prüfarzt an einer globalen klinischen Phase-III-Studie zu Prostatakrebs beteiligt war. Wie ich erfuhr, wurde mein

Vater für diese Studie aber als nicht geeignet klassifiziert, weil er jung war und man nur ältere Proband:innen haben wollte, was mich immer noch fassungslos macht, denn Menschen bekommen Prostatakrebs heutzutage in einem immer jüngeren Alter«, sagte er mit einem Seufzen.

So drängte sich Rishi die Frage auf, ob er mehr Zeit mit seinem Vater gehabt hätte, wäre er in die klinische Studie aufgenommen worden. »Er hätte mich mein Abitur machen sehen, er hätte mich an der Universität studieren sehen, und wäre vielleicht so weit wieder genesen, um einen weiteren Abschnitt im Leben seines einzigen Sohnes voller Stolz miterleben zu können«, sagte Rishi. Zusammen mit seiner Mutter, die nie fließend Englisch sprechen lernte, hatte er alle Mühe, seinen Vater in der letzten Lebensphase durch die Mühlen des Gesundheitssystems zu begleiten. »Wir hatten keine Familie in Großbritannien. Kein soziales Netzwerk, das uns in dieser Situation mit Rat und Tat zur Seite hätte stehen können«, erklärte Rishi. Erschwerend kam hinzu, fuhr er fort, dass es in der palliativen Versorgung an interkultureller Kompetenz mangelte, um seinen sterbenden Vater entsprechend kultursensibel zu begleiten. All diese Erfahrungen zusammengenommen haben Rishi bewogen, COUCH Health ins Leben zu rufen, eine Anlaufstelle für betroffene Patient:innen, mit dem erklärten Ziel, die Vielfalt in klinischen Studien zu fördern und die Gesundheitsversorgung gerechter zu gestalten. Das Unternehmen mit Sitz in Manchester, Großbritannien, führt Studien mit Patientengruppen und Pflegekräften durch, um ungedeckte Bedürfnisse zu ermitteln, und unterstützt Organisatoren gleichzeitig dabei, klinische Studien leichter zugänglich und inklusiver zu machen. Rishi hofft, dass dies dazu beitragen wird, mehr Möglichkeiten zu schaffen, dass Patient:innen wie sein Vater künftig an klinischen Studien teilnehmen können.

Bestrebungen, eine größere Vielfalt und Repräsentanz in Genomikstudien und klinischen Studien abzubilden, sind lobenswert – und ich zweifle auch nicht an den guten Absichten der Unternehmer:innen und akademischen Forscher:innen, die all dies vorantreiben. Doch eine wachsende Zahl von Forscher:innen und Aktivist:innen ist zu Recht besorgt, dass ein sich beschleunigendes Interesse an den riesigen Mengen von Gesundheitsdaten sowie der zunehmende Handel mit Gendaten zu Forschungs- und Werbezwecken ernsthafte ethische Fragen aufwirft. Um Rassismus in der medizinischen Forschung und im Gesundheitswesen auf breiter Front zu bekämpfen, müssen wir uns nicht nur um Inklusivität bemühen, sondern auch um Gleichbehandlung.

10

Die Illusion der Inklusion

Nachdem ich nun so viel über die zunehmenden Bemühungen von Forscher:innen um eine stärkere Inklusivität in medizinischen Studien und den daraus entstehenden Nutzen für den medizinischen und wissenschaftlichen Fortschritt erfahren hatte, ließ ich noch einmal all die großen auf *race* und Ethnie bezogenen *health gaps*, die wir in diesem Buch erörtert haben, Revue passieren. Ich glaube zwar, dass eine größere genetische Vielfalt in der medizinischen Forschung ein lohnenswertes Ziel und mit vielen potenziellen Vorteilen verbunden ist, doch ich denke, dass es ebenso wichtig ist, diese Vorteile ins rechte Licht zu rücken – und zu fragen, ob alle gleichermaßen davon profitieren werden.

Nehmen wir zum Beispiel das Ziel, mehr DNA von traditionell unterrepräsentierten Populationen zu sequenzieren. Wir wissen heute, dass eine zunehmende Vielfalt in Genomikstudien das Potenzial für genetische Entdeckungen erhöht, was wiederum die Entwicklung neuer Therapien für Krankheiten vorantreiben kann. In ähnlicher Weise könnte eine zunehmende Vielfalt in klinischen Studien dabei helfen, dass die zugelassenen Behandlungsmethoden für unterschiedliche Bevölkerungsgruppen gleich gut geeignet sind. Zugleich könnten zukunftsweisende Ansätze in der personalisierten Medizin, auch individualisierte Medizin oder Präzisionsmedizin genannt – die, wie wir gesehen haben, ebenfalls von einer größeren Vielfalt in den DNA-Datenbanken profitieren –, immer öfter maßgeschneiderte Behandlungen ermöglichen, die auf die individuellen Bedürfnisse der Patient:innen zugeschnitten sind. Jedoch werden diese wissenschaftlichen und medizinischen Fortschritte bei der Bekämpfung *race*-bezogener und ethnischer Ungleichheiten im Gesundheitsbereich nicht viel bewirken, wenn wir das Übel nicht an der Wurzel packen.

Und eine neumoderne medizinische Behandlung wird der öffentlichen Gesundheit nicht viel nützen, wenn vielen der am stärksten benachteiligten Menschen in den Gesellschaften in aller Welt der Zugang dazu aufgrund von Rassismus und Diskriminierung verwehrt bleibt. Eine schreckliche Ironie, denn Rassismus korreliert signifikant mit einem schlechteren Gesundheitszustand, wie wir herausgefunden haben. Und obwohl die Nutzung der winzigen genetischen Unterschiede, die zwischen Individuen bestehen, für das Verständnis von Krankheitsprozessen und die Entwicklung neuer Arzneimittel wertvoll sein kann, sollte man erstens nicht vergessen, dass diese Unterschiede *innerhalb* geographischer Populationen weitaus größer sind als *zwischen* ihnen; und zweitens, dass es bereits viel unkompliziertere, nicht-medizinische Ansätze gibt, um gegen *race*-bezogene und ethnische Ungleichheiten in der Gesundheitsversorgung vorzugehen. Wir wissen beispielsweise ganz genau, warum Ella Kissi-Debrah in London einen Großteil ihres kurzen Lebens unter starkem Asthma litt – und warum sie schließlich im Alter von nur neun Jahren daran sterben musste. Der Grund heißt Luftverschmutzung und ist sogar wortwörtlich auf ihrem Totenschein vermerkt (was nicht zuletzt der Kampagnenarbeit ihrer Mutter Rosamund zu verdanken ist). Und wie wir gelernt haben, bedeutet Umweltrassismus, dass die Belastung durch Luftverschmutzung mitsamt ihren bestens bekannten gesundheitsschädigenden Wirkungen ungleich verteilt sind. Wir können die verschiedensten medizinischen Studien der Welt durchführen und alle möglichen Medikamente entwickeln, um jede einzelne Art von Asthma zu heilen. Aber wenn wir den Rassismus nicht in all seinen Formen bekämpfen, werden *race*-bezogene und ethnische Ungleichheiten in der Gesundheit fortbestehen.

Es gibt noch ein weiteres Problem: Bemühungen, mehr Menschen aus traditionell unterrepräsentierten Gruppen in medizinische Studien einzubeziehen, bergen möglicherweise das Risiko, genau jene Gruppen auszubeuten, die viele dieser Studien so dringend einzubeziehen suchen. Keolu Fox, Anthropologe und Genomforscher an der University of California in San Diego, ist sich dieses potenziellen Risikos durchaus bewusst. Er weiß aber auch um die großen Vorteile der Vielfalt für die Genomforschung. Tatsächlich hat er sich während seiner Laufbahn unermüdlich für mehr Vielfalt unter Teilnehmenden an Genomikstudien eingesetzt und die potenziellen wissenschaftlichen Vorteile herausgestellt, die daraus resultieren könnten. »Es gibt da eine wahre Fundgrube humangenetischer Varianten, die zu einem neuen Verständnis der menschlichen Biologie führen könnte.« Doch Fox warnte auch vor der Gefahr, dass die wachsende Eile, die Vielfalt in der medizinischen Forschung zu erhöhen, einmal mehr zu einer Ausbeutung bereits marginalisierter Gruppen führen könnte. »Es gibt da so ein neues Herangehen, die Genome indigener Völker wie Kohle, Kobalt, Diamanten oder Öl zu behandeln«, sagte er mir. »So sieht koloniales Gehabe der Definition gemäß aus […] es ist ausbeuterisch, extraktiv und profitorientiert.« Und dennoch, so fügt er an, »gibt es diese Illusion vom Einbezug der Vielfalt«.

Medizinische Forscher:innen an Universitäten und in Unternehmen täten gut daran, Fox' Warnung zu beherzigen. Die Medizin hat eine dunkle Geschichte von Ausbeutung marginalisierter Gruppen, was dazu geführt hat, dass viele Menschen verständlicherweise immer noch misstrauisch sind, wenn es um die Teilnahme an medizinischer Forschung geht. Dass eine größere Vielfalt in medizinischen Studien Vorteile hat, ist klar. Die Herausforderung wird vielmehr darin bestehen, dafür zu sorgen, dass diese Vorteile gerecht verteilt werden, und zwar ohne den historisch (und gegenwärtig) marginalisierten Bevölkerungsgruppen weiteren Schaden zuzufügen. Die meisten Genetiker:innen, mit denen ich über dieses Thema gesprochen habe, stimmen dem zu – darunter Deepti Gurdasani, Zané Lombard und Maria Chahrour, die wir allesamt in diesem Buch kennengelernt haben.

Guardasani zum Beispiel kam in einem unserer Gespräche darauf zu sprechen, dass es eine lange Geschichte gibt, in der Proben und Daten von Patient:innen und Proband:innen aus marginalisierten Gruppen ohne deren Einverständnis für andere Zwecke verwendet wurden als für jene, denen sie zugestimmt oder die sie verstanden hatten. Für meine eigene Forschung zu meiner Dissertation verwendete ich Zelllinien, die seit Jahrzehnten in biomedizinischen Forschungslaboren weltweit genutzt werden und die ursprünglich aus den 1950er Jahren stammen – von einer afroamerikanischen Frau namens Henrietta Lacks. Wissenschaftler:innen am Johns Hopkins Hospital haben damals Zellproben aus ihrem Tumor entnommen und kultiviert, ohne dafür von ihr oder ihrer Familie eine informierte Einwilligung eingeholt zu haben. Es war der Zellbiologe George Gey, der ihr die Zellen entnahm, sie aus dem Tumorgewebe isolierte, vermehrte und so die erste unsterbliche menschliche Zelllinie produzierte (er nannte sie HeLa, nach Henrietta Lacks), die der Medizin seither zu zahlreichen Durchbrüchen verholfen hat – von der Entwicklung des Polio-Impfstoffs bis hin zu Anti-HIV-Medikamenten.[1] Obwohl die Etablierung der HeLa-Zelllinie Geys wissenschaftlicher Karriere ordentlich Schub verlieh, wussten weder Henrietta Lacks, die 1951 starb, noch ihre Nachkommen etwas von diesen Zelllinien. Erst 1973 erfuhren sie davon, als Forscher:innen am Johns Hopkins Hospital im Rahmen von DNA-Untersuchungen an Henrietta Lacks' Kinder herantraten und sie um Blutproben baten.[2] Die breite Öffentlichkeit erfuhr davon so gut wie nichts, bis Rebecca Skloot 2010 Henriettas Geschichte in ihrem Bestseller *Die Unsterblichkeit der Henrietta Lacks: Die Geschichte der HeLa-Zellen* erzählte.[3]

Auch in jüngerer Vergangenheit, im Jahr 2019, wurde das Wellcome Trust Sanger Institute, ein internationales britisches Genomforschungsinstitut in Cambridge, von Whistleblower:innen beschuldigt, Pläne zur Kommerzialisierung eines Gentest-Produkts zu verfolgen und für dessen Entwicklung DNA-Proben Hunderter afrikanischer Menschen verwendet zu haben, ohne deren Wissen oder Zustimmung. Gurdasani outete sich später in einem Social-Media-Post als eine der Whistleblower:innen. Sie und eine weitere Whistleblowerin, so schrieb sie, hätten ihre Jobs am Sanger Institute verloren, nachdem sie ihre Bedenken gegenüber der Geschäftsleitung kundgetan hatten. Eine vom Magazin *Science* angefragte Stellungnahme dazu lehnte das Sanger Institute ab. Angeblich, so berichtete die *Times* damals, seien die Proben von Wissenschaftler:innen der Lebanese American University und etlichen afrikanischen Universitäten gesammelt worden, darunter auch die Stellenbosch University in Südafrika, die daraufhin eine offizielle Beschwerde an das Sanger Institute richtete.[4] Einige der in Rede stehenden Proben, so hieß es darin, kämen von indigenen Völkern, wie zum Beispiel den Nama aus Südafrika, Namibia und Botswana, die explizit darüber unterrichtet worden waren, dass ihre Proben ausschließlich zu Forschungszwecken über die Populationsgeschichte und die menschliche Evolution verwendet würden. Das Sanger Institute erklärte daraufhin, es habe das Produkt – einen Genchip – weder kommerzialisiert noch Profit daraus gezogen, räumte später aber gegenüber dem Magazin *Science* ein, dass die Beziehungen zu einigen seiner Forschungspartner in Afrika dadurch nachhaltig »gestört« worden seien.[5]

Ganz unabhängig davon streute der starke Anstieg von DNA-Sequenzierungen neues Salz in die Wunden der Familie Lacks. 2013 sequenzierte und publizierte das in Heidelberg ansässige European Molecular Biology Laboratory (EMBL) das Genom der HeLa-Zellen, ohne die informierte Einwilligung ihrer Nachkommen. Lacks' Nachkommen warfen daraufhin dem EMBL vor, mit der Veröffentlichung des Genoms hochsensible persönliche Daten von Familienmitgliedern preiszugeben, für alle Welt ablesbar, und sahen darin einen Eingriff in ihre Privatsphäre. Schließlich einigten sich die Familie und EMBL auf einen Kompromiss: Im Rahmen des HeLa Genome Data Use Agreement sollen zwei Nachkommen von Henrietta Lacks von nun an einer Arbeitsgruppe des US National Institute of Health beiwohnen, das über den Zugang zu den Daten entscheidet. Und wer HeLa-Zelllinien sequenziert, soll die Informationen fortan verpflichtend in einer eigens dafür angelegten Datenbank hinterlegen.[6,7,8]

Auch wenn es in der Geschichte der europäischen Versklavung und des Kolonialismus unzählige Beispiele für die Ausbeutung marginalisierter Menschen durch westliche medizinische Einrichtungen und Behörden gibt, sind diese Probleme nicht nur in der westlichen Medizin zu finden. 2017 gerieten die chinesischen Behörden in Xinjiang in die Kritik von Menschenrechtsaktivist:innen, nachdem bekannt geworden war, dass die Stadt die verpflichtende Erfassung biometrischer Daten, einschließlich DNA und Blutgruppen, von Millionen Einwohner:innen, die der ethnischen Minderheitengruppe der Uiguren angehören, angeordnet hatte. Die Kommunistische Partei der Volksrepublik China hatte 2016 eine landesweite Kampagne zur Verfolgung und Umerziehung der Uiguren und anderen Angehörigen hauptsächlich muslimischer Minderheitengruppen gestartet, um sie zu staatstreuen Bürger:innen zu machen. Und es steht zu befürchten, dass Biodaten als ein weiteres politisches Werkzeug zur Überwachung und Unterdrückung dieser Gruppen genutzt werden. Zum Zeitpunkt meiner Recherchen zu diesem Buch wird davon ausgegangen, dass die Behörden mehr als eine Million Uigur:innen in der Provinz Xinjiang in sogenannten Umerziehungslagern zwangsinhaftiert haben. Mehrere Länder werfen China einen Genozid an den Uiguren in dieser Region vor, China hingegen weist alle Anschuldigungen diesbezüglich zurück.[9]

Die US-amerikanische NGO Human Rights Watch berichtete damals, DNA- und Blutgruppen-Daten seien im Rahmen eines einmal jährlich kostenlosen medizinischen Untersuchungsprogramms mit Namen »Physicals for All« gesammelt worden, doch ob die Teilnehmenden über die Sammel-, Speicher- oder Nutzungsabsichten der sensiblen Gesundheitsdaten seitens der Behörden informiert worden waren, sei unklar.[10] Zu den erklärten Zielen von »Physicals for All«, so hieß es, gehörten die Verbesserung der Gesundheitsdienste, der Screening-Verfahren zur Diagnose von Krankheiten sowie der Einrichtung elektronischer Krankenakten für die Einwohner:innen Xinjiangs. Die chinesischen Medien berichteten von

Teilnehmenden, die nach eigenen Aussagen Therapien für zuvor nicht erkannte Krankheiten erhielten, was sich in manchen Fällen als lebensrettend erwiesen habe. Ein anonymer Uigure, der 2016 an besagtem Programm teilgenommen hatte, sagte gegenüber Human Rights Watch, er habe nicht das Gefühl gehabt, eine Wahl gehabt zu haben, die Teilnahme zu verweigern, was ihm »sicherlich als Symptom für ein Problem seiner ›politischen Gesinnung‹« ausgelegt worden wäre, für politische Abtrünnigkeit also. Die Gesundheitsbehörden hätten ihm nach der körperlichen Untersuchung keine Befunde mitgeteilt, sagte er.

Das Programm war noch im Gange, als die *New York Times* 2019 berichtete, der US-amerikanische Biotech-Riese Thermo Fisher Scientific habe beschlossen, den Verkauf von sogenannten DNA-Sequenzern in die chinesische Region Xinjiang einzustellen, nachdem er deshalb in die Kritik geraten war.[11] In einer Stellungnahme gegenüber der *New York Times* bestritt die Regierung von Xinjiang, im Rahmen ihres medizinischen Untersuchungsprogramms DNA-Proben zu sammeln, und erklärte, dass die von den dortigen Behörden eingekauften DNA-Sequenzer für den internen Gebrauch bestimmt seien.

Ethische Bedenken im Zusammenhang mit der medizinischen Forschung sind nicht auf die DNA-Sequenzierung beschränkt. 1996 kam es in der nordnigerianischen Stadt Kano zum schlimmsten Meningitisausbruch in der Geschichte des Landes mit 120 000 Infizierten. Mehrere NGOs, darunter Ärzte ohne Grenzen, schickten Teams in ein örtliches Krankenhaus, um Unterstützung zu leisten. Auch der US-amerikanische Pharma-Riese Pfizer, der gerade eine Testreihe für ein Meningitis-Medikament gestartet hatte, schickte ein Hilfsteam. Babatunde Irukera, ein Anwalt, der später das Land Nigeria und den nigerianischen Bundesstaat Kano gegen den Pharmakonzern vertrat, sagte 2020 gegenüber der *Financial Times*, Pfizer habe dort eine Gelegenheit für eine klinische Studie der Phase III erkannt und »ein Team zusammengewürfelt«, um diese durchzuführen.[12] Die Pfizer-Mitarbeiter:innen, so Irukera, hätten keinerlei Kennmarken bei sich getragen, um sich für andere vor Ort befindliche humanitäre Helfer:innen sichtbar zu machen. »Die Menschen schickten ihre Kinder ahnungslos zu ihnen, weil sie dachten, man würde sie behandeln«, sagte er gegenüber der *Financial Times*. 2009 legte Pfizer den Rechtsstreit im Zuge einer außergerichtlichen Einigung auf eine Zahlung von 75 Millionen US-Dollar bei. In einer Erklärung im Vorfeld der Einigung wies der Konzern jegliches Fehlverhalten und jegliche Haftung von sich und erklärte, dass »die Studie von 1996 mit der Genehmigung der nigerianischen Regierung und der Zustimmung der Eltern oder Erziehungsberechtigten der Teilnehmenden durchgeführt wurde und im Einklang mit den nigerianischen Gesetzen und Rechtsvorschriften stand«.[13] Irukera kommentierte gegenüber der *Financial Times*: »Pfizer behauptet, es habe die Eltern aufgeklärt und das entsprechende Einverständnis eingeholt, aber dafür liegen uns keinerlei Beweise vor. Es handelt sich um Menschen, die kein Englisch sprechen.«

Häufig wird mangelndes Vertrauen als Faktor für *race*-bezogene und ethnische Disparitäten im Gesundheitswesen genannt, worin für meine Begriffe oft ein Hauch von wertendem abfälligem Urteil gegenüber Personen aus marginalisierten Gruppen mitschwingt, denen es aus nachvollziehbaren Gründen vernünftig erscheint, dem medizinischen Establishment erst einmal skeptisch zu begegnen. Ich jedenfalls halte diese Skepsis angesichts einer langen Geschichte mit zahllosen Beispielen von Vertrauensbrüchen durch Ärzte und andere medizinische Fachkräfte für durchaus nachvollziehbar. Vertrauen kann leicht zerstört werden, es wiederaufzubauen – oder wiederherzustellen – ist ungleich schwerer.

Im Jahr 1997 entschuldigte sich US-Präsident Bill Clinton im Namen der US-Regierung offiziell für ein Syphilis-Experiment, das am Tuskegee Institute in Alabama durchgeführt und in dessen Rahmen 399 an Syphilis erkrankten Schwarzen Männern eine Behandlung absichtlich vorenthalten worden war.[14] An diesem Experiment mit der Bezeichnung »Tuskegee-Studie über unbehandelte Syphilis bei Schwarzen Männern« (heute Tuskegee-Syphilis-Studie des US Public Health Service) nahmen 600 Schwarze Männer teil, darunter 399 mit Syphilis-Erkrankung und 201 ohne.[15] Für ihre Teilnahme, so sagte man ihnen, bekämen sie kostenlose ärztliche Behandlungen, eine kostenlose Mahlzeit am Tag sowie eine Sterbegeldversicherung. Eine informierte Einwilligung wurde von den Teilnehmenden nicht eingeholt, und sie wurden auch nicht über eine Syphilis-Diagnose unterrichtet. Sie hätten »schlechtes Blut«, sagte man ihnen, und würden deshalb behandelt. Der Begriff »schlechtes Blut« war damals im lokalen Kontext für eine Reihe von Krankheiten gebräuchlich, darunter auch Syphilis. Obwohl Penicillin zur Behandlung von Syphilis und anderen bakteriellen Erkrankungen seit 1943 verfügbar war, blieben die Erkrankten der Studie unbehandelt. Erst 1972, fast drei Jahrzehnte später, wurde die Studie abgebrochen, als die *Associated Press* dieses grausame Unrecht aufgedeckt und publik gemacht hatte.[16] Eine Sammelklage, die im folgenden Jahr im Namen der Studienteilnehmer und ihrer Familien eingereicht wurde, endete mit einem außergerichtlichen Vergleich und einer Entschädigungszahlung in Höhe von 10 Millionen Dollar. Von den 399 afroamerikanischen Studienteilnehmern starben 128 an Syphilis oder damit verbundenen Komplikationen, 40 von ihnen hatten ihre Partnerin infiziert, und 19 Kinder wurden mit Syphilis geboren.[17]

In der eben erwähnten Rede im Weißen Haus 1997, zu der die damals noch acht Überlebenden des Experiments geladen waren, entschuldigte sich US-Präsident Bill Clinton für die Versuche, die man an ihnen durchgeführt hatte. Die Studie, so sagte er, habe »beigetragen, Misstrauen gegenüber unseren medizinischen Einrichtungen zu säen, insbesondere gegenüber der wissenschaftlichen Forschung«. Tatsächlich ist die Tuskegee-Syphilis-Studie nur ein Beispiel für das, was die Genetikerin Latifa Jackson von der Howard University in Washington, D.C. als »wechselvolle Geschichte der Interaktion mit ausbeuterischen staatlichen Forschungseinrichtungen« für Schwarze Menschen und Angehörige anderer marginalisierter Gruppen in den USA beschrieb. »Ich glaube, dass die Grundlage der medizinischen Industrie auf der Ausbeutung von Afroamerikaner:innen beruht«, sagte sie mir. »Niemand kann sich biomedizinischen Diagnosen und Behandlungen nähern, ohne HeLa-Zellen zu verwenden, jene Krebszellen, die Henrietta Lacks, einer afroamerikanischen Frau, ohne ihr Wissen und ihre Einwilligung entnommen wurden.« Jackson gehört zu denjenigen, die befürchten, dass heutige Anstrengungen von Forscher:innen an akademischen Einrichtungen oder in der biomedizinischen Industrie, um die (ethnische) Vielfalt in ihren Studien zu erhöhen, eine Neuauflage der Ausbeutung aus der Vergangenheit darstellen.

»Genetische Entdeckungen entziehen unterrepräsentierten Communitys Ressourcen, geben ihnen aber nichts zurück, in Form von genomischem Wissen, finanziellen Beteiligungen oder Bildungschancen. Um eine vielfältige Beteiligung [an der medizinischen Forschung] zu erreichen, braucht es organisatorische Führungskräfte, die Vertrauen zu den unterrepräsentierten Communitys aufbauen können«, so Jackson.

In Afrika, wo Forscher:innen zunehmend daran interessiert

sind, Proben aus den verschiedenen Populationen des Kontinents zu sammeln, ist das Vertrauen in die medizinische Forschung – und insbesondere in die »Helikopter-Wissenschaft«, wie 54gene-Mitbegründer Abasi Ene-Obong es in unserem Gespräch bezeichnete – durch zahllose Fälle, in denen es gebrochen wurde, ebenfalls nachhaltig geschädigt. Genomforscher:innen, so Deepti Gurdasani, sollten sich der ethischen Implikationen, die mit der Sequenzierung menschlicher Genome verbunden sind, ganz besonders bewusst sein, speziell in ressourcenarmen Gebieten. Genom-Sequenzierungen ermöglichen es, krankheitsassoziierte Mutationen zu identifizieren, von denen Studienteilnehmende bis dahin möglicherweise gar nicht gewusst haben, dass sie diese in sich tragen. Es muss daher darum gehen, dass Forschende eine medizinische Infrastruktur aufbauen, wenn sie in Regionen mit begrenzten Gesundheitsdiensten arbeiten, erklärte mir Gurdasani in einem unserer Gespräche. Im Zuge ihrer Studie in Uganda war es ihr und ihrem Team (zu dem auch Wissenschaftler:innen des Uganda Medical Informatics Centre des britischen Medical Research Council gehörten) ungemein wichtig, eine Infrastruktur aufzubauen, um den Proband:innen Zugang zu genetischer Beratung und Behandlung zu bieten. »Du kannst doch nicht den Menschen eine Diagnose stellen und dann keinen Behandlungsweg haben«, sagte sie.

Zané Lombard, die an der H3Africa-Studie beteiligt war, die im Jahr 2020 Millionen neuer Genvarianten durch Genomsequenzierungen in verschiedenen afrikanischen Populationen entdeckte, ist der Meinung, dass das Engagement der Community ebenfalls als wesentlicher Bestandteil der medizinischen Forschung betrachtet werden sollte. »Das ist eine sehr wichtige Säule und ein Eckpfeiler des H3Africa-Konsortiums«, sagte sie mir in unserem Gespräch. »Was zu Beginn eines jeden Projekts unbedingt erforderlich ist, ist ein Plan, die Community mit ins Boot zu holen. Die Studien ziehen ein sogenanntes Community Engagement Board hinzu, das sich aus wichtigen Personen der Community zusammensetzt, die dann einen Teil der Forschungsergebnisse zurückerhalten und diese an die Community weitergeben«, fügte sie hinzu. Obwohl einige dieser Anstrengungen durch die Covid-19-Beschränkungen behindert wurden, teilten Lombard und ihre Kolleg:innen ihre Ergebnisse weiterhin über soziale und traditionelle Medien mit der Öffentlichkeit. »Insgesamt war die Resonanz wirklich positiv«, sagte sie. »Es gab einige sehr wohlüberlegte Fragen seitens der Teilnehmenden. Ich denke, die Leute sind wirklich daran interessiert, mehr zu erfahren und mehr von dieser Art Forschung zu verstehen.«

Fragen der Teilnehmer:innen würden in manchen Fällen auch dazu verwendet, Studien anzupassen, sagte Lombard, und nannte ein Beispiel aus einer anderen ihrer laufenden Studien, die sich mit seltenen neuronalen Entwicklungsstörungen bei Kindern befasst. Viele der an dieser Studie beteiligten Familien gaben an, dass sie es als positiv empfinden würden, mit anderen betroffenen Familien in Kontakt zu kommen. »Die Eltern haben zum Beispiel ein echtes Bedürfnis nach Selbsthilfegruppen und danach, mit anderen betroffenen Eltern zusammenzukommen«, sagte mir Lombard. »Und wir versuchen gerade, dass das klappt.«

Die Zusammenarbeit zwischen Maria Chahrour und Leah Seyoum-Tesfa, die die Studie über ostafrikanische Kinder mit Autismus in Texas starteten, ist ein weiteres Beispiel dafür, wie Forscher:innen mit Communitys in die gleiche Richtung arbeiten können. »Ich würde es als eine gemeinsame Lern-Reise von uns beiden beschreiben«, sagte Chahrour über ihre Zusammenarbeit mit Seyoum-Tesfa. »Ich würde sagen, es hat so ungefähr zwei Jahre gedauert, seit unserem ersten Treffen, um alles vorzubereiten, die ganzen Diskussionen mit den Mitgliedern der Community zu führen und ihr Feedback [in das Studiendesign] einzubeziehen«, erzählte mir Chahrour. Und das alles, bevor sie aktiv damit begannen, Teilnehmende für die Studie zu rekrutieren. »Am Anfang mussten wir uns eine Menge anhören«, sagte sie. »Und darauf haben wir wirklich viel Zeit verwendet. Es geht schließlich um eine echte Partnerschaft zwischen Wissenschaftler:innen und Community.«

Keolu Fox, ein indigener Hawaiianer, ist nach wie vor skeptisch und meint, dass die medizinische Forschung als Institution einen Schritt weiter gehen müsse. Er warnt davor, dass das Engagement der Community in manchen Fällen nicht ausreiche und Teil der »Illusion der Inklusion« ist, wie er sagt. Die »Illusion der Inklusion« ist für ihn nicht nur zu einer Art Slogan geworden ist, sondern inspirierte ihn auch zu einem Meinungsartikel, der ein paar Monate nach unserem Gespräch 2020 im *New England Journal of Medicine* erschien.[18] Seiner Ansicht nach müssten Genomik-Studien von Menschen aus den beforschten Gruppen geleitet werden, denen daraus auch ein direkter persönlicher Vorteil erwachsen müsse. Denn was nützt es, wenn Menschen mit ihren DNA-Proben zur Entwicklung neuer Medikamente beitragen, die sie sich dann nicht leisten können?

Fox geht es insbesondere um die Unterstützung indigener Genomforschender und darum, indigene Populationen zu befähigen, ihre Genomdaten vor der in seinen Augen »kommerziellen Ausbeutung« zu schützen. In seinem 2020 im *New England Journal of Medicine* erschienenen Artikel »The Illusion of Inclusion – The ›All of Us‹ Research Program and Indigenous Peoples' DNA« (Die Illusion der Inklusion – Das ›All of Us‹-Forschungsprogramm und die DNA indigener Völker) äußerte er Bedenken im Hinblick auf das

»All of Us«-Forschungsprogramm des NIH, das darauf abzielt, die DNA von traditionell unterrepräsentierten Gruppen in den USA, einschließlich indigener Völker, zu sequenzieren. Er hob hervor, dass frühere staatlich geförderte, groß angelegte Genom-Sequenzierungsprojekte wie das Human Genome Diversity Project, das International HapMap Project und das 1000 Genomes Project »Beispiele dafür sind, wie Open-Source-Daten in der Vergangenheit kommodifiziert« wurden und argumentierte, das »All of Us«-Programm müsse »eingebaute Mechanismen zum Schutz vor der Kommerzialisierung der DNA indigener Völker« haben. Tatsächlich, so betonte er, ermöglichten Daten aus all den anderen, bereits erwähnten Großprojekten zur Genomsequenzierung »den Pharma-Konzernen und Dienstleistern für Abstammungstests letztlich Gewinne in Höhe von nahezu einer Milliarde US-Dollar«. Obwohl die Teilnehmenden an Studien zur Genomforschung mit der Entwicklung neuer Medikamente durch die Unternehmen indirekt von ihrer Teilnahme profitieren mögen, so Fox, sei nicht klar, ob und inwieweit solche Medikamente den indigenen Communitys – oder anderen marginalisierten Bevölkerungsgruppen, deren DNA unverhältnismäßig viel zur Medikamentenentwicklung beigetragen hat – Vorteile brächten, zum Beispiel in Form von subventionierten Medikamenten, finanziellen Beteiligungen oder Rechten am vermögenswerten, aneignungsfähigen Resultat.

Erinnern wir uns an die PCSK9-Hemmer – die cholesterinsenkenden Medikamente, die auf Basis von Genvarianten entwickelt und bei Menschen afrikanischer Abstammung in den USA entdeckt wurden. Diese Medikamente sind teuer, und wie eine Studie bereits dargelegt hat, werden entsprechende Rezepte für Schwarze und hispanische Patient:innen seitens der Versicherer aufgrund eines komplizierten Erstattungssystems sehr viel häufiger abgelehnt, als dies für *weiße* Patient:innen der Fall ist (zudem sind Afroamerikaner:innen und Hispano-Amerikaner:innen – neben amerikanischen Indigenen, Alaska-Indigenen, indigenen Hawaiianer:innen oder Pazifikinsulaner:innen – im Vergleich mit ihren *weißen* Landsleuten sehr viel häufiger gar nicht krankenversichert).[19] Selbst unter den Patient:innen, deren Rezepte von den Versicherern genehmigt werden, sehen sich der Studie zufolge viele genötigt, die medikamentöse Behandlung abzubrechen, da sie sich die teuren Zuzahlungen aus eigener Tasche nicht leisten können.

»Glaubst du wirklich, dass die Einbeziehung der indigenen Bevölkerung in Studien zur Genom-Sequenzierung die gesundheitlichen Ungleichheiten in den Communitys verringern wird? Glaubst du, dass diese Informationen – weil sie öffentlich zugänglich sind und es keinerlei Beschränkungen beim Datenzugang gibt – von den Pharmakonzernen kommodifiziert werden?«, fragte mich Fox in unserem Gespräch. Fox ist direkt und geradeheraus, und er scheut sich nicht, über schwierige ethische Fragen im Zusammenhang mit der Durchführung medizinischer Studien zu sprechen, vor allem, wenn sie in sein Fachgebiet fallen. Fox kennt sich sehr gut aus, und seine Meinung zu diesen Fragen ist nicht nur durch seine langjährige Forschungserfahrung, sondern auch durch seine eigenen Erfahrungen und die Erfahrungen in der Zusammenarbeit mit indigenen Communitys in den USA gut fundiert. Zu Beginn seiner Laufbahn, so erzählte er mir, habe er während eines Vortrags eine Wortmeldung gehabt, die ihn animiert habe, sich intensiver damit zu befassen, ob und in welcher Weise Menschen von ihrer Teilnahme an der Forschung profitieren sollten.

Der Vortrag fand im Rahmen des National Congress of American Indians statt. »Der Präsident der Navajo-Nation war anwesend«, erzählte Fox, und steckte quasi den Rahmen ab. Fox sprach über die Genomforschung, einschließlich der damit verbundenen potenziellen Vorteile aus einer Weiterentwicklung der personalisierten Medizin. »Ich habe damals sogar selbst Schlangenöl verkauft«, gestand er. »Ich sagte mir, ›Diese neue personalisierte, prädiktive und präventive Medizin wird die immer größer werdende Kluft gesundheitlicher Ungleichheiten verringern‹. Das war immer meine Richtschnur, und die habe ich immer wieder betont und auch beim Einwerben von Fördergeldern immer wieder vorgebracht. Und ich weiß es noch wie heute, dass ich das immer wieder gesagt habe – ich war damals, soweit ich mich erinnere, 28, ich glaube, es war 2014«, erzählte Fox. »Da traf es mich wie ein Schlag. Dieser ältere Herr hinten hebt die Hand und sagt, ›Warum sollte ich mich um Technologien zur Genom-Sequenzierung scheren, wenn ich in meinem Reservat seit 1912 kein sauberes Wasser habe?‹ Da beginnt man zu begreifen, dass wir in den USA ernsthafte Infrastrukturprobleme haben, wie zum Beispiel, dass Millionen von Menschen keine Krankenversicherung haben. Gleichzeitig will das NIH die Genome von über einer Million Menschen sequenzieren«, sagte er mit Anspielung auf das Programm »All of Us«.

Fox zerbricht sich auch den Kopf darüber, wie die Dinge verbessert werden könnten. »Eine Möglichkeit, einen Paradigmenwechsel zu schaffen, hin zu einem gerechten Vorteilsausgleich, bestünde darin sicherzustellen, dass Indigene auch die Kontrolle über die Daten der beforschten indigenen Populationen haben, einschließlich der digitalen Sequenz-Informationen«, schrieb er in seinem Artikel im *New England Journal of Medicine.* »Es bedarf gerechter Innovationen in diesem Bereich, um sicherzustellen, dass die Vorteile auch wirklich ›uns allen‹ gleichermaßen zugutekommen«, schloss er.

Diese Art von »gerechter Innovation«, auf die Fox sich bezog, findet teilweise bereits statt. Im Jahr 2022 sprach ich mit Krystal Tsosie, einer indigenen Genetikerin und Bio-Ethikerin an der Arizona State University in Phoenix, die Mitglied und Einwohnerin der Navajo-Nation ist. Tsosie ist außerdem Mitbegründerin des Native BioData Consortium, der ersten Indigen geführten Bio-Datenbank und gemeinnützigen Forschungsorganisation für Indigene Stämme in den USA, wo sie auch Leiterin für Wissenschaftsethik und Politik ist. »Zur Gründung motiviert hat uns eine einfache Prämisse«, erklärte sie mir, als ich sie danach und nach den Zielen des Konsortiums fragte. »Daten von Mitgliedern der Stammesgemeinschaften sollten auch von ebendiesen überwacht und verwaltet werden«, sagte sie. Fox, der dem Verwaltungsrat des Konsortiums angehört, teilt ihre Position. »Ich bin optimistisch, denn ich glaube an die Selbstverwaltung, ich glaube an die Demokratisierung von Werkzeugen, ich glaube an die technologische Unabhängigkeit, und ich glaube an die Genialität unseres Volkes«, sagte er mir in unserem Gespräch. »Ich glaube an uns, und weil ich an uns glaube, glaube ich an unsere Zukunft.«

Das 2018 gegründete Native BioData Consortium ist, wie eben bereits erwähnt, die erste, von Indigenen Wissenschaftler:innen geführte gemeinnützige Forschungsorganisation und Bio-Datenbank in den USA, und die erste, die sich innerhalb der Grenzen eines Reservats für Indigene befindet, angesiedelt in der Cheyenne River Sioux Tribal-Reservatsverwaltung in Eagle Butte, South Dakota. Das Konsortium arbeitet daran, Datensätze zu erstellen, die zu Forschungszwecken verwendet werden können und den indigenen Völkern direkt zugutekommen, insbesondere im Bereich der Gesundheit. So hat es beispielsweise Genvarianten analysiert, die mit rheumatoider Arthritis bei amerikanischen Indigenen im Gebiet der Northern Plains in Zusammenhang stehen, die von dieser

Autoimmunerkrankung überproportional häufig betroffen sind.[20,21] Doch im Unterschied zu vielen anderen Forschungsinitiativen im Bereich der Genomik liegt der Schwerpunkt des Native BioData Consortium nicht nur auf der Erfassung *biologischer* Daten.

»Unser Ziel ist der Aufbau eines Archivs mit menschlichen Genomdaten und biologischen Informationen sowie anderen Arten von Informationen – einschließlich struktureller und soziokultureller Faktoren sowie Umweltfaktoren, die den Mitgliedern der Stammesgemeinschaften zur Verfügung stehen«, sagte mir Tsosie. Dies sei ein völlig anderer Ansatz als der, der sonst in der Populationsgenetik und Genomforschung verfolgt werde, bemerkte sie, wo Forscher:innen oft nur und ausschließlich auf die DNA schauen, um gesundheitliche Ungleichheiten zwischen Populationen zu erklären. »Was passiert, ist, dass sie gar nicht erst über das Genom hinausschauen«, fuhr sie fort. »Sie betrachten hauptsächlich GWAS-Daten, genomweite Assoziationsdaten, Exomdaten, Sequenzierungsdaten, Gesamtgenom-Sequenzierungsdaten und so weiter; alle Informationen eben, die sie kriegen können, klinische Phänotyp-Daten aus elektronischen Patientenakten. Und damit hat es sich«, sagte sie. Dies aber ignoriere eine ganze Reihe anderer realer Faktoren im Zusammenhang mit der Gesundheit, betonte sie – nicht zuletzt enorme strukturelle Ungleichheiten, die durch Rassismus verursacht werden. Und das ist ein Grund mehr, warum das Native BioData Consortium sich zusätzlich auch der Ausbildung einer neuen Generation von Genetiker:innen und Datenwissenschaftler:innen widmet, um das zu lernen, was Tsosie »Community-zentrierte Forschung« nennt.

»Würde man so einen Commmunity-zentrierten Ansatz verfolgen, um diese Kategorie von Daten zu erfassen, würden sich daraus echte Partnerschaften mit den Communitys entwickeln, man würde ihr Vertrauen gewinnen, und man hätte am Ende ein sehr viel ganzheitlicheres und global repräsentatives Modell, das strukturelle und kulturelle Faktoren, welche mit Gesundheit und Krankheit assoziiert werden, klar adressiert und belegt«, erklärte Tsosie. »Manchmal wird diese qualitative Forschung als logistisch aufwändig und mühsam angesehen, weil es lange dauert, das Vertrauen einer Community zu gewinnen, gemeinsam mit der Community ein praxistaugliches Protokoll auszuarbeiten, dieses Protokoll von der Community absegnen zu lassen und das Vorhaben dann zu realisieren – in die Community hineinzugehen und Umfragen durchzuführen. Und das ist in der Tat eine Fähigkeit, die vielen Populationsgenetikern nicht gegeben ist«, sagte sie.

Tsosie vermutet, dass dies zum Teil dem Aufstieg der Datenwissenschaft und bioinformatischen Ansätzen in der Genomik geschuldet ist, wo Forscher:innen zunehmend sekundäre Genomdaten aus öffentlich zugänglichen DNA-Datenbanken analysieren, anstatt Primärdaten direkt und selbst zu sammeln. »Sie machen keinen Schritt über ihren Computer hinaus«, sagte sie mir. Das Projekt IndigiData zum Beispiel, ein alljährlicher Sommerworkshop für Bachelor- und Masterstudent:innen, der von Indigenen Datenwissenschaftler:innen und Akademiker:innen geleitet wird, versucht, dem etwas entgegenzusetzen. Die Lehrpläne wurzeln im Prinzip in der Stammessouveränität – in der Autorität und dem Recht Indigener Völker, sich selbst zu verwalten und zu regieren - mit besonderem Schwerpunkt auf Datensouveränität und Mitwirkungsmöglichkeiten der Indigenen Völker.

Der vom Native BioData Consortium verfolgte Ansatz der medizinischen Forschung steht in deutlichem Kontrast zu einer langen Geschichte von Forscher:innen, die biologische Proben aus Indigenen Populationen entnahmen, ohne die informierte Einwilligung der Beforschten, und die in manchen Fällen sogar zur Stigmatisierung der beforschten Gruppen beitrugen oder Stammesbräuche im Zusammenhang mit dem Totenkult missachteten und verletzten.[22,23] Darüber hinaus ist die Datenbank des Konsortiums nicht öffentlich zugänglich, anders als die Genomdaten, die durch staatlich finanzierte Forschung erfasst werden und typischerweise in großen, frei zugänglichen Repositorien, wie etwa in der Database of Genotypes and Phenotypes (dbGaP) in den USA, abgelegt werden. »Das Problem bei der Ablage aggregierter oder anonymisierter Daten in diesem Repositorium [dbGaP] besteht darin, dass es keine Kontrolle oder Mitsprache durch die Community gibt, und auch keinen Einfluss darauf, was mit ihren Daten weiter passiert«, erklärte mir Tsosie. Es gibt also nichts, was Forscher:innen, die absolut keine Ahnung von der einzigartigen genetischen und kulturellen Geschichte jeder einzelnen Indigenen Gruppe haben, daran hindern könnte, auf die Daten zuzugreifen und irgendetwas zu publizieren, das in besonderem Maße schädlich oder stigmatisierend ist, oder [das] gefährliche biologische Ideen von *race* verstetigt, ohne die Zustimmung der Community.«

In unserem Gespräch betonte Tsosie, dass das Native BioData Consortium nicht dazu da sei, der wissenschaftlichen Forschung oder dem Fortschritt im Wege zu stehen. »Es blockiert die Forschung keineswegs«, sagte sie. »Es sorgt lediglich dafür, dass die Community ihre Zustimmung erteilt und Kontrolle über ihre eigenen Daten behält. Wenn wir über Angleichung von Machtdynamiken im Zusammenhang mit der wissenschaftlichen Forschung sprechen, dann ist dies ganz klar ein Schritt in Richtung Gerechtigkeit.« Tsosie ist auch der Meinung, dass der Ansatz des Konsortiums die Qualität der durchgeführten Studien verbessern wird. »Wenn die Mitglieder einer Community in die Forschung einbezogen werden, ist das am Ende eine Bereicherung für die Wissenschaft«, sagte sie. »Indigene Völker, die seit jeher auf ihrem angestammten Land leben, haben die Veränderungen ihrer Umwelt, ihres Lebensstils und ihrer Lebensweise hautnah miterlebt und gesehen, welche unmittelbaren Folgen dies für ihre Gesundheit hat«, betonte sie. »Sie wissen also wahrscheinlich sehr viel besser über strukturelle Determinanten gesundheitlicher Ungleichheiten Bescheid als jede:r Forscher:in von außen.«

Die Datenbank des Konsortiums habe bereits das Interesse von Pharma-Konzernen geweckt, die sie als Ressource zur Medikamentenentwicklung nutzen wollen, erzählte mir Tsosie. »Sie waren daran interessiert, den potenziellen Zugang zu Datensätzen und Genomen der Indigenen zu nutzen, um ein Medikament zu entwickeln, das für die breite Bevölkerung marktfähig sein sollte«, erklärte sie. Doch darauf angesprochen, hatten die Vertreter:innen dieser Konzerne keine Idee dazu, wie genau der Nutzen für die Menschen, die ihre Daten dafür zur Verfügung stellten, aussehen sollte. Vielleicht könnten die Daten ja verwendet werden, um neue Therapien für Krankheiten zu entwickeln, von denen Indigene Bevölkerungsgruppen bekanntlich überproportional häufig betroffen seien, schlugen Tsosie und Kolleg:innen vor. Die Reaktionen der Pharma-Vertreter:innen waren nicht sonderlich ermutigend. »Damit lässt sich kein Geld verdienen, weil es sich um eine kleine Bevölkerungsgruppe handelt. Das ist kommerzielle Ausbeutung. Bioprospektion. Kommensalismus«, seufzte sie. »Sie nutzen eine unbeforschte, neue Population – indigene Völker –, um ein kommerzielles Produkt zu entwickeln, das der Community selbst keinerlei Nutzen bringt, dem Unternehmen aber einen enormen wirtschaftlichen Nutzen verspricht«, sagte sie.

Die Frage, wie und in welchem Maße die Beforschten von der

Forschung, an der sie beteiligt sind, profitieren sollten, ist nicht einfach zu beantworten. Manche Menschen sind vielleicht damit einverstanden, Informationen über ihre DNA-Sequenzen für einen bestimmten und genau definierten Zweck weiterzugeben, beispielsweise zur Erforschung einer Krankheit, von der sie selbst oder eine nahestehende Person betroffen sind. Und vielleicht stellen sie sich dafür auch gerne unentgeltlich zur Verfügung im Wissen, dass sie, ihre Angehörigen oder künftige Generationen, die an derselben Krankheit leiden, einen Nutzen davon haben könnten. Andere wiederum erwarten vielleicht unmittelbare und greifbare Vorteile für die Bereitstellung ihrer DNA, eine finanzielle Entschädigung beispielsweise. Dieses Modell entspricht so ziemlich dem des in den USA ansässigen gemeinnützigen Unternehmens LunaDNA: Im Austausch für die Weitergabe ihrer genetischen Daten und anderer gesundheitsbezogener Informationen, wie etwa persönliche Ernährungs- und Bewegungsgewohnheiten, können Teilnehmende Aktien des Unternehmens erhalten.[24] Der ein oder andere mag es als unethisch empfinden, Menschen für die Weitergabe ihrer biologischen Daten zu bezahlen. Und vielleicht wäre so mancher, der ein Modell der finanziellen Entschädigung ablehnt, ganz glücklich damit, seine DNA an Forschungsprojekte zu spenden, von denen am Ende die Gesamtgesellschaft profitieren kann. Die Definitionen des gesellschaftlichen Nutzens werden immer sehr unterschiedlich ausfallen. Was, wenn Sie Ihre genetischen Informationen kostenlos zur Verfügung stellen und ein privates Unternehmen sie dann zur Entwicklung eines Medikaments nutzt, das ihm später Riesengewinne beschert? Was, wenn dieses Unternehmen das Medikament dann zu einem extrem hohen Preis vermarktet und es für den Großteil der Weltbevölkerung gar nicht mehr erschwinglich ist? Oder was, wenn dasselbe Unternehmen bereits zuvor Proben von Ihnen oder Mitgliedern Ihrer Community entnommen und analysiert hätte, ohne vorab eine informierte Einwilligung einzuholen? Wären Sie dann immer noch bereit, Ihre Daten unentgeltlich weiterzugeben?

Letztendlich, so denke ich, sollten diese Fragen von den beforschten Personen und Communitys selbst beantwortet werden, nicht von medizinischen Forscher:innen in deren Namen. Gleichwohl bin ich überzeugt, dass alle medizinischen Forscher:innen eine Verantwortung haben, sich kritisch mit potenziellen medizinethischen Fragen auseinanderzusetzen, die sich aus ihrer Forschung ergeben könnten, insbesondere wenn diese Forschung das Sammeln und/oder Analysieren von Daten von Menschen oder Gemeinschaften beinhaltet, die lange Zeit marginalisiert waren.

Dazu gehört die Anerkennung, die Auseinandersetzung und das Verständnis für die Geschichte der Medizin und der medizinischen Forschung, und dafür, wie diese Geschichte zu einem verbreiteten Misstrauen gegenüber dem medizinischen Establishment in jenen Bevölkerungsgruppen beigetragen hat, die lange diskriminiert wurden und noch immer diskriminiert werden.

Ausblick

Wenn es eine einzige Botschaft gibt, die ich mit diesem Buch vermitteln möchte, dann ist es eine der Hoffnung: dass die gesundheitlichen Ungleichheiten, die wir auf all diesen Seiten beleuchtet haben, nicht unabwendbar sind. Die Erkenntnis, dass der Haupttreiber für *race*-bezogene und ethnisch bedingte *health gaps* in der Welt Rassismus heißt und nicht *race*, sagt uns, dass wir anerkennen, dass ein Wandel möglich ist.

Zu Beginn des Buches haben wir von Serena Williams und ihrer beängstigenden Tortur nach der Geburt ihrer Tochter im Jahr 2017 erfahren. Ihre Geschichte erregte weltweit Aufmerksamkeit und warf ein Schlaglicht auf die enormen auf Ethnie und *race* gegründeten Unterschiede in der Müttergesundheit, die in den USA und weltweit bestehen. Fünf Jahre später, in einem Artikel der Zeitschrift *Elle*, reflektierte Serena noch einmal über ihre Erfahrungen und die fortdauernden gesundheitlichen Ungleichheiten.[1] Dass Schwarze Schwangere in den USA im Vergleich zu *weißen* ein fast dreimal höheres Risiko haben, während oder nach der Geburt zu sterben, hob sie darin zwar hervor, betonte gleichzeitig aber auch, dass diese Tode nicht unabwendbar seien. »Viele dieser Todesfälle gelten Fachleuten als vermeidbar. Gehört und angemessen behandelt zu werden, machte für mich den entscheidenden Unterschied zwischen Leben und Tod aus, und ich bin absolut sicher, dass die Statistiken anders aussähen, würde das medizinische Establishment den Erfahrungen aller Schwarzen Frauen Gehör schenken«, sagte Serena.

Zuhören ist (überlebens)wichtig, vor allem wenn es um die Gesundheit geht. Doch nicht nur Ärzt:innen sind hier gefragt. Wir alle müssen einander zuhören, auch jenen Menschen in unseren Gesellschaften, die allzu lange marginalisiert wurden. Und dies beginnt lange vor dem Auftreten einer Krankheit oder der Inanspruchnahme einer medizinischen Versorgung. Es beginnt sogar schon vor präventiven Maßnahmen wie Impfungen oder Untersuchungen zur Früherkennung von Krebserkrankungen. Es beginnt in unseren Communitys damit, dass wir einander zuhören und aus den unterschiedlichen Lebenserfahrungen der anderen lernen.

Wir haben in diesem Buch Menschen kennengelernt, die am eigenen Leib erfahren mussten, welch negative Auswirkungen Rassismus auf die Gesundheit hat, darunter Menschen aus verschiedenen Communitys, Vorkämpfer:innen, Patient:innen, Medizinstudent:innen, Ärzt:innen, akademische Forscher:innen, Wegbereiter:innen, politische Entscheidungsträger:innen und viele mehr. Jetzt ist es an der Zeit, diesen Menschen und zahllosen anderen, die in diesem Buch keine Erwähnung fanden, zuzuhören und von ihnen zu lernen. Sie alle basteln gemeinsam an einer antirassistischen Zukunft für unsere Gesundheit.

Wir könnten dort ansetzen, wo Serena Williams aufgehört hat, indem wir ihr zuhören sowie all den anderen Schwarzen Frauen,

Schwangeren und Gebärenden, für die sie ihre Plattform als Sprachrohr nutzte. In den USA setzen sich viele Organisationen seit Jahren aktiv dafür ein, die Grundsätze der Gleichheit und Gerechtigkeit in der maternalen und reproduktiven Gesundheit voranzutreiben. Die Black Mamas Matter Alliance zum Beispiel, ein Zusammenschluss vieler solcher Organisationen, ging 2013 aus der Zusammenarbeit des Center for Reproductive Rights und dem SisterSong Women of Color Reproductive Justice Collective hervor. Im darauffolgenden Jahr publizierten die in diesem Netzwerk zusammengeschlossenen Organisationen einen gemeinsamen Bericht für das UN Committee on the Elimination of Racial Discrimination, in dem sie Maßnahmen zum Vorschlag brachten, die die US-Regierung ergreifen könnte, um der Müttersterblichkeit und reproduktiven Ungerechtigkeit entgegenzuwirken.[2] Zu ihren Vorschlägen gehörten: eine Ausweitung der allgemeinen und schwangerschaftsbezogenen Gesundheitsversorgung für nicht versicherte Frauen (Schwarze Frauen sind in den USA überproportional häufig nicht versichert); einen verbesserten Zugang zu Verhütungsmitteln und medizinischer Schwangerenversorgung; die Schulung von Gesundheitsdienstleistern, um rassistische Stereotype abzubauen; eine für alle Frauen gleichermaßen qualitativ hochwertige Versorgung; mehr soziale Unterstützung für frischgebackene Eltern, einschließlich bezahlter Elternzeit. Doch all das ist nichts Neues an sich, weder was die Probleme noch die vorgeschlagenen Lösungen anbelangt – all das ist seit Jahren bekannt. Gewiss, es hat in den letzten Jahren sicherlich Fortschritte in der Forschung und bei der Bewusstseinsbildung für diese Schieflagen gegeben. Doch vor allem politische Entscheidungsträger in den USA und anderswo auf der Welt sind aufgerufen, besser zuzuhören und schneller zu handeln. Wir müssen die Menschen und gesellschaftlichen

Organisationen unterstützen, die heute schon daran arbeiten, Verbesserungen in die Wege zu leiten und den Wandel voranzutreiben.

In Großbritannien, wo – wie in den USA – Schwarze Frauen häufiger als *weiße* noch während der Schwangerschaft oder bei der Geburt sterben, befragte die Basisorganisation Five X More Schwarze Frauen, welche Maßnahmen sie sich wünschen würden, um diese Ungleichheit zu beseitigen. Basierend auf den Antworten, die im Rahmen der wegweisenden Studie Black Maternity Experience Survey eingereicht wurden, gab Five X More im Jahr 2022 sechs Empfehlungen für die britische Regierung und für Gesundheitsdienstleister heraus. Wie aus den Einreichungen hervorgeht, kommt bei allen befragten Frauen vor allem ein Wunsch zum Tragen: Man solle ihnen besser zuhören. Entsprechend formulierte die Organisation weitere Forderungen wie etwa eine offizielle alljährliche Studie zur Mutterschaft, die sich speziell auf Schwarze Frauen fokussiert, sowie verbesserte Mittel und Wege, über die Schwarze Frauen Rückmeldungen und/oder Beschwerden rund um Schwangerschaft und Geburt geben können. Des Weiteren forderte die Organisation, die Mittel für Community-basierte Anstrengungen und Studien im Hinblick auf eine Verbesserung der maternalen Gesundheit Schwarzer Frauen aufzustocken. Ein typisches Beispiel: Five X More, das Schulungen für medizinisches Fachpersonal sowie kostenlose Informationen und Hilfsmittel für Schwarze Frauen vor und nach der Geburt anbietet, ist in starkem Maße auf Spenden angewiesen. »Wir waren kaum in der Lage, uns finanziell über Wasser zu halten«, sagte Tinuke Awe, eine der Mitbegründerinnen der Organisation, im Rahmen einer Veranstaltung anlässlich der Veröffentlichung des Berichts »Black Maternity Experiences« im Jahr 2022.

Wie wir im Laufe dieses Buches festgestellt haben, sind Schwangerschaft und Geburt buchstäblich nur der Beginn des Problems, wenn es um ethnische Ungleichheiten in Sachen Gesundheit geht. Die Regierungen weltweit müssen auch mehr in die Beseitigung der vielen anderen Ungleichheiten investieren, die in allen Lebensphasen bestehen. Zusätzlich zur Einführung einer verpflichtenden, für alle zugänglichen Gesundheitsversorgung in Ländern wie den USA, wo dies noch immer nicht die Norm ist, sollte ein großer Teil der Investitionen in die Bekämpfung und den Abbau allgemeiner gesellschaftlicher Ungleichheiten fließen, die die wesentlichen Treiber für die großen ethnisch begründeten *health gaps* sind. Und auch hier mangelt es eigentlich nicht an Ideen zur Lösung der Probleme. Ein Beispiel: Etliche Forschungsergebnisse lassen darauf schließen, dass Maßnahmen wie eine finanzielle Grundsicherung – ein bedingungsloses Grundeinkommen vom Staat für alle Bürger:innen – gesundheitliche Disparitäten reduzieren könnten. Praxisstudien zum allgemeinen Grundeinkommen, das in Finnland sowie in Teilen der USA und Kanadas getestet wurde, bestätigen positive Auswirkungen auf die psychische und physische Gesundheit.[3,4,5,6] Und wie wir in Kapitel 3 gesehen haben, haben politische Maßnahmen auch durchaus das Potenzial, Ungleichverteilungen von Einkommen und Vermögen entgegenzuwirken – einem weiteren großen Treiber für gesundheitsbezogene Ungleichheiten – und den allgemeinen Wohlstand zu fördern. Der US-amerikanische Ökonom Darrick Hamilton (wir haben ihn bereits kennengelernt) schlägt deshalb die landesweite Einführung der sogenannten »Baby Bonds« vor, eine staatlich finanzierte Geldanlage für jedes Neugeborene, auf das es mit Erreichen der Volljährigkeit Zugriff haben soll.[7,8] Dies würde jedes Kind von Geburt an mit den nötigen Mitteln ausstatten, um als Erwachsene:r über ein gewisses Grundkapital zu verfügen und langfristig finanzielle Sicherheit zu erlangen. 2023 war Connecticut der erste US-Bundesstaat, der das Konzept der »Baby Bonds« für jedes Neugeborene einführte, das über Medicaid entbunden wurde (das Gesundheitsfürsorgeprogramm für Menschen mit geringem Einkommen). »Die Idee nimmt an Fahrt auf, ganz unabhängig vom sozialen Kontext, in dem wir leben«, sagte mir Hamilton.

Völlig klar ist auch, dass Investitionen in den Schutz unserer Umwelt, vor allem in die Bewältigung der Klimakrise, die Gesundheit aller verbessern werden – und das geht Hand in Hand mit der Beseitigung von Rassismus, Ungleichheit und Ungerechtigkeit. Um diese Ziele zu erreichen, wird es unabdingbar sein, den vielen Menschen in aller Welt zuzuhören, die die Hauptlast von Umweltverschmutzung und Klimawandel zu tragen haben – zum Großteil BIPoC. Zu ihnen gehört auch Rosamund Kissi-Debrah, die wir ebenfalls in Kapitel 3 kennengelernt haben. Sie wird in Großbritannien weiterhin Lobbyarbeit betreiben und für das Recht auf saubere Luft kämpfen. Doch sie fühle sich manchmal, wie sie mir erzählte, aufgrund ihrer *race* von den großen Umweltkampagnen ausgeschlossen. »Übrigens, Layal, es hat einen Grund, warum man sagt, die Umwelt sei *weiß* oder Sache der *Weißen*«, sagte sie in einem unserer Gespräche mit Blick auf die Umweltbewegung insgesamt. »Ich bin immer noch eine Außenseiterin.« Und mit diesem Gefühl ist Rosamund nicht allein. Auf das Problem, buchstäblich »ausradiert« zu werden, machte 2020 Vanessa Nakate, eine Klimaschutzaktivistin in Uganda, aufmerksam, nachdem die *Associated Press* ein Foto mit lauter *weißen* Klimaschutzaktivist:innen (darunter Greta Thunberg, Luisa Neubauer, Isabelle Axelsson und Loukina Tille) so beschnitten hatte, dass Nakate am linken Rand des Pressefotos nicht mehr zu sehen war.[9] Nach heftigen Gegenreaktionen entschuldigte sich die Zeitung und veröffentlichte kurz darauf das komplette Bild. »Die Umwelt gehört allen, eigentlich jedenfalls«, wie Rosamund es einmal formulierte. Sie hat recht. Und niemand, weder Rosamund noch irgendwer sonst, sollte das Gefühl vermittelt bekommen, Außenseiter:in zu sein, zumal in einem (Lebens)Bereich, in dem Menschen wie sie eine Menge Expertise und gelebte Erfahrung haben.

In diesem Zusammenhang ist uns auch Yoshira Ornelas Van Horne begegnet, Expertin für Umweltgesundheit an der Columbia University. Sie ist in einer Gemeinde in Phoenix aufgewachsen, die zu einer jener Gemeinden gehört, die die Hauptlast der Umweltungleichheiten zu tragen haben. Sie würde sich eine größere (ethnische) Vielfalt unter jenen Forschenden wünschen, die umweltrelevante Studien in Vierteln und Gemeinden durchführen, die überproportional von Umweltschäden betroffen sind. »Ich möchte, dass Menschen mit meinem Hintergrund in diesen Räumen sichtbar vertreten sind. Oft nämlich sind es Leute, die noch nie in einem dieser Viertel waren, aber munter über diese Viertel reden und befinden, ohne sich je mit eigenen Augen ein Bild gemacht zu haben. Für mich geht es nicht nur darum, diese Ungleichheiten zu dokumentieren, sondern ich erhoffe und wünsche mir, mit lokalen Organisationen und Mitgliedern der Gemeinden Hand in Hand zu arbeiten, um mit ortsbasierten Maßnahmen endlich auch Veränderungen herbeiführen zu können.«

Rosamund gehört zu denjenigen, die innerhalb ihrer Gemeinde und weit darüber hinaus Veränderungen bewirken. Sie war eine der führenden Stimmen in Großbritannien, die sich mit zahllosen Kampagnen für die gesetzliche Verankerung des Clean Air Act stark gemacht hatte. Als ich sie im Zuge meiner Recherchen zu diesem Buch traf, war es zehn Jahre her, dass ihre neunjährige Tochter

Ella einem schweren Asthma-Anfall erlag, ausgelöst durch starke Luftverschmutzung in ihrem Wohnviertel, und die Verabschiedung des Clean Air Act – auch Ella's Law genannt – stand kurz bevor. Damit ist das Recht auf saubere Luft heute ein menschliches Grundrecht.[10] Für die lokalen Behörden besteht fortan die gesetzliche Verpflichtung, die Luftverschmutzung binnen fünf Jahren zu senken, um einen von der WHO vorgegebenen Mindeststandard für die Luftqualität zu gewährleisten. Sauberere Luft atmen zu können, ist gut für die menschliche Gesundheit, aber auch eine Frage von *racial justice*; BIPoC in England und weltweit leben tendenziell häufiger in Gebieten mit extrem hoher Luftverschmutzung als *weiße* Menschen.

Neben der Verabschiedung politischer Maßnahmen, die darauf abzielen, systemische Ungleichheiten auf nationaler wie auch auf globaler Ebene zu bekämpfen, müssen wir uns auch vergegenwärtigen, dass wir als Individuen alle eine Rolle in der Fortführung von Rassismus und den damit verbundenen negativen gesundheitlichen Auswirkungen auf unsere Gesellschaft spielen. Wir haben erörtert, wie Rassismus im Rahmen sozialer Interaktionen – sei es im Alltag oder in der Arztpraxis – zu Rassismus-bedingtem Stress und Traumata mit all den damit verbundenen psychischen und physischen Gesundheitsschäden beitragen kann. In einigen Fällen, wie etwa bei Colourism, können diese Interaktionen sogar innerhalb der Familie stattfinden. Wir alle tragen Verantwortung dafür, Rassismus in Familie, Schule und am Arbeitsplatz sowie auf einer systemischen Ebene innerhalb unserer Gesellschaften zu bekämpfen.

Dass Rassismus nicht nur krank macht, sondern auch negative Folgen für die medizinische Versorgung im Krankheitsfalle hat und bestehende auf *race* und Ethnie begründete Ungleichheiten verschärfen kann, zieht sich wie ein roter Faden durch das gesamte

Buch. Und so wie in der Gesellschaft als Ganzes gibt es auch in der Medizin und im Gesundheitswesen systemische *und* soziale Ausprägungen von Rassismus. In den letzten Jahren hat es innerhalb der medizinischen Fachwelt intensive Debatten rund um diese Themen gegeben. Und sie müssen weitergehen. In Kapitel 7 haben wir gesehen, wie verschiedene medizinische Fachbereiche, einer nach dem anderen – von der Neuropsychologie bis zur Nephrologie – *race* und Ethnizität als valide Determinanten zur Auswertung von medizinischen Tests oder therapeutischen Entscheidungen in Frage stellen. Dennoch, rassistische Strukturen in der Medizin sind nach wie vor lebendig, und medizinische und wissenschaftliche Institutionen weltweit haben die Verantwortung, dies zu ändern. Noch immer bestehende *race*-basierte Leitlinien oder Handlungsempfehlungen sollten systematisch (und wissenschaftlich) überprüft werden. In der Zwischenzeit sollte mit verbindlichen Regelungen dafür gesorgt werden, dass medizintechnische Produkte und Algorithmen nicht so konzipiert werden, dass sie bestehende ethnische Ungleichheiten im Gesundheitsbereich noch verschärfen.

Entscheidend ist, dass wir alle – und insbesondere die Mediziner:innen unter uns – aufhören müssen, *race* zu pathologisieren und vielmehr *Rassismus* als die eigentliche Krankheit zu erkennen. Dieser Ansicht ist auch Delan Devakumar, Arzt und globaler Gesundheitsforscher am University College London, mit dem wir weiter oben im Buch ebenfalls Bekanntschaft gemacht haben. Als ich mit ihm sprach, war er gerade dabei, eine Artikelserie zu genau diesem Thema für *The Lancet* zusammenzustellen. Er hoffe, so sagte er mir, damit vor allem die Mediziner:innen-Community animieren zu können, sich eingehender mit diesen Fragen auseinanderzusetzen (die Artikelserie erschien Ende 2022). »Ich möchte, dass alle, der ganz normale Hausarzt, der Kinderarzt, der Chirurg und alle anderen immer auch das sozioökonomische Umfeld im Blick haben, und auch den Rassismus, und zwar bei allen Patient:innen, die sie sehen. Wie wirkt sich das auf die Patient:innen aus, die sie behandeln?«

Als globaler Gesundheitsforscher und Weltbürger ist sich Devakumar der Natur des Problems wohlbewusst. »Rassismus gibt es überall, in jeder Gesellschaft. Ich selbst bin in Sri Lanka geboren und kam in jungen Jahren hierher, nach Großbritannien«, sagte er. »Hier in Großbritannien war offener Rassismus in meiner Kindheit ganz normal.« Zum allerersten Mal bewusst wahrgenommen aber habe er ihn in Sri Lanka, fuhr er fort. »Sri Lanka durchlebte einen Bürgerkrieg, einen 26 Jahre währenden Bürgerkrieg, zwischen den Tamilen, überwiegend Hindus, und den Singhalesen, überwiegend Buddhisten. Es ist ein alter religiös-ethnischer Konflikt, der damals um die 100 000 Menschen das Leben kostete – die genaue Zahl weiß niemand. Aber er basiert auf rassistischen Vorstellungen. Er entspringt der gleichen Quelle«, erklärte er. Für ihn sei Rassismus kein länder- oder völkerspezifisches Problem, sondern ein globales Gesundheitsproblem. Und das bedeutet, es ist ein Problem, das uns alle betrifft und das wir nur gemeinsam bekämpfen können, sowohl innerhalb als auch außerhalb des medizinischen Establishments.

Neben seiner Forschungsarbeit betreibt Devakumar auch einen sehr zugänglichen Podcast über Rassismus und Gesundheit. Der Podcast ist nur eine Aktion von vielen aus einem größeren Kollektiv von Akademiker:innen, Künstler:innen, Aktivist:innen, politischen Entscheidungsträger:innen, Basisorganisationen und Einzelpersonen, die sich unter dem Namen Race & Health zusammengeschlossen haben, unter der Leitung von Devakumar und Kolleg:innen. Ich erwähne dies, um darauf hinzuweisen, dass es viele frei verfügbare Informationen gibt, von denen wir alle lernen und die wir (hoffentlich) nutzen können, um für eine gerechtere und gesündere Gesellschaft einzutreten. Noch ein Beispiel: Joel Bervell, ein ghanaisch-stämmiger US-amerikanischer Medizinstudent hat sich auf verschiedenen Social-Media-Plattformen mit kurzen Aufklärungsclips über rassistische Ungleichheiten und Vorurteile im Gesundheitsbereich eine riesige Fangemeinde mit einigen Hunderttausend Follower:innen aufgebaut.[11] Bervell teilt dort auch Videos, in denen er erklärt, wie Anzeichen und Symptome verschiedener Erkrankungen sich auf dunklerer Haut darstellen, was in mindestens einem Fall nachweislich geholfen hat, eine präkanzeröse Hautläsion zu erkennen, bevor sie sich zu einem Melanom entwickeln konnte.

Im heutigen Informationszeitalter kann sich wirklich niemand mehr herausreden – vom Gesundheitsexperten bis zur politischen Entscheidungsträgerin –, nichts gewusst zu haben oder nicht ausreichend informiert gewesen zu sein. Dennoch ist mir durchaus bewusst, wie schwierig es sein kann, die riesige Flut an Informationen zu filtern, die tagtäglich auf uns einstürmt. Ich hoffe, ich konnte mit diesem Buch etwas Licht ins Dunkel der vielen neuesten Informationen und Forschungen zu diesem Thema bringen. Doch es fehlen noch Informationen, jede Menge sogar, wie wir aus Kapitel 8 wissen. Für Länder, die noch nicht damit begonnen haben, Gesundheitsdaten nach *race* und Ethnie auf ethisch vertretbare Weise aufzuschlüsseln, gibt es gute Gründe, hier tätig zu werden. Es wird die Messung des globalen Fortschritts in Sachen Gesundheitsgerechtigkeit und damit hin zu sozialer Gerechtigkeit enorm erleichtern. Wir können keine Probleme lösen, wenn wir nicht wissen, dass sie existieren. Gleichwohl müssen wir ein wachsames Auge darauf haben, damit sich unwissenschaftliche Vorstellungen von biologischen Unterschieden in Bezug auf *race* und Ethnie nicht verfestigen, während wir eine neue Ära der klinischen und genomischen Forschung einläuten, die sich entschlossen anschickt, die gesamte Menschheit zu repräsentieren. Wichtig ist, dass medizinische Forschende und Neuerer sich auch mit den ethischen Aspekten ihrer Arbeit auseinandersetzen und sicherstellen, dass ihr Ansinnen, in ihren Studien eine größere Vielfalt abzubilden, dem Grundsatz der Gerechtigkeit unter Einbeziehung aller Ethnien folgt.

Aus meiner eigenen Erfahrung als Medizinforscherin weiß ich, dass wir in der medizinischen Forschungsgemeinschaft viel von unseren Kolleg:innen aus dem Bereich der Sozialwissenschaften lernen können. »Wie ein Blick in die Sozialgeschichte zeigt, sind die Arbeiten zum Thema Rassismus hier enorm umfangreich und dauern schon viel länger an«, betonte Devakumar. Ich persönlich bin der Meinung, dass die Suche nach genetischen Erklärungen für lange bestehende *race*-bezogene und ethnisch-bedingte Gesundheitsunterschiede überbetont wird, dass man sich sehr viel mehr auf Community-basierte Forschungen fokussieren sollte, die darauf hinarbeiten, das Übel aller sozialen Ungleichheiten an der Wurzel zu packen.

Um *racial gaps* in der Gesundheit zu beseitigen, müssen wir Rassismus als *die* dringende, globale Gesundheitskrise anerkennen, die er nun mal ist.

Dieses Problem zu adressieren, liegt in unser aller Interesse; die Beseitigung von gesellschaftlichen Ungleichheiten und Ungleichbehandlungen im Gesundheitswesen wird die globale Gesundheit verbessern und unsere globale Resilienz gegen neue Pandemien stärken. Gleichzeitig wird die Einbeziehung einer größeren ethnischen Vielfalt in die medizinische Forschung wissenschaftliche Erkenntnisse mehren und – sofern ethisch angemessen und gerecht durchgeführt – die medizinische Versorgung und Gesunderhaltung von uns allen verbessern.

Wir alle können enorm viel tun. Wir können zuhören. Wir können uns weiterbilden. Wir können unser Bewusstsein schärfen. Wir können die Menschen und Community-Organisationen weltweit unterstützen, die bereits heute für ein besseres Morgen arbeiten. Wir können lern- und wissbegierig bleiben, Fragen stellen und den Status quo kritisch hinterfragen. Wir können datenorientiert vorgehen, indem wir nicht nur Daten sammeln, sondern diese Daten auch für positive Maßnahmen nutzen. Wir können Rassismus auf die gleiche Weise bekämpfen wie andere Dinge, die unserer Gesundheit bekanntermaßen schaden. Und wir können mit Antirassismus-Strategien den nächsten Meilenstein auf dem Weg in die Zukunft der menschlichen Gesundheit setzen.

Dank

All den vielen Menschen, die bereit waren, ihre persönlichen Erfahrungen mit Rassismus und Gesundheit öffentlich zu teilen, und die mir ihre Zeit geschenkt haben, um im Zuge meiner Recherchen zu diesem Buch mit mir zu sprechen, bin ich überaus dankbar. Mein Dank gilt ebenso all jenen, auf deren frühere Studien, Berichte oder allgemeine Expertise ich zurückgreifen konnte, darunter Journalist:innen, Autor:innen, Wissenschaftler:innen der akademischen Forschung, Ärzt:innen und Angestellte im Gesundheitswesen, Medizinstudent:innen, Patientenvertreter:innen und Aktivist:innen.

Danken möchte ich auch den vielen Wegbegleiter:innen, die dieses Buch möglich gemacht haben, insbesondere meinem Literaturagenten Will Francis. Will hat meine Vision vom ersten Tag an verstanden und unterstützt. Er ist ein souveräner Lotse durch die Verlagswelt, brillant in dem, was er tut, und ein ungemein liebenswerter Mensch. Ebenso großartig sind seine Kolleg:innen bei Janklow & Nesbit, denen ich für ihr professionelles Engagement und ihre Unterstützung dankbar bin.

Das Lektorat ist ein unverzichtbarer, obgleich etwas unsichtbarer Prozess. Alexis Kirschbaum und Jasmine Horsey von Bloomsbury Publishing sowie Alessandra Bastagli und Rola Harb von Astra Publishing House bin ich unendlich dankbar, dass sie dieses Buch mit klugem Feedback und behutsamer Hand auf ein neues Niveau gehoben haben. Ebenso dankbar bin ich Darren Ankrom für die gründlichen Faktenchecks im Auftrag von Astra House. Und auch Ben Brock von Bloomsbury danke ich für seine sorgfältige Durchsicht des Manuskripts. Lauren Whybrow von Bloomsbury, die die gesamten Lektoratsprozesse koordiniert und für reibungslose Abläufe gesorgt hat, sowie allen anderen bei Janklow & Nesbit, Bloomsbury und Astra House, die zur erfolgreichen Veröffentlichung dieses Buches beigetragen haben, gilt ein ganz großes Dankeschön.

Das vorliegende Buch ist stark von meiner journalistischen Arbeit inspiriert. Die folgende Liste verweist kapitelweise auf einige meiner Artikel, die ich für *New Scientist* und *Wired* verfasst und auf die ich teilweise zurückgegriffen habe:

Kapitel 2 und 3

Liverpool, Layal, »Why coronavirus hit people from BAME communities so hard«, *Wired*, August 2020, https://www.wired.co.uk/article/bame-communities-coronavirus-uk.

Kapitel 4

Liverpool, Layal, »Systemic racism: What research reveals about the extent of its impact«, *New Scientist*, November 2020, https://www.newscientist.com/article/mg24833093–900-systemic-racism-what-research-reveals-about-theextent-of-its-impact/.

Kapitel 7

Liverpool, Layal, »How medical tests have built-in discrimination against Black people«, *New Scientist*, Juli 2021. https://www.newscientist.com/article/mg25133434-100-how-medical-tests-have-built-in-discriminationagainst-black-people/.

Kapitel 8 bis 10

Liverpool, Layal, »Genomic medicine is deeply biased towards white people«, *New Scientist*, Januar 2021, https://www.newscientist.com/article/mg24933180-800-genomic-medicine-is-deeply-biased-towards-white-people/.

Die Redaktion des *New Scientist* ist der Ort, an dem ich die hohe Schule des Wissenschaftsjournalismus durchlaufen habe, zuerst als Praktikantin, später dann als Journalistin in Ausbildung. Jacob Aron, Timothy Revell, Penny Sarchet, Emily Wilson und Nina Wright bin ich enorm dankbar, dass sie mich 2019 als feste Mitarbeiterin bei *New Scientist* in ihr Team aufgenommen und mich in allem unterstützt haben, um meine Karriere voranzubringen. Ebenso dankbar bin ich Adam Vaughan, Chelsea Whyte und Clare Wilson, dass sie mich zu Beginn meiner Karriere als Journalistin in allem unterstützt haben. Die oben erwähnten Artikel im *New Scientist* haben durch die sorgfältige Brille von Jacob Aron und Daniel Cossins (Lektorat) sowie Eleanor Parsons und Team (Redaktion) unendlich viel gewonnen. Mein Dank geht auch an alle Kolleg:innen beim *New Scientist* für ihre mutmachenden Worte, ihre Betreuung und Unterstützung, und auch an meine Mitpraktikant:innen von 2019/2020, Gege Li und Jason Arunn Murugesu.

Darüber hinaus danke ich Matt Reynolds, der den oben erwähnten *Wired*-Artikel konzipiert und redigiert hat und dessen

Input und Anleitung in einer frühen Phase meiner Karriere für mich Gold wert waren.

Ich möchte auch meinen Kolleg:innen und Mentor:innen bei *Nature* danken, insbesondere meiner Managerin Nisha Gaind, die mir in der Endphase der Bearbeitung dieses Buches zur Seite stand; die Zusammenarbeit mit ihr war rundum eine Freude. Danke auch an Hannah Devlin und Ian Sample, meine ehemaligen Mentor:innen beim *Guardian*.

So viele Menschen waren meine Wegbegleiter:innen, von der ersten vagen Idee in meinem Kopf über den Vorschlag zu diesem Buchprojekt bis hin zum druckreifen Werk. Ihnen allen sage ich ein ganz großes Dankeschön. Jenny Lord gab mir den nötigen Impuls, dieses Buch zu diesem wichtigen Thema zu schreiben. Dankbar bin ich auch Adam Rutherford und Angela Saini, beide brillante Autor:innen rund um das Thema Rassismus in der Wissenschaft. Sie beide sind ein reicher Quell der Inspirationen für mich. Dass sie an mich geglaubt haben, hat auch mir geholfen, an mich zu glauben, daran, dass ich dieses Buch schreiben kann – und soll. Adam und Angela sowie Michael Marshall und Jennifer Pinkowski haben mir geholfen, meine anfängliche Scheu zu überwinden und meinen Weg als Autorin zu finden. Ich bin wirklich dankbar für die Zeit, die sie mir gewidmet haben, für ihre Offenheit und Ehrlichkeit sowie für ihre eigenen schriftstellerischen Erfahrungen, die sie bereitwillig mit mir geteilt haben.

Weitere Sachbuchautor:innen zu Themen rund um Rassismus, Ungleichheit und Gesundheit, die mich durchweg inspiriert haben, sind Akala, Caroline Criado-Perez, Emma Dabiri, Reni Eddo-Lodge, Alice Hasters, Afua Hirsch, Ibram X. Kendi, Natalie Morris, Derecka Purnell, Dorothy E. Roberts, Rebecca Skloot, Annabel Sowemimo, Steven Thrasher, Linda Villarosa und Harriet A.

Washington – um nur einige zu nennen. Inspiriert haben mich auch etliche Romanautor:innen wie Chimamanda Ngozi Adichie, Malorie Blackman, Bernardine Evaristo und Yaa Gyasi.

Ich danke meinen großartigen Lehrer:innen Adam Bushnell, Mariske Jonker und Clare van der Willigen, die meine Leidenschaft für die Wissenschaft und das Schreiben erkannt und von klein auf gefördert haben.

Danken möchte ich auch Diana Kwon und dem Rest der Berliner Gruppe aus Wissenschaftsjournalist:innen für ihre so wertvolle Unterstützung, insbesondere Diana für ihre Freundschaft. Ich bin überaus dankbar, Mitglied der Association of British Science Writers und der Wissenschaftspresse-Konferenz, einem deutschen Berufsverband von Wissenschaftsjournalisten, zu sein, die Autor:innen beide einen wahren Schatz an Ressourcen bereitstellen.

Bevor ich Autorin wurde, arbeitete ich als biomedizinische Forscherin am University College London und an der University of Oxford. Meine Erfahrungen in der medizinischen Forschung hatten großen Einfluss auf dieses Buch, und ich möchte es daher nicht versäumen, einigen meiner wissenschaftlichen Mentor:innen zu danken: Richard Milne, Greg Towers und Chris Van Tulleken, die mich in meiner Karriere immer bestärkt haben, von Beginn an, am UCL und auch später, auch als ich mich weit von der Laborwissenschaft entfernt habe. Danke auch an all meine anderen wissenschaftlichen Freund:innen, insbesondere Richard Morter, der meine Anlaufstelle Nummer Eins ist für alles, was mit Medizin zu tun hat, und auch sonst immer ein offenes Ohr für meine privaten Sorgen und Nöte hat. Danke auch an Cherrelle Dacon, Antonio Gregorio Dias Jr und Ugochim Eduputa, die mich stets auf dem Laufenden halten, sowohl über neueste biomedizinische Forschungsergebnisse als auch über Beyoncés neueste Hits. Ich habe das große Glück, viele kluge und talentierte Freund:innen auch außerhalb der Biomedizin zu haben, denen ich an dieser Stelle von Herzen Danke sage für ihre Unterstützung und Anregungen auf dem Weg zum Ziel. Vielen Dank an Matita Arize, Anna Balawejder, Minodora Cristescu, Zbigniew Malinowski, Nicole Mancienne, Camilla Omollo, Antje Radünz und Eline Reintjes. Insbesondere Eline hat auf unzählige WhatsApp-Nachrichten von mir mit allerlei Fragen zu diesem Buch geantwortet und war von Anfang an meine große Cheerleaderin.

Und last but not least danke ich meiner Familie für ihre nie endende Liebe, für ihre große Unterstützung und Ermutigung. Danke Krzyś, Asia, Eric, Marieke. Danke an meinen Vater Philip, der mir schwierige Fragen gestellt und mich zu Debatten herausgefordert hat, was mir sehr half, einige der Argumente in dem Buch auszufeilen. Ein ganz besonders großer Dank geht an meine Mutter Rawia und meine Schwester Yasmin, die sich bereit erklärt haben, ihre persönlichen Geschichten öffentlich zu teilen und fester Bestandteil meiner Cheerleader-Gruppe fürs Leben sind. Oberster Kapitän dieser Cheerleader-Gruppe ist mein Mann Konrad, ohne dessen Liebe, Geduld und mutmachenden Worte es dieses Buch nicht geben würde – thank you my sweetheart.

Anmerkungen

Einleitung

1 Cassata, C., »This Med Student Wrote the Book on Diagnosing Disease on Darker Skin«, *Healthline* (2020), https://www.healthline.com/health-news/this-medstudent-wrote-the-book-on-diagnosing-disease-on-darker-skin.

2 Page, S., »A medical student couldn't find how symptoms look on darker skin. He decided to publish a book about it«, Washington Post (2020), https://www.washingtonpost.com/lifestyle/2020/07/22/malone-mukwendemedical-handbook/.

3 Mukwende, M., Tamony, P. & Turner, M., *Mind the Gap: A Handbook of Clinical Signs in Black and Brown Skin* (2020), abrufbar hier: https://www.blackandbrownskin.co.uk/mindthegap.

4, 5 Longman, M., »How Bias In Medical Textbooks Endangers BIPOC«, *Refinery29* (2020), https://www.refinery29.com/en-us/2020/08/9991646/medical-racism-represenation-in-medical-textbooks; Roth, C., »Lingering colonial legacies: The study of skin is too white«, *Deutsche Welle* (2022), https://www.dw.com/en/dermatology-study-of-skin-too-white/a-60632976.

6, 7 Kurd, S.K. & Gelfand, J.M., »The prevalence of previously diagnosed and undiagnosed psoriasis in US adults: results from NHANES 2003–2004«, *J Am Acad Dermatol* 60, S.218–224 (2009), https://doi.org/10.1016/j.jaad.2008.09.022; Harvey, V.M., Paul, J. & Boulware, L., »Racial and ethnic disparities in dermatology office visits among insured patients, 2005–2010«, *J Health Dispar Res Pract* 9, 6 (2016), https://digital scholarship.unlv.edu/jhdrp/vol9/iss2/6/.

8 Hall, W. J. et al., »Implicit Racial/Ethnic Bias Among Health Care Professionals and Its Influence on Health Care Outcomes: A Systematic Review«, *Am J Public Health* 105, e60–76 (2015), https://doi.org/10.2105/ajph.2015.302903.

9, 10, 11, 12, 13 Trawalter, S., Hoffman, K. M. & Waytz, A., »Racial Bias in Perceptions of Others' Pain«, *PLoS One 7*, e48546 (2012), https://doi.org/10.1371/journal.pone.0048546; Wandner, L. D., Scipio, C. D., Hirsh, A. T., Torres, C. A. & Robinson, M. E., »The perception of pain in others: how gender, race, and age influence pain expectations«, *J Pain 13*, S. 220–227 (2012), https://doi.org/10.1016%2Fj.jpain.2011.10.014; Mathur, V. A., Richeson, J. A., Paice, J. A., Muzyka, M. & Chiao, J. Y., »Racial Bias in Pain Perception and Response: Experimental Examination of Automatic and Deliberate Processes«, *J Pain* 15, S. 476–484 (2014), https://doi.org/10.1016%2Fj.jpain.2014.01.488; Waytz, A., Hoffman, K. M. & Trawalter, S., »A Superhumanization Bias in Whites' Perceptions of Blacks«, *Soc Psychol Personal Sci* 6, S. 352–359 (2014), https://doi.org/10.1177/1948550614553642; Singhal, A., Tien, Y.-Y. & Hsia, R. Y., »Racial-Ethnic Disparities in Opioid Prescriptions at Emergency Department Visits for Conditions Commonly Associated with Prescription Drug Abuse«, *PLoS One* 11, e0159224 (2016), https://doi.org/10.1371/journal.pone.0159224.

14 Hoffman, K. M., Sophie, T., R., A. J. & Norman, O. M., »Racial bias in pain assessment and treatment recommendations, and false beliefs about biological differences between blacks and whites«, *Proceedings of the National Academy of Sciences* 113, S. 4296–4301 (2016), https://doi.org/10.1073/pnas.1516047113.

15, 16 Valdes, A., »Coronavirus: BAME deaths urgently need to be understood, including any potential genetic component«, *The Conversation* (2020), https://theconversation.com/coronavirus-bame-deaths-urgently-need-to-beunderstood-including-any-potential-genetic-component-138400; Phillips, N., Park, I.-W., Robinson, J. R. & Jones, H. P., »The Perfect Storm: COVID-19 Health Disparities in US Blacks«, *J Racial Ethn Health Disparities* 8, S. 1153–1160 (2021), https://doi.org/10.1007%2Fs40615-020-00871-y.

17, 18 »Medicine and medical science: Black lives must matter more«, *Lancet* 395, S. 1813 (2020), https://doi.org/10.1016/s0140-6736(20)31353-2; Devakumar, D. et al., »Racism, xenophobia, discrimination, and the determination of health«, *Lancet* 400, S. 2097–2108 (2022), https://doi.org/10.1016/s0140-6736(22)01972-9.

19 *Strengthening primary health care to tackle racial discrimination, promote intercultural services and reduce health inequities*, World Health Organization (2022), https://www.who.int/publications/i/item/9789240057104.

20 »Sen. Bill Cassidy On His State's Racial Disparities in Coronavirus Deaths«, *NPR* (2020), https://www.npr.org/2020/04/07/828715984/sen-bill-cassidy-on-his-states-racial-disparites-in-coronavirus-deaths.

21 *The report of the Commission on Race and Ethnic Disparities* (2021), https://www.gov.uk/government/publications/the-report-of-the-commission-on-race-and-ethnic-disparities.

22, 23, 24, 25 Roberts, D., *Fatal Invention: How Science, Politics, and Big Business Re-create Race in the Twenty-first Century* (The New Press, 2012); Saini, A., *Superior: The Return of Race Science* (Beacon Press, 2019); Rutherford, A., *How to Argue With a Racist: History, Science, Race and Reality* (Weidenfeld & Nicolson, 2020); Annabel Sowemimo, *Divided: Racism, Medicine and Why We Need to Decolonise Healthcare* (Wellcome Collection, 2023).

26 Rutherford, A., Control: *The Dark History and Troubling Present of Eugenics*, (Weidenfeld & Nicolson, 2022).

27 »The beautiful skull and Blumenbach's errors: the birth of the scientific concept of race«, *BMJ* 335 (2007), https://doi.org/10.1136%2Fbmj.39413.463958.80.

28 Galway-Witham, J. & Stringer C., »How did Homo sapiens evolve?«, *Science* (1979) 360, 1296–1298 (2018), https://doi.org/10.1126/science.aat6659.

29 Lewontin, R. C., »The Apportionment of human diversity«, in: *Evolutionary biology* 381–398 (Springer, 1972), https://link.sprin ger.com/chapter/10.1007/978-1-4684-9063-3_14.

30 Huckins, G., »Richard Lewontin Leaves a Legacy of Fighting Racism in Science«, *Wired* (2021), https://www.wired.com/story/richard-lewontin-leaves-a-legacy-of-fighting-racism-in-science/.

31 Rosenberg, N. A. et al., »Genetic Structure of Human Populations«, *Science* (1979) S. 298, 2381–2385 (2002), https://doi.org/10.1126/science.1078311.

32 Wade, N., »Gene Study Identifies 5 Main Human Populations, Linking Them to Geography«, *The New York Times* (2002), https://www.nytimes.com/2002/12/20/us/gene-study-identifies-5-main-human-populations-linking-them-to-geography.html.

33 Tishkoff, S. A. & Kidd, K. K., »Implications of biogeography of human populations for ›race‹ and medicine«, *Nat Genet* 36, S. 21-S27 (2004), https://doi.org/10.1038/ng1438.

34 Rutherford, A., *A Brief History of Everyone Who Ever Lived: The Stories in Our Genes* (2016).

35, 36 Posel, D., »Race as Common Sense: Racial Classification in Twentieth-Century South Africa«, *Afr Stud Rev* 44, S. 87–113 (2001), https://doi.org/10.2307/525 576; Hickman, C. B., »The Devil and the One Drop Rule: Racial Categories, African Americans, and the U. S. Census«, *Mich Law Rev* 95, S. 1161–1265 (1997), https://repository.law.umich.edu/mlr/vol95/iss5/2/.

1 Schwangerschaft und Geburt

1 Haskell, R., »Serena Williams on Motherhood, Marriage, and Making Her Comeback«, *Vogue* (2018), https://www.vogue.com/article/serena-williams-vogue-cover-interview-february-2018.

2 Reinstein, J., »Black Women Are Speaking Out After Serena Williams Revealed She Faced Life-Threatening Birth Complications«, *Buzzfeed* (2018), https://www.buzzfeednews.com/article/juliareinstein/serena-williams-birth-complications.

3 Centers for Disease Control and Prevention: Pregnancy Mortality Surveillance System. Pregnancy-Related Deaths by Race/Ethnicity (1987–2017).

4 Fuller, R., »Serena Williams: Statistics on deaths in pregnancy or childbirth ›heartbreaking‹, BBC (2018), https://www.bbc.com/sport/tennis/43299147.

5 Centers for Disease Control and Prevention: Pregnancy Mortality Surveillance System. About the Pregnancy Mortality Surveillance System (PMSS), https://www.cdc.gov/reproductivehealth/maternal-mortality/pregnancy-mortality-surveillance-system.htm#about-pmss.

6 Centers for Disease Control and Prevention: National Center for Health Statistics. Detailed Evaluation of Changes in Data Collection Methods, https://www.cdc.gov/nchs/maternal-mortality/evaluation.htm.

7 Hoyert, D. L., »Maternal mortality rates in the United States, 2019«, NCHS Health E-Stats (2021), https://doi.org/10.15620/cdc:103 855.

8 Kozhimannil, K. B., Interrante, J. D., Tofte, A. N. & Admon, L. K., »Severe Maternal Morbidity and Mortality Among Indigenous Women in the United States«, *Obstetrics and gynecology* 135, S. 294–300 (2020), https://doi.org/10.1097%2FAOG.0000000000003647.

9 Petersen, E. E. et al., »Racial/Ethnic Disparities in Pregnancy-Related Deaths – United States, 2007–2016«, *MMWR Morb Mortal Wkly Rep* 68, S. 762–765 (2019), https://doi.org/10.15585/mmwr.mm6835a3.

10 Boshara, R., Emmons, W. R. & Noeth, B. J., »The Demographics of Wealth – How Age, Education and Race Separate Thrivers from Strugglers in Today's Economy. Essay No. 2: The Role of Education«, *Demographics of Wealth, Federal Reserve Bank of St. Louis*, S. 1–28 (2015), https://ideas.repec.org/a/fip/fedldw/00002.html.

11 *Nowhere To Go: Maternity Care Deserts Across The U. S. (2020 Report)*, March of Dimes (2020), https://www.marchofdimes.org/maternity-care-deserts-report.

12 Hung, P., Henning-Smith, C. E., Casey, M. M. & Kozhimannil, K. B., »Access To Obstetric Services In Rural Counties Still Declining, With 9 Percent Losing Services, 2004–14«, *Health Aff* 36, S. 1663–1671 (2017), https://doi.org/10.1377/hlthaff.2017.0338.

13, 14 Howell, E. A., Egorova, N. N., Balbierz, A., Zeitlin, J. & Hebert, P. L., »Site of delivery contribution to black-white severe maternal morbidity disparity«, *Am J Obstet Gynecol* 215, S. 143–152 (2016), https://doi.org/10.1016/j.ajog.2016.05.007. Creanga, A. A. et al., »Performance of racial and ethnic minority-serving hospitals on delivery-related indicators«, *Am J Obstet Gynecol* 211, 647.e1–647.e16 (2014), https://doi.org/10.1016/j.ajog.2014.06.006.

15 Howell, E. A., Egorova, N., Balbierz, A., Zeitlin, J. & Hebert, P. L., »Black-white differences in severe maternal morbidity and site of care«, *Am J Obstet Gynecol* 214, 122.e1–122.e7 (2015), https://doi.org/10.1016/j.ajog.2015.08.019.

16 Horowitz, B., Eng Ky, K., Starling, L. & Tchourumoff, A., »Systemic racism haunts homeownership rates in Minnesota«, Federal Reserve Bank of Minneapolis (2021), https://www.minneapolis fed.org/article/2021/systemic-racism-haunts-home ownership-rates-in-minnesota.

17 *MBRRACE-UK Saving Lives, Improving Mothers' Care – Lessons learned to inform maternity care from the UK and Ireland Confidential Enquiries into Maternal Deaths and Morbidity 2017–19*, MBRRACE-UK (2021), https://www.npeu.ox.ac.uk/assets/downloads/mbrrace-uk/reports/maternal-report-2021/MBRRACE-UK_Maternal_Report_2021_-_FINAL_-_WEB_VERSION.pdf.

18 *Black people, racism and human rights, House of Commons House of Lords Joint Committee on Human Rights* (2020), https://committees.parliament.uk/publications/3376/documents/32359/default/.

19 Knight, M., Bunch, K., Kenyon, S., Tuffnell, D. & Kurinczuk, J. J., »A national population-based cohort study to investigate inequalities in maternal mortality in the United Kingdom, 2009–17«, *Paediatr Perinat Epidemiol* 34, S. 392–398 (2020), https://doi.org/10.1111/ppe.12640.

20 Knight, M. et al., »Characteristics and outcomes of pregnant women admitted to hospital with confirmed SARS-CoV-2 infection in UK: national population based cohort study«, BMJ 369 (2020), https://doi.org/10.1136/bmj.m2107.

21 Black Maternal Healthcare and Mortality. Volume 692: Debatte im Britischen Parlament, 19. April 2021, *UK parliament* (2021), https://hansard.parliament.uk/Commons/2021-04-19/debates/6935B9C7-6419-4E7B-A813-E852A4EE4F5C/BlackMaternalHealthcareAndMortality.

22 Nair, M., Kurinczuk, J. J. & Knight, M., »Ethnic variations in severe maternal morbidity in the UK – a case control study«, *PLoS One* 9, e95086 (2014), https://doi.org/10.1371/journal.pone.0095086.

23, 24, 25, 26, 27, 28, 29, 30 Jungari, S. & Chauhan, B. G., »Caste, Wealth and Regional Inequalities in Health Status of Women and Children in India«, *Contemporary Voice of Dalit* 9, S. 87–100 (2017), https://doi.org/10.1177/2455328X17690644; Hamal,

M., Dieleman, M., De Brouwere, V. & de Cock Buning, T., »Social determinants of maternal health: a scoping review of factors influencing maternal mortality and maternal health service use in India«, *Public Health Rev* 41, S. 13 (2020), http://dx.doi.org/10.1186/s40985-020-00125-6; Li, J., Luo, C., Deng, R., Jacoby, P. & De Klerk, N., »Maternal mortality in Yunnan, China: recent trends and associated factors«, *BJOG* 114, S. 865–874 (2007), https://doi.org/10.1111/j.1471-0528.2007.01362.x; Ren, Y. et al., »Ethnic disparity in maternal and infant mortality and its health-system determinants in Sichuan province, China, 2002–14: an observational study of cross-sectional data«, *Lancet* 390, S7 (2017), http://dx.doi.org/10.1016/S0140-6736(17)33145-8; Leal, M. do C. et al., »The color of pain: racial iniquities in prenatal care and childbirth in Brazil«, *Cad Saude Publica* 33Suppl 1, e00078816 (2017), https://doi.org/10.1590/0102-311x00078816; Wall, L. L., »Dead Mothers and Injured Wives: The Social Context of Maternal Morbidity and Mortality among the Hausa of Northern Nigeria«, *Stud Fam Plann* 29, 341–359 (1998), https://doi.org/10.2307/172248; Meh, C., Thind, A., Ryan, B. & Terry, A., »Levels and determinants of maternal mortality in northern and southern Nigeria«, *BMC Pregnancy Childbirth* 19, 417 (2019), https://doi.org/10.1186/s12884-019-2471-8; B. Gamlin, J. & J. Hawkes, S., »Pregnancy and birth in an indigenous Huichol community: from structural violence to structural policy responses«, *Cult Health Sex* 17, 78–91 (2015), https://doi.org/10.1080/13691058.2014.950334.

31 *Fact sheet: Maternal mortality*, World Health Organization (2023), https://www.who.int/news-room/fact-sheets/detail/maternal-mortality.

32 Parkes, S., »Five X More Blog: D'lissa Parkes«, Five X More (2020), https://www.fivexmore.com/blog/dlissa-parkes.

33 *Why is Covid Killing People of Colour*, BBC (2021), https://www.imdb.com/title/tt14146576/.

34 Tobin, S. & Lion, P., »Young mum who died during C-section was suffering with such severe constipation her womb was bent out of shape«, *The Daily Mirror* (2016), https://www.mirror.co.uk/news/uk-news/young-mum-who-died-during-8969070.

35 Caldwell, W. E. & Moloy, H. C., »Anatomical variations in the female pelvis and their effect in labor with a suggested classification«, *Am J Obstet Gynecol* 26, S. 479–505 (1933), https://doi.org/10.1016/S0002-9378(33)90194-5.

36 Turner, W., »The Index of the Pelvic Brim As a Basis of Classification«, *Am J Med Sci* 181, S. 252–253 (1885), https://www.ncbi.nlm.nih.gov/pmc/articles/PMC1288541/.

37 Geller, P. L., & Stockett, M. K., *Feminist anthropology: past, present, and future*, University of Pennsylvania Press (2006).

38 Schultz, A. H., »Sex differences in the pelves of primates«, *Am J Phys Anthropol* 7, S. 401–424 (1949), https://doi.org/10.1002/ajpa.1330070307.

39, 40 Betti, L., »Human Variation in Pelvic Shape and the Effects of Climate and Past Population History«, Anat Rec 300, S. 687–697 (2017), https://doi.org/10.1002/ar.23542; Baragi, R. v, Delancey, J. O. L., Caspari, R., Howard, D. H. & Ashton-Miller, J. A., »Differences in pelvic floor area between African American and European American women«, *Am J Obstet Gynecol* 187, S. 111–115 (2002), https://doi.org/10.1067/mob.2002.125703.

41 Todd, T. W. & Lindala, A., »Dimensions of the body: Whites and American negroes of both sexes«, *Am J Phys Anthropol* 12, S. 35–119 (1928).

42 Kuliukas, A., Kuliukas, L., Franklin, D. & Flavel, A., »Female pelvic shape: Distinct types or nebulous cloud?«, *Br J Midwifery* 23, S. 490–496 (2015), http://dx.doi.org/10.12968/bjom.2015.23.7.490.

43 Betti, L. & Manica, A., »Human variation in the shape of the birth canal is significant and geographically structured«, *Proc Biol Sci* 285 (2018), https://doi.org/10.1098/rspb.2018.1807.

44 O'Brien, E., »Pelvimetry and the persistance of racial science in obstetrics«, *Endeavour* 37, S. 21–28 (2013), https://doi.org/10.1016/j.endeav our.2012.11.002.

45 Patel, R. & Marya, R., *Inflamed: Deep Medicine and the Anatomy of Injustice*, S. 202–208 (Allen Lane, 2021).

46 Ojanuga, D., »The medical ethics of the ›father of gynaecology‹, Dr J Marion Sims«, *J Med Ethics* 19, S. 28–31 (1993), https://doi.org/10.1136%2Fjme.19.1.28.

47 Peter, M. & Wheeler, R., The Black Maternity Experiences Report, Five X More (2022), https://www.fivexm ore.com/blackmereport.

48 *Systemic racism, not broken bodies: An inquiry into racial injustice and human rights in UK maternity care* (2022), https://www.birthrights.org.uk/campaigns-research/racial-injustice/.

49 Henderson, J., Gao, H. & Redshaw, M., »Experiencing maternity care: the care received and perceptions of women from different ethnic groups«, *BMC Pregnancy Childbirth* 13, 196 (2013), https://doi.org/10.1186/1471-2393-13-196.

50 Jomeen, J. & Redshaw, M., »Ethnic minority women's experience of maternity services in England«, *Ethn Health* 18, S. 280–296 (2013), https://doi.org/10.1080/13557858.2012.730608.

51, 52, 53, 54, 55, 56 Collins, J. W. J. et al., »Low-income African-American mothers' perception of exposure to racial discrimination and infant birth weight«, *Epidemiology* 11, 337–339 (2000), https://doi.org/10.1097/00001648-200005000-00019; Rosenberg, L., Palmer, J. R., Wise, L. A., Horton, N. J. & Corwin, M. J., »Perceptions of racial discrimination and the risk of preterm birth«, *Epidemiology* 13, 646–652

(2002), https://doi.org/10.1097/00001648-200211000-00008; Dominguez, T.P., Dunkel-Schetter, C., Glynn, L.M., Hobel, C. & Sandman, C.A., »Racial differences in birth outcomes: the role of general, pregnancy, and racism stress«, *Health Psychol* 27, 194–203 (2008), https://doi.org/10.1037/0278-6133.27.2.194; Dennis, J.A., »Birth weight and maternal age among American Indian/Alaska Native mothers: A test of the weathering hypothesis«, *SSM Popul Health* 7, 4 (2018), https://doi.org/10.1016%2Fj.ssmph.2018.10.004; Saluja, B. & Bryant, Z., »How Implicit Bias Contributes to Racial Disparities in Maternal Morbidity and Mortality in the United States«, *J Womens Health* 30, 270–273 (2020), https://doi.org/10.1089/jwh.2020.8874; Taylor, J.K., »Structural Racism and Maternal Health Among Black Women«, *J Law Med Ethics* 48, 506–517 (2020), https://doi.org/10.1177/1073110520958875.

57 Vedam, S. et al., »The Giving Voice to Mothers study: inequity and mistreatment during pregnancy and childbirth in the United States«, Reprod Health 16, 77 (2019), https://doi.org/10.1186/s12978-019-0729-2.

58 Listening to Mothers in California, California Health Care Foundation (2018), https://www.chcf.org/publication/data-snapshot-listening-mothers-california/#related-links-and-downloads.

59 Grobman, W.A., et al. »Development of a Nomogram for Prediction of Vaginal Birth After Cesarean Delivery«, Obstetrics & Gynecology 109, (2007), https://doi.org/10.1097/01.aog.0000259312.36053.02.

60 Curtin, S.C., Gregory, K.D., Korst, L.M. & Uddin, S.F., »Maternal Morbidity for Vaginal and Cesarean Deliveries, According to Previous Cesarean History: New Data From the Birth Certificate, 2013«, *Natl Vital Stat Rep* 64, S. 1–13 (2015), https://www.cdc.gov/nchs/data/nvsr/nvsr64/nvsr6404.pdf.

61 Landon, M.B. et al., »The MFMU Cesarean Registry: factors affecting the success of trial of labor after previous cesarean delivery«, *Am J Obstet Gynecol* 193, S. 1016–1023 (2005), https://doi.org/10.1016/j.ajog.2005.05.066.

62 Hollard, A.L. et al., »Ethnic disparity in the success of vaginal birth after caesarean delivery«, *The Journal of Maternal-Fetal & Neonatal Medicine 19*, S. 483–487 (2006), https://doi.org/10.1080/14767050600847809.

63 Vyas, D.A. et al., »Challenging the Use of Race in the Vaginal Birth after Cesarean Section Calculator«, *Womens Health Issues* 29, S. 201–204 (2019), https://doi.org/10.1016/j.whi.2019.04.007.

64 Grobman, W.A. et al., »Prediction of vaginal birth after cesarean delivery in term gestations: a calculator without race and ethnicity«, *Am J Obstet Gynecol* (2021), https://doi.org/10.1016/j.ajog.2021.05.021.

65 Martin, J.A., Hamilton, B.E., Osterman, M.J.K. & Driscoll, A.K., »Births: Final

Data for 2019«, *Natl Vital Stat Rep* 70, S. 1–51 (2021), http://dx.doi.org/10.15620/cdc:100472.

66 Washington, S., Caughey, A. B., Cheng, Y. W. & Bryant, A. S., »Racial and ethnic differences in indication for primary caesarean delivery at term: experience at one U. S. Institution«, *Birth* 39, S. 128–134 (2012), https://doi.org/10.1111%2Fj.1523-536X.2012.00530.x.

67, 68 Summers, H., »Guidance to induce minority ethnic pregnancies earlier condemned as racist«, *Guardian* (2021), https://www.theguardian.com/global-development/2021/jul/13/nice-guidance-to-induce-minority-ethnic-pregnancies-earlier-condemned-as-racist; Douglass, C. & Lokugamage, A, M., »Racial profiling for induction of labour: improving safety or perpetuating racism?«, *The BMJ Opinion* (2021), https://doi.org/10.1136/bmj.n2562.

69 National Institute for Health and Care Excellence: Inducing Labour (Update 2021), https://www.nice.org.uk/guidance/indevelopment/gid-ng10082/documents.

70 Kortsmit, K. et al., »Abortion Surveillance – United States, 2019«, *MMWR Surveill Summ* 70, S. 1–29 (2021), http://dx.doi.org/10.15585/mmwr.ss7009a1.

71 Artiga, S., Hill, L., Ranji, U. & Gomez, I., *What are the Implications of the Overturning of Roe v. Wade for Racial Disparities*?, Kaiser Family Foundation (2022), https://www.kff.org/racial-equity-and-health-policy/issue-brief/what-are-the-implications-of-the-overturning-of-roe-v-wade-for-racial-disparities/.

72 Quenby, S. et al., »Miscarriage matters: the epidemiological, physical, psychological, and economic costs of early pregnancy loss«, *Lancet* (2021), https://doi.org/10.1016/S0140-6736(21)00682-6.

73 Eichelberger, K. Y., Doll, K., Ekpo, G. E. & Zerden, M. L., »Black Lives Matter: Claiming a Space for Evidence-Based Outrage in Obstetrics and Gynecology«, *Am J Public Health* 106, S. 1771 f. (2016), https://doi.org/10.2105%2FAJPH.2016.303313.

74 *Ethnic diversity in fertility treatment* 2018, *Human Fertilisation and Embryology Authority* (2021), https://www.hfea.gov.uk/about-us/publications/research-and-data/ethnicdiversity-in-fertility-treatment-2018/.

75 Ekechi, C., »Addressing inequality in fertility treatment«, *Lancet* 398, S. 645–646 (2021), https://doi.org/10.1016/s0140-6736(21)01743-8.

76 Grahame, H., *State coroner's court of New South Wales: Inquest into the death of Naomi Williams* (2019).

77 *Maternal deaths in Australia, Australian Institute of Health and Welfare* (2020), http://doi.org/10.25816/7q4e-g697.

78 Adane, A. A. et al., »Socioethnic disparities in severe maternal morbidity in Western Australia: a statewide retrospective cohort study«, *BMJ Open* 10, e039260 (2020), https://doi.org/10.1136%2Fbmjopen-2020-039260.

79 Hayter, M. & King, R., »Naomi Williams inquest concludes, with coroner calling for change at NSW hospital«, *Australian Broadcasting Corporation News* (2019), https://www.abc.net.au/news/2019-07-29/naomi-williams-tumut-sepsis-death-inquest-findings/11355244.

80 *Culturally safe health care for Indigenous Australians, Australian Institute of Health and Welfare* (2020), https://www.aihw.gov.au/reports/australias-health/culturally-safe-healthcare-indigenous-australians.

81 Bryce, J., Foley, E., & Reeves, J., »The importance of cultural safety not a privilege«, *Australian Nursing and Midwifery Journal*, 25(10), 16 (2018).

82 Kildea, S. et al., »Effect of a Birthing on Country service redesign on maternal and neonatal health outcomes for First Nations Australians: a prospective, non-randomised, interventional trial«, *Lancet Glob Health* 9, e651-e659 (2021), https://doi.org/10.1016/s2214-109x(21)00061-9.

83 Dragon, N., »Birthing on Country: Improving Aboriginal & Torres Strait Islander infant and maternal health«, *Aust Nurs Midwifery J* (2019), https://anmj.org.au/birthing-on-country-improving-indigenous-health/.

84 Van Wagner, V., Epoo, B., Nastapoka, J. & Harney, E., »Reclaiming birth, health, and community: midwifery in the Inuit villages of Nunavik, Canada«, *J Midwifery Womens Health* 52, S. 384–391 (2007).

85 Rolfe, M. I. et al., »The distribution of maternity services across rural and remote Australia: does it reflect population need?«, *BMC Health Serv Res* 17, S. 163 (2017), https://doi.org/10.1186/s12913-017-2084-8.

86 Homer, C. S. E. et al., »Maternal and perinatal outcomes by planned place of birth in Australia 2000–2012: a linked population data study«, *BMJ Open* 9, e029192 (2019), https://doi.org/10.1136/bmjopen-2019–029192.

87 Scarf, V. L. et al., »Maternal and perinatal outcomes by planned place of birth among women with low-risk pregnancies in high-income countries: A systematic review and meta-analysis«, *Midwifery* 62, S. 240–255 (2018), https://doi.org/10.1016/j.midw.2018.03.024.

88 Hardeman, R. R., Karbeah, J., Almanza, J. & Kozhimannil, K. B., »Roots Community Birth Center: A culturally-centered care model for improving value and equity in childbirth«, *Healthcare* 8, 100367 (2020), https://doi.org/10.1016/j.hjdsi.2019.100367.

89 Courtot, B., Hill, I., Cross-Barnet, C. & Markell, J., »Midwifery and Birth Centers Under State Medicaid Programs: Current Limits to Beneficiary Access to a High-Value Model of Care«, *Milbank Q* 98, 1091–1113 (2020), https://doi.org/10.1111/1468-0009.12473.

90 *Infant Mortality*. Centers for Disease Control and Prevention (2019), https://www.cdc.gov/reproductivehealth/maternalinfanthealth/infantmortality.htm.

91 *Pregnancy and ethnic factors influencing births and infant mortality: 2013*, Office for National Statistics (2015), https://www.ons.gov.uk/peoplepopulationandcommunity/healthandsocialcare/causesofdeath/bulletins/pregnancyandethnicfactorsinfluencingbirthsandinfantmortality/2015-10-14.

92 Huang, Y. et al., »Ethnicity and maternal and child health outcomes and service coverage in western China: a systematic review and meta-analysis«, *Lancet Glob Health* 6, e39-e56 (2018), https://doi.org/10.1016/S2214-109X(17)30445-X.

93 Bora, J. K., Raushan, R. & Lutz, W., »The persistent influence of caste on under-five mortality: Factors that explain the caste-based gap in high focus Indian states«, *PLoS One* 14, e0211086 (2019), https://doi.org/10.1371%2Fjournal.pone.0211086.

2 Leben und Tod

1 Mofenson, L. M., Balsley, J., Simonds, R. J., Rogers, M. F. & Moseley, R. R., *Recommendations of the U. S. Public Health Service Task Force on the Use of Zidovudine to Reduce Perinatal Transmission of Human Immunodeficiency Virus*, (1994), https://www.cdc.gov/mmwr/preview/mmwrhtml/00032271.htm.

2, 3 Ford, N., Calmy, A. & Mills, E. J., »The first decade of antiretroviral therapy in Africa«, *Global Health* 7, S. 33 (2011), https://doi.org/10.1186/1744-8603-7-33; Schwartländer, B., Grubb, I. & Perriëns, J., »The 10-year struggle to provide antiretroviral treatment to people with HIV in the developing world«, *Lancet* 368, S. 541–546 (2006), https://doi.org/10.1016/s0140-6736(06)69164-2.

4 The unfinished business of COVID-19 vaccination, Pandem-ic (2023), https://pandem-ic.com/the-unfinished-business-of-covid-19-vaccinat ion/.

5 Fassin, D. & Schneider, H., »The politics of AIDS in South Africa: beyond the controversies«, *BMJ* 326, 495 LP – 497 (2003), https://doi.org/10.1136%2Fbmj.326.7387.495.

6 Gould, C. & Folb, P., »The South African Chemical and Biological Warfare Program: An Overview«, *The Nonproliferation Review/Fall-Winter* (2000).

7 Challacombe, S. J., »Global inequalities in HIV infection«, *Oral Dis* 26, S. 16–21 (2020), https://doi.org/10.1111/odi.13386.

8 Mabaso, M. et al., »HIV prevalence in South Africa through gender and racial lenses: results from the 2012 population-based national household survey«, *Int J Equity Health* 18, S. 167 (2019), https://doi.org/10.1186/s12939-019-1055-6.

9 »Racial inequities in HIV«, *Lancet HIV* 7, e449 (2020), https://doi.org/10.1016/S2352-3018(20)30173-9.

10 *Impact on Racial and Ethnic Minorities*, HIV.gov (2022), https://www.hiv.gov/hiv-basics/overview/data-and-trends/impact-on-racial-and-ethnic-minorities.

11 Ya-lin, A. H., Zhu, W., Smith, D. K., Harris, N. & Hoover, K. W., »HIV preexposure prophylaxis, by race and ethnicity-United States, 2014–2016«, *Morbidity and Mortality Weekly Report* 67, S. 1147 (2018), http://dx.doi.org/10.15585/mmwr.mm6741a3.

12 Becasen, J. S., Denard, C. L., Mullins, M. M., Higa, D. H. & Sipe, T. A., »Estimating the Prevalence of HIV and Sexual Behaviors Among the US Transgender Population: A Systematic Review and Meta-Analysis, 2006–2017«, *Am J Public Health* 109, e1-e8 (2018), https://doi.org/10.2105/ajph.2018.304727.

13 Dhairyawan, R., Okhai, H., Hill, T., Sabin, C. A., »Study for the UK Collaborative HIV Cohort: in HIV clinical outcomes amongst heterosexuals in the United Kingdom by ethnicity«, *AIDS* 35, (2021), https://doi.org/10.1097/qad.0000000000002942.

14 *2020 Global AIDS Update – Seizing the moment – Tackling entrenched inequalities to end epidemics*, UNAIDS (2020), https://www.unaids.org/en/resources/documents/2020/global-aids-report.

15 Genberg, B. L. et al., »A comparison of HIV/AIDS-related stigma in four countries: negative attitudes and perceived acts of discrimination towards people living with HIV/AIDS«, SocSciMed 68, S. 2279–2287 (2009), https://doi.org/10.1016/j.socscimed.2009.04.005.

16, 17, 18 *Uncovered: Online Hate Speech in the Covid Era*. Ditch the Label (2021), https://www.ditcht helabel.org/research-papers/hate-speech-report-2021/; Saw, A., Yellow Horse, A. J. & Jeung, R., *STOP AAPI HATE MENTAL HEALTH REPORT* (2021); *COVID-19 Racism Incident Report Survey Comprehensive Report 2021*, Asian Australian Alliance (2021), https://asianaustralianalliance.net/wp-content/uploads/2021/07/Comprehensive-AAA-Report.pdf.

19, 20 Subramoney, N., »Spanish newspaper apologises for racist Omicron cartoon«, *The Citizen* (2021), https://www.citizen.co.za/news/spanish-newspaper-apologisesracist-omicron-cartoon/; Garthe, M., »DIE RHEINPFALZ im Shitstorm«, *Die Rheinpfalz* (2021), https://www.rheinpfalz.de/politik_artikel,-die-rheinpfalz-im-shitstorm-_arid,5285134.html.

21 Smith-Morris, C., »Epidemiological placism in public health emergencies: Ebola in two Dallas neighborhoods«, *Soc Sci Med* 179, S. 106–114 (2017), https://doi.org/10.1016/j.socscimed.2017.02.036.

22 Saeed, F. et al., »A Narrative Review of Stigma Related to Infectious Disease Outbreaks: What Can Be Learned in the Face of the Covid-19 Pandemic?«, *Front Psychiatry* 11, (2020), https://doi.org/10.3389%2Ffpsyt.2020.565919.

23 Liverpool, L., »An unequal society means covid-19 is hitting ethnic minorities

harder«, *New Scientist* (2020), https://www.newscientist.com/article/2241 278-an-unequal-society-means-covid-19-is-hitting-ethnic-minorities-harder/.

24, 25 Yashadhana, A., Pollard-Wharton, N., Zwi, A. B. & Biles, B., »Indigenous Australians at increased risk of COVID-19 due to existing health and socioeconomic inequities«, *Lancet Reg Health West Pac* 1, 100007 (2020), https://doi.org/10.1016%2Fj.lanwpc.2020.100007; Baqui, P., Bica, I., Marra, V., Ercole, A. & van der Schaar, M., »Ethnic and regional variations in hospital mortality from COVID-19 in Brazil: a cross-sectional observational study«, *Lancet Glob Health* 8, e1018-e1026 (2020), https://doi.org/10.1016/S2214-109X(20)30285-0.

26 Zhao, H., Harris, R. J., Ellis, J. & Pebody, R. G., »Ethnicity, deprivation and mortality due to 2009 pandemic influenza A(H1N1) in England during the 2009/2010 pandemic and the first post-pandemic season«, *Epidemiol Infect* 143, 3375–3383 (2015), https://doi.org/10.1017/s0950268815000576.

27, 28 Noppert, G. A. et al., »Race and nativity are major determinants of tuberculosis in the U. S.: evidence of health disparities in tuberculosis incidence in Michigan, 2004–2012«; *BMC Public Health* 17, 538 (2017), https://doi.org/10.1186/s12889-017-4461-y; Hayward, S., Harding, R. M., McShane, H. & Tanner, R., »Factors influencing the higher incidence of tuberculosis among migrants and ethnic minorities in the UK«, *F1000Res* 7, (2018), https://doi.org/10.12688%2Ff1000research.14476.2.

29 BHF Live & Ticking April 2021 – Inequalities and the Heart (live-streamed via YouTube), British Heart Foundation (2021), https://www.youtube.com/watch?v=HVXjCMyGQGU.

30 Chaturvedi, N., »Ethnic differences in cardiovascular disease«, *Heart* 89, 681–686 (2003), https://doi.org/10.1136/heart.89.6.681.

31, 32 Mathur, R. et al., »Ethnic disparities in initiation and intensification of diabetes treatment in adults with type 2 diabetes in the UK, 1990–2017: A cohort study«, *PLoS Med* 17, e1003106 (2020), https://doi.org/10.1371/journal. pmed.1003 106; Berman, N., Jones, M. M. & de Coster, D. A., »Just like a normal pain – What do people with diabetes mellitus experience when having a myocardial infarction: a qualitative study recruited from UK hospitals«, *BMJ Open* 7, e015736 (2017), https://doi.org/10.1136/bmjopen-2016-015 736.

33 Farmaki, A.-E. et al., »Type 2 diabetes risks and determinants in second-generation migrants and mixed ethnicity people of South Asian and African Caribbean descent in the UK«, *Diabetologia* 65, S. 113–127 (2022), https://doi.org/10.1007/s00 125-021-05580-7.

34, 35 Inoue, K. et al. »Urinary Stress Hormones, Hypertension, and Cardiovascular Events: The Multi-Ethnic Study of Atherosclerosis«, *Hypertension* 78, 1640–1647

(2021), https://doi.org/10.1161/hypertensionaha.121.17618; Liu, M.-Y., Li, N., Li, W. A. & Khan, H., »Association between psychosocial stress and hypertension: a systematic review and meta-analysis«, *Neurol Res* 39, S. 573–580 (2017), https://doi.org/10.1080/01616 412.2017.1317904.

36, 37, 38 Sims, M. et al., »Perceived Discrimination and Hypertension Among African Americans in the Jackson Heart Study«, *Am J Public Health* 102, S. 258–265 (2012), https://doi.org/10.2105/ajph.2011.300523; Hicken, M. T., Lee, H., Morenoff, J., House, J. S. & Williams, D. R., »Racial/Ethnic Disparities in Hypertension Prevalence: Reconsidering the Role of Chronic Stress«, *Am J Public Health* 104, S. 117–123 (2013), https://doi.org/10.2105%2FAJPH.2013.301 395; Mazimba, S. & Peterson, P. N., »JAHA Spotlight on Racial and Ethnic Disparities in Cardiovascular Disease«, *J Am Heart Assoc* 10, e023650 (2021), https://doi.org/10.1161/JAHA.121.023650.

39 Benschop, L., Duvekot, J. J. & Roeters van Lennep, J. E., »Future risk of cardiovascular disease risk factors and events in women after a hypertensive disorder of pregnancy«, *Heart* 105, 1273 LP – 1278 (2019), https://doi.org/10.1136/heart jnl-2018–313 453.

40, 41 Giaquinto, A. N. et al., »Cancer statistics for African American/Black People 2022«, *CA Cancer J Clin* (2022), https://doi.org/10.3322/caac.21718; *An Update on Cancer Deaths in the United States, Centers for Disease Control and Prevention* (2022), https://www.cdc.gov/cancer/dcpc/research/update-on-cancer-deaths/index.htm.

42 *United States Cancer Statistics: Data Visualizations*, Centers for Disease Control and Prevention (2018), https://gis.cdc.gov/Cancer/USCS/#/Demographics/.

43 Tong, M., Hill, L. & Artiga, S., *Racial Disparities in Cancer Outcomes, Screening, and Treatment.* (2022), https://www.kff.org/racial-equity-and-health-policy/issue-brief/racialdisparities-in-cancer-outcomes-screening-and-treatment/.

44, 45 Bui, A., Yang, L., Myint, A. & May, F. P., »Race, Ethnicity, and Socioeconomic Status Are Associated With Prolonged Time to Treatment After a Diagnosis of Colorectal Cancer: A Large Population-Based Study«, *Gastroenterology* 160, 1394–1396. e3 (2021), https://doi.org/10.1053/j.gas tro.2020.10.010; George, P. et al., »Diagnosis and surgical delays in African American and white women with early-stage breast cancer«, *J Womens Health* (Larchmt) 24, 209–217 (2015), https://doi.org/10.1089%2Fjwh.2014.4773.

46 Whop, L. J., Cunningham, J., Garvey, G. & Condon, J. R., »Towards global elimination of cervical cancer in all groups of women«, *Lancet Oncol* 20, e238 (2019), https://doi.org/10.1016/s1470-2045(19)30237-2.

47, 48, 49 Ghebreyesus, T. A., »Improving the health of Indigenous people globally«, *Lancet Oncol* 19, e277 (2018), https://doi.org/10.1016/S1470-2045(18)30375-9;

Moore, S. P. et al., »Cancer incidence in indigenous people in Australia, New Zealand, Canada, and the USA: a comparative population-based study«, *Lancet Oncol* 16, S. 1483–1492 (2015), https://doi.org/10.1016/s1470-2045(15)00232-6; Jackson Pulver, L. et al., »Indigenous health: Australia, Canada, Aotearoa, New Zealand and the United States: laying claim to a future that embraces health for us all« (2010), https://researchdirect.westernsydney.edu.au/island ora/object/uws:35500.

50 *Eliminating cervical cancer*, Victoria University of Wellington, https://www.wgtn.ac.nz/health/centres/national-centre-for-womens-health-research-aotearoa/eliminating-cervical-cancer.

51 Adcock, A. et al., »Acceptability of self-taken vaginal HPV sample for cervical screening among an underscreened Indigenous population«, *Australian and New Zealand Journal of Obstetrics and Gynaecology* 59, S. 301–307 (2019), https://doi.org/10.1111/ajo.12933.

52 MacDonald, E. J. et al., »Reaching under-screened/never-screened indigenous peoples with human papilloma virus self-testing: A community-based cluster randomised controlled trial«, *Aust N Z J Obstet Gynaecol* 61, S. 135–141 (2021), https://doi.org/10.1111/ajo.13285.

53 Martins, T. et al., »Assessing Ethnic Inequalities in Diagnostic Interval of Common Cancers: A Population-Based UK Cohort Study«, *Cancers* (Basel) 14 (2022), https://doi.org/10.3390/cancers14133085.

54, 55, 56, 57, 58, 59 Terrell, K. A. & St Julien, G., »Air pollution is linked to higher cancer rates among black or impoverished communities in Louisiana«, Environmental Research Letters 17, 14033 (2022), http://doi.org/10.1088/1748-9326/ac4360. Fecht, D. et al., »Associations between air pollution and socioeconomic characteristics, ethnicity and age profile of neighbourhoods in England and the Netherlands«, *Environmental Pollution* 198, S. 201–210 (2015), https://doi.org/10.1016/j.envpol.2014.12.014; Kim, H.-B., Shim, J.-Y., Park, B. & Lee, Y.-J., »Long-Term Exposure to Air Pollutants and Cancer Mortality: A Meta-Analysis of Cohort Studies«, *Int J Environ Res Public Health* 15 (2018), https://doi.org/10.3390/ijerph15112608; Mudu, P., Pérez Velasco, R., Zastenskaya, I. & Jarosinska, D., »The importance and challenge of carcinogenic air pollutants for health risk and impact assessment«, *Eur J Public Health* 30, ckaa165.841 (2020), https://doi.org/10.1093/eurpub/ckaa165.841; Schaider, L. A., Swetschinski, L., Campbell, C. & Rudel, R. A., »Environmental justice and drinking water quality: are there socioeconomic disparities in nitrate levels in U.S. drinking water?«, *Environmental Health* 18, 3 (2019), https://doi.org/10.1186/s12940-018-0442-6; Juon, H.-S. et al., »Racial disparities in occupational risks and lung cancer incidence: Analysis of the National

Lung Screening Trial«, *Prev Med* (Baltim) 143, 106355 (2021), https://doi.org/10.1016/j.ypmed.2020.106355.

60 *Afrozensus: Der Report* 2020 (2021), https://afrozensus.de/reports/2020/.

61, 62 Memon, A. et al., »Perceived barriers to accessing mental health services among black and minority ethnic (BME) communities: a qualitative study in Southeast England«, *BMJ Open* 6, e012337 (2016), https://doi.org/10.1136/bmjopen-2016-012337; Meyer, O. L. & Zane, N., »The influence of race and ethnicity in clients' experiences of mental health treatment«, *J Community Psychol* 41, S. 884–901 (2013), https://doi.org/10.1002%2Fj cop.21580.

63, 64 Cénat, J. M., »How to provide anti-racist mental health care«, *Lancet Psychiatry* 7, S. 929–931 (2020), https://doi.org/10.1016/s2215-0366(20)30309-6; Ngui, E. M., Khasakhala, L., Ndetei, D. & Roberts, L. W., »Mental disorders, health inequalities and ethics: A global perspective«, *International Review of Psychiatry* 22, S. 235–244 (2010), https://doi.org/10.3109%2F09540261.2010.485273.

65 Eylem, O., de Wit, L., van Straten, A. et al., »Stigma for common mental disorders in racial minorities and majorities a systematic review and meta-analysis«, *BMC Public Health* 20, 879 (2020), https://doi.org/10.1186/s12889-020-08964-3.

66 Shelton, S. A. & Lester, A. O. S., »A narrative exploration of the importance of intersectionality in a Black trans woman's mental health experiences«, *Int J Transgend Health*, S. 1–14 (2020), https://doi.org/10.1080/26895269.2020.1838393.

67 Lipson, S. K., Kern, A., Eisenberg, D. & Breland-Noble, A. M., »Mental Health Disparities Among College Students of Color«, Journal of Adolescent Health 63, S. 348–356 (2018), https://doi.org/10.1016/j.jadohealth.2018.04.014.

68, 69 Cummings, J. R., Ji, X., Lally, C. & Druss, B. G., »Racial and Ethnic Differences in Minimally Adequate Depression Care Among Medicaid-Enrolled Youth«, *J Am Acad Child Adolesc Psychiatry* 58, S. 128–138 (2019), https://doi.org/10.1016/j.jaac.2018.04.025; Breland-Noble, A. M., »Mental healthcare disparities affect treatment of Black adolescents«, *Psychiatric Annals* Bd. 34, S. 534–538 (2004), https://doi.org/10.3928%2F0048-5713-20040701-14.

70 NYC Mayor's Office of Community Mental Health Mental Health Data Dashboard, NYC Mayor's Office of Community Mental Health, https://mentalhealth.cityofnewy ork.us/dashboard/.

71 Ahmad, G., McManus, S., Cooper, C., Hatch, S. L. & Das-Munshi, J., »Prevalence of common mental disorders and treatment receipt for people from ethnic minority backgrounds in England: repeated cross-sectional surveys of the general population in 2007 and 2014«, *British Journal of Psychiatry* 1–8 (2021), https://doi.org/10.1192/bjp.2021.179.

72, 73 Barnett, P. et al., »Ethnic variations in compulsory detention under the Mental

Health Act: a systematic review and meta-analysis of international data«, *Lancet Psychiatry* 6, S. 305–317 (2019), https://doi.org/10.1016/s2215-0366(19)30027-6; Rosenfield, S., »Race Differences in Involuntary Hospitalization: Psychiatric vs. Labeling Perspectives«, *J Health Soc Behav* 25, S. 14–23 (1984), https://psycnet.apa.org/doi/10.2307/2136701.

74, 75, 76 Gara, M. A., Minsky, S., Silverstein, S. M., Miskimen, T. & Strakowski, S. M., »A Naturalistic Study of Racial Disparities in Diagnoses at an Outpatient Behavioral Health Clinic«, *Psychiatric Services* 70, S. 130–134 (2018), https://doi.org/10.1176/appi.ps.201800 223; Strakowski, S. M. et al., »Ethnicity and diagnosis in patients with affective disorders«, *J Clin Psychiatry* 64, S. 747–754 (2003), https://doi.org/10.4088/jcp.v64n0702; Pinto, R., Ashworth, M. & Jones, R., »Schizophrenia in black Caribbeans living in the UK: an exploration of underlying causes of the high incidence rate«, *British Journal of General Practice* 58, 429 LP – 434 (2008), https://doi.org/10.3399%2Fbjgp08X299254.

77 Jordan, A., Allsop, A. Z. A. S. & Collins, P. Y., »Decriminalising being Black with mental illness«, *Lancet Psychiatry* 8, S. (2021), https://doi.org/10.1016/s2215-0366(20)30519-8.

78 Thomas, M. D., Jewell, N. P. & Allen, A. M., »Black and unarmed: statistical interaction between age, perceived mental illness, and geographic region among males fatally shot by police using case-only design«, *Ann Epidemiol* 53, 42–49. e3 (2021), https://doi.org/10.1016/j.annepidem.2020.08.014.

79, 80 Purnell, D., *Becoming Abolitionists: Police, Protests, and the Pursuit of Freedom* (Astra House, 2021); Bor, J., Venkataramani, A. S., Williams, D. R. & Tsai, A. C., »Police killings and their spillover effects on the mental health of black Americans: a population-based, quasi-experimental study«, *Lancet* 392, S. 302–310 (2018), https://doi.org/10.1016/s0140-6736(18)31130-9.

81 Cartwright S. A., »Report on the Diseases and Physical Peculiarities of the Negro Race«, *New Orleans Medical and Surgical Journal*, S. 691–715 (1851).

82 Bromberg, W. & Simon, F., »The ›Protest‹ Psychosis: A Special Type of Reactive Psychosis«, *Arch Gen Psychiatry* 19, S. 155–160 (1968), https://doi.org/10.1001/archpsyc.1968.01740080027005; Metzl, J. M. *The protest psychosis: How schizophrenia became a black disease* (Beacon Press, 2009).

3 Systemischer Rassismus

1,2 Constante, H. M., Marinho, G. L., & Bastos, J. L., »The door is open, but not everyone may enter: racial inequities in healthcare access across three Brazilian surveys«, *Ciência & Saúde Coletiva*, 26, S. 3981–3990 (2021), https://doi.org/10.1590/1413-8123 2021 269.47412 020; Hone, T., Rasella, D., Barreto, M. L., Majeed, A., & Millett, C., »Association between expansion of primary healthcare and racial inequalities in mortality amenable to primary care in Brazil: a national longitudinal analysis«, *PLoS medicine*, 14(5), e1002306 (2017), https://doi.org/10.1371/jour nal.pmed.1002 306.

3 Phillips, D., »Enormous disparities: coronavirus death rates expose Brazil's deep racial inequalities«, *Guardian* (2020), https://www.theguardian.com/world/2020/jun/09/enormous-disparities-coronavirus-death-rates-expose-brazils-deep-racial-inequalities.

4 Muniz, B., Fonseca, B. & Pina, R., »Em duas semanas, número de negros mortos por coronavírus é cinco vezes maior no Brasil«, *Pública* (2020), https://apublica.org/2020/05/em-duas-semanas-numero-de-negros-mortos-porcoronavirus-e-cinco-vezes-maior-no-brasil/.

5 Araújo, E. M. de et al., »Morbimortalidade pela Covid-19 segundo raça/cor/etnia: a experiencia do Brasil e dos Estados Unidos«, *Saúde em Debate* 44, S. 191–205 (2020), https://doi.org/10.1590/0103-11042020E412.

6 Caldwell, K. L. & Araújo, E. M. de, »COVID-19 is deadlier for black Brazilians, a legacy of structural racism that dates back to slavery«, *Conversation* (2020), https://theconversation.com/covid-19-is-deadlier-for-black-brazilians-a-legacy-of-structuralracism-that-dates-back-to-slavery-139430.

7, 8 Telles, E., »Racial discrimination and miscegenation«, *UN Chronicle*, 44(3), S. 46–47 (2008), https://www.un.org/en/chronicle/article/racial-discrimination-and-miscegenation-experience-brazil; Wilson, V. & Darity Jr., W., »Understanding black-white disparities in labor market outcomes requires models that account for persistent discrimination and unequal bargaining power«, *Economic Policy Institute* (2022), https://www.epi.org/unequalpower/publications/understanding-black-white-disparities-in-labor-market-outcomes/.

9 Stroud, P., *Measuring Poverty Before the Covid-19 Pandemic,* Social Metrics Commission (2021), https://socialmetricscommission.org.uk/measuring-poverty-before-the-covid-19-pande mic/.

10, 11 Havranek, E. P., »The Influence of Social and Economic Factors on Heart Disease«, *JAMA Cardiol* 4, S. 1212 f.(2019,) https://doi.org/10.1001/jamacar dio.2019.3802; Stringhini, S. et al., »Association of lifecourse socioeconomic status with chronic inflammation and type 2 diabetes risk: the Whitehall II prospective cohort study«, *PLoS Med* 10, e1001479 (2013), https://doi.org/10.1371/journal.pmed.1001479.

12, 13 Pollack, C. E. et al., »Should health studies measure wealth? A systematic review«, *Am J Prev Med* 33, S. 250–264 (2007), https://doi.org/10.1016/j.amepre.2007.04.033; Pollack, C. E. et al., »Do wealth disparities contribute to health disparities within racial/ethnic groups?« *J Epidemiol Community Health 67*, S. 439–445 (2013), https://doi.org/10.1136/jech-2012-200999.

14 Sweet, E., Nandi, A., Adam, E. K. & McDade, T. W., »The high price of debt: household financial debt and its impact on mental and physical health«, *Soc Sci Med* 91, S. 94–100 (2013), https://doi.org/10.1016/j.socscimed.2013.05.009.

15, 16 Gross, T. A., »Forgotten History Of How The U. S. Government Segregated America«, *NPR* (2017), https://www.npr.org/2017/05/03/526655831/a-forgotten-history-of-how-the-u-s-government-segregated-america; Thompson, C. W., Kim, C., Moore, N., Popescu, R. & Ruff, C., »Racial covenants, a relic of the past, are still on the books across the country«, *NPR* (2021), https://www.npr.org/2021/11/17/1049052531/racial-covenants-housing-discrimination.

17 Hamilton, D., »Post-racial rhetoric, racial health disparities, and health disparity consequences of stigma, stress, and racism«, *Washington Center for Equitable Growth* (2017), https://equitablegrowth.org/working-papers/racial-health-disparities/.

18 *Who's working in HE?: Personal characteristics, Higher Education Statistics Agency* (2022), https://www.hesa.ac.uk/data-and-analysis/staff/working-in-he/characteristics.

19 Marinho, M. F. et al., »Racial disparity in excess mortality in Brazil during COVID-19 times«, *European Journal of Public Health*, 32(1), S. 24–26 (2022), https://doi.org/10.1093/eurpub/ckab097.

20, 21 *The unequal impact of COVID-19: A spotlight on frontline workers, migrants and racial/ethnic minorities*, OECD (2022), https://www.oecd.org/coronavirus/policy-responses/the-unequal-impact-of-covid-19-a-spotlight-on-frontline-workers-migrants-and-racial-ethnic-minorities-f36e931e/; Liverpool, L., »Why coronavirus hit people from BAME communities so hard«, *Wired* (2020), https://www.wired.co.uk/article/bame-communities-coronavirus-uk.

22 Kinder, M. & Stateler, L., »Essential workers comprise about half of all workers in low paid occupations. They deserve a $ 15 minimum wage«, Brookings Institution (2021), https://www.brookings.edu/blog/the-avenue/2021/02/05/essential-workers-deserve-minimum-wage-increase/.

23 Marshall, C., »Rosamund Adoo-Kissi-Debrah: Did air pollution kill my daughter?«, *BBC* (2020), https://www.bbc.com/news/stories-55106501.

24 Barlow, P., Ella Kissi-Debrah – 2021-0113-1 *Annex A Regulation 28: Report to Prevent Future Deaths* (1) (2021), https://www.judiciary.uk/wp-content/uploads/2021/04/Ella-Kissi-Debrah-2021-0113-1.pdf.

25 »The health effects of air pollution: Driving policy and legislative change to improve air quality and protect public health«, University of Southampton, https://www.southampton.ac.uk/medicine/research/impact/health-effects-of-air-pollution.page.

26 Vaughan, A., »Landmark ruling says air pollution contributed to death of 9-year-old«, *New Scientist* (2020), https://www.newscientist.com/article/2263 165-landmark-ruling-says-air-pollution-contributed-to-death-of-9-year-old/.

27 Vaughan, A., »Rosamund Kissi-Debrah: Clean air ›Ella's law‹ would honour her memory«, *New Scientist* (2020), https://www.newscientist.com/article/2263428-rosamund-kissidebrah-clean-air-ellas-law-would-honour-her-memory/.

28 Netuveli, G. et al., »Ethnic variations in UK asthma frequency, morbidity, and health-service use: a systematic review and meta-analysis«, *Lancet* 365, S. 312–317 (2005), https://doi.org/10.1016/s0140-6736(05)17785-x.

29 Vaughan, A., »London's black communities disproportionately exposed to air pollution – study«, *Guardian* (2016), https://www.theguardian.com/environment/2016/oct/10/londons-black-communities-disproportionately-exposed-to-airpollution-study.

30 *Which neighbourhoods have the worst air pollution? Friends of the Earth* (2022), https://policy.friendsoftheearth.uk/insight/which-neighbourhoods-have-worst-air-pollution.

31 Tessum, C. W. et al., »Inequity in consumption of goods and services adds to racial-ethnic disparities in air pollution exposure«, *Proceedings of the National Academy of Sciences* 116, S. 6001–6006 (2019), https://doi.org/10.1073/pnas.1818859116.

32 »Asthma and African Americans«, *US Department of Health and Human Services Office of Minority Health* (2021), https://minorityhealth.hhs.gov/omh/browse.aspx?lvl=4&lvlid=15.

33, 34 Than, K., »Can California Farmers Save Water and the Dying Salton Sea?«, *National Geographic* (2014), https://www.nationalgeographic.com/history/article/140218-salton-sea-imperial-valley-qsa-water-conservation; Llamas, R., »What's wrong with the Salton Sea?«, National Audubon *Society* (2020), https://ca.audubon.org/news/whats-wrong-salton-sea.

35 Van Horne, Y. O. et al., »Influences of Windblown Particulate Matter on Children's Respiratory Health Residing Near the Salton Sea, California«, *ISEE Conference Abstracts* Bd. 2021 (2021), https://ehp.niehs.nih.gov/doi/abs/10.1289/isee.2021.P-491.

36 Farzan, S. F. et al., »Assessment of Respiratory Health Symptoms and Asthma in Children near a Drying Saline Lake«, Int J Environ Res Public Health 16, 3828 (2019), https://doi.org/10.3390/ijerph16203828.

37 Johnston, J. E., Razafy, M., Lugo, H., Olmedo, L. & Farzan, S. F., »The disappearing Salton Sea: A critical reflection on the emerging environmental threat of disappearing saline lakes and potential impacts on children's health«, *Sci Total Environ* 663, S. 804–817 (2019), https://doi.org/10.1016/j.scitot env.2019.01.365.

38 Sarkar, S., Chauhan, A., Kumar, R. & Singh, R. P., »Impact of Deadly Dust Storms (May 2018) on Air Quality, Meteorological, and Atmospheric Parameters Over the Northern Parts of India«, *Geohealth* 3, S. 67–80 (2019), https://doi.org/10.1029/2018GH000170.

39 Chakraborty, J. & Basu, P., »Air Quality and Environmental Injustice in India: Connecting Particulate Pollution to Social Disadvantages«, *International Journal of Environmental Research and Public Health* Bd. 18, Vorabdruck (2021), siehe hier: https://doi.org/10.3390/ijerph18010304.

40, 41 *Toxic wastes and race in the United States: A national report on the racial and socioeconomic characteristics of communities with hazardous waste sites,* United Church of Christ Commission for Racial Justice (1987), https://www.ucc.org/wp-content/uploads/2020/12/ToxicWastesRace.pdf; Bullard, R. D., *Dumping in Dixie: Race, Class, and Environmental Quality*, (Routledge, 1990).

42, 43, 44 Bullard, R. D., Mohai, P., Saha, R. & Wright, B., »Toxic wastes and race at twenty: Why race still matters after all of these years«, *Envtl. L.* 38, 371 (2008), http://www.jstor.org/stable/43267204; Mohai, P. & Saha, R., »Which came first, people or pollution? Assessing the disparate siting and post-siting demographic change hypotheses of environmental injustice«, *Environmental Research Letters* 10, 115008 (2015), http://doi.org/10.1088/1748-9326/10/11/115008; Mascarenhas, M., Grattet, R. & Mege, K., »Toxic Waste and Race in Twenty-First Century America: Neighborhood Poverty and Racial Composition in the Siting of Hazardous Waste Facilities«, *Environment and Society* 12, S. 108–126 (2021), http://dx.doi.org/10.3167/ares.2021.120107.

45 *Watered Down Justice. Natural Resources Defense Council* (2019), https://www.nrdc.org/resources/watered-down-justice.

46 Hanna-Attisha, M., LaChance, J., Sadler, R. C. & Champney Schnepp, A., »Elevated Blood Lead Levels in Children Associated with the Flint Drinking Water Crisis: A Spatial Analysis of Risk and Public Health Response«, *Am J Public Health* 106, S. 283–290 (2016), https://doi.org/10.2105%2FAJPH.2015.303003.

47 Yeter, D., Banks, E. C. & Aschner, M., »Disparity in Risk Factor Severity for Early Childhood Blood Lead among Predominantly African-American Black Children:

The 1999 to 2010 US NHANES«, *International Journal of Environmental Research and Public Health* Bd. 17 (2020), https://doi.org/10.3390/ijerph17051552.

48 *USA: Environmental racism in ›Cancer Alley‹ must end – experts*, United Nations (2021), https://www.ohchr.org/en/press-releases/2021/03/usa-environmental-racismcancer-alley-must-end-experts.

49 Lewis, J., Hoover, J. & MacKenzie, D., »Mining and Environmental Health Disparities in Native American Communities«, *Curr Environ Health Rep* 4, S. 130–141 (2017), https://doi.org/10.1007/s40572-017-0140-5.

50, 51 Van Horne, Y. O. et al., »Impacts to Diné Activities with the San Juan River after the Gold King Mine Spill«, *J Expo Sci Environ Epidemiol* 31, S. 852–866 (2021), https://doi.org/10.1038/s41370-021-00290-z; Van Horne, Y. O., »Exposures and Health Risks of the Diné Communities Impacted by the Gold King Mine Spill«, *University of Arizona* (2019), http://hdl.handle.net/10150/636668.

52, 53 Philibert, A., Fillion, M. & Mergler, D., »Mercury exposure and premature mortality in the Grassy Narrows First Nation community: a retrospective longitudinal study«, *Lancet Planet Health* 4, e141-e148 (2020); Graham, J., »Canada votes to collect data to document environmental racism«, Reuters (2021), https://www.reuters.com/article/us-canada-environment-racism-trfn-idUSKBN2BG 3BV.

54 »Amazonian Indigenous Peoples Demand Justice One Year After Ecuador Oil Spill«, Amazon Watch (2021), https://amazonwatch.org/news/2021/0407-amazonian-indigenous-peoples-dem and-justice-one-year-after-ecuador-oil-spill.

55, 56 Islam, N. S. & Winkel, J., »Climate change and social inequality«, *United Nations* (2017), https://digitallibrary.un.org/record/3859027?ln=en; Künzel, V. & Schäfer, L., »Building resilience: climate impacts and corona«, *German Watch* (2020), https://www.germanwatch.org/en/18535.

57 Silva, R. R., Ribeiro, C. J., Moura, T. R., Santos, M. B., Santos, A. D., Tavares, D. S., & Santos, P. L., »Basic sanitation: a new indicator for the spread of COVID-19?«, *Transactions of The Royal Society of Tropical Medicine and Hygiene*, 115(7), S. 832–840 (2021), https://doi.org/10.1093/trstmh/traa187.

58, 59, 60, 61 Soltan, M., Crowley, L., Melville, C., et al., »To what extent are social determinants of health, including household overcrowding, air pollution and housing quality deprivation, modulators of presentation, ITU admission and outcomes among patients with SARS-COV-2 infection in an urban catchment area in Birmingham, United Kingdom?«, *Thorax* 76:A237-A238 (2021), http://dx.doi.org/10.1136/thorax-2020-BTSabstracts.414; Brandt, E. B., Beck, A. F., Mersha, T. B., »Air pollution, racial disparities, and COVID-19 mortality«, *J Allergy Clin Immunol.* 146(1):61–63 (2020), https://doi.org/10.1016%2Fj.jaci.2020.04.035; Wu, X., Nethery, R. C., Sabath, M. B., Braun, D., Dominici, F., »Air pollution and COVID-19 mortality in

the United States: Strengths and limitations of an ecological regression analysis«, *Sci Adv.* 6(45):eabd4049 (2020), https://doi.org/10.1126/sci adv.abd4049.
Dey, T., Dominici, F., »COVID-19, Air Pollution, and Racial Inequity: Connecting the Dots«, Chem Res Toxicol. 34(3):669–671 (2021), https://doi.org/10.1021/acs.chemrestox.0c00432.

62, 63, 64, 65, 66 Toleikyte, L. & Salway, S., *Public Health England Local action on health inequalities Understanding and reducing ethnic inequalities in health* (2018), https://www.ucl.ac.uk/epidemiology-health-care/news/2018/sep/local-action-health-inequalities-understanding-and-reducing-ethnic-inequalities-health; Walker, R. E., Keane, C. R. & Burke, J. G., »Disparities and access to healthy food in the United States: A review of food deserts literature«, *Health Place* 16, S. 876–884 (2010), https://doi.org/10.1016/j.healthplace.2010.04.013; Washington, H. A., *A Terrible Thing to Waste: Environmental Racism and Its Assault on the American Mind* (Little, Brown and Company, 2019); Washington, H. A., »How environmental racism is fuelling the coronavirus pandemic«, *Nature* 581, S. 241 (2020), https://doi.org/10.1038/d41586-020–01453-y; Honório, O. S. et al., »Social inequalities in the surrounding areas of food deserts and food swamps in a Brazilian metropolis«, *Int J Equity Health* 20, S. 168 (2021), https://doi.org/10.1186/s12939-021-01501-7.

67, 68, 69, 70 Morland, K., Diez Roux, A. v & Wing, S., »Supermarkets, Other Food Stores, and Obesity: The Atherosclerosis Risk in Communities Study«, *Am J Prev Med* 30, S. 333–339 (2006), https://doi.org/10.1016/j.amepre.2005.11.003; Babey, S. H., Diamant, A. L., Hastert, T. A. & Harvey, S., »Designed for disease: the link between local food environments and obesity and diabetes«, (2008), https://escholarship.org/uc/item/7sf9t 5wx; Hales, C. M., Carroll, M. D., Fryar, C. D. & Ogden, C. L., »Prevalence of Obesity Among Adults and Youth: United States«, 2015–2016; *NCHS Data Brief* 288, S. 1–8 (2017), https://www.cdc.gov/nchs/data/databriefs/db288.pdf; *Overweight adults*, UK Government: Ethnicity facts and figures (2023), https://www.ethnicity-facts-figures.service.gov.uk/hea lth/diet-and-exercise/overweight-adults/latest.

71 Jennings, V. & Gaither, C. J., »Approaching environmental health disparities and green spaces: an ecosystem services perspective«, *Int J Environ Res Public Health* 12, S. 1952–1968 (2015), https://doi.org/10.3390%2Fijer ph120201952.

72 *Building the evidence base*, Design Council (2010), https://www.design coun cil.org.uk/resources/report/urban-green-nation.

73 Ray, R., »Black people don't exercise in my neighborhood: Perceived racial composition and leisure-time physical activity among middle class blacks and whites«, *Soc Sci Res* 66, S. 42–57 (2017), https://doi.org/10.1016/j.ssresea rch.2017.03.008.

74 Ferreira, H. R. S. & Soares, M. K., »Violencia e segurança pública: uma síntese da produçao da Diest nosúltimos dez anos«. *Bol. Anál. Político-Instit*, S. 129–144 (2021), https://repositorio.ipea.gov.br/bitstream/11058/10644/1/bapi29_violencia-seguranca.pdf.

4 Alltagsrassismus

1 Smith, C., »What a Racist Slur Does to the Body«, The Atlantic (2022), https://www.theatlantic.com/ideas/archive/2022/10/racism-effects-health-black-americans/671822/.

2 *Why Covid-19 Is Killing Black People*, The United States of Anxiety, WNYC (2020), https://www.wnycstudios.org/podcasts/anxiety/episodes/why-covid-black-people.

3 Geronimus, A. T., »The weathering hypothesis and the health of African-American women and infants: evidence and speculations«, *Ethn Dis* 2, S. 207–221 (1992), https://www.jstor.org/stable/45403051.

4 »Covid-19 has shone a light on racial disparities in health«, *The Economist* (2020), https://www.economist.com/international/2020/11/21/covid-19-has-shone-a-light-on-racial-disparities-in-health.

5, 6, 7 McNeilly, M. D. et al., »Effects of racist provocation and social support on cardiovascular reactivity in African American women«, *Int J Behav Med* 2, S. 321–338 (1995), https://doi.org/10.1207/s15327558ijbm0204_3; Fang, C. Y. & Myers, H. F., »The effects of racial stressors and hostility on cardiovascular reactivity in African American and Caucasian men«, *Health Psychol* 20, S. 64–70 (2001), https://doi.org/10.1037//0278-6133.20.1.64; Guyll, M., Matthews, K. A. & Bromberger, J. T., »Discrimination and unfair treatment: relationship to cardiovascular reactivity among African American and European American women«, *Health Psychol* 20, Seiten 315–325 (2001), https://doi.org/10.1037//0278-6133.20.5.315.

8 McEwen, B. S. & Stellar, E., »Stress and the individual. Mechanisms leading to disease«, *Arch Intern Med* 153, S. 2093–2101 (1993), https://doi.org/10.1001/archinte.1993.00410180039004.

9, 10 Geronimus, A. T., Hicken, M., Keene, D. & Bound, J., »Weathering and age patterns of allostatic load scores among blacks and whites in the United States«, *Am J Public Health* 96, S. 826–833 (2006), https://doi.org/10.2105%2FAJPH.2004.060749; Peek, M. K. et al., »Allostatic load among non-Hispanic Whites, non-Hispanic Blacks, and people of Mexican origin: effects of ethnicity, nativity, and acculturation«, *Am J Public Health* 100, S. 940–946 (2010), https://doi.org/10.2105%2FAJPH.2007.129312.

11 Geronimus, A. T. et al., »Do US Black Women Experience Stress-Related Accelerated Biological Aging?: A Novel Theory and First Population-Based Test of Black-White Differences in Telomere Length«, *Hum Nat* 21, S. 19–38 (2010), https://doi.org/10.1007%2Fs12110-010-9078-0.

12 Williams, D. R., »Miles to go before we sleep: racial inequities in health«, *J Health Soc Behav* 53, S. 279–295 (2012), https://doi.org/10.1177%2F0022146512455804.

13 Kochanek, K. D., Murphy, S. L., Xu, J. & Arias, E., »Deaths: final data for 2017«, (2019), https://www.cdc.gov/nchs/data/nvsr/nvsr68/nvsr68 09–508.pdf.

14 Theresa, A. & Noreen, G., »Reductions in 2020 US life expectancy due to COVID-19 and the disproportionate impact on the Black and Latino populations«, *Proceedings of the National Academy of Sciences* 118, e2014746118(2021), https://doi.org/10.1073/pnas.2014746118.

15 Williams, D. R., »How racism makes us sick«, *TEDMED* (2016), https://www.tedmed.com/talks/show?id=621421.

16 Williams, D. R., Yu, Y., Jackson, J. S. & Anderson, N. B., *J Health Psychol* 2(3), S. 335–351 (1997), https://doi.org/10.1177/135910539700200305.

17 Slemon, A., Susan Dahinten, V., Stones, C., Bungay, V. & Varcoe, C., »Analysis of the social consequences and value implications of the Everyday Discrimination Scale (EDS): implications for measurement of discrimination in health research«, *Health Sociology Review*, S. 1–15 (2021), https://doi.org/10.1080/14461242.2021.1969980.

18, 19, 20, 21 Harris, R. et al., »Racism and health: the relationship between experience of racial discrimination and health in New Zealand«, *Soc Sci Med* 63, S. 1428–1441 (2006). https://doi.org/10.1016/j.socscimed.2006.04.009; Chae, D. H., Lincoln, K. D., Adler, N. E. & Syme, S. L., »Do experiences of racial discrimination predict cardiovascular disease among African American men? The moderating role of internalized negative racial group attitudes«, *Soc Sci Med* 71, S. 1182–1188 (2010), https://doi.org/10.1016/j.socscimed.2010.05.045; Taylor, T. R. et al., »Racial discrimination and breast cancer incidence in US Black women: the Black Women's Health Study«, *Am J Epidemiol* 166, S. 46–54 (2007), https://doi.org/10.1093/aje/kwm056; Utsey, S. O. »Racism and the psychological well-being of African American men«, Journal of African American Men, S. 69–87 (1997), https://doi.org/10.1007/s12111-997-1011-1.

22, 23 Sawyer, P. J., Major, B., Casad, B. J., Townsend, S. S. M. & Mendes, W. B., »Discrimination and the stress response: psychological and physiological consequences of anticipating prejudice in interethnic interactions«, *Am J Public Health* 102, S. 1020–1026 (2012), https://doi.org/10.2105%2FAJPH.2011.300620; Liverpool, L., »Systemic racism: What research reveals about the extent of its impact«, *New Scientist* 3309 (2020), https://www.newscientist.

24,25 Holmes, T. H. & Rahe, R. H., »The social readjustment rating scale«, J Psychosom Res (1967), https://doi.org/10.1016/0022-3999(67)90010-4; Utsey, S. O., Giesbrecht, N., Hook, J. & Stanard, P. M., »Cultural, sociofamilial, and psychological resources that inhibit psychological distress in African Americans exposed to stressful life events and race-related stress«, J Couns *Psychol* 55, S. 49 (2008), https://doi.org/10.1037/0022-0167.55.1.49.

26 Utsey, S. O. & Ponterotto, J. G., »Development and validation of the Index of Race-Related Stress (IRRS)«, *Journal of Counseling Psychology* Bd. 43, S. 490–501 (1996), https://doi.org/10.1037/0022-0167.43.4.490.

27, 28, 29, 30 Utsey, S. O., Chae, M. H., Brown, C. F. & Kelly, D., »Effect of ethnic group membership on ethnic identity, race-related stress, and quality of life«, *Cultural Diversity and Ethnic Minority Psychology* Bd. 8, S. 366–377 (2002), https://doi.org/10.1037/1099-9809.8.4.367; Utsey, S. O., Payne, Y. A., Jackson, E. S. & Jones, A. M., »Race-related stress, quality of life indicators, and life satisfaction among elderly African Americans«, *Cultural Diversity and Ethnic Minority Psychology* Bd. 8, S. 224–233 (2002), https://doi.org/10.1037/1099-9809.8.3.224; Anderson, K. F., »Diagnosing Discrimination: Stress from Perceived Racism and the Mental and Physical Health Effects«, *Sociol Inq* 83, S. 55–81 (2013), https://doi.org/10.1111/j.1475-682X.2012.00433.x; Dolezsar, C. M., McGrath, J. J., Herzig, A. J. M. & Miller, S. B., »Perceived racial discrimination and hypertension: a comprehensive systematic review«, *Health Psychol* 33, S. 20–34 (2014), https://doi.org/10.1037/a0033718.

31 Beatty Moody, D. L. et al., »Lifetime discrimination burden, racial discrimination, and subclinical cerebrovascular disease among African Americans«, *Health Psychol* 38, S. 63–74 (2019), https://doi.org/10.1037/hea0000638.

32 Moon, H., Badana, A. N. S., Hwang, S.-Y., Sears, J. S. & Haley, W. E., »Dementia Prevalence in Older Adults: Variation by Race/Ethnicity and Immigrant Status«, *The American Journal of Geriatric Psychiatry* 27, S. 241–250 (2019), https://doi.org/10.1016/j.jagp.2018.11.003.

33 Coogan, P. et al., »Experiences of racism and subjective cognitive function in African American women«, *Alzheimer's & Dementia: Diagnosis, Assessment & Disease Monitoring* 12, e12067 (2020), https://doi.org/10.1002%2Fdad2.12067.

34, 35 Yaffe, K. et al., »Posttraumatic stress disorder and risk of dementia among US veterans«, *Arch Gen Psychiatry* 67, S. 608–613 (2010), https://doi.org/10.1001/archgenpsychiatry.2010.61; Qureshi, S. U. et al., »Greater prevalence and incidence of dementia in older veterans with posttraumatic stress disorder«, *J Am Geriatr Soc* 58, S. 1627–1633 (2010), https://doi.org/10.1111/j.1532-5415.2010.02977.x.

36 Clouston, S. A. P. et al., »Cognitive impairment among World Trade Center responders: Longterm implications of re-experiencing the 9/11 terrorist attacks«, *Alzhei-*

mer's & Dementia: Diagnosis, Assessment & Disease Monitoring 4, S. 67–75 (2016), https://doi.org/10.1016/j.dadm.2016.08.001.

37, 38, 39, 40 Carter, R. T., »Racism and Psychological and Emotional Injury: Recognizing and Assessing Race-Based Traumatic Stress«, *Couns Psychol* 35, S. 13–105 (2007), https://doi.org/10.1177/0011000006292033; Carter, R. T. & Forsyth, J., »Reactions to racial discrimination: Emotional stress and helpseeking behaviors«, *Psychol Trauma* 2, S. 183 (2010), https://psycnet.apa.org/doi/10.1037/a0020102; Butts, H. F., »The black mask of humanity: Racial/ethnic discrimination and post-traumatic stress disorder«, *Journal of the American Academy of Psychiatry and the Law Online* 30, S. 336–339 (2002), https://jaapl.org/content/30/3/336.long; Loo, C. M., Fairbank, J. A. & Chemtob, C. M., »Adverse race-related events as a risk factor for posttraumatic stress disorder in Asian American Vietnam veterans«, *J Nerv Ment Dis* 193, S. 455–463 (2005), https://doi.org/10.1097/01.nmd.0000168239.51714.e6.

41 Kirkinis, K., Pieterse, A. L., Martin, C., Agiliga, A. & Brownell, A., »Racism, racial discrimination, and trauma: a systematic review of the social science literature«, *Ethn Health* 26, S. 392–412 (2021), https://doi.org/10.1080/13557858.2018.1514453.

42 Frazier, D., Instagram-Post hier: @darnella_frazier03 (2021), https://www.instagram.com/p/CPT5oIBlie/.

43 »Teen who filmed George Floyd's murder given journalism award«, *BBC* (2021), https://www.bbc.com/news/world-uscanada-57449229.

44 Campbell, F. & Valera, P., »The Only Thing New is the Cameras: A Study of U.S. College Students' Perceptions of Police Violence on Social Media«, *J Black Stud* 51, S. 654–670 (2020), https://doi.org/10.1177/0743558422 1144975.

45, 46 Burri, A., Maercker, A., Krammer, S. & Simmen-Janevska, K., »Childhood Trauma and PTSD Symptoms Increase the Risk of Cognitive Impairment in a Sample of Former Indentured Child Laborers in Old Age«, *PLoS One* 8, e57826 (2013), https://doi.org/10.1371/journal.pone.0057826; Hoeijmakers, L., Lesuis, S. L., Krugers, H., Lucassen, P. J. & Korosi, A., »A preclinical perspective on the enhanced vulnerability to Alzheimer's disease after early-life stress«, *Neurobiol Stress* 8, S. 172–185 (2018), https://doi.org/10.1016%2Fj.ynstr.2018.02.003.

47 Radford, K. et al., »Childhood Stress and Adversity is Associated with Late-Life Dementia in Aboriginal Australians«, *The American Journal of Geriatric Psychiatry* 25, S. 1097–1106 (2017), https://doi.org/10.1016/j.jagp.2017.05.008.

48 Radford, K. et al., »Factors Associated with the High Prevalence of Dementia in Older Aboriginal Australians«, *J Alzheimers Dis* 70, S. 75-S85 (2019), https://doi.org/10.3233/jad-180573.

49 Caldwell, B. A. & Redeker, N., »Sleep and trauma: an overview«, *Issues Ment Health Nurs* 26, S. 721–738 (2005), https://doi.org/10.1080/01612840591008294.

50 Curtis, D. S., et al., »Habitual sleep as a contributor to racial differences in cardiometabolic risk«, *Proceedings of the National Academy of Sciences* 114.33, S. 8889–8894 (2017), https://doi.org/10.1073/pnas.1618167114.

51, 52, 53, 54 Jean-Louis, G. et al., »Differential increase in prevalence estimates of inadequate sleep among black and white Americans«, *BMC Public Health* 15, S. 1185 (2015), https://doi.org/10.1186/s12889-015-2500-0; Tubbs, A. S. et al., »Racial/ethnic minorities have greater declines in sleep duration with higher risk of cardiometabolic disease: An analysis of the U. S. National Health Interview Survey«, *Sleep Epidemiology* 2 (2022), https://doi.org/10.1016/j.sleepe.2022.100022; Anujuo, K. et al., »Ethnic differences in self-reported sleep duration in the Netherlands – the HELIUS study«, *Sleep Med 15*, S. 1115–1121 (2014), https://doi.org/10.1016/j.sleep.2014.04.019; Anujuo, K. O., Vrijkotte, T. G. M., Stronks, K., Jean-Louis, G. & Agyemang, C. O., »Ethnic differences in sleep duration at 5 years, and its relationship with overweight and blood pressure«, *Eur J Public Health* 26, S. 1001–1006 (2016), https://doi.org/10.1093/eurpub/ckw084.

55, 56, 57 Seltenrich, N., »Inequality of Noise Exposures: A Portrait of the United States«, *Environ Health Perspect* 125, 94003 (2022), https://doi.org/10.1289/EHP2471; Nadybal, S. M., Collins, T. W. & Grineski, S. E., »Light pollution inequities in the continental United States: A distributive environmental justice analysis«, *Environ Res* 189, 109959 (2020), https://doi.org/10.1016/j.envres.2020.109959; Woo, B. et al., »Residential Segregation and Racial/Ethnic Disparities in Ambient Air Pollution«, *Race Soc Probl* 11, S. 60–67 (2019), https://doi.org/10.1007/s12552-018-9254-0,

58, 59 A Demographic Profile of U. S. Workers Around the Clock, Population Reference Bureau (2008), https://www.prb.org/resources/a-demographic-profile-of-u-s-workersaround-the-clock/; IARC Monographs Volume 124: Night Shift Work, *World Health Organization* (2020), https://www.iarc.who.int/news-events/iarc-monographs-volume-124-night-shift-work/.

60, 61, 62, 63, 64, 65 Lehrner, A. & Yehuda, R., »Cultural trauma and epigenetic inheritance«, *Dev Psychopathol* 30, S. 1763–1777 (2018), https://doi.org/10.1017/s0954579418001153; Solomon, Z., Kotler, M. & Mikulincer, M., »Combat-related posttraumatic stress disorder among second-generation Holocaust survivors: preliminary findings«, *Am J Psychiatry* (1988), https://doi.org/10.1176/ajp.145.7.865; Yehuda, R., Schmeidler, J., Giller, E. L. J., Siever, L. J. & Binder-Brynes, K., »Relationship between posttraumatic stress disorder characteristics of Holocaust survivors and their adult offspring«, *Am J Psychiatry* 155, S. 841–843 und S. 1163–1171 (1998), https://doi.org/10.1176/ajp.155.9.1163; Yehuda, R., Halligan, S. L. & Bierer, L. M., »Relationship of parental trauma exposure and PTSD to PTSD, depressive an anxiety disorders in offspring«, *J Psychiatr Res* 35, S. 261–270 (2001), https://

doi.org/10.1016/s0022-3956(01)00032-2; Payne, E. A. & Berle, D., »Posttraumatic stress disorder symptoms among offspring of Holocaust survivors: A systematic review and meta-analysis«, *Traumatology* (2020), https://psycnet.apa.org/doi/10.1037/trm0000269.

66 Cloud, J., »Why Your DANN Isn't Your Destiny«, *Time* (2010), https://content.time.com/time/magazine/article/0,9171,1952 313,00.html.

67, 68, 69, 70, 71, 72, 73 Schagdarsurengin, U. & Steger, K., »Epigenetics in male reproduction: effect of paternal diet on sperm quality and offspring health«, *Nat Rev Urol* 13, S. 584–595 (2016), https://doi.org/10.1038/nrurol.2016.157; Lumey, L. H. et al., »Cohort profile: the Dutch Hunger Winter families study«, *Int J Epidemiol* 36, S. 1196–1204 (2007), https://doi.org/10.1093/ije/dym126; Heijmans, B. T. et al., »Persistent epigenetic differences associated with prenatal exposure to famine in humans«, *Proceedings of the National Academy of Sciences* 105, S. 17046–17049 (2008), https://doi.org/10.1073/pnas.0806560105; Bygren, L. O., Kaati, G. & Edvinsson, S., »Longevity determined by paternal ancestors' nutrition during their slow growth period«, *Acta Biotheor* 49, S. 53–59 (2001), https://doi.org/10.1023/a:1010241825519; Kaati, G., Bygren, L. O. & Edvinsson, S., »Cardiovascular and diabetes mortality determined by nutrition during parents' and grandparents' slow growth period«, *Eur J Hum Genet* 10, Seiten 682–688 (2002), https://doi.org/10.1038/sj.ejhg.5200859; Pembrey, M. E. et al., »Sex-specific, male-line transgenerational responses in humans«, *Eur J Hum Genet* 14, Seiten 159–166 (2006), https://doi.org/10.1038/sj.ejhg.5201538;, G. Bygren, L. O., Pembrey, M. & Sjöström, M., »Transgenerational response to nutrition, early life circumstances and longevity«, *Eur J Hum Genet* 15, Seiten 784–790 (2007), https://doi.org/10.1038/sj.ejhg.5201832.

74, 75 Egger, G., Liang, G., Aparicio, A. & Jones, P. A., »Epigenetics in human disease and prospects for epigenetic therapy«, *Nature* 429, Seiten 457–463 (2004), https://doi.org/10.1038/nature02625; Sheerin, C. M., Lind, M. J., Bountress, K. E., Nugent, N. R. & Amstadter, A. B., »The genetics and epigenetics of PTSD: overview, recent advances, and future directions«, *Curr Opin Psychol* 14, S. 5–11 (2017), https://doi.org/10.1016/j.copsyc.2016.09.003.

76 Yehuda, R. et al., »Holocaust Exposure Induced Intergenerational Effects on FKBP5 Methylation«, *Biol Psychiatry* 80, S. 372–380 (2016), https://doi.org/10.1016/j.biopsych.2015.08.005.

77 DeGruy, J., *Post Traumatic Slave Syndrome: America's Legacy of Enduring Injury and Healing* (Joy DeGruy Publications, 2005).

5 Colourism

1 Liverpool, R., »My Story With Self-Esteem«, *Recipes4Change* (2018), https://www.recipes4change.com/blog/2018/10/18/my-story-with-self-esteem.

2 Walker, A., *In Search of Our Mothers' Gardens* (Harcourt Brace Jovanovich, 1982).

3 Burton, L. M., Bonilla-Silva, E., Ray, V., Buckelew, R. & Hordge Freeman, E., »Critical Race Theories, Colorism, and the Decade's Research on Families of Color«, *Journal of Marriage and Family* 72, S. 440–459 (2010), https://doi.org/10.1111/j.1741-3737.2010.00712.x.

4 Leung, A., »If You Google ›Unprofessional Hairstyles for Work‹, These Are the Problematic Results«, *MIC* (2016), https://www.mic.com/articles/140092/if-you-google-unprofessional-hairstyles-for-work-these-are-the-problematic-results.

5 Busby, E., »Pupil repeatedly sent home from school over afro hair wins L8,500 payout«, *Independent* (2020), https://www.independent.co.uk/news/education/education-news/afro-hair-discrimation-student-legal-action-payout-ruby-williams-urswick-school-a9323466.html.

6, 7 Locke, C., »6 Kids Speak Out Against Hair Discrimination«, *New York Times Magazine* (2022), https://www.nytimes.com/2022/04/22/magazine/kids-hair-discrimination.html; Nicholson, G., »South African students speak out against ›aggressive‹ ban on afro hair«, *Guardian* (2016), https://www.theguardian.com/world/2016/aug/31/south-african-students-speak-out-ban-afro-hair-pretoria-school.

8 Griffin, C., »How Natural Black Hair at Work Became a Civil Rights Issue«, *JSTOR* Daily (2019), https://daily.jstor.org/how-natural-black-hair-at-work-became-a-civilrights-issue/.

9 White, N., »Black hair discrimination must be banned, equalities watchdog told«, *Independent* (2021), https://www.independent.co.uk/news/uk/home-news/black-hair-discrimination-watchdog-equalities-b1941567.html.

10 Coogan, P. F. et al., »Hair product use and breast cancer incidence in the Black Women's Health Study«, *Carcinogenesis* 42, S. 924–930 (2021), https://doi.org/10.1093/carcin/bgab041.

11 Brinton, L. A. et al., »Skin lighteners and hair relaxers as risk factors for breast cancer: results from the Ghana breast health study«, *Carcinogenesis* 39, S. 571–579 (2018), https://doi.org/10.1093%2Fcarcin%2Fbgy002.

12 James-Todd, T., Terry, M. B., Rich-Edwards, J., Deierlein, A. & Senie, R., »Childhood Hair Product Use and Earlier Age at Menarche in a Racially Diverse Study Population: A Pilot Study«, *Ann Epidemiol* 21, S. 461–465 (2011), https://doi.org/10.1016/j.annepidem.2011.01.009.

13 James-Todd, T. et al., »Hormonal activity in commonly used Black hair care pro-

ducts: evaluating hormone disruption as a plausible contribution to health disparities«, *J Expo Sci Environ Epidemiol* 31, S. 476–486 (2021), https://doi.org/10.1038/s41 370-021-00335-3.

14 Gilkes Borr, T., »The hidden cost of black hair«, *The Economist* (YouTube, 2021), https://www.youtube.com/watch?v=xgbdOn6uva8PXX.

15, 16 »Cosmetics: Scientific and technical assessment«, *European Commission*, https://single-market-economy.ec.europa.eu/sectors/cosmetics/scientific-and-technical-assessment_en; »Small Businesses & Homemade Cosmetics: Fact Sheet«, *US Food and Drug Administration*, https://www.fda.gov/cosmetics/resources-industry-cosmetics/small-businesses-homemade-cosmetics-fact-sheet.

17 »EDC-Free Europe campaign urges EU to ban the use of endocrine disruptors in cosmetics«, *EDCFree Europe* (2021), https://www.edc-free-europe.org/articles/letters/edc-free-europe-campaign-urges-eu-to-ban-the-use-of-endocrine-disruptors.

18, 19 Wade, T. J., Romano, M. J. & Blue, L., »The Effect of African American Skin Color on Hiring Preferences«, *J Appl Soc Psychol* 34, S. 2550–2558 (2004), https://doi.org/10.1111/J.1559-1816.2004.TB01991.X; Harrison, M. S. & Thomas, K. M., »The Hidden Prejudice in Selection: A Research Investigation on Skin Color Bias«, *J Appl Soc Psychol* 39, S. 134–168 (2009), https://doi.org/10.1111/j.1559-1816.2008.00433.x.

20 Toboni, G., »Why India's Fair Skin Business Is Booming«, VICE (YouTube, 2020), https://www.youtube.com/watch?v=BlOH Sbf9 XGI.

21 Nagar, I., »The unfair selection: A study on skin-color bias in arranged Indian marriages«, *Sage Open* 8, 2158244018773149 (2018), https://doi.org/10.1177/2158244018773149.

22 Senthilingam, M., Munsi, P. & Offiong, V., »Skin whitening: What is it, what are the risks and who profits?«, *CNN* (2022), https://edition.cnn.com/2022/01/25/world/as-equals-skinwhitening-global-market-explainer-intl-cmd/index.html.

23 Mercury in skin lightening products, World Health Organization (2019), https://www.who.int/publications/i/item/WHO-CED-PHE-EPE-19.13.

24 *Toxic Expose: Online Trade of Mercury-Containing Skin Whitening Cosmetics in the Philippines. Ecological Waste Coalition of the Philippines* (2021), https://ipen.org/documents/toxic-expose-online-trade-merc ury-containing-skin-whitening-cosmetics-philippines.

25 Peltzer, K., Pengpid, S. & James, C., »The globalization of whitening: prevalence of skin lighteners (or bleachers) use and its social correlates among university students in 26 countries«, *Int J Dermatol* 55, S. 165–172 (2016), https://doi.org/10.1111/ijd.12860.

26 Rondilla, J. L., *Colonial faces: Beauty and skin color hierarchy in the Philippines and the US* (University of California, Berkeley, 2012), https://escholars hip.org/uc/item/9523k0nb.

27 Nittle, N. K., »The Roots of Colorism, or Skin Tone Discrimination«, *ThoughtCo* (2021), https://www.thoughtco.com/what-is-colorism-2834952.

28 »Colourism In India – A History«, *Dark Is Beautiful,* https://www.darkisbeautiful.in/colourism-in-india/.

29 Jungari, S. & Bomble, P., »Caste-Based Social Exclusion and Health Deprivation in India«, *Journal of Exclusion Studies* 3, S. 84 (2013), http://dx.doi.org/10.5958/j.2231-4555.3.2.011.

30 Thapa, R., van Teijlingen, E., Regmi, P. R. & Heaslip, V., »Caste Exclusion and Health Discrimination in South Asia: A Systematic Review«, *Asia Pac J Public Health* (2021), https://doi.org/10.1177/10105395211014648.

31 Jungari, S., Sharma, B. & Wagh, D., »Beyond Maternal Mortality: A Systematic Review of Evidences on Mistreatment and Disrespect During Childbirth in Health Facilities in India«, *Trauma Violence Abuse* 22, S. 739–751 (2021), https://doi.org/10.1177/1524838019881719.

32 Rajagopalan, M., »›Black Lives Matter‹, Say These Companies That Sell Skin Lightening Products«, *Buzzfeed* (2020), https://www.buzzfeed.com/meghara/skin-lightening-cream-black-lives-matter-companies.

33 »Unilever evolves skin care portfolio to embrace a more inclusive vision of beauty«, Unilever (2020), https://www.unilever.com/news/press-and-media/press-releases/2020/unilever-evolves-skin-care-portfolio-to-embrace-a-more-inclusive-vision-of-beauty/.

34, 35 Geller, M., »L'Oreal to drop words such as ›whitening‹ from skin products«, *Reuters* (2020), https://www.reuters.com/article/us-l-oreal-whitening-idCAKBN23X224; Caldwell, G., »By any other name? P&G to re-brand skin lightening creams«, *Global Cosmetics News* (2020), https://www.globalcosmeticsnews.com/by-any-other-name-pg-to-re-brand-skin-lightening-creams/.

36, 37 Geller, M., »Johnson & Johnson drops skin-whitening creams«, Reuters (2020), https://www.reuters.com/article/us-johnson-johnson-whitening-idUSKBN23Q2BZ; Chuwiruch, P., Makol, M. K. & Saxena, R., »Skin-Whitening Products Are Still Big Business in Asia«, Bloomberg (2021), https://www.bloomberg.com/news/articles/2021-09-22/skin-whitening-creams-remain-big-business-in-asia-despite-purge?in_source=embedded-checkout-banner.

6 Racial Bias im Gesundheitswesen

1 Diep, D. et al., »Stevens-Johnson Syndrome in a Patient of Color: A Case Report and an Assessment of Diversity in Medical Education Resources«, *Cureus* 14, e22245-e22245 (2022), https://doi.org/10.7759/cur eus.22245.

2 Louie, P. & Wilkes, R., »Representations of race and skin tone in medical textbook imagery«, *SocSciMed* 202, S. 38–42 (2018), https://doi.org/10.1016/j.socscimed.2018.02.023.

3 Singh, N., »Decolonising dermatology: why black and brown skin need better treatment«, *Guardian* (2020), https://www.theguardian.com/society/2020/aug/13/decolonising-dermatology-why-black-and-brown-skin-need-better-treatment.

4 Dutt, J., Sapra, A., Sheth-Dutt, P., Bhandari, P. & Gupta, S., »Stevens-Johnson Syndrome: A Perplexing Diagnosis«, *Cureus* 12, e7374-e7374 (2020), https://doi.org/10.7759/cureus.7374.

5 Buonsenso, D., Liu, J.-F., Shanmugavadivel, D., Davis, T. & Roland, D., »Impact of Diversity in Training Resources on Self-Confidence in Diagnosing Skin Conditions Across a Range of Skin Tones: An International Survey«, *Frontiers in Pediatrics* (2022), https://doi.org/10.3389/fped.2022.837552.

6 Dawes, S. M., Tsai, S., Gittleman, H., Barnholtz-Sloan, J. S. & Bordeaux, J. S., »Racial disparities in melanoma survival«, *J Am Acad Dermatol* 75, S. 983–991 (2016), https://doi.org/10.1016/j.jaad.2016.06.006.

7 Correnti, C. M. et al., »Racial disparities in fifth-grade sun protection: Evidence from the Healthy Passages study«, *Pediatr Dermatol* 35, S. 588–596 (2018) https://doi.org/10.1111/pde.13550.

8 Wadyka, S., »Sun Safety Tips for the Entire Family«, *Consumer Reports* (2020), https://www.consumerreports.org/sun-protection/sun-safety-tips-for-the-entire-family-a794 8562 866/.

9 Charles, C. A., »Darker skin tones don't need sunscreen: fact or fiction?«, 4.5.6 *Skin*, https://456skin.com/blogs/4-5-6-talks/darker-skin-tones-don-t-need-sunscreen-fact-or-fiction.

10 Belmo, S., »Viewpoint: Why dermatology for skin of colour matters«, *GPonline* (2021), https://www.gponline.com/viewpoint-why-dermatology-skincolour-matters/dermatology/article/1709994.

11 Lester, J. C., Taylor, S. C. & Chren, M.-M., »Under-representation of skin of colour in dermatology images: not just an educational issue«, *British Journal of Dermatology* 180, S. 1521–1522 (2019), https://doi.org/10.1111/bjd.17608.

12 Street, R. L., Makoul, G., Arora, N. K. & Epstein, R. M., »How does communi-

cation heal? Pathways linking clinician-patient communication to health outcomes«, *Patient EducCouns* 74, S. 295–301 (2009), https://doi.org/10.1016/j.pec.2008.11.015.

13 Eligon, J., »Black Doctor Dies of Covid-19 After Complaining of Racist Treatment«, *New York Times* (2020), https://www.nytimes.com/2020/12/23/us/susan-moore-black-doctor-indiana.html.

14 »Black doctor dies of COVID after racist treatment complaints«, ABC News (2020), https://abcnews.go.com/US/black-doctor-dies-covid-alleging-hospital-mistreatment-black/story?id=74878119.

15 Maybank, A., Jones, C. P., Blackstock, U. & Perry, J. C., »Say her name: Dr Susan Moore«, *Washington Post* (2020), https://www.washingtonpost.com/opinions/2020/12/26/say-her-name-dr-susan-moore/.

16 Lee, P. et al., »Racial and ethnic disparities in the management of acute pain in US emergency departments: Meta-analysis and systematic review«, *Am J Emerg Med* 37, S. 1770–1777 (2019), https://doi.org/10.1016/j.ajem.2019.06.014.

17 Rukavina, K. et al., »Ethnic Disparities in Treatment of Chronic Pain in Individuals with Parkinson's Disease Living in the United Kingdom«, *Mov Disord Clin Pract* 9, S. 369–374 (2022), https://doi.org/10.1002%2Fm dc3.13430.

18 Villarosa, L., *Under the Skin: The Hidden Toll of Racism on American Lives and on the Health of Our Nation*« (Doubleday, 2022).

19, 20, 21, 22, 23, 24 Goodney, P. P., Dzebisashvili, N., Goodman, D. C. & Bronner, K. K., *Variation in the Care of Surgical Conditions: Diabetes and Peripheral Arterial Disease*, The Dartmouth Institute for Health & Clinical Practice (2014), https://data.dartmouthatlas.org/downloads/reports/Diabetes_report_1 0_14_14.pdf; Presser, L., »The Black American Amputation Epidemic«, *ProPublica* (2020), https://features.propublica.org/diabetes-amputations/black-american-amputation-epidemic/; Durazzo, T. S., Frencher, S. & Gusberg, R., »Influence of Race on the Management of Lower Extremity Ischemia: Revascularization vs Amputation«, *JAMA Surg* 148, S. 617–623 (2013), https://doi.org/10.1001/jamasurg.2013.1436; Arya, S. et al., »Race and Socioeconomic Status Independently Affect Risk of Major Amputation in Peripheral Artery Disease«, *J Am Heart Assoc* 7, e007425 (2018), https://doi.org/10.1161/jaha.117.007425; Brennan, M. B. et al., »Association of Race, Ethnicity, and Rurality with Major Leg Amputation or Death Among Medicare Beneficiaries Hospitalized With Diabetic Foot Ulcers«, *JAMA Netw Open* 5, e228399-e228399 (2022), https://doi.org/10.1001%2Fjamanetworkopen.2022.8399; Mizelle Jr, R. M., »Diabetes, race, and amputations«, *Lancet* 397, S. 1256–1257 (2021), https://doi.org/10.1016/s0140-6736(21)00724-8.

25 *Medical workforce race equality standard 2020 data report*, NHS (2021), https://

www.england.nhs.uk/publication/medical-workforce-race-equality-standard-2020-datareport/.

26 Greenwood, B. N., Hardeman, R. R., Huang, L. & Sojourner, A., »Physician-patient racial concordance and disparities in birthing mortality for newborns«, *Proceedings of the National Academy of Sciences* 117, S. 21194–21200 (2020), https://doi.org/10.1073/pnas.1913405117.

27 Alsan, M., Garrick, O. & Graziani, G., »Does diversity matter for health? Experimental evidence from Oakland«, *American Economic Review* 109, S. 4071–4111 (2019), https://doi.org/10.1257/aer.20181446.

7 Race-basierte Medizin

1 »Former NFL players speak out about race-based concussion damage assessment«, *Nightline/ABC News*, https://www.youtube.com/watch?v=j7daTuaByy4.

2, 3 Mez, J. et al., »Clinicopathological Evaluation of Chronic Traumatic Encephalopathy in Players of American Football«, *JAMA* 318, S. 360–370 (2017), https://doi.org/10.1001/jama.2017.8334; Alosco, M. L. et al., »Association of White Matter Rarefaction, Arteriolosclerosis, and Tau with Dementia in Chronic Traumatic Encephalopathy«, *JAMA Neurol* 76, S. 1298–1308 (2019), https://doi.org/10.1001/jamaneurol.2019.2244.

4 »NFL Sued For Limiting Black Players' Access To Concussion Benefits«, *Associated Press* (2020), https://apnews.com/PR%20Newswire/916620aa21015862bbfa6051b620b7b9.

5 Dale, M., »Judge tosses suit over ›race-norming‹ in NFL dementia tests«, *Associated Press* (2021), https://apnews.com/article/judge-tosses-race-norming-suit-nfl-dementia-tests-ed61e9917fcd94d79c1fe79a13e037e0.

6 Dale, M., »NFL pledges to halt ›race-norming‹, review Black claims«, *Associated Press* (2021), https://apnews.com/article/pa-state-wire-race-and-ethnicity-health-nfl-sports-205b304c0c3724532d74fc54e58b4d1d.

7 Liverpool, L., »How medical tests have built-in discrimination against Black people«, *New Scientist* (2021), https://www.newscientist.com/article/mg25133434-100-how-medical-tests-have-built-in-discrimination-against-black-people/.

8, 9 Cineas, F., »›Race norming‹ and the long legacy of medical racism, explained«, *Vox* (2021), https://www.vox.com/22528 334/race-norming-medical-racism; Heaton, R. K., *Revised comprehensive norms for an expanded Halstead-Reitan Battery: Demographically adjusted neuropsychological norms for African American and Caucasian adults, professional manual* (Psychological Assessment Resources, 2004) [zitiert in: Gasquoine, P.G., »Racenorming of neuropsychological tests«, *Neuropsychol Rev* 19, S. 250–262 (2009)].

10 P.G., Racenorming of neuropsychological tests. *Neuropsychol Rev* 19, S. 250–262 (2009), https://doi.org/10.1007/s11065-009-9090-5.

11 Casaletto, K.B. et al., »Demographically Corrected Normative Standards for the English Version of the NIH Toolbox Cognition Battery«, *J Int Neuropsychol Soc* 21, S. 378–391 (2015), https://doi.org/10.1017/s1355617715000351.

12 Possin, K.L., Tsoy, E. & Windon, C.C., »Perils of Race-Based Norms in Cognitive Testing: The Case of Former NFL Players«, *JAMA Neurol* 78, S. 377–378 (2021), https://doi.org/10.1001%2Fjamaneurol.2020.4763.

13 Roberts, D., *The problem with racebased medicine* (TEDMED, 2015), https://www.tedmed.com/talks/show?id=530900.

14 Duggal, V., Thomas, I., Montez-Rath, M.E., Chertow, G.M. & Kurella Tamura, M., »National Estimates of CKD Prevalence and Potential Impact of Estimating Glomerular Filtration Rate Without Race«, *Journal of the American Society of Nephrology* 32, 1454 LP – 1463 (2021), https://doi.org/10.1681/asn.2020121780.

15, 16 Grubbs, V., »Precision in GFR Reporting: Let's Stop Playing the Race Card«, *Clinical Journal of the American Society of Nephrology* 15, 1201 LP – 1202 (2020), https://doi.org/10.2215/cjn.00690120; Eneanya, N.D., Yang, W. & Reese, P.P., »Reconsidering the Consequences of Using Race to Estimate Kidney Function«, *JAMA* 322, S. 113–114 (2019), https://doi.org/10.1001/jama.2019.5774.

17 Levey, A.S. et al., »A more accurate method to estimate glomerular filtration rate from serum creatinine: a new prediction equation. Modification of Diet in Renal Disease Study Group«, *Ann Intern Med* 130, S. 461–470 (1999), https://doi.org/10.7326/0003-4819-130-6-199903160-00002.

18 Levey, A.S. et al., »A new equation to estimate glomerular filtration rate«, *Ann Intern Med* 150, S. 604–612 (2009), https://doi.org/10.7326/0003-4819-150-9-200905050-00006.

19 Tsai, J., »Jordan Crowley Would Be in Line for a Kidney – if He Were Deemed White Enough«, *Slate* (2021), https://slate.com/technology/2021/06/kidney-transplant-dialysis-race-adjustment.html.

20 Tsai, J.W. et al., »Evaluating the Impact and Rationale of Race-Specific Estimations of Kidney Function: Estimations from U.S. NHANES«, 2015–2018 *EClinicalMedicine* 42, 101197 (2021), https://doi.org/10.1016/j.eclinm.2021.101197.

21 *Jordan Crowley v. Strong Memorial Hospital of the University of Rochester; Kaleida Health and UBMD Physicians Group* (2021).

22 *KDIGO 2012 Clinical Practice Guideline for the Evaluation and Management of Chronic Kidney Disease, KDIGO* (2013).

23 Nkinsi, N. T. & Young, B. A., »How the University of Washington Implemented a Change in eGFR Reporting«, *Kidney360* 3, S. 557 (2022), https://doi.org/10.34067%2FKID.0006522021.

24 Roberts, D. E., »Abolish race correction«, *Lancet* 397, S. 17–18 (2021), https://doi.org/10.1016/s0140-6736(20)32716-1.

25 »Chronic kidney disease in adults: assessment and management«, *National Institute for Health and Care Excellence* (2014), https://www.nice.org.uk/guidance/cg182.

26 »Guideline Chronic kidney disease | Draft for consultation, January 2021«, *National Institute for Health and Care Excellence* (2021), https://www.nice.org.uk/guidance/ng203/documents/draft-guideline.

27 Gama, R. M. et al., »Estimated glomerular filtration rate equations in people of self-reported black ethnicity in the United Kingdom: Inappropriate adjustment for ethnicity may lead to reduced access to care«, *PLoS One* 16, e0255869 (2021), https://doi.org/10.1371/journal.pone.0255869.

28 »Chronic kidney disease: assessment and management«, *National Institute for Health and Care Excellence* (2021), https://www.nice.org.uk/guidance/ng203.

29 Liverpool, L., »Kidney test adjustment based on ethnicity cut from UK medical guidance«, *New Scientist* (2021), https://www.newscientist.com/article/2288 008-kidney-test-adjustment-based-on-ethnicity-cut-from-uk-medicalguidance/.

30 »NKF and ASN Release New Way to Diagnose Kidney Diseases«, National Kidney Foundation (2021), https://www.kidney.org/news/nkf-and-asn-release-new-way-to-diagnose-kid ney-diseases.

31 »OPTN Board approves elimination of race-based calculation for transplant candidate listing«, *Organ Procurement & Transplantation Network* (2022), https://optn.transplant.hrsa.gov/news/optn-board-approves-elimination-of-race-based-calculation-for-transplant-candidate-listing/.

32 Lujan, H. L. & DiCarlo, S. E., »Science reflects history as society influences science: brief history of ›race‹, ›race correction‹, and the spirometer‹«, *Adv Physiol Educ* 42, S. 163–165 (2018), https://doi.org/10.1152/advan.00196.2017.

33 Moffett, A. T., Eneanya, N. D., Halpern, S. D. & Weissman, G. E., »The impact of race correction on the interpretation of pulmonary function testing among Black patients«, in: *A7. A007 IMPACT OF RACE, ETHNICITY, AND SOCIAL DETERMINANTS ON INDIVIDUALS WITH LUNG DISEASES A1030-A1030, American Thoracic Society* (2021), https://doi.org/10.1164/ajrccm-conference.2021.203.1_MeetingAbstracts.A1030.

34 Graham, B. L. et al., »Standardization of Spirometry 2019 Update. An Official American Thoracic Society and European Respiratory Society Technical Statement«,

Am J Respir Crit Care Med 200, e70-e88 (2019), https://doi.org/10.1164/rccm.201908-1590st.

35 »ATS Publishes Official Statement on Race, Ethnicity and Pulmonary Function Test Interpretation«, *American Thoracic Society* (2023), https://www.thoracic.org/about/newsroom/press-releases/journal/2023/pft-and-race-official-statement.php.

36 Garcia, R. S., »The Misuse of Race in Medical Diagnosis«, *Pediatrics* 113, S. 1394–1395 (2004), https://doi.org/10.1542/peds.113.5.1394.

37 Boyle, M., »Addressing Racism and Discrimination«, *Cystic Fibrosis Foundation* (2020), https://www.cff.org/community-posts/2020-07/addressing-racism-and-discrimination.

38 Rubin, R., »Tackling the Misconception That Cystic Fibrosis Is a ›White People's Disease‹«, *JAMA* 325, S. 2330–2332 (2021), https://doi.org/10.1001/jama.2021.5086.

39 Power-Hays, A. & McGann, P. T., »When Actions Speak Louder Than Words – Racism and Sickle Cell Disease«, *New England Journal of Medicine* 383, S. 1902–1903 (2020), https://doi.org/10.1056/nejmp2022125; *No one's listening: An inquiry into the avoidable deaths and failures of care for sickle cell patients in secondary care, Sickle Cell Society* (2021), https://www.sicklecellsociety.org/no-ones-listening/.

40 Power-Hays, A. & McGann, P. T., »When Actions Speak Louder Than Words – Racism and Sickle Cell Disease«, *New England Journal of Medicine* 383, S. 1902–1903 (2020), https://doi.org/10.1056/nejmp2022125; No one's listening: An inquiry into the avoidable deaths and failures of care for sickle cell patients in secondary care, Sickle Cell Society (2021) https://www.sicklecellsociety. org/no-ones-listening/.

41, 42 Piel, F. B. et al., »Global distribution of the sickle cell gene and geographical confirmation of the malaria hypothesis«, *Nat Commun 1*, S. 104 (2010), https://doi.org/10.1038/ncomms1104; Aidoo, M. et al., »Protective effects of the sickle cell gene against malaria morbidity and mortality«, *Lancet* 359, S. 1311–1312 (2002), https://doi.org/10.1016/s0140-6736(02)08273-9.

43 Vyas, D. A., Eisenstein, L. G., & Jones, D. S., »Hidden in plain sight – reconsidering the use of race correction in clinical algorithms«, *New England Journal of Medicine* 383(9), S. 874–882 (2020), https://doi.org/10.1056/NEJMms2004740.

44 »Hypertension in adults: diagnosis and management«, National Institute for *Health and Care Excellence* (2019), https://www.nice.org.uk/guidance/ng136.

45, 46 Gopal, D. P. & Francis, R., »Does race belong in the hypertension guidelines?« *J Hum Hypertens* 35, S. 940–941 (2021), https://doi.org/10.1038/s41371-020-00414-2; Gopal, D. P., Okoli, G. N. & Rao, M., »Re-thinking the inclusion of race in British hypertension guidance«, *J Hum Hypertens* 36, S. 333–335 (2022), https://doi.org/10.1038%2Fs41371-021-00601-9.

47 Rifkin, D.E. et al., »Association of Renin and Aldosterone With Ethnicity and Blood Pressure: The Multi-Ethnic Study of Atherosclerosis«, *Am J Hypertens* 27, S. 801–810 (2014), https://doi.org/10.1093%2Fajh%2Fhpt276.

48 Liverpool, L. & Tsai, J., »Medicine must stop using race and ethnicity to interpret test results«, *New Scientist* (2021), https://www.newscientist.com/article/mg25233602–900-medicine-must-stop-using-race-and-ethnic ity-to-interpret-test-results/.

49 *Fact versus Fiction: Clinical Decision Support Tools and the (Mis)use of Race, House Committee on Ways and Means* (2021), https://democrats-waysandmeans.house.gov/sites/evo-subsites/democrats-waysandmeans.house.gov/files/documents/Fact%20Versus%20Fiction%20Clinical%20Decision%20Support%20Tools%20and%20the%20(Mis)Use%20of%20Race%20(2).pdf.

8 Die fehlenden Daten

1, 2 Shendruk, A., »Are you even trying to stop racism if you don't collect data on race?«, Quartz (2021), https://qz.com/2029525/the-20-countries-that-dont-collect-racial-and-ethnic-census-data; Balestra, C. & Fleischer, L., »Diversity statistics in the OECD: How do OECD countries collect data on ethnic, racial and indigenous identity?«, *OECD Statistics Working Papers* (2018), https://doi.org/10.1787/89bae654-en.

3 Timsit, A., »France's data collection rules obscure the racial disparities of Covid-19«, *Quartz* (2020), https://qz.com/1864274/france-doesnt-track-how-race-affects-covid-19-outcomes.

4 Zwart, J. J. et al., »Ethnic disparity in severe acute maternal morbidity: a nationwide cohort study in the Netherlands«, *Eur J Public Health* 21, S. 229–234 (2011), https://doi.org/10.1093/eurpub/ckq046.

5, 6 Saucedo, M., Deneux-Tharaux, C. & Bouvier-Colle, M.-H., »Understanding regional differences in maternal mortality: a national case-control study in France«, *BJOG* 119, S. 573–581 (2012), https://doi.org/10.1111/j.1471-0528.2011.03220.x; Philibert, M., Deneux-Tharaux, C. & Bouvier-Colle, M.-H., »Can excess maternal mortality among women of foreign nationality be explained by suboptimal obstetric care?«, *BJOG* 115, S. 1411–1418 (2008), https://doi.org/10.1111/j.1471-0528.2008.01860.x.

7 David, M. et al., »Comparison of Perinatal Data of Immigrant Women of Turkish Origin and German Women – Results of a Prospective Study in Berlin«, *Geburtshilfe Frauenheilkd* 74, S. 441–448 (2014), https://doi.org/10.1055%2Fs-0034-1368489.

8 Paradies, Y. et al., »Racism as a Determinant of Health: A Systematic Review and Meta-Analysis«, *PLoS One* 10, e0138511 (2015), https://doi.org/10.1371/journal.pone.0138511.

9 *A Union of Equality: EU anti-racism action plan* 2020–2025, European Commission (2020), https://commission.europa.eu/strategy-and-policy/policies/justice-and-fundamental-rights/combatting-discrimination/racism-and-xenophobia/eu-anti-racism-action-plan-2020-2025_en.

10 *Promotion and protection of the human rights and fundamental freedoms of Africans and of people of African descent against excessive use of force and other human rights violations by law enforcement officers*, UN OHCHR (2021), https://www.ohchr.org/en/documents/reports/ahrc4753-promotion-and-protection-human-rights-and-fundamen tal-freedoms-africans.

11 Janjuha-Jivraj, S., »How To Fix Gender Data Bias: Top Tips From Caroline Criado-Perez«, *Forbes* (2020), https://www.forbes.com/sites/shaheenajanjuhajivraj europe/2020/04/08/data-bias-is-everyones-problem/.

12, 13 *Public attitudes to a Covid-19 vaccine, and their variations across ethnic and socioeconomic groups, Royal Society for Public Health* (2020), https://www.rsph.org.uk/our-work/policy/vaccinations/public-attitudes-to-a-covid-19-vaccine.html; Robertson, E. et al., »Predictors of COVID-19 vaccine hesitancy in the UK Household Longitudinal Study«, *Brain Behav Immun* (2021), https://doi.org/10.1016/j.bbi.2021.03.008.

14, 15, 16, 17, 18, 19 MacKenna, B. et al., »Trends, regional variation, and clinical characteristics of COVID-19 vaccine recipients: a retrospective cohort study in 23.4 million patients using OpenSAFELY«, *medRxiv* (2021), https://doi.org/10.1101/2021.01.25.21250 356; Liverpool, L., »UK government won't say if it has ethnicity data for covid-19 shots«, *New Scientist* (2021), https://www.newscientist.com/article/2264 611-uk-government-wont-say-if-it-has-ethnicity-data-for-covid-19-shots/; Liverpool, L., »We must start publishing ethnicity data for covid-19 vaccinations«, *New Scientist* (2021), https://www.newscientist.com/article/2265 004-we-must-start-publishing-ethnicity-data-for-covid-19-vaccinations/; Liverpool, L., »NHS England criticised over missing ethnicity data for covid-19 jabs«, *New Scientist* (2021), https://www.newscientist.com/arti cle/2266 017-nhs-england-criticised-over-missing-ethnicity-data-for-covid-19-jabs/; Kituno, N., »NHS England agrees to collect ethnicity data seven weeks after covid vaccinations began«, *Health Service Journal* (2021), https://www.hsj.co.uk/primary-care/nhs-england-agrees-to-collect-ethnicity-data-seven-weeks-after-covid-vaccinations-began/7029 378.article; Kelly-Linden, J., »NHS to publish data on ethnicity to help combat vaccine hesitancy«, *Telegraph* (2021), https://www.telegraph.co.uk/globalhealth/science-and-disease/nhs-publish-data-ethnicity-help-combat-vaccine-hesitancy/.

20 *Coronavirus and vaccination rates in people aged 70 years and over by socio-demographic characteristic, England: 8 December 2020 to 11 March 2021*, Office for National Statistics (2021), https://www.ons.gov.uk/peoplepopulationandcommunity/healthandsocialcare/healthinequalities/bulletins/coronavirusandvaccinationratesinpeopleaged70yearsandoverbysociodemographiccharacteristicengland/8december2020to11march2021.

21 *A letter to loved ones about the COVID-19 vaccine – Sir Lenny Henry*, NHS/YouTube, 2021 https://www.youtube.com/watch?v=0mKYnTZvIUM.

22 *Coronavirus (COVID-19) latest insights: Vaccines, Office for National Statistics* (2022), https://www.ons.gov.uk/peoplepopulationandcommunity/healthandsocialcare/conditionsanddiseases/articles/coronaviruscovid19latestinsights/vaccines.

23, 24 *Guidance note on the collection and use of equality data based on racial or ethnic origin*, European Commission (2021), https://commission.europa.eu/system/files/2022-02/guidance_note_on_the_collection_and_use_of_equality_data_based_on_racial_or_ethnic_origin_final.pdf; *Updated compendium of equality data practices*, European Union Agency for Fundamental Rights (2022), https://fra.europa.eu/en/news/2022/updated-compendium-equality-data-practices.

25 *Equality data collection: Facts and principles, European Network Against Racism* (2016), https://www.enar-eu.org/wp-content/uploads/edc-general_factsheet_final.pdf.

26 Gyamerah, D., *11_Glossar Anti-Schwarzer Rassismus_Afrozensus*, (Each One Teach One/YouTube, 2021), https://www.youtube.com/watch?v=w8YoPPwqdQ.

27 Miranda, V., »A resurgence of black identity in Brazil? Evidence from an analysis of recent censuses«, *Demogr Res* 32, S. 1603–1630 (2015), https://dx.doi.org/10.4054/DemRes.2015.32.59.

28, 29 Platt, L., »Royal wedding: The UK's rapidly changing mixed-race population«, *BBC* (2018), https://www.bbc.co.uk/news/uk-44040766; Foster-Frau, S., Mellnik, T. & Blanco, A., »We're talking about a big, powerful phenomenon: Multiracial Americans drive change«, *The Washington Post* (2021), https://www.washingtonpost.com/nation/2021/10/08/mixed-race-americans-increase-census/.

30 Kauh, T. J., Read, J. G. & Scheitler, A. J., »The Critical Role of Racial/Ethnic Data Disaggregation for Health Equity«, *Popul Res Policy Rev* 40, S. 1–7 (2021), https://doi.org/10.1007/s11113-020-09631-6.

31 *Why Disaggregate? Disparities in AAPI Health*, AAPI Data (2017), http://aapidata.com/blog/countmeinhealth-di.

32 Nagle, R., »Native Americans being left out of US coronavirus data and labelled as

›other‹«, Guardian (2020), https://www.theguardian.com/us-news/2020/apr/24/us-native-americans-left-out-coronavirus-data.

33 Bellon, T. & Raymond, N., »Bristol-Myers, Sanofi ordered to pay Hawaii $ 834 million over Plavix warning label«, *Reuters* (2021), https://www.reuters.com/business/healthcare-pharmaceuticals/bristol-myers-sanofi-ordered-pay-hawaii-834-mln-over-plavix-warning-label-2021-02-15/.

34 Hamel, L. M. et al., »Barriers to Clinical Trial Enrolment in Racial and Ethnic Minority Patients With Cancer«, *Cancer Control* 23, S. 327–337 (2016), https://doi.org/10.1177/107327481602300404.

35 Mega, J. L. et al., »Cytochrome P-450 Polymorphisms and Response to Clopidogrel«, *New England Journal of Medicine* 360, S. 354–362 (2009), https://doi.org/10.1056/nejmoa0809171.

36 Johnston, L. R. et al., »Suboptimal response to clopidogrel and the effect of prasugrel in acute coronary syndromes«, *Int J Cardiol* 167, S. 995–999 (2013), https://doi.org/10.1016/j.ijcard.2012.03.080.

37 Liverpool, L., »Genomic medicine is deeply biased towards white people« (2021), https://www.newscientist.com/article/mg2 4933 180–800-genomicmedicine-is-deeply-biased-towards-white-people/.

38, 39 Bat-Sheva, K. et al., »Identification of the Cystic Fibrosis Gene: Genetic Analysis«, *Science* (1979) 245, S. 1073–1080 (1989), https://doi.org/10.1126/science.2570 460; Fibrosis Genetic Analysis Consortium, »Worldwide survey of the delta F508 mutation-report from the cystic fibrosis genetic analysis consortium«, *American journal of human genetics* Bd. 47, S. 354–359 (1990), https://www.ncbi.nlm.nih.gov/pmc/articles/PMC1683705/.

40, 41 Stewart, C. & Pepper, M. S., »Cystic Fibrosis in the African Diaspora«, *Ann Am Thorac Soc* 14, S. 1–7 (2016), https://doi.org/10.1513/annalsats.201606-481fr; Padoa, C., Goldman, A., Jenkins, T. & Ramsay, M., »Cystic fibrosis carrier frequencies in populations of African origin«, *J Med Genet* 36, 41 LP – 44 (1999), https://doi.org/10.1136/jmg.36.1.41.

42 Jubran, A. & Tobin, M. J., »Reliability of pulse oximetry in titrating supplemental oxygen therapy in ventilator-dependent patients«, *Chest* 97, S. 1420–1425 (1990), https://doi.org/10.1378/chest.97.6.1420.

43, 44, 45 Bickler, P. E., Feiner, J. R. & Severinghaus, J. W., »Effects of skin pigmentation on pulse oximeter accuracy at low saturation«, *Anesthesiology* 102, S. 715–719 (2005), https://doi.org/10.1097/00000542-200504000-00004; Feiner, J. R., Severinghaus, J. W. & Bickler, P. E., »Dark skin decreases the accuracy of pulse oximeters at low oxygen saturation: the effects of oximeter probe type and gender«, *Anesth Analg* 105, S. 18–23 (2007), https://doi.org/10.1213/01.ane.0000285988.35174.d9;

Sjoding, M. W., Dickson, R. P., Iwashyna, T. J., Gay, S. E. & Valley, T. S., »Racial Bias in Pulse Oximetry Measurement«, *New England Journal of Medicine* 383, S. 2477–2478 (2020), https://doi.org/10.1056/nejmc2029240.

46 *Pulse oximetry and racial bias: Recommendations for national healthcare, regulatory and research bodies*, NHS Race and Health Observatory (2021), https://www.nhsrho.org/wp-content/uploads/2021/03/Pulse-oximetry-racial-bias-report.pdf.

47 *Guidance The use and regulation of pulse oximeters (information for healthcare professionals)*, Medicines and Healthcare products Regulatory Agency (2021), https://www.gov.uk/guidance/the-use-and-regulation-of-pulse-oximeters-information-for-healthcare-professionals.

48 Government response to consultation on the future regulation of medical devices in the United Kingdom, Medicines and Healthcare products Regulatory Agency (2022), https://assets.publishing.service.gov.uk/government/uploads/system/uploads/attachment_data/file/1085333/Government_response_to_consultation_on_the_future_regulation_of_medical_devices_in_the_United_Kingdom.pdf.

49 Martin, A. R. et al., »Clinical use of current polygenic risk scores may exacerbate health disparities«, *Nat Genet* 51, S. 584–591 (2019), https://doi.org/10.1038/s41588-019–0379-x.

50 Ozdemir, B. A. et al., »Research Activity and the Association with Mortality«, *PLoS One* 10, e0118253 (2015), https://doi.org/10.1371/journal.pone.0118253; Jonker, L., Fisher, S. J. & Dagnan, D., »Patients admitted to more research – active hospitals have more confidence in staff and are better informed about their condition and medication: Results from a retrospective cross-sectional study«, *J Eval Clin Pract* 26, S. 203–208 (2020), https://doi.org/10.1111/jep.13118.

51 Majumdar, S. R. et al., »Better outcomes for patients treated at hospitals that participate in clinical trials«, *Arch Intern Med* 168, S. 657–662 (2008), https://doi.org/10.1001/archinternmed.2007.124.

52, 53, 54 Joice, W. & Tetlow, A., »Baselines for Improving STEM Participation: Ethnicity STEM data for students and academic staff in higher education 2007/08 to 2018/19«, *The Royal Society* (2020), https://royalsociety.org/-/media/policy/Publications/2021/trends-ethnic-minorities-stem/Ethnicity-STEM-data-for-students-and-academic-staff-in-higher-education.pdf; Hoppe, T. A. et al., »Topic choice contributes to the lower rate of NIH awards to African-American/black scientists«, *Sci Adv* 5, eaaw7238 (2022), https://doi.org/10.1126/sciadv.aaw7238; *Detailed analysis of UKRI funding applicants and awardees ethnicity, financial years 2015–16 to 2019–20*, UK Research and Innovation (2021), https://www.ukri.org/wp-content/uploads/2021/10/UKRI-061021-EthnicityAnalysisReportFinal.pdf.

55 Obermeyer, Z., Powers, B., Vogeli, C., & Mullainathan, S., »Dissecting racial bias

in an algorithm used to manage the health of populations«, *Science*, 366(6464), S. 447–453 (2019) https://doi.org/10.1126/scie nce.aax2342.

56 *Accuracy of Claims-Based Risk Scoring Models, Society of Actuaries* (2016), https://www.soa.org/globalassets/assets/Files/Research/research-2016-accuracy-claims-based-risk-scoring-models.pdf.

57 Bohr, A. & Memarzadeh, K., »The rise of artificial intelligence in healthcare application«, *Artificial Intelligence in Healthcare*, S. 25–60 (2020), https://doi.org/10.1016/B978-0-12-818438-7.00002-2.

58 »Alphabet is spending billions to become a force in health care«, *The Economist* (2022), https://www.economist.com/business/2022/06/20/alphabet-is-spending-billions-to-become-a-force-in-health-care.

59 Hailu, R., »Fitbits and other wearables may not accurately track heart rates in people of color«, *STAT* (2019), https://www.statnews.com/2019/07/24/fitbit-accuracy-dark-skin/.

60 Bui, P. & Liu, Y., »Using AI to help find answers to common skin conditions«, *Google* (2021), https://blog.google/technology/health/ai-dermatology-preview-io-2021/.

61 Liu, Y. et al., »A deep learning system for differential diagnosis of skin diseases«, *Nat Med* 26, S. 900–908 (2020), https://doi.org/10.1038/s41 591-020-0842-3.

62 Feathers, T., »Google's New Dermatology App Wasn't Designed for People With Darker Skin«, *Motherboard* (2021), https://www.vice.com/en/article/m7evmy/googles-new-dermatology-app-wasnt-designed-for-people-with-darker-skin.

63 Kakani, P., Chandra, A., Mullainathan, S. & Obermeyer, Z., »Allocation of COVID-19 relief funding to disproportionately black counties«, *JAMA* 324, S. 1000–1003 (2020), https://doi.org/10.1001/jama.2020.14978.

64 Pierson, E., Cutler, D. M., Leskovec, J., Mullainathan, S. & Obermeyer, Z., »An algorithmic approach to reducing unexplained pain disparities in underserved populations«, *Nat Med* 27, S. 136–140 (2021), https://doi.org/10.1038/s41591-020-01192-7.

9 Die Schließung der Datenlücken

1 Cohen, J. et al., »Low LDL cholesterol in individuals of African descent resulting from frequent nonsense mutations in PCSK9«, *Nat Genet* 37, S. 161–165 (2005), https://doi.org/10.1038/ng1509.

2 »PCSK9-inhibitor drug class that grew out of UTSW research becomes a game-changer for patient with extremely high cholesterol«, University of Texas Southwestern Medical Center (2016), https://www.utsouthwestern.edu/newsroom/articles/year-2016/pcsk9-patient-khera.html.

3 Liverpool, L., »Genetic studies have missed important gene variants in African

people«, *New Scientist* (2019), https://www.newscient ist.com/article/2221 957-genetic-studies-have-missed-important-gene-variants-in-african-people/.

4 Gurdasani, D. et al., »Uganda Genome Resource Enables Insights into Population History and Genomic Discovery in Africa«, *Cell* 179, 984–1002.e36 (2019), https://doi.org/10.1016/j.cell.2019.10.004.

5 Mills, M. C. & Rahal, C., »A scientometric review of genome-wide association studies«, *Commun Biol* 2, 9 (2019), https://doi.org/10.1038/s42 003-018–0261-x.

6 Sirugo, G., Williams, S. M. & Tishkoff, S. A., »The Missing Diversity in Human Genetic Studies«, *Cell* 177, S. 26–31 (2019), https://doi.org/10.1016/j.cell.2019.04.032.

7 Visscher, P. M. et al., 10 Years of GWAS Discovery: Biology, Function, and Translation. *Am J Hum Genet* 101, S. 5–22 (2017), https://doi.org/10.1016/j.ajhg.2017.06.005.

8 Morales, J. et al., »A standardized framework for representation of ancestry data in genomics studies, with application to the NHGRI-EBI GWAS Catalog«, *Genome Biology* (2018), https://doi.org/10.1186/s13 059-018-1396-2.

9 Borfitz, D., »H3Africa Consortium Primes A Continent For Large-Scale Genomics Research«, *H3Africa* (2021), https://www.bio-itworld.com/news/2021/02/02/h3africa-consortium-primes-a-continent-for-large-scale-genomics-research.

10 Choudhury, A. et al., »Highdepth African genomes inform human migration and health«, *Nature* 586, S. 741–748 (2021), https://doi.org/10.1038/s41 586-020-2859-7.

11 Lumaka, A. et al. »Increasing African genomic data generation and sharing to resolve rare and undiagnosed diseases in Africa: a call-to-action by the H3Africa rare diseases working group«, *Orphanet J Rare Dis* 17, S. 230 (2022), https://doi.org/10.1186/s13023-022-02391-w.

12 Tuncay, I. O. et al., »The genetics of autism spectrum disorder in an East African familial cohort«, *Cell Genomics* (2023), https://doi.org/10.1016/j.xgen.2023.100322.

13 Fumagalli, M. et al., »Greenlandic Inuit show genetic signatures of diet and climate adaptation«, *Science* 349, S. 1343–1347 (2015), https://doi.org/10.1126/science.aab2319.

14 Hsieh, P. et al., »Adaptive archaic introgression of copy number variants and the discovery of previously unknown human genes«, *Science* 366, eaax2083 (2019), https://doi.org/10.1126/science.aax2083.

15, 16 »23andMe Research Innovation Collaborations Program«, *23andMe* https://research.23andme.com/research-innovation-collaborations/; »Novartis and GSK announce collaboration to support scientific research into genetic diversity in Africa«, *Novartis* (2021), https://www.novartis.com/news/media-releases/novartis-and-gsk-announce-collaboration-support-scientific-research-genetic-diversity-africa.

17 Molteni, M., »Massive, Overlooked Potential of African DANN«, *Wired* (2019), https://www.wired.com/story/the-massive-overlooked-potential-of-african-dna/.

18, 19 Mathieson, I. & Scally, A., »What is ancestry?«, *PLoS Genet* 16, e1008624 (2020), https://doi.org/10.1371/journal.pgen.1008624; Fatumo, S. et al., »Promoting the genomic revolution in Africa through the Nigerian 100K Genome Project«, *Nat Genet* 54, S. 531–536 (2022), https://doi.org/10.1038/s41588-022-01071-6.

20 Bell, J., »Drug companies pay for exclusive access to UK genetic data«, BioPharma Dive (2019), https://www.biopharmadive.com/news/uk-biobank-genome-sequencing-investment-amgen-astrazeneca-johnson-gsk/562709/.

21, 22 »GSK and 23andMe sign agreement to leverage genetic insights for the development of novel medicines«, *GSK* (2018), https://www.gsk.com/en-gb/media/press-releases/gsk-and-23andme-sign-agreement-to-leverage-genetic-insights-for-the-developm ent-of-novel-medicines/; »23andMe Announces Extension of GSK Collaboration and Update on Joint Immuno-oncology Program«, 23andMe (2022), https://investors.23andme.com/news-releases/news-release-details/23andme-announcesextension-gsk-collaboration-and-update-joint.

23 »Almirall signs a strategic agreement with 23andMe to license rights of a bispecific monoclonal antibody that blocks all three isoforms of IL-36 cytokine«, Cision PR Newswire (2020), https://www.prnewswire.com/news-releases/almirall-signs-a-strategic-agreement-with-23andme-to-license-rights-of-a-bispecific-monoclonal-antibody-that-blocks-all-three-isoforms-of-il-36-cytokine-300984521.html.

10 Die Illusion der Inklusion

1 »Significant Research Advances Enabled by HeLa Cells«, *National Institutes of Health,* https://osp.od.nih.gov/hela-cells/significant-research-advances-enabled-by-hela-cells/.

2 Ahluwalia, M., »Genetic privacy: We must learn from the story of Henrietta Lacks«, *New Scientist* (2020), https://www.newscientist.com/article/2250449-geneticprivacy-we-must-learn-from-the-story-of-henrietta-lacks/.

3 Skloot, R., *The Immortal Life of Henrietta Lacks* (Crown, 2010).

4 Njilo, N., »Stellenbosch University demands return of DNA samples – but UK lab hits back«, *The Times* (2019), https://www.timeslive.co.za/news/south-africa/2019-10-16-stellenbosch-university-demands-return-of-dna-samples-but-uk-lab-hits-back/.

5 Blakely, R., »Genetics lab told to hand back African tribes' DNA«, *The Times* (2019),

https://www.thetimes.co.uk/article/genetics-lab-told-to-hand-back-african-tribes-dna-83xqls5sh.

6, 7, 8 Stokstad, E., »Major U. K. genetics lab accused of misusing African DNA«, *Science* (2019), https://www.science.org/content/article/major-uk-genetics-lab-accused-misusing-african-dna; Skloot, R., »The Immortal Life of Henrietta Lacks, the Sequel«, *The New York Times* (2013), https://www.nytimes.com/2013/03/24/opinion/sunday/the-immortal-life-of-henrietta-lacks-the-sequel.html; »Summary of the NIH HeLa Genome Data Use Agreement«, *National Institutes of Health* (2013), https://www.nih.gov/sites/default/files/institutes/foia/summary-data-use.pdf; Hudson, K. L. & Collins, F. S., »Biospecimen policy: Family matters«, *Nature* 500, S. 141 f. (2013), https://doi.org/10.1038/500141a.

9 »Who are the Uyghurs and why is China being accused of genocide?«, BBC (2022), https://www.bbc.com/news/world-asia-china-22278037.

10 *China: Minority Region Collects DNA from Millions*, Human Rights Watch (2017), https://www.hrw.org/news/2017/12/13/china-minority-region-collects-dna-millions.

11 Wee, S.-L., »China Uses DNA to Track Its People, With the Help of American Expertise«, *New York Times* (2019), https://www.nytimes.com/2019/02/21/business/china-xinjiang-uighur-dna-thermo-fisher.html.

12 Munshi, N., »How unlocking the secrets of African DNA could change the world«, *Financial Times* (2020), https://www.ft.com/content/eed0555c-5e2b-11ea-b0ab-339c2307bcd4.

13 »Pfizer, Kano State Reach Settlement of Trovan Cases«, *Pfizer* (2009), https://www.pfizer.com/news/press-release/press-release-detail/pfizer_kano_state_reachsettlement_of_trovan_cases.

14 Apology For Study Done in Tuskegee«, The White House (1997), https://clinton-whitehouse4.archives.gov/textonly/New/Remarks/Fri/19970516-898.html.

15 »The Tuskegee Timeline«, *Centers for Disease Control and Prevention* (2021), https://www.cdc.gov/tuskegee/timeline.htm.

16 Heller, J., »AP exposes the Tuskegee Syphilis Study: The 50th Anniversary«, *Associated Press* (2022), https://apnews.com/article/tuskegee-study-ap-story-investigation-syphilis-53403657e77d76f52df6c2e2892788c9.

17 »Tuskegee Syphilis Experiment«, *Equal Justice Initiative* (2020), https://eji.org/news/history-racial-injusticetuskegee-syphilis-experiment/.

18 Fox, K., »The Illusion of Inclusion – The ›All of Us‹ Research Program and Indigenous Peoples' DNA«, *New England Journal of Medicine* 383, S. 411–413 (2020), https://doi.org/10.1056/NEJMp1915987.

19 Myers, K. D. et al., »Effect of Access to Prescribed PCSK9 Inhibitors on Cardiovascular Outcomes«, *Circ Cardiovasc Qual Outcomes* 12, e005404 (2019), https://doi.org/10.1161/circoutcomes.118.005404.

20, 21 »Native BioData Consortium Research«, *Native BioData Consortium* (2021), https://nativebio.org/research/; Peschken, C. A. et al., »Rheumatoid Arthritis in a North American Native Population: Longitudinal Followup and Comparison with a White Population«, *J Rheumatol* 37, 1589 LP – 1595 (2010), https://doi.org/10.3899/jrheum.091452.

22, 23 Dalton, R., »Tribe blasts ›exploitation‹ of blood samples«, *Nature* 420, 111 (2002), https://doi.org/10.1038/420111a; Foulks, E. F., »Misalliances in the Barrow Alcohol Study«, *Am Indian Alsk Native Ment Health Res* 2, S. 7–17 (1989), https://doi.org/10.5820/aian.0203.1989.7.

24 Tracer, Z. & Brodwin, E., »A tiny startup wants to pay you for your DNA, and it could lead to the next wave of medical innovation«, *Business Insider* (2018), https://www.businessinsider.com/lunadna-pays-for-gene.

Ausblick

1 Williams, S., »How Serena Williams Saved Her Own Life«, *Elle* (2022), https://www.elle.com/life-love/a39586444/how-serena-williams-saved-her-own-life/.

2 *Reproductive Injustice: Racial and Gender Discrimination in U. S. Health Care, Center for Reproductive Rights* (2014), https://reproductiverights.org/wp-content/uploads/2020/12/CERD_Shadow_US_6.30.14_Web.pdf.

3, 4, 5, 6 Forget, E. L., »The town with no poverty: The health effects of a Canadian guaranteed annual income field experiment«, *Canadian Public Policy* 37, S. 283–305 (2011), https://doi.org/10.3138/cpp.37.3.283; Ruckert, A., Huynh, C. & Labonté, R., »Reducing health inequities: is universal basic income the way forward?«, *J Public Health* (Bangkok) 40, S. 3–7 (2018), https://doi.org/10.1093/pubmed/fdx006; Gibson, M., Hearty, W. & Craig, P., »Potential effects of universal basic income: a scoping review of evidence on impacts and study characteristics«, *Lancet* 392, S. 36 (2018), https://doi.org/10.1016/S0140-6736(18)32083-X; Kangas, O., Jauhiainen, S., Simanainen, M. & Ylikännö, M., *The basic income experiment 2017–2018 in Finland : Preliminary results*, http://urn.fi/URN:ISBN:978-952-00-4035-2 (2019), https://ubiru.org/wp-content/uploads/2020/03/2019FinlandReport_The-Basic-Income-Experiment-2017-2018-in-Finland.pdf.

7, 8 Hamilton, D. & Darity Jr, W., »Can ›baby bonds‹ eliminate the racial wealth gap in putative post-racial America?«, *Rev Black Polit Econ* 37, S. 207–216 (2010), https://doi.org/10.1007/s12114-010-9063-1.

9 Markoff, S., Ain, J., Chelwa, G. & Hamilton, D., *A Brighter Future with Baby Bonds: How States and Cities Should Invest in Our Kids* (2022), https://prosperitynow.org/sites/default/files/resources/A-Brighter-Future-With-Baby-Bonds_2.pdf.

10 Evelyn, K., »Like I wasn't there: climate activist Vanessa Nakate on being erased from a movement«, *Guardian* (2020), https://www.theguardian.com/world/2020/jan/29/vanessa-nakate-interview-climate-activism-cropped-photo-davos.

11 »Leading MPs sign Early Day Motion in support of Ella's Law«, Ella's Law (2022), https://ellaslaw.uk/2022/12/13/leading-mps-sign-early-day-motion-in-support-of-ellas-law/.

Wichtige Organisationen und Quellen

Liste der Organisationen, Lobbygruppen, Kampagnen und anderen Quellen, auf die im Buch verwiesen wird.

AAKOMA Project: Non-Profit-Organisation mit Fokus auf Aufklärung und Reduzierung von Ungleichheiten bei der psychischen Gesundheit von Angehörigen diverser Communitys in den USA. https://aakomaproject.org

Asian American and Native Hawaiian/Pacific Islander Data Repository (AAPI Data): Die Organisation veröffentlicht demographische Daten und politische Studien über asiatische Amerikaner:innen, Indigene Hawaiianer:innen und Pazifikinsulaner:innen in den USA. https://aapidata.com/

Afrozensus: Eine groß angelegte Online-Umfrage zu Schwarzen, afrikanischen und afrodiasporischen Menschen in Deutschland. https://afrozensus.de/

Agents for Change in Environmental Justice: Programm zur Verbreitung von Stimmen, Geschichten, Podcasts und Forschungsergebnissen verschiedener aufstrebender Führungskräfte im Bereich Umweltgerechtigkeit. https://agentsofchangeinej.org/

Birthing on Country: Internationale Bewegung für soziale Gerechtigkeit mit dem Ziel, die negativen Folgen der Kolonialisierung zu beseitigen und die Geburtshilfe wieder in die Hände der Communitys der First Nations zu geben. https://www.birthingoncountry.com/

Black & Brown Skin: Online-Plattform, die anhand von Fotos zeigt, wie sich verschiedene Erkrankungen auf dunklerer Haut darstellen. https://www.blackandbrownskin.co.uk/

Black Mamas Matter Alliance: Ein von Schwarzen Frauen geführtes Netzwerk, das sich für Chancengleichheit im Bereich der maternalen und reproduktiven Gesundheit einsetzt; Anlaufstelle für Schwarze Frauen und Schwangere. https://blackmamasmatter.org/

Center for Reproductive Rights: Eine weltweite Rechtsvertretungsorganisation mit Sitz in New York City, die sich für die Förderung reproduktiver Rechte einsetzt. https://reproductiverights.org/

Centre for Evidence Based Dermatology Skin of Colour Resource: Zentrale Informationsstelle, wo relevante Studien, Übersichten und Artikel zu Themen über Dermatosen auf Schwarzer Haut zusammenlaufen. https://www.nottingham.ac.uk/research/groups/cebd/resources/skin-of-colour/index.aspx

Congress of Aboriginal and Torres Strait Islander Nurses and Midwives (CATSINaM): Gemeinschaftliche nationale Stimme der Krankenpfleger:innen und Hebammen der Aborigines und Torres-Strait-Insulaner. https://catsinam.org.au/

CROWN Act: Kalifornien war der erste Staat, der den sogenannten CROWN Act eingeführt hat. Das Gesetz verbietet die Diskriminierung aufgrund von Frisur oder Haarbeschaffenheit. »CROWN« steht für »Creating a Respectful and Open World for Natural Hair«. https://www.thecrownact.com/

Decolonising Contraception: Eine in Großbritannien ansässige Wohltätigkeitseinrichtung, die sich für eine gleichberechtigte reproduktive Gesundheitsversorgung für Frauen aus benachteiligten Bevölkerungsgruppen einsetzt. https://decolonisingcontraception.com/

D'lissa Christina Princess Foundation: Eine in Großbritannien ansässige Stiftung, gegründet am ersten Todestag von D'lissa Parkes, zum ersten Geburtstag ihrer Tochter S'riaah Christina Parkes. Ziel der Stiftung ist es, das Bewusstsein für die Probleme der maternalen Gesundheit zu schärfen und ein Hilfsnetzwerk für Frauen und Männer jeden Alters und jeder Herkunft bereitzustellen. https://www.dcpfoundation.co.uk/

Ecological Waste Coalition of the Philippines (EcoWaste Coalition): Umweltgruppe auf den Philippinen für ein umweltfreundliches, abfall- und schadstofffreies Land. https://www.ecowastecoalition.org/

Ella Roberta Family Foundation: Eine in Großbritannien ansässige Wohltätigkeitsorganisation, die sich für saubere Luft einsetzt, im Gedenken an Ella Roberta Adoo Kissi-Debrah. https://ellaroberta.org/

European Network of Equality Bodies (Equinet): Mitgliederorganisation, die die Gleichstellung in Europa fördert, indem sie die Arbeit nationaler Gleichstellungsstellen fördert. https://equineteurope.org/

European Network Against Racism (ENAR): EU-weites Netzwerk antirassistischer Nichtregierungsorganisationen. https://www.enar-eu.org/

Five X More: Eine politisch-gesellschaftliche Basisinitiative, die sich in Großbritannien für Gleichbehandlung und bessere maternale Gesundheitsergebnisse bei Schwarzen Frauen und Schwangeren stark macht. https://fivexmore.org/

Halo Collective: Interessenverband, der sich gegen Haardiskriminierung im Vereinigten Königreich einsetzt. https://halocollective.co.uk/

Hutano: Frei zugängliche Gesundheitsplattform für BIPoC. https://www.tryhutano.com/

Melanin Medics: Non-Profit-Organisation, die angehende und praktizierende Ärzt:innen afrikanischer und karibischer Herkunft in Großbritannien unterstützt. https://www.melaninmedics.com/

NHS Race and Health Observatory: Unabhängiges Expertengremium des nationalen britischen Gesundheitsdienstes NHS, das daran arbeitet, ethnische Ungleichheiten im Bereich Gesundheit und Versorgung aufzudecken und anzugehen. https://www.nhsrho.org/

National Justice Project: Unabhängiger Rechtsdienst mit Sitz in Australien zur Förderung der Menschenrechte im Kampf gegen Benachteiligung und Diskriminierung. https://justice.org.au/

Native Biodata Consortium: Erste Indigen geführte Bio-Datenbank und gemeinnützige Forschungsorganisation für Indigene Völker in den USA. https://nativebio.org/

Projeto Inclusao (The Inclusion Project): Das »Projekt Inklusion« wurde gegründet, um Jugendlichen mit schulischen Problemen in São João de Meriti (Brasilien) pädagogische Hilfe zu bieten. https://www.facebook.com/pieden2014 und https://www.instagram.com/inclusaoprojeto/

Race & Health: Ein Kollektiv von Akademiker:innen, Künstler:innen, Aktivist:innen, politischen Entscheidungsträger:innen, Basisorganisationen und Einzelpersonen, die sich gegen Diskriminierung und ihre negativen Auswirkungen auf die Gesundheit zusammengeschlossen haben. https://www.raceandhealth.org/

Reaching Families Advocacy and Support Group (REACH): Eine Non-Profit-Organisation, die ostafrikanische Einwandererfamilien mit behinderten Kindern unterstützt. https://reachfamilies.org/

Roots Community Birth Center: Geburtszentrum in Minneapolis, Minnesota, unter Leitung afroamerikanischer Hebammen. https://www.rootsbirthcenter.com/

The Runnymede Trust: Denkfabrik für *race equality* und Bürgerrechte. https://www.runnymedetrust.org/

Sickle Cell Society: Eine Non-Profit-Organisation in Großbritannien, die an Sichelzellanämie erkrankte Personen unterstützt, um ihnen eine insgesamt bessere Lebensqualität zu verschaffen. https://www.sicklecellsociety.org/

SisterSong Women of Color Reproductive Justice Collective: Eine nationale Mitgliederorganisation im Süden der USA, die auf das reproduktive Leben marginalisierter Gruppen fokussiert und sich dem Aufbau eines Netzwerks von Einzelpersonen und Organisationen widmet, um die institutionellen Rahmenrichtlinien zu verbessern. https://www.sistersong.net/

#SmearYourMea: Eine Community-basierte Kampagne in Neuseeland, gegründet von der inzwischen an Gebärmutterhalskrebs verstorbenen Talei Morrison, um insbesondere Māori-Frauen zu animieren, sich auf diese Krebserkrankung testen zu lassen.

Visual Atlas: Eine an der University of New Mexico erstellte Sammlung von Fotos und Bildern, die Dermatosen auf verschiedenen Hauttönen zeigt. https://hsc.unm.edu/medicine/departments/dermatology/inclusive-dermatology/

Sachregister